Angewandte Unternehmensethik

Grundlagen für Studium und Praxis

Mathias Schüz

Bibliografische Information der deutschen Nationalbibliothek
Die Deutsche Nationalbibliothek verzeichnet diese Publikation in der Deutschen National-
bibliografie; detaillierte bibliografische Daten sind im Internet über *http://dnb.dnb.de* abrufbar.

10 9 8 7 6 5 4

24 23 22 21 20

ISBN 978-3-86894-278-1 (Buch)
ISBN 978-3-86326-773-5 (E-Book)

© 2017 by Pearson Deutschland GmbH
St.-Martin-Straße 82, D-81541 München
Alle Rechte vorbehalten
www.pearson.de
A part of Pearson plc worldwide

Programmleitung: Martin Milbradt, mmilbradt@pearson.de
Lektorat: Elisabeth Prümm, epruemm@pearson.de
Korrektorat: Christian Schneider, Lektorat-Korrektorat-Textarbeit, Traunstein
Coverillustration: fotolia.com
Herstellung: Claudia Bäurle, cbaeurle@pearson.de
Satz: Gerhard Alfes, mediaService, Siegen (www.mediaservice.tv)
Druck und Verarbeitung: Ovimex, Deventer

Printed in the Netherlands

Inhaltsübersicht

Inhaltsverzeichnis

Vorwort

Während sechzehn Jahren meines früheren Berufslebens erlebte ich hautnah den Wiederaufstieg und Fall eines Großkonzerns. Bei dessen Beinahezusammenbruch stand ich als Beobachter nahe am Epizentrum. Als enger Mitarbeiter und Freund des Eigentümers erlebte ich, wie auf allen Stufen des Managements Licht- und Schattenseiten die Entscheidungen prägten. Sie können am besten mit den aus der Mode gekommenen Begriffen der „Tugenden", wie Integrität, Gerechtigkeit, Rücksichtnahme, und der „Laster", wie Gier, Neid, Skrupellosigkeit, beschrieben werden. Das Potenzial für solche Handlungsmuster ist in jedem Menschen angelegt und wird situativ unterschiedlich aktiviert. Das Muster beeinflusst dann die Unternehmenskultur wie umgekehrt diese Kultur das Verhalten des Einzelnen. So kommen Fehlentscheidungen zustande, die, wie damals, Milliardenverluste zur Folge haben und den Eigentümer zum Verkauf seines Unternehmens zwingen – mit unabsehbaren Folgen für die zahlreichen Mitarbeiter und deren Angehörige.

Dieser Vorgang, der sich weltweit in ähnlicher Form immer wieder ereignet, steht stellvertretend für viele andere Beispiele des Niedergangs ursprünglich sehr erfolgreicher Großunternehmen. Sie führen zu grundlegenden existenziellen Fragen: Ist Erfolg mit egoistischer Machtentfaltung gleichzusetzen? Oder könnte umgekehrt das eigentliche Fundament einer erfolgreichen Unternehmensführung gerade in der verantwortlichen Zähmung der eigenen negativen Kräfte liegen? Welches Maß an Verantwortung liegt unternehmerischen Entscheidungen zugrunde – zu wessen Wohl oder Wehe?

Noch grundlegender stellt sich die Frage nach dem richtigen, auch moralisch gerechtfertigten Handeln. Was ist „gut" und „böse"? Warum soll ich überhaupt „gut" handeln? Bereits als Jugendlicher diskutierte ich mit Freunden die Frage, ob das Leben eines mächtigen Tyrannen oder ausbeuterischen Unternehmensführers, die sich alles leisten können, was sie wollen, nicht einem einfachen, aber bedeutungslosen Leben vorzuziehen sei. Erstere würden in ihrer kurzen Lebenszeit erheblich mehr Lebensmöglichkeiten auskosten können als Letztere. Dennoch fiel mir schon damals eine Antwort nicht schwer, weil ich mich leicht in die unzähligen Opfer jener „Erfolgreichen" hineinversetzen und mit ihnen solidarisieren konnte.

Mein Studium der Physik und Philosophie brachte die alten Fragen wieder zur Sprache. Friedrich Nietzsches radikales Infragestellen der etablierten Moral und deren Rückführung auf den „Willen zur Macht" forderte mich heraus, nach neuen Antworten zu suchen. In meiner Doktorarbeit untersuchte ich die philosophischen Konsequenzen der Quantenphysik im Gesamtwerk Carl Friedrich von Weizsäckers. Eine grundlegende Erkenntnis war, dass es keine isolierten Materieteilchen gibt, sondern dass alles mit allem zusammenhängt. Alles wirkt auf alles und steht in Resonanz zueinander. Die Welt ist also in ihrer Vielfalt eins und wurzelt nach gängiger Theorie im Urknall.

Zugleich ist aber alles in Entwicklung und Änderung begriffen. Seit dem Urknall, so die heutige Lehrmeinung, expandiert das Universum, und es entwickelt sich Leben. Für viele zeigt sich daher die Einheit, um mit Arthur Schopenhauer zu sprechen, primär im „Willen zum Leben". Nietzsches „Wille zur Macht" wäre dann eine sekundäre Eigenschaft. Denn Leben ist Wechselwirkung und zugleich permanentes Ausloten optimaler Energiezustände, die von Anziehung und Abstoßung bestimmt sind, bei komplexeren Lebensformen im Streben nach Gütern und Glück sowie im Meiden von Übeln und Unglück. Das bedeutet auch einen Kampf um knappe Ressourcen, wobei jede Allokation Gegenreaktionen auslöst.

Ist nun der Kampf die einzige Form, wie Leben sich zeigen kann? Offenbar nicht, denn Leben zeigt sich auch als Sympathie, Kooperation, Solidarität und Fürsorge. Das Potenzial dazu haben, wie neueste Forschungen zeigen, nicht nur Menschen und höher entwickelte Tiere, sondern sogar Pflanzen. Wie soll ich nun als Mensch mit diesem Widerspruch des Lebens allgemein umgehen, vor allem während meines Arbeitslebens in Organisationen? Gerade in Unternehmen offenbart sich die ganze Widersprüchlichkeit einerseits als Streben nach Gewinn und Sicherung des eigenen Daseins vor den Konkurrenten, andererseits im Bestreben nach gutem Auskommen mit den Kunden, Lieferanten, Geldgebern, Behörden usw., kurz mit den Stakeholdern.

Wie Führungskräfte in Unternehmen ihr Handeln bewusst im Hinblick auf Gut und Böse reflektieren und verantwortlich gestalten können, zeigt das vorliegende Lehrbuch. Dabei besteht das eigentliche Fundament einer verantwortlichen Führungskraft, eines „responsible leaders", neben dem einfühlsamen Umgang mit anderen auch in der Zähmung der eigenen negativen, sprich: lebenszerstörerischen Kräfte. Wer sich in dieser Hinsicht nicht selbst führen und zähmen kann, ist auch nicht in der Lage, andere zu führen, sondern „ver-führt" sie, bringt sie bewusst auf Abwege, die dem Erreichen der eigenen egoistischen Ziele dienen.

Das vorliegende Lehrbuch ist das Ergebnis jahrelangen Forschens und Lehrens, um auch die Didaktik zur Vermittlung und Begründung ethischen Handelns in Unternehmen sicherzustellen. Es gilt dabei, die nötige „Anschlussrationalität" (Niklas Luhmann) zu gewährleisten. Wie ich seit mehr als 25 Jahren in Seminaren mit Führungskräften und BWL-Studierenden festgestellt habe, möchten diese in ihrer Situation und ihrer Denkweise abgeholt werden. Jeglichen moralinsauren Zeigefinger wehren sie verständlicherweise ab. Denn die meisten empfinden eine moralische Ächtung ihres Strebens nach Gewinn als einen Angriff auf ihr Streben nach Überleben, das jeder Lebensform zugrunde liegt. So lässt sich jedenfalls ihre Aufmerksamkeit für ethische Fragestellungen nicht gewinnen. Viel eher gelingt dies durch Sensibilisierung und Praxisbezug. Ich gewinne ihre Aufmerksamkeit, wenn sie die Bedeutung ethischen Handelns für den ökonomischen Erfolg ihrer Arbeit erfassen. An realen Fallbeispielen zeige ich auf, welche Risiken entstehen, wenn ihre Entscheidungen ohne ethische Reflexion getroffen werden. Trotz seines Praxisbezugs zeigt das Buch auch theoretische und philosophische Begründungen der Ethik auf. Denn ohne Theorie sind die Fälle der Praxis arbiträr und ohne die praktische Anwendung wird die Theorie leer.

Vielen ist für die Entstehung dieses Buches zu danken. Vor allem möchte ich meinem Unternehmerfreund Christian Halper aus Wien für seine großzügige Unterstützung dieses Werks meinen Dank aussprechen. Des Weiteren ist der School of Management and Law an der ZHAW in Winterthur zu danken, aus der namentlich Kuno Ledergerber, Stephan Loretan und André Haelg zur nötigen institutionellen Unterstützung dieses Buches beigetragen haben. Den Hunderten von Studierenden und Führungskräften, mit denen ich die Überlegungen dieses Buches diskutieren konnte, ist besonders zu danken. Ohne ihre Impulse, kritischen Bemerkungen und ermutigenden Statements wäre das Buch niemals entstanden. Martin Milbradt, dem zuständigen Lektor vom Verlag Pearson Studium Deutschland, gebührt nicht weniger Dank als meiner Kollegin Frau Claudia Pölderl, meinem Bruder Dr. Gottfried Schüz und meinem Freund Dr. Stephen Wirth, die mit großem Einsatz das Manuskript Korrektur gelesen haben.

Winterthur, im September 2016

Autor

Prof. Dr. phil. Mathias Schüz studierte Physik, Philosophie und Pädago-
gik an der Johannes Gutenberg Universität Mainz. Schon in seiner Doktorarbeit über philosophische Konsequenzen der Quantenphysik behan-
delte er die Thematik von Verantwortung und Ethik. Nach seinem
Studium war er Trainee und Key-Account-Manager bei IBM. Anschließend begründete er zusammen mit Rolf Gerling in Zürich die „Gerling
Akademie für Risikoforschung", in der er als Mitglied der Geschäftsleitung 16 Jahre lehrte und forschte. Seit 2006 ist er Dozent und Professor
für „Responsible Leadership" an der „School of Management and Law"
der ZHAW in Winterthur. Er lehrt und forscht über Unternehmensethik,
strategisches Management und nachhaltige Unternehmensverantwortung
und kann zahlreiche (Buch-)Veröffentlichungen zu seinem Forschungs-
gebiet vorweisen.

Einleitung

Über die Notwendigkeit von Verantwortung und Ethik in der Wirtschaft

Egoistische Manager bzw. Unternehmer, die mit knappen Mitteln ein Maximum an Gewinn für sich aus dem Markt herausholen, gelten für viele noch immer als das Vorbild für hocheffizientes ökonomisches Handeln. Ihr Geiz ist gemäß dem früheren Werbeslogan der Elektronikhandelskette Saturn auch für die Kunden „geil", wenn diese durch „gnadenlos günstige Preise" ebenfalls davon profitieren. Dass solche Win-win-Situationen häufig erst durch ein gnadenloses System der Ausbeutung von Menschen, Tieren oder natürlichen Ressourcen in der Lieferkette möglich wurden, dämmert langsam auch den Profiteuren selbst. Die wachsende Schere zwischen Arm und Reich führt nämlich zu sozialen Verwerfungen, die nicht nur Protestgruppen allerlei Couleur anprangern, sondern auch Wirtschaftsnobelpreisträger.[1] Und die Folgen zeigen sich in der Natur als Klimawandel, schwindende Rohstoffe und genetische Verarmung.

Negative Folgen erfolgreichen Wirtschaftens

Deshalb gewinnen die Begriffe „Verantwortung" und „Ethik" immer mehr an Bedeutung. Sie werden zwar schon seit Jahrzehnten in der Managementlehre diskutiert, aber erst im Laufe der letzten fünfundzwanzig Jahre werden sie zunehmend auch in der Praxis berücksichtigt. Bei der Frage, was eine „gute Unternehmensführung" ausmacht, wurden „Unternehmensverantwortung", „Unternehmensethik", „Corporate Responsibility", „Corporate Social Responsibility" (CSR), „Business Ethics" und „Corporate Citizenship" zum Gegenstand der Forschung.[2]

Bedeutungsgewinn von „Verantwortung" und „Ethik" in Unternehmen

Zuerst erfuhren solche Begriffe in den Vereinigten Staaten einen Boom, und zwar aufgrund der „U.S. Federal Sentencing Guidelines" (Chapter Eight), die es seit 1. November 1991 Richtern erlauben, Organisationen bei Fehlverhalten erhebliche Strafnachlässe zu gewähren, wenn diese nachweislich ethisches bzw. verantwortliches Handeln ihrer Mitarbeiter gefördert haben. Da in den USA aufgrund der Haftungsregeln die Strafzahlungen („Punitive Damages") ein Unternehmen leicht in die Insolvenz treiben können, lohnt es sich also schon aus ökonomischen Gründen auf dem Gebiet der ethischen Verantwortung vorbeugend zu investieren.[3]

U.S. Sentencing Guidelines

Spätestens seit 1992, nach der ersten Konferenz zum „Sustainable Development" in Rio de Janeiro, gewann zudem der Begriff der „Nachhaltigkeit" an Bedeutung für die Managementlehre. Heute sind die Begriffe Verantwortung, Ethik und Nachhaltigkeit im Geschäftsleben mehr als nur eine Modeerscheinung. Denn in ihrer Anwendung haben sie das Verhalten von Unternehmen (Corporate Behavior) erheblich beeinflusst. Nach wie vor herrscht allerdings eine Begriffsverwirrung bezüglich ihrer Bedeutung. Oft werden sie synonym gebraucht, wobei unzählige Definitionen um die Deutungshoheit konkurrieren. Nur unge-

„Nachhaltigkeit" – eine Modeerscheinung?

nau werden sie voneinander abgegrenzt, geschweige denn in einem ganz-heitlichen Modell nachvollziehbar eingeordnet. Das ist vermutlich auch einer der Gründe dafür, dass Manager in Unternehmen zwar die Begriffe häufig verwenden, weil es zum guten Ton gehört, oft aber gar nicht wis-sen, wie sie sie konkret in ihre alltägliche Arbeit implementieren kön-nen.

Verantwortung nicht gleich Ethik

So ist „Verantwortung" nicht mit „Ethik" gleichzusetzen. Erstere ist ein allgemeines Konzept des Handelns. Es gibt durchaus auch unethische Verantwortung. Wer handelt, beabsichtigt bestimmte Konsequenzen. Diese werden von verschiedener Seite infrage gestellt. Je nach Antwort werden sie entweder gelobt oder getadelt. Die gleichen Handlungsfolgen werden jedoch je nach Wertvorstellungen, Interessen und Ansprüchen des Fragestellers unterschiedlich beurteilt. Der Mafiaboss, der seinen Gefolgsmann mit der Tötung eines Gegners beauftragt, wird die Ausfüh-rung des Mordes als verantwortungsvoll bezeichnen, die Unterlassung hingegen als verantwortungslos. Der Gegner und seine Angehörigen sehen dies genau umgekehrt. In diesem Sinne haben vor allem Philoso-phen und Soziologen den Verantwortungsbegriff als „Beziehungs- oder Relationsbegriff" dargestellt.[4]

Das Konzept der Verantwortung

Verantwortung als dreistellige Relation

In Anlehnung an Georg Picht[5] wird in unserem Konzept die *Verantwor-tung* als *dreistellige Relation*[6] aufgefasst, bei der ein handelndes *Subjekt* für die *Konsequenzen* seines Handelns vor *Instanzen* verantwortlich ist. Der Verantwortliche wird mit den Konsequenzen seines Handelns in eine Beziehung zu denjenigen gesetzt, die davon direkt oder indirekt betroffen sind. Er muss ihnen Rede und Antwort stehen, und zwar auf Fragen wie: Was hast du getan? Was tust du gerade? Was wirst du tun? Die Betroffenen wollen wissen, inwieweit ihre Interessen vom Handeln oder Unterlassen der verantwortlichen Person berührt sind. In diesem Sinne müssen sich alle Mitglieder einer Gesellschaft, ob Individuen, Gruppen oder Organisationen, im Spannungsfeld der Interessen und Ansprüche anderer bewähren, wenn sie langfristig überleben wollen. Die Fähigkeit zur Verantwortung erlaubt ihnen, sich *für die Konsequenzen –* auch für die damit verbundenen Neben-, Rück- und Fernwirkungen – *vor* den Betroffenen oder ihren Interessenvertretern zu rechtfertigen.[7]

Vielfalt der Ansprüche

Der Verantwortungsträger ist den unterschiedlichen Ansprüchen der einzelnen Mitglieder einer Gesellschaft ausgesetzt, so wie auch er Ansprüche ihnen gegenüber erheben kann. Im *Beziehungsnetz gegensei-tiger Ansprüche* entwickelt er das nötige Einfühlungsvermögen, ob er deren Berechtigung anerkennen soll oder nicht.[8] Es hat sich in der Betriebswirtschafts- und Managementlehre durchgesetzt, solche Anspruchsgruppen als „Stakeholder" zu bezeichnen. Das sind nicht nur Aktionäre, Kunden, Lieferanten, Mitarbeiter, Manager, sondern auch Anwohner, staatliche oder nichtstaatliche Organisationen, Medien und viele andere, die mehr oder weniger Einfluss auf ein Unternehmen haben. Ob deren Ansprüche berechtigt oder unberechtigt sind, ist nicht immer einfach zu entscheiden. Denn das hängt von den jeweiligen Wertvorstellungen ab. Wenn ein Unternehmer die Interessen und Ansprüche seiner Stakeholder nicht anerkennt oder aus bestimmten Gründen nicht anerkennen will, so muss er mit ihrer Gegenwehr rechnen. Im Gegenzug kann er diese nun mit seinen Machtmitteln unterdrücken oder eine für alle Beteiligten akzeptable Lösung friedlich aushandeln.

Tauschgerechtigkeit als Lösung?

In der Wirtschaft erfolgt das Aushandeln nach dem Prinzip des gerechten Tausches. Waren oder Dienstleistungen werden auf der Grundlage von Arbeit ausgetauscht bzw. gegen Geld verrechnet. Ob der Tausch gerecht war, also seinem Wert entsprechend ausgewogen erfolgt ist, zeigt sich zwar nicht immer sofort, aber doch längerfristig am Markt. Als gerecht kann der Tausch angesehen werden, wenn nicht „mehr genommen als gegeben", also die Gleichwertigkeit von Geben und Nehmen sicherge- stellt wird.[9] Tausch setzt die gegenseitige Achtung der Tauschpartner voraus,[10] sonst wird das Tauschgeschäft zu einer Täuschung, bei der im Handel „etwas betrügerisch aufgeredet" wird.[11] Der Tausch basiert letzt- lich auf einem mündlich oder schriftlich gegebenen *Vertrag*, den es im gegenseitigen Einvernehmen einzuhalten gilt.

Auch die Ethik zielt darauf ab, dass sich Menschen im Umgang mitein- ander *vertragen*, also *verträglich* sind. Wie ist das möglich, wenn man von einem Menschenbild ausgeht, in dem jeder darauf aus ist, den ande- ren zu seinen eigenen Gunsten zu übervorteilen? Otfried Höffe sieht gerade in der *Tauschgerechtigkeit* eine Lösung des Problems. Jeder Mensch hat ein Interesse daran, dass er nicht von anderen umgebracht, verletzt oder ausgebeutet wird. Wie kann er sie dazu bewegen, seine per- sönliche *Integrität von Leben, Gesundheit* und *Eigentum* zu achten und damit ihre *Handlungsfreiheit* einzuschränken? Indem er ihnen einen Tausch anbietet: Sein Verzicht auf Gewalt gegen den Gewaltverzicht der anderen. Da die meisten Tauschpartner das gleiche Interesse verfolgen, nämlich von der Gewalt der anderen verschont zu werden, lassen sie sich auf den Handel ein. Mit ihrem Freiheits*verzicht*, sich auf Kosten des Lebens, der Gesundheit und des Eigentums anderer zu bereichern, erhal- ten sie im Gegenzug das Freiheits*recht*, selbst vom anderen *nicht* gewalt- sam bedroht zu werden.[12] Höffe zufolge heißen solche Rechte, die „durch wechselseitige Verzichte zustande kommen ... mit gutem Grund *Menschenrechte*".

Da bei diesem „negativen Tausch" alle davon profitieren, könnte man nun davon ausgehen, dass staatliche oder sonstige autoritative Aufsichts- organe überflüssig sind. Dies ist natürlich nicht der Fall, weil es genü- gend Trittbrettfahrer gibt, die die mehrheitlich eingehaltene Tauschge- rechtigkeit für sich ausnutzen. Sie profitieren vom Verzicht der anderen, indem ihre Integrität unangetastet bleibt, setzen aber, wenn es die Macht- verhältnisse erlauben, alles daran, umgekehrt die anderen zum eigenen Vorteil auszunutzen. Sie nehmen den Verzicht der anderen an, ohne selbst zu verzichten. Das Tauschverhältnis wird ungerecht.[13]

Zur Verhinderung solch parasitären Verhaltens sieht Höffe eine „gemeinsame oder öffentliche Durchsetzungsmacht", die man das

Marginalien (rechte Spalte):

Tauschhandel ohne Täuschung

Tauschgerechtigkeit, Ethik und Menschenrechte

Identifizierung der Trittbrettfahrer

Schutz durch staatlichen Souverän

„Schwert der Gerechtigkeit" nennen könne, als notwendig an. Zur Legitimierung dieser Macht tauscht man im Gegenzug den Verzicht auf das private Durchsetzungsrecht seiner eigenen Freiheit gegen eine „Rechts- und Staatsordnung" ein.[14] Dies erinnert an Thomas Hobbes (1588–1679), der in seiner berühmten Schrift „Leviathan" ebenfalls davon ausgeht, dass Menschen zu ihrem Schutz sich „freiwillig" einem staatlichen Souverän, dem „Leviathan", unterwerfen, um dessen Schutz vor den Angriffen der anderen zu genießen. Dabei übertragen sie ihm Vollmachten, die die individuelle Handlungsfreiheit stark einschränken und zu einem ungerechten Staat führen können.[15]

Wahrung des höheren Eigeninteresses

Im Unterschied zu Hobbes, der den Naturzustand des Menschen als einen „Krieg aller gegen alle" beschreibt,[16] hat Höffe ein positiveres Menschenbild. Der Mensch lernt schnell die Vorteile einer „Gleichwertigkeit im Geben und Nehmen".[17] Er verfolgt im Schnitt aus praktischer Klugheit sein höheres Eigeninteresse, das um des langfristigen Vorteils willen auch kurzfristige Nachteile in Kauf nimmt.[18] Kurzfristige Übervorteilung des anderen führt nämlich langfristig zu Nachteilen, wenn z. B. der Benachteiligte sich vom Vorteilsnehmer abwendet.

Reaktionen bei Übervorteilung

Diese Regel gilt auch im Wirtschaftsleben. So kann der übervorteilte Kunde sich in Zukunft an die Konkurrenz wenden. Der Arbeiter, der für seine Arbeit einen zu geringen Lohn oder schlechte, gesundheitsgefährdende oder sinnentleerte Arbeitsbedingungen eintauscht, kann bei entsprechendem Angebot den Arbeitgeber wechseln. Sogar die Natur reagiert bei Übernutzung mit Entzug lebenswichtiger Ressourcen bzw. ihres ästhetischen Erholungswerts oder mit immer heftigeren Katastrophen. Künftige Generationen, die durch heutige Aktivitäten verminderte Lebenschancen eintauschen, können allerdings nur indirekt Tauschgerechtigkeit erzwingen. Die bereits lebende jüngere Generation könnte der älteren etwa die ererbte Hypothek vorwerfen.[19]

Vermeidung von Monopolen

All diese Reaktions- und Ausweichmöglichkeiten erzwingen nur dann beim Tauschpartner eine Mäßigung seines Strebens nach Eigennutzen, solange er mit einer vielfältigen Konkurrenz bei Angebot und Nachfrage rechnen muss oder er im Falle der Natur persönlich von deren Zerstörungen betroffen ist. Dass die Missbrauchsmöglichkeiten bei einer wachsenden Schere zwischen Arm und Reich – und damit auch mächtig und ohnmächtig – gerade in der globalisierten Welt eher gewachsen sind, zeigen einige Beispiele in diesem Buch. Um die gefährdete Tauschgerechtigkeit generell sicherzustellen, hat sich also auch in der Wirtschaft eine Ordnungsmacht etabliert, die den Missbrauch einer Monopolsituation über Sanktionen verhindert oder wenigstens öffentlich anprangert.

Wirtschaftsethik und Institutionen

Wie eine solche Rahmenordnung aussehen könnte, diskutierte schon Aristoteles (384–322 v. Chr.). Neben einer idealen Staatsform (Politik) seien eine gerechte Verteilung der Güter (Ökonomik) sowie die Förderung tugendhafter Bürger (Ethik) notwendig, um im Staat (Polis) ein gutes, geglücktes Leben zu ermöglichen.[20] Heute wird die Thematik nicht nur in der Wirtschaftspolitik und politischen Ökonomie,[21] sondern auch in der *Wirtschaftsethik*[22] behandelt. Sie untersucht und empfiehlt, wie das Funktionieren der Marktwirtschaft mit bestmöglicher *Tauschgerechtigkeit für*

- alle Marktteilnehmer,
- alle anderen – auch künftigen – Mitglieder der Gesellschaft,
- die Natur als Ganzes

sichergestellt werden kann.

Zahlreiche Antworten wurden bisher darauf gegeben.[23] Es können im Rahmen dieses Buches nur wenige Andeutungen gemacht werden. In der globalisierten Wirtschaft kann die gewünschte Rahmenordnung nicht mehr von nationalstaatlichen Regierungen und Organisationen allein garantiert werden. Deshalb hat sich eine Vielzahl weltumspannender staatlicher wie privater Institutionen etabliert, die zu einer Gleichheit und Gerechtigkeit der Tauschpartner beitragen möchten.[24] Viele Globalisierungskritiker bezweifeln, ob ihnen das gelingen kann.

Diesen Kritikern zufolge scheitern viele Institutionen an korrupten Praktiken. Sie geben beispielsweise ihre Aufsichts- oder Kontrollfunktion auf, indem sie mit den Mächtigen des Marktes oder der Politik „gemeinsame Sache" machen, Bestechungsgelder im Tausch gegen Übersehen von Mängeln annehmen oder Führungskräfte der Firmen anstellen, die sie eigentlich beaufsichtigen sollen. Auch können Institutionen Regeln verordnen und ganze Länder nötigen, sich ihnen zu unterwerfen. Einmal anerkannt unterliegen sie selbst dann nur noch geringer Kontrolle.

Missbrauch oder Überforderung der Institutionen

Dies werfen zum Beispiel Nichtregierungsorganisationen (NGOs) wie der Globalisierungsgegner Attac, kirchliche Gruppen, Gewerkschaften oder auch Greenpeace der Welthandelsorganisation (WTO) mit ihren 162 Mitgliedsstaaten vor. Mit ihrer Absicht, die Tauschgerechtigkeit zwischen den Staaten durch Abbau von Handelshemmnissen zu verbessern, behindere sie die Befriedigung lokaler Bedürfnisse, die Einhaltung von Menschenrechten[25], fördere den Waffenhandel und damit Korruption und kriegerische Auseinandersetzungen[26] oder baue den Umweltschutz[27] ab. Neben anderen entwickeln die Wirtschaftsnobelpreisträger Armatya Sen und Joseph Stieglitz Modelle, wie der Welthandel mit mehr Fairness und Abbau von Armut gestaltet werden kann.[28] Dazu gehören auch Freiheit und Transparenz für alle Betroffenen. Stieglitz fordert z. B. mehr Transparenz bei den Verhandlungen der Freihandelsverträge zwischen den USA und dem Pazifikraum (TPP) bzw. Europa (TTIP). Solche Verträge hebelten die nationalen Rechtsordnungen etwa zum Schutz der Gesundheit oder Natur zugunsten ausländischer Investoren aus.[29]

Beispiel Welthandelsorganisation WTO

Bei aller Kritik scheint der geöffnete Welthandel doch auch zum Frieden beigetragen zu haben. Zumindest könnte man das aus der Korrelation zwischen der Anzahl an Kriegen mit dem Wachsen des Welthandels ablesen, wie verschiedene Forscher herausgefunden haben.[30] Allerdings enden deren Statistiken vor dem Ausbruch des Bürgerkriegs in Syrien, der nach neuesten Schätzungen bislang mehr als 470.000 Tote mit fast 2 Millionen Verwundeten hervorgebracht hat.[31] Zudem konstatiert der

Friedensförderung durch globalen Handel?

Bertelsmann Transformationsindex (BTI), der alle zwei Jahre die Demokratieentwicklung in 129 Ländern untersucht, bei 60 % der untersuchten Staaten neuerdings Rückschritte zu mehr Repression und Unterdrückung von Meinungs-, Medien- und Versammlungsfreiheit.[32]

Einordnung der Ethik in die Philosophie

Um einen Überblick zu gewinnen, stellt sich die Frage, wo die Wirtschaftsethik und mit ihr die Ethik überhaupt verortet sind. Aristoteles hat die Ethik mit der Ökonomik, Politik, aber auch Technik und Ästhetik der *praktischen Philosophie* zugeordnet. Während die *theoretische Philosophie* der *Erkenntnis* des Menschen dient, zielt jene auf ein *gutes Leben* überhaupt ab.[33]

Bereichsethiken

Im Unterschied zur Antike weist die moderne Gesellschaft wesentlich komplexere Strukturen auf. Manche Sozialwissenschaftler beschreiben sie als *funktional ausdifferenziert*, und zwar in Bereiche wie Wirtschaft, Wissenschaft, Medizin, Bildung und Politik mit jeweils eigenen Systemgesetzmäßigkeiten. Diese sind häufig blind gegenüber den Folgen und Nebenfolgen für die anderen Bereiche und damit auch für ethische Herausforderungen.[34] Es macht also Sinn, für jedes gesellschaftliche Funktionssystem eine eigene *Bereichsethik* zu definieren, die die funktionale Sichtweise durch die ethische Verantwortung gegenüber den gesamtgesellschaftlichen Interessen ergänzt: im Falle des Wirtschaftssystems eine Wirtschaftsethik, für das Gesundheitssystem eine Medizinethik, für das Wissenschaftssystem eine Wissenschaftsethik usw.[35] Denn die effiziente Funktionserfüllung etwa der Geldwirtschaft benötigt ein ethisches Korrektiv, weil diese den Blick für die Neben-, Rück- und Fernwirkungen auf die anderen Lebensbereiche öffnet und für ein gutes Auskommen mit ihnen sorgt.

Ebenen der Wirtschaftsethik

Jede Bereichsethik kann auf drei Ebenen betrachtet werden: auf der Makro-, Meso- und Mikroebene. Letztere bezieht sich im Wirtschaftssystem auf die Ebene einzelner Individuen, deren Beziehungen und Interaktionen innerhalb und außerhalb von Unternehmen. Sie entspricht der *Individualethik*. Auf der Mesoebene werden Unternehmen und ihre Wechselwirkung zu sozialen Gruppen betrachtet. Darauf fokussiert sich die *Unternehmensethik*. Die *Wirtschaftsethik* im engeren Sinne bezieht sich auf die Makroebene des Wirtschaftssystems. Dabei behandelt sie ethische Fragen der Wirtschaftsordnung auf nationaler und internationaler Ebene, des Rechts auf Eigentum und dessen Besteuerung, der Effizienz der Herstellung und gerechten Verteilung von Gütern, der externen Effekte, die bei der Erfüllung von Angebot und Nachfrage außerhalb der Geschäftsaktivität entstehen.[36]

Allgemeine Ethik und deren traditionelle Ansätze

Die Bereichsethiken selbst werden wiederum von der Allgemeinen Ethik beeinflusst. Diese entwickelt nämlich Konzepte dafür, wie menschliche Praxis nicht nur in den einzelnen Bereichen, sondern in der Lebenspraxis allgemein für gut befunden werden kann. Dabei haben sich traditionell drei Ethikansätze etabliert, um einen Menschen zum guten Handeln zu bewegen. Die *Tugendethik* stärkt (a) das Können bzw. den Charakter eines Menschen, damit er aus innerer Einsicht das Gute tut.

Die *Güterethik* beeinflusst (b) das Wollen eines Menschen dahingehend, dass er nützliche Güter nicht nur für sich, sondern für alle anstrebt. Die *Pflichtenethik* zeigt dem Menschen (c) das zu erfüllende Sollen auf, damit er in einer Gemeinschaft als gutes Mitglied geachtet wird. Es gibt also drei Wege, um einen Menschen zum guten Handeln zu bewegen: (a) aus innerer Einsicht, (b) aus Nützlichkeitserwägungen bzw. zu erwartender Belohnung und (c) aus Vermeidung von Strafe bzw. Suche nach Anerkennung in einer Gemeinschaft. Alle drei Vorgehensweisen ergänzen sich und kompensieren ihre jeweiligen Schwächen. Sie lassen sich den *drei Stellen der Verantwortung* (s. o.) zuordnen: (a) die Tugendethik dem handelnden Subjekt, (b) die Güterethik den Konsequenzen, (c) die Pflichtenethik den Instanzen. Zudem sind die drei Ethikansätze auf der Makro-, Meso- und Mikroebene des Wirtschaftssystems anwendbar, wobei im Rahmen dieses Buches der Fokus auf den beiden letztgenannten Ebenen liegt.[37]

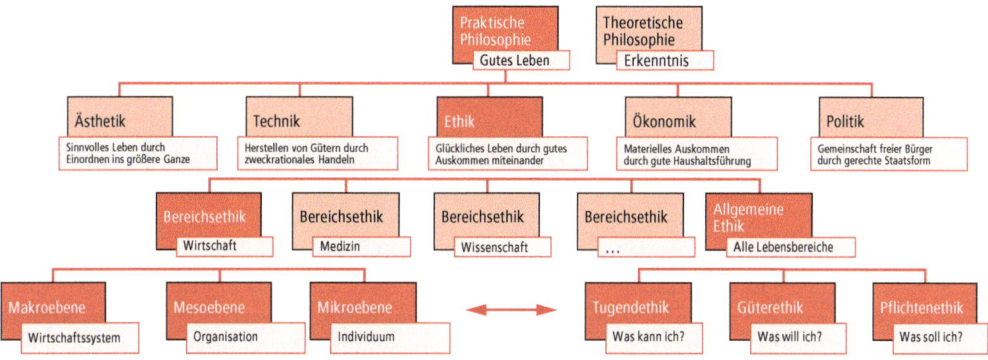

Abbildung 1: Einteilung der Philosophie und Ethik

Methodologie

Prinzipiell kann jede der genannten Disziplinen immer nur einen beschränkten Blick auf das Ganze haben, weil sie, wie die obige Grafik andeutet, jeweils einem bestimmten Zweck dienen. Wie Scheuklappen versperren ihre jeweiligen Methodiken den Blick für die Belange der ganzen Lebenswelt. Es ist daher sinnvoll, eine Methode zum Einsatz zu bringen, die die Blickbeschränkung bestmöglich überwindet und *Perspektivenwechsel* erlaubt. Sie sollte gleichsam die Maulwurfseindrücke des Spezialisten mit der Adlersicht des Generalisten komplementär ergänzen. Dieses Vorgehen ersetzt die Tyrannei des „Entweder-Oder" durch die Souveränität des *Sowohl-als-Auch*.[38] Inter- und transdisziplinäre Bezugnahmen sind daher unvermeidbar. Dahinter steht die philosophische Erkenntnis der Begrenztheit aller Disziplinen, weil sie mit ihren jeweiligen Methoden immer nur bestimmte Aspekte oder Dimensionen des Wirklichen herausfiltern. So gesehen lügen auch wissenschaftliche Disziplinen nicht mit dem, was sie sagen, sondern mit dem, was sie (meist unbewusst) verschweigen.[39]

Methodik des Perspektivenwechsels

Prinzip der
Unschärferelation der
Wahrnehmung

Als methodische Richtschnur dient daher das Prinzip der *Unschärfe-relation aller Wahrnehmung*, der zufolge – wie bei den berühmten Vexierbildern aus der Gestaltpsychologie – keine komplementären Aspekte gleichzeitig scharf gesehen werden können. Auf Unternehmen übertragen: Je mehr ich mich auf den Gewinn und damit die Aktionäre (Shareholder) konzentriere, desto mehr verschwinden die Ansprüche der anderen Stakeholder aus dem Blickfeld. Der Verkäufer, der sich voll und ganz auf die Interessen seines Kunden konzentriert, muss im entscheidenden Moment auch die seiner Firma im Auge haben, sonst kann es passieren, dass der erzielte Preis nicht einmal die Kosten deckt. Distanz und Engagement, Adler- und Maulwurfperspektive, Weit- und Nahsicht, Inklusion und Exklusion müssen sich im richtigen Moment ablösen, damit die komplementären Ansprüche erfasst werden können. Die funktionale Verantwortung sollte daher immer durch die Verantwortung gegenüber allen anderen Bereichen der Lebenswelt ergänzt werden.[40]

Fokus

An wen richtet sich
das Buch?

Der Fokus auf die individuelle und organisationale Ebene hat seinen Grund in den Zielgruppen, die das vorliegende Lehrbuch vornehmlich anspricht. Es richtet sich an bereits etablierte oder angehende Praktiker in Unternehmen oder anderen Organisationen sowie Studierende und Lehrende an Hochschulen und Business Schools. Insbesondere Letztere sind zunehmend angehalten, ihr Fachwissen auch ethisch zu reflektieren. Für die meisten von ihnen ist die Makroebene eine Rahmenbedingung, die sie kaum beeinflussen können, wohl aber berücksichtigen müssen. Die Meso- und Mikroebene können sie hingegen beeinflussen. Daher konzentriert sich das Buch vor allem auf diese beiden Ebenen. Es richtet sich an Organisationen, die im Tauschverhältnis zu Stakeholdern stehen, sowie einzelne Personen, die – als Führungspersonen oder Ausführende – innerhalb einer Organisation ihre Entscheidungen und die damit verbundenen Probleme ethisch verantworten sollten. Sie sollen lernen, unter welchen Umständen und wie dies überhaupt gelingen kann.

Wie ethische Probleme in der unternehmerischen Praxis gelöst werden können, hängt davon ab, was ich unter dem Begriffsfeld der Ethik überhaupt verstehe. Deshalb ist es sinnvoll die verschiedenen damit zusammenhängenden Begriffe wie Gut, Wert, Ethik, Moral, Unternehmensethik usw. näher zu definieren.

Definitionen

Fruchtbarkeit von
Definitionen

Definitionen (von lateinisch *definire* = abgrenzen) sind weder wahr noch falsch, sondern fruchtbar oder weniger fruchtbar. Sie sollen Begriffe voneinander abgrenzen, sodass sie einen Gegenstand oder Sachverhalt vollumfänglich beschreiben, ohne diese auf bestimmte Aspekte oder den allgemeineren Gattungsbegriff zu reduzieren. Beispielsweise sollte man den Begriff „Hund" weder zu eng noch zu weit definieren, etwa indem man ihn als „Wachhund" spezifiziert oder als „Tier" generalisiert. Das wäre wenig fruchtbar für die Ausarbeitung einer Theorie des Hundes, unter der man das Gesetzmäßige aller Hunde begreifen und daraus nützliche Erkenntnisse ableiten kann.

Jede Lebensform strebt danach zu überdauern und dabei den Zerfallsprozessen der Materie entgegenzuwirken. Sie meidet dabei lebensschädliche Übel und strebt nach lebensförderlichen Gütern. Alles, was die eigene Form erhält oder Bedrohungen derselben abhält, ist ein *Gut*, alles Gegenteilige ein *Übel*. *Materielle* Güter wie Nahrung, Erholung und Fortpflanzung dienen der Befriedigung von vitalen Bedürfnissen. *Soziale* Güter sind Verhaltensformen wie Kooperation, Verteidigung oder Angriff. Sie stellen das Überleben im Umgang mit anderen Lebensformen sicher. *Mentale* Güter sind Problemlösungen oder Ideen, um Überlebensstrategien und -nischen zu „erhalten" – im doppelten Sinne von „bewahren" oder „erlangen". Alles, was nützt, schmeckt, gefällt, motiviert, orientiert, verbindet, inspiriert, erfreut und glücklich macht, ist ein Gut, und alles, was das Gegenteil ausmacht, ein Übel. Auch Unternehmen streben nach Gütern materieller, sozialer oder mentaler Art. Materielle Güter sichern in Form von Finanzströmen, Produktionen und Waren die Existenz des Unternehmens. Soziale Güter halten die darin arbeitenden Menschen zusammen auch gegenüber Gruppen außerhalb. Die mentalen Güter sorgen für Innovationen und Anpassungen an geänderte Rahmenbedingungen, ohne die auf Dauer kein Unternehmen überleben kann.[41]

Gut, Güter und Übel

Werte sind aus Gütern abgeleitete Maßstäbe und Ideale, an denen alles, was ist, im Hinblick auf seine lebensfördernde Kraft gemessen bzw. verglichen wird. Der ideale Wert des Friedens ist der Maßstab für das reale Gut einer friedlichen Gemeinschaft. Ideal und Wirklichkeit bzw. Werte und Güter bedingen sich wechselseitig. Ohne das Ideal des Friedens wüssten wir nicht, was eine friedliche Gemeinschaft ist, und ohne die konkrete Erfahrung einer friedlichen Gemeinschaft hätten wir keine Ahnung vom Ideal. Ob jemand eine wertvolle Tat vollbringt um eines abstrakten Wertes oder konkreten Gutes willen, lässt sich nicht immer eindeutig feststellen. Wenn jemand beispielsweise ein ins Wasser gefallenes Kind rettet, kann er dies getan haben, weil er sich an dem ihm anerzogenen Wert der Hilfsbereitschaft orientiert oder an dem konkreten Gut des in Not geratenen Lebewesens, das um Hilfe ruft und an das Mitgefühl des Helfers appelliert. Man kann davon ausgehen, dass der Prozess des Idealisierens aus der Evolution des menschlichen Bewusstseins erwachsen ist. Dieses abstrahiert seine Ideale von konkret erfahrenen Momenten des Glücks und projiziert sie als ein Sollen in eine wünschenswerte Zukunft. So gesehen sind Werte auch Wegweiser des Handelns, erwünschte Ziele zu erreichen.[42]

Werte

Ethik wird als eine philosophische Lehre vom „guten Auskommen miteinander"[43] angesehen. Dies kann erstens *deskriptiv* als eine Analyse bestehender Formen des guten Miteinanderauskommens aufgefasst werden. Sie kann zweitens auch *normativ* Regeln aufstellen oder Charaktereigenschaften fordern, mit denen sie eine gute und gerechte Gemeinschaft sicherstellen möchte. Sie kann drittens als *Meta-Ethik* bestehende Ethikansätze kritisch beleuchten.

Ethik

Moral | Ethik unterscheidet sich von der *Moral*. Diese entsteht innerhalb von Gruppen als Vorstellung darüber, was oder wer als gut oder böse anzusehen ist. Sie bestimmt das öffentliche oder private Leben, zeigt an, wie man sich zu verhalten hat. Moralische Vorstellungen werden über Konventionen innerhalb von Gruppen von Generation zu Generation weitergegeben. Im Laufe der Geschichte haben sich die Vorstellungen darüber stark verändert. Während in der Frühzeit die Menschen sich innerhalb einer Sippe nach dem Stärksten, Ältesten, Weisesten oder Listigsten gerichtet haben, wurden später für einzelne Völker eine transzendente Macht (Gott), die Natur oder der Staat und noch später die dem Menschen zugesprochene Vernunft als Gesetzgeber für gutes und schlechtes Verhalten anerkannt. Zudem unterscheiden sich moralische Vorstellungen auch von Kultur zu Kultur. So wird Diebstahl in gewissen arabischen Ländern mit Abhacken der Hand, in anderen Regionen nur milde bestraft. Ethik versucht, die Relativität von Moralvorstellungen mit für alle Menschen akzeptablen Vorstellungen des „guten Auskommens miteinander" zu überwinden.

Unternehmensethik | *Unternehmensethik* betrachtet dabei auf der Mesoebene die Idee der Tauschgerechtigkeit als „gutes Auskommen mit allen *Stakeholdern*". Mit ihnen allen müssen Unternehmen lernen „gut auszukommen", also in ein gerechtes Tauschverhältnis zu kommen. Denn Stakeholder leiten ihre Ansprüche gerade aus ihren Investitionen in die jeweilige Organisation ab. Sie erwarten dafür einen bestimmten „Return on Investment". Für Anwohner eines Fertigungsbetriebes sind dies z. B. eine gute Infrastruktur, neue Arbeitsplätze oder niedrige Emissionen – Ansprüche, die sie aus ihrem investierten Wohlwollen gegenüber der Firma ableiten. Sollte dieses Wohlwollen durch rücksichtsloses Verhalten seitens des Betriebes enttäuscht werden, sind Konflikte vorprogrammiert. Für das Unternehmen sind Konflikte mit Stakeholdern meistens sehr kostspielig und bringen deshalb ökonomische Nachteile mit sich. Es ist demnach schon aus *strategischen* Gründen für Unternehmen wichtig, ihre Entscheidungen und Aktivitäten auch ethisch zu rechtfertigen. Das bedeutet aber nicht, dass Ethik dann zu einem bloßen Instrument oder als Marketingtool zur Geldvermehrung degradiert wird. Ganz im Gegenteil. Sie wird als zur Ökonomie komplementär und damit als gleichberechtigt aufgefasst und nicht als Dienstmagd derselben.

Ethische Unternehmensverantwortung | *Ethische Unternehmensverantwortung* bedeutet in diesem Sinne, die Konsequenzen unternehmerischer Entscheidungen vor den unterschiedlichen Stakeholdern rechtfertigen zu können. Sie sollten weitgehend deren Ansprüchen gerecht werden und damit für Tauschgerechtigkeit sorgen. Oftmals ist das Verfahren ein Aushandlungsprozess, weil die Parteien mit ihren Interessen jeweils unterschiedliche Wertvorstellungen vertreten, die häufig in Konflikt miteinander geraten. Das Modell der nachhaltigen Unternehmensverantwortung und die daraus abgeleitete Checkliste (siehe ▶*Abschnitt 8.3*) sensibilisieren für die Wertkonflikte und dienen als Grundlage für den Aushandlungsprozess mit den involvierten Stakeholdern. Wie dabei im Einzelnen mit deren unterschiedlichen Wertvorstellungen, Interessen, Rationalitäten, Sprachen und Machtverhältnissen umzugehen ist, kann im Rahmen dieser Publikation nur angedeutet werden.

Wer ethisch handelt, ist vertrauenswürdig. Sein Handeln ist berechenbar. Er erfüllt die Erwartungen des Vertrauenden. So gesehen ist *Vertrauen* selbst kein Wert, sondern ein Wertbeziehungsbegriff, und zwar eine *Erwartung*, dass sich ein Wert in der Zukunft erfüllt.[44] Gerade in Unternehmen ist es ökonomisch sinnvoll, ein gesundes *Vertrauensverhältnis* zu den Stakeholdern aufzubauen.[45] Aufgrund ihrer Wertvorstellungen und Interessen haben sie unterschiedliche Erwartungen an ein Unternehmen. So sollten interkulturelle Unterschiede ebenso beachtet werden wie individuelle Befindlichkeiten.

Jede Führungskraft einer Organisation, die für die Aushandlungsprozesse und vertrauensbildenden Maßnahmen gegenüber den Stakeholdern verantwortlich ist, benötigt unterschiedliche Qualitäten einer *Responsible Leadership*. Diese übersteigt die Aufgaben eines verantwortlichen Managers, der etablierte Geschäftsprozesse steuert. Ein verantwortlicher Leader hingegen ist befähigt, in einer sich ständig ändernden Welt unter Berücksichtigung von Stakeholderansprüchen Wandel sinnvoll zu gestalten. Er beeinflusst das nachhaltige Verantwortungsbewusstsein, also die Leistungs-, Kooperations- und Verständigungsbereitschaft aller Angehörigen einer Organisation, um eine Vision – möglichst zum Wohle aller Betroffenen – erfolgreich zu verwirklichen. Neben kognitiven Fähigkeiten sind emotionale und spirituelle Intelligenz erforderlich. Letzteres ist dabei nicht religiös zu verstehen, sondern als Fähigkeit, sich mit einem größeren Ganzen sinnvoll zu verbinden. Denn gerade im Umgang mit Stakeholdern sind neben Fachwissen Einfühlungsvermögen und Intuition unabdingbar.

Vertrauen (margin note)

Responsible Leadership (margin note)

Ziele und Aufbau

Insgesamt verfolgt das vorliegende Lehrbuch folgende Ziele: Es soll die wichtigsten philosophischen und theoretischen Grundlagen sowie praktischen Fähigkeiten, die für nachhaltig und ethisch verantwortungsvolle Entscheidungen in Unternehmen nötig sind, anschaulich und praxisorientiert vermitteln. Dabei sollen die Möglichkeiten und Grenzen einer angewandten Ethik in Unternehmen deutlich werden, ihre wichtigsten Ansätze kennengelernt und auf verschiedene Probleme, Dilemmata und Risiken im beruflichen Alltag angewendet werden. Das bereits vom Autor publizierte Modell[46] einer nachhaltigen Verantwortung dient dabei als Grundlage. Es ist gewissermaßen eine zusammenschauende, synoptische Blaupause für die Anwendung im Unterricht, aber auch in der Managementpraxis. Es reduziert erheblich die Komplexität des Angebots an Theorien und Praxisempfehlungen zum Thema, ohne zu simplifizieren.

Zielsetzung (margin note)

Im ersten Teil werden Gründe für den Bedarf von Organisationen an nachhaltig verantwortlichem Denken und Handeln dargelegt, das erwähnte Modell zur nachhaltigen Verantwortung vorgestellt sowie die Begriffe der Ethik und Moral eingehender bestimmt. Der zweite Teil führt in die drei wichtigsten traditionellen Ethikansätze ein und wendet sie auf die Praxis an, indem zuletzt unter Einsatz einer Checkliste auch Möglichkeiten einer Anwendung für das strategische Management vorgestellt

Vorgehen (margin note)

werden. Im dritten Teil werden neuere Ansätze der Ethik diskutiert und Folgerungen für eine ganzheitlich verantwortungsvolle Führung von Organisationen herausgearbeitet. Der letzte Teil dient einem Ausblick auf die Eigenschaften, die eine verantwortungsvolle Führungskraft (Responsible Leader) in einer Organisation entwickeln sollte, um diese nachhaltig verantwortlich gestalten zu können.

Einleitung		
Teil I: Verantwortung in Unternehmen		
Vermehrter Bedarf an Verantwortung und Ethik (Kap. 1)		
Ein ganzheitliches Modell der Unternehmensverantwortung (Kap. 2)		
Teil II: Traditionelle Ethik in Unternehmen		
Ethik als Regelwerk sozialer Prozesse (Kap. 3)		
Nützlichkeitsethik (Kap. 4)	Pflichtenethik (Kap. 5)	Tugendethik (Kap. 6)
Zusammenschau – traditionelle Ethik in der Praxis (Kap. 7)		
Anwendung im strategischen Management und Einsatz der SCR-Checkliste (Kap. 8)		
Teil III: Neuere Ethikansätze in Unternehmen		
Intergenerative Ethik (Kap. 9)	Biozentrische Ethik (Kap. 10)	Tiefenethik (Kap. 11)
Teil IV: Folgerungen für eine Responsible Leadership		
Die nachhaltig verantwortungsvolle Führungspersönlichkeit (Kap. 12)		

Abbildung 2: Aufbau des Lehrbuchs

Abgrenzung Das vorliegende Lehrbuch dient der *Sensibilisierung* von Entscheidungsträgern, Studierenden und Lehrenden für ethische Fragen in Organisationen. Es gibt einen Überblick über die wichtigsten Ansätze der Ethik und deren Anwendung in der beruflichen Praxis. Es ist weder ein Ratgeber mit Regelwerken und Vorschlägen zur Lösung ethischer Probleme in Unternehmen noch eine umfassende Theorie eines Ethiksystems für die Wirtschaft. Auf der Grundlage eines ganzheitlichen Konzepts soll es mit seinen vielen Anwendungsbeispielen und interdisziplinären Exkursen den Leser dazu bewegen, seine Aufgaben nicht bloß als Funktionsträger gegenüber den Vorgaben seiner Organisation abzuarbeiten, sondern die Folgen auch als Responsible Leader sowie als mündiger, selbstbestimmter Bürger vor allen Bereichen des Lebens zu verantworten.

Obwohl die Kapitel aufeinander aufbauen, können einzelne Kapitel durchaus auch gesondert gelesen werden. Es empfiehlt sich dann, die jedes Kapitel abschließende Zusammenfassung zu lesen. Vertiefungen und Exkurse sind teilweise auch in Fußnoten ausgeführt. Es bleibt dem Leser selbst überlassen, ob er sie bei der ersten Lektüre oder zu einem späteren Zeitpunkt miteinbezieht.

Zusammenfassung

Der Mensch ist von Natur aus auf seinen Vorteil bzw. Eigennutzen bedacht. Zugleich ist er auf Gemeinschaft angewiesen. Deshalb strebt er nach einem Gleichgewicht von Geben und Nehmen. Die damit verbundene Tauschgerechtigkeit wird jedoch immer wieder von Trittbrettfahrern auf Kosten des Gemeinwohls ausgenutzt. Diese sollen durch eine politische und rechtliche Rahmenordnung daran weitgehend gehindert werden. Was auf der Makroebene des Wirtschaftssystems nur unvollkommen gelingt, soll auf der Meso- und Mikroebene der Unternehmen bzw. Individuen durch Stärkung des Verantwortungsbewusstseins verbessert werden. Je nach Charakter ordnen sich Organisationen oder Individuen aus Einsicht den allgemeinen Regeln des Umgangs miteinander unter oder sie erkennen die Notwendigkeit von unbedingt einzuhaltenden Pflichten an oder streben nach Nutzen für alle Betroffenen bzw. meiden Schäden. Tugend-, Pflichten- und Güterethik ergänzen sich in ihrer Zielsetzung, das gute Miteinanderauskommen möglichst Vieler zu fördern.

Des Weiteren definiert die Einleitung wichtige Grundbegriffe und erläutert die dem Lehrbuch zugrunde liegende Zielsetzung und Methodik.

Weiterführende Inhalte finden Sie auf der Website *www.pearson-studium.de* unter Online Extras.

Endnoten

1   Stieglitz, 2015; Sen, 2001.
2   Vgl. z. B. Blowfield, 2008.
3   Vgl. Trevino/Nelson, 2011, S. 208 f.
4   Hans Lenk, 1991, S. 61, verweist hierbei auf Alfred Schütz, 1971, S. 256 ff, und Joseph M. Bochenski, 1987, S. 142. „Wert" als „Wertbeziehung" in Fortführung von Heinrich Rickert (1863–1936) bei Johannes Erich Heyde (1892–1979), 1916, S. 17.
5   Picht, 1969, S. 319 f.
6   Vgl. Nida-Rümelin, 2011, S. 23.
7   Vgl. Schüz, 1999, S. 146 ff.
8   Vgl. Banzhaf, 2002, S. 20; vgl. Schüz, 2001, S. 83.
9   Vgl. Schüz, 1999, S. 77.
10 Schüz, 1999, S. 80.
11 Kluge, 1975, S. 773.
12 Höffe, 1991, S. 121 ff.
13 Vgl. ebd. S. 126 f.
14 Ebd. S. 127.
15 Vgl. Hobbes, 1992, S. 156 ff.
16 Ebd. S. 115, 117, 119.
17 Höffe, 1991, S. 128.
18 Vgl. Sturn, 1991; Ikerd, 1999.
19 Vgl. ebd. S. 129 ff.
20 Vgl. Aristoteles, 1978, Politik, Buch I; 1985, Nikomachische Ethik: Buch V und VIII (Kap. 11–12).
21 Eine komprimierte, aber erhellende und gut verständliche Einführung in die verschiedenen Modelle der Ökonomie bietet Ha-Joon Chang (2014).
22 Beispiele für umfassende Entwürfe einer gerechteren Wirtschaft siehe z. B. Gaus, 2012; Ulrich, 1997; Felber, 2012.
23 Eine kleine Auswahl: Bernd Noll (2010) stellt in seinem empfehlenswerten „Grundriss der Wirtschaftsethik" deren Entwicklung „von der Stammesmoral zur Ethik der Globalisie-

rung" dar. Sein „historisch-genetischer" Überblick nimmt Bezug auf Philosophie-, Religions- und Kulturgeschichte. Eine vergleichende Wirtschaftsethik mit Bezugnahme auf Unternehmen bietet Cornelia Nietsch-Hach (2014). Annemarie Pieper definiert Wirtschaftsethik als „ein Teilgebiet der Sozialethik", die die „ethischen Prinzipien eines guten Lebens mit den Ansprüchen des Wirtschaftshandelns auf Effizienz, Nutzenwachstum und Wertsteigerung zu verbinden" weiß (1991, S. 89). Peter Ulrich hat ein umfassendes und tiefgründiges, auf Immanuel Kants Vernunftbegriff basierendes Konzept einer „integrativen Wirtschaftsethik" (1997) entwickelt. Peter Koslowski untersucht die „Prinzipien einer ethischen Ökonomie" (1988). Josef Wieland definiert Wirtschaftsethik als einen „Akt individueller und kollektiver Selbstbindung, als eine Möglichkeit der vernünftigen Wahl von Handlungsbeschränkungen", wobei er offen lässt, was unter „vernünftiger Wahl" zu verstehen ist (1990, S. 170, vgl. 177). Homann/Blome-Drees definieren die Wirtschaftsethik als „Ordnungsethik" (1992, S. 20).

24 Vgl. Rodrick, 2007, 2011; Katterle, 1990; eine kritische, auch für Nichtökonomen gut lesbare Analyse des derzeit dominierenden Wirtschaftssystems siehe Ha-Joon Chang, 2010.
25 Humanrights.ch, 2014.
26 Feinstein, 2012; in der Einleitung geht er davon aus, dass der Waffenhandel für 40 Prozent der Korruption im gesamten Welthandel verantwortlich ist; vgl. Jackson/ Nei, 2015.
27 Greenpeace, 2005.
28 Vgl. Stieglitz/ Charlton 2007; Stieglitz 2015; Sen, 2001, 2012; Salomon, 2010; Schäfer, 2009.
29 Stieglitz, 2016, vgl. 2015.
30 IWK, 2014; Pinker, 2011; Roser, 2016.
31 Black, 2016.
32 Donner et al., 2016, S. 3 f.
33 Da sowohl theoretische Erkenntnis als auch praktischer Lebensvollzug Konsequenzen für das Ganze nach sich ziehen, gehören Theorie und Praxis in einem umfassenden Konzept der Verantwortung unauflöslich zusammen. Der Rahmen dieses Buches verlagert allerdings den Schwerpunkt auf den praktischen Teil.
34 Vgl. Luhmann, 1986, S. 62 ff, 101 ff; 1991, S. 89 ff, 107, 189 ff, 201 ff.
35 Vgl. Nida-Rümelin, 2005.
36 Vgl. Hentze/Thies, 2012, S. 51 ff.
37 Beispielsweise verbindet Peter Ulrich, der Pionier der akademischen Wirtschaftsethik in der Schweiz, vornehmlich die Makro- mit der Mesoebene (1997).
38 Vgl. Bate, 1997, S. 84 ff.
39 In Abwandlung einer Aussage von Carl Friedrich von Weizsäcker über die methodisch bedingte Begrenztheit der Physik: „Das physikalische Weltbild hat nicht unrecht mit dem, was es behauptet, sondern mit dem, was es verschweigt." (1976, S. 25).
40 Schüz, 1999, S. 39 f.
41 Schüz, 1999, S. 86; vgl. Heyde, 1916; 1926; Kluckhohn, 1951.
42 Schüz, 1999, S. 18.
43 Schüz, 1999, S. 156.
44 Schüz, 1999, S. 193 f; vgl. 1998.
45 Vgl. Covey, 2009.
46 Schüz 2012b; 2013a; 2014.

TEIL I

Verantwortung in Unternehmen

Vermehrter Bedarf an Verantwortung und Ethik

1

ÜBERBLICK

Lernziele

Der Leser

- kann die drei wichtigsten Gründe für ein Unternehmen nennen, sich mit Verantwortung und Ethik auseinandersetzen,
- vermag mit einer Reihe von Beispielen diese Gründe zu untermauern,
- versteht den langfristigen Nutzen nachhaltig verantwortlichen Wirtschaftens.

1.1 Auswirkungen globalen Wirtschaftens

Die Globalisierung unserer ökonomischen Welt hat in den letzten drei Jahrzehnten zu großen Produktivitätssteigerungen von Unternehmen beigetragen. Vor allem die Auslagerung von Produktionsprozessen in Niedriglohnländer hat für erhebliche Gewinnsteigerungen gesorgt. In gleichem Maße sind aber auch die negativen externen Effekte auf die soziale und natürliche Umwelt angewachsen.

Externe Effekte   Unter solchen „externen" Effekten" versteht man in der Ökonomie Nebenwirkungen, die bei der Herstellung eines Produktes oder dessen Gebrauch entstehen, für deren Güter und Übel, Risiken und Chancen, Nutzen und Kosten weder der Produzent noch der Käufer einen Preis bezahlen.[1] Solche Effekte können *negativ* sein, z. B. Boden-, Wasser- und Luftverschmutzung sowie Lärm, aber auch *positive* Auswirkungen gegenüber Dritten haben, wenn etwa die neu angelegte Gartenanlage auch den Nachbarn erfreut. Wesentliches Charakteristikum der externen Effekte ist also, dass sie zunächst dem direkten Marktmechanismus entzogen sind, aber sich dennoch mit unsichtbarer Hand manifestieren.

Gegenwehr   Die Geschichte hat gezeigt, dass sich die negativen Effekte nicht unendlich externalisieren lassen. Die Betroffenen melden sich zurück. Die damit verbundenen Verluste etwa bei den natürlichen Ressourcen werden von verschiedensten Interessengruppen (Stakeholdern) immer weniger hingenommen. Auch der Manchester-Kapitalismus musste schließlich seine Ausbeutungsmethoden zugunsten einer gerechteren Behandlung der Arbeiter aufgeben. Und das ökologische Interesse vieler Unternehmen ist auf die drohenden Naturkatastrophen und die begrenzt vorhandenen natürlichen Ressourcen zurückzuführen. Die Rückwirkungen könnten ihre Interessen langfristig bedrohen. Die Grenzen der Externalisierung negativer Effekte liegen also in den Grenzen der Ausbeutbarkeit der Ressourcen. Der Druck der Öffentlichkeit auf Unternehmen, die negativen sozialen und ökologischen Effekte ihrer Aktivitäten zu reduzieren, hat zu einem Umdenken in den Chefetagen der Unternehmen geführt.

1.2 Trend zu Nachhaltigkeitsreports

Zahlreiche Umfragen[2] der letzten Jahre belegen den Trend, dass Unternehmen den zunehmenden Bedarf, sich mit den Themen Verantwortung und Ethik zu beschäftigen, erkannt haben. Beispielsweise ergab eine weltweite Befragung durch KPMG, dass Firmen eine verantwortungsvollere Firmenpolitik verfolgen, weil sie vor allem ihre „Reputation und Marke" schützen wollen, und in zweiter Linie „ethische Überlegungen" dahinter stehen. „Mitarbeitermotivation" und „Innovation und Lernen" waren weitere Gründe.[3] Und eine McKinsey-Studie kommt zu dem Ergebnis, dass 84 % der befragten Manager in ihren Geschäftsaktivitäten nicht nur einen Beitrag für die Investoren sehen, sondern auch für das Gemeinwohl.[4]

Umfragen

Im Jahr 2010 fand PWC heraus, dass 81 % der befragten 600 Unternehmen in Dutzenden von Ländern bereits regelmäßig einen Bericht über die sozialen und ökologischen Folgen ihrer Geschäftsaktivitäten vorlegen[5] – gemäß neuester KPMG-Studie 92 % der G250- und 73 % der N100-Firmen.[6]

Selbstdarstellung verantwortlichen Engagements

CR reporting stabilizes at a high level

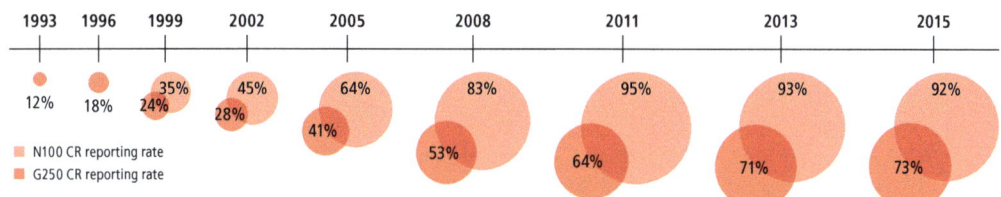

Abbildung 1.1: Prozentualer Anteil von Firmen mit Berichten über ihre Corporate-Responsibility-Aktivitäten
Quelle: KPMG, 2015, S. 30.

Obwohl solche Studien nur Lippenbekenntnisse zur Corporate Responsibility sind und selbst noch keinen Beweis für eine Implementierung im Geschäftsalltag darstellen, geben sie doch einen Trend in der Haltung zugunsten von mehr Verantwortung in den Chefetagen wider. Immerhin versuchen Firmen dem Vorwurf des „Greenwashing" dadurch zu entgehen, dass sie ihre Corporate-Responsibility-(CR-)Aktivitäten von externen Auditoren beurteilen lassen.[7]

1.3 Drei wesentliche Gründe

Man kann die Gründe für diesen Trend eines umfassenderen Verantwortungsbewusstseins in Unternehmen folgendermaßen zusammenfassen: (a) schrumpfende Ressourcen, (b) radikale öffentliche Transparenz von Unternehmen und (c) wachsende Ansprüche der Stakeholder.[8] Sie sollen nun im Einzelnen näher beleuchtet werden.

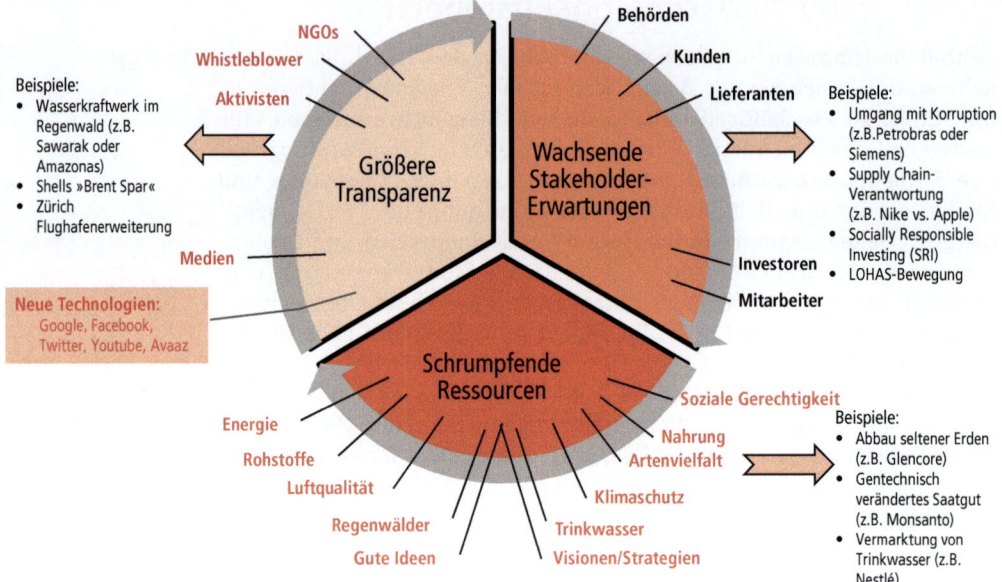

Abbildung 1.2: Gründe für vermehrte Corporate-Responsibility-Aktivitäten

1.3.1   Schrumpfende Ressourcen

Ressourcenvielfalt ist bedroht   Jedes Unternehmen greift auf Ressourcen zurück, um daraus Produkte herzustellen oder Dienstleistungen zu erbringen. Dabei sind nicht nur materielle (etwa Rohstoffe wie Erdöl, Metalle, seltene Erden) und finanzielle, sondern auch soziale und mentale Ressourcen erforderlich. Häufig werden dabei Boden, Luft, Wasser, Regenwälder, Artenvielfalt entwertet oder gar irreversibel zerstört. Und auch soziale und damit verbundene mentale Ressourcen wie Arbeitskräfte, deren Kreativität und Ideenvielfalt sowie Kunden, Lieferanten oder das Wohlwollen von Anwohnern und Nachbarn sind nicht unbegrenzt vorhanden. Ohne soziale Gerechtigkeit und mentale Visionen und Strategien können Unternehmen langfristig nicht überleben.

Beispiel „seltene Erden"   So ist beispielsweise weltweit ein Kampf um die Abbaurechte von „seltenen Erden" entbrannt. Sie werden für den Bau elektronischer Geräte benötigt. Großkonzerne, aber auch ganze Staaten sind involviert. Die Volksrepublik China kann stellvertretend ebenso genannt werden wie Glencore, einer der weltgrößten Rohstoffproduzenten und -händler.

Missbrauchsvorwürfe durch NGOs   Verschiedene Nichtregierungsorganisationen (NGOs) werfen den involvierten Firmen vor, Abbaulizenzen und -stätten aufzukaufen ohne Rücksicht auf die sozialen, politischen und ökologischen Verhältnisse und Folgen. Sie nähmen sogar in Kauf, dass damit auch kriegerische Auseinandersetzungen wie z. B. der Bürgerkrieg im Kongo mitfinanziert werden. Dies wird z. B. in dem preisgekrönten Film „Blutige Handys"[9] von Frank Piasecki Poulsen herausgearbeitet. Insbesondere die Firma Nokia beziehe von dort das für ihre Smartphones nötige Coltan. Andere Beispiele für bedrohte natürliche Ressourcen sind der Einsatz von gentechnisch verändertem Saatgut, mit dem beispielsweise Monsanto unter dem Stichwort „grüne Revolution" der Verknappung von Nahrungsmitteln entgegenwirken möchte (siehe ▶Übung, *Abschnitt 9.6*), oder der Versuch der Firma Nestlé, die knapper werdende Ressource „Trinkwasser" ökonomisch zu vermarkten – mit dem Argument, dadurch dem Wasser einen „angemessenen" Preis zuzuschreiben, um einer Verschwendung vorzubeugen.[10] Auch diese beiden Vorgehensweisen werden von verschiedenen NGOs stark kritisiert.

Nachhaltige Unternehmensverantwortung sorgt für Ausgleich. Sie umfasst auch den von Michael Braungart und William McDonough entwickelte „Cradle-to-Cradle-Ansatz".[11] Damit ist eine Kreislaufwirtschaft gemeint, deren Produktzyklen nicht wie üblich von der Wiege bis zum Grab („cradle-to-grave"), also bis zum unverwertbaren Abfall reichen, sondern von der Wiege bis zur Wiege. Der Abfall soll in der „Circular-Economy" wieder zu 100 % als Rohstoff für neue Produkte verwendet werden können. Die Materialien ganzer Automobile können so nach Ende ihrer Verwendungszeit vollkommen wiederverwertet werden. Die Brüsseler EU-Kommission will jedenfalls mit einer Reihe neuer Vorschriften die Hersteller zu dieser Produktionsweise zwingen.[12] Zudem liegt es im Eigeninteresse der Unternehmen, die knappen Ressourcen nicht endgültig zu vernichten, sondern möglichst schonend zu gebrauchen und am besten vollständig zu bewahren, kurz: sie verantwortlich zu nutzen und möglichst wieder in den natürlichen oder technischen Kreislauf zurückzuführen.

Cradle-to-Cradle

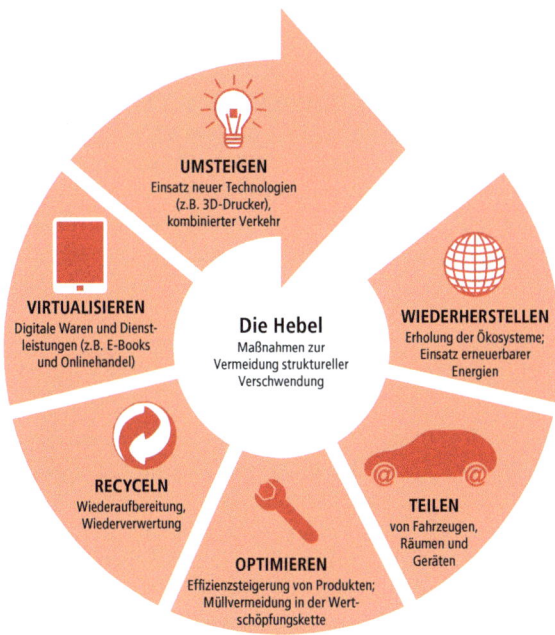

Abbildung 1.3: Lösungsansätze zur Kreislaufwirtschaft
Quelle: McKinsey, Braungart/Mc Donough, angelehnt an das „Cradle-to-Cradle"-Modell.

1.3.2 Größere Transparenz der Unternehmen

Internetbasierte
Kommunikationstools

Für eine größere Transparenz der Unternehmen in der öffentlichen Wahrnehmung haben vor allem neue technologische Entwicklungen gesorgt. Die Zeiten, in denen Unternehmen abgeschottet von der Öffentlichkeit ihre Gewinne auf Kosten von Natur und Gesellschaft maximieren konnten, scheinen endgültig vorbei zu sein. Die heutigen internetbasierten Kommunikationsmöglichkeiten machen die unternehmerischen Aktivitäten immer transparenter. Wikileaks und neuerdings auch NGOs wie Greenpeace veröffentlichen geheime Materialen, die ihnen von Insidern zugespielt werden.

Kampagnen durch
Avaaz

Die Online-Plattform Avaaz (*www.avaaz.org*) erlaubt beispielsweise jedem ihrer derzeit 40 Millionen Mitglieder Unterschriften in Form von Klicks gegen echte oder vermeintliche Missstände in Politik und Wirtschaft zu sammeln. Diese können dann zuständigen Politikern oder Wirtschaftsführern vorgelegt werden, um sie zu einem Lösungsbeitrag zu bewegen. Mit solchen Kampagnen gelang es schon öfter, korrupte Politiker zum Rücktritt zu zwingen, den Ausverkauf von natürlichen Ressourcen zu stoppen oder die Vermarktung riskanter Produkte zu behindern.

Öffentliche
Aufmerksamkeit

Unabhängig davon sorgt allein schon die Aufforderung, bei einer Kampagne mitzumachen, für öffentliche Aufmerksamkeit. Menschen werden über Vorgänge oder Folgen von politischen oder wirtschaftlichen Aktivitäten jenseits der klassischen Medien informiert.

Beispiele für Avaaz-
Kampagnen

Es gibt zahlreiche Beispiele für solche Kampagnen. So wurde der Bau einer Fabrik von Monsanto zur Produktion von gentechnisch verändertem Saatgut in Argentinien gestoppt. Avaaz-Kampagnen sorgten auch für den Rücktritt brasilianischer Politiker von ihren Ämtern, nachdem sie wegen Korruption angeprangert wurden, kämpften gegen die illegale Jagd von Walen, prangerten die miserablen Arbeitsbedingungen beim Bau der Stadien für die Fußballweltmeisterschaft in Katar an oder setzten sich für die Reduktion von Treibhausgasen ein.

ABBs vergebliches
Engagement beim
Bakun-
Wasserkraftwerk in
Malaysia

Ein anderes Beispiel, wie das Internet zu Transparenz beitragen kann, ist das Bakun-Wasserkraftstaudammprojekt in Sawarak, Malaysia. Ursprünglich war ABB mit der Leitung eines Konsortiums betraut, das 1996 von der malaysischen Regierung mit dem Bau beauftragt war. Es sollten 70 km^2 tropischer Regenwald abgeholzt und fast 10.000 Einwohner umgesiedelt werden. Eine „Coalition of Concerned NGOs on Bakun" mit 205 NGOs (u. a. Erklärung von Bern, Greenpeace, Friends of Earth, Rain Forest Action Network) war über den Baufortschritt besser informiert als die Konzernzentrale von ABB. Die NGOs wurden von den Anwohnern über Internet auf dem Laufenden gehalten. Sie suchten mit ihren Einbäumen das nächstgelegene Internetcafé auf. Zusammen mit 35 Mitgliedern des Europäischen Parlaments setzten sie ABB mit einer Petition unter Druck, von dem Projekt Abstand zu nehmen.[13] ABB stieg schließlich aus dem Projekt aus, und die Asienkrise von 1997 sorgte für einen Aufschub. Inzwischen ist der verlustreiche Staudamm dennoch gebaut worden – mit verheerenden Folgen für Mensch und Natur.[14] Noch immer sucht die Regierung Abnehmer für den überschüssigen Strom. Grundsätzlich moniert die Menschenrechtsorganisation „Gesellschaft für bedrohte Völker" das „Kultursterben durch Staudämme", wie es etwa auch beim Belo-Monte-Staudamm im Amazonasgebiet angeprangert wird.[15]

Die Transparenz wird noch durch den gesetzlichen Schutz erhöht, den Whistleblower in immer mehr Ländern genießen. Das sind Mitarbeiter von Organisationen, die Insiderwissen über Missstände nach außen kommunizieren. Durch sie sind die Bilanzfälschungen der Firmen Enron und Worldcom aufgedeckt worden. Und genau diese beiden Fälle haben dann schließlich zu dem sogenannten Sarbanes-Oxley Act geführt, der seit 2002 alle an US-Börsen notierte Firmen zwingt, ihre Finanzströme offenzulegen, was für mehr Transparenz sorgen soll.

Schutz von Whistleblowern und Sarbanes-Oxley Act

Längst nicht immer spiegelt die nach außen hin propagierte Transparenz tatsächliche Gegebenheiten wider. Die Ereignisse um die veraltete Ölplattform „Brent Spar" von Shell sind ein Beispiel dafür. Greenpeace startete eine öffentlichkeitswirksame Kampagne gegen die geplante Versenkung in der Nordsee. Obwohl diese Art der Entsorgung auf Vorschlägen von ökologischen Gutachten basierte, forderte Greenpeace eine Rückführung und Zerlegung an Land. Mithilfe eines erfolgreichen Aufrufs zum Boykott von Shell-Tankstellen setzte sich Greenpeace schließlich durch (mehr dazu in Fallstudie, ▶ *Abschnitt 11.7*).[16]

Intransparenz von Transparenzkampagnen: Brent Spar

Die Vorstellungen darüber, was alles als transparent anzusehen ist, hängt demzufolge auch von den Interessen und Wertvorstellungen der involvierten Parteien ab. Sie konstruieren sich ihre subjektiven Wirklichkeiten. Nicht jeder „Shitstorm", der sich in den sozialen Netzwerken über angebliches oder aufgebauschtes Fehlverhalten einzelner Mitarbeiter oder ganzer Unternehmen ergießt, erfasst wirkliche Probleme der Verantwortungslosigkeit. Auf einen solchen Ansturm der Entrüstung sollten die angegriffenen Firmen aber nicht überreagieren. Denn nicht immer sind die Anschuldigungen gerechtfertigt.[17]

Interessengebundene Transparenz

Ziel der Transparenz sollte es sein, dass alle Aktivitäten eines Unternehmens für alle Betroffenen wahrnehmbar sind, soweit dies nicht Betriebsgeheimnisse im Zusammenhang mit Forschung, Entwicklung, Patenten und Wettbewerbsstrategien berührt. Betroffene sollten als gleichberechtigte Dialogpartner einbezogen werden. Ohne Tauschgerechtigkeit dürften sie sich gegen die geplanten Aktivitäten stellen.

1.3.3 Wachsende Ansprüche der Stakeholder

Wie wir später noch genauer beleuchten werden (siehe ▶ *Abschnitt 3.6*), sind Stakeholder solche Gruppierungen, die entweder in die Aktivitäten eines Unternehmens direkt involviert oder indirekt von deren Handlungsfolgen betroffen sind. Ihre Ansprüche leiten sich daraus ab, dass sie in das Unternehmen investieren: der Shareholder sein Kapital, der Mitarbeiter seine Arbeitskraft, der Lieferant seine Produkte, die Anwohner ihr Wohlwollen gegenüber der Produktionsstätte. Sie erwarten daher auch einen Return on Investment: der Shareholder eine Dividende oder eine Wertsteigerung seiner Aktien, der Mitarbeiter einen angemessenen Lohn und ergonomischen Arbeitsplatz, der Lieferant eine langfristige Geschäftsbeziehung und die Anwohner möglichst wenige Immissionen oder eine gute

Stakeholderinteressen

Infrastruktur seitens des Unternehmens. Damit Unternehmen langfristig erfolgreich sind, sind sie auf eine vertrauensvolle Beziehung zu ihren Stakeholdern angewiesen. Ein Vertrauensverlust kann das Unternehmen in Misskredit bringen und damit zu einem teuren Reputationsverlust führen.

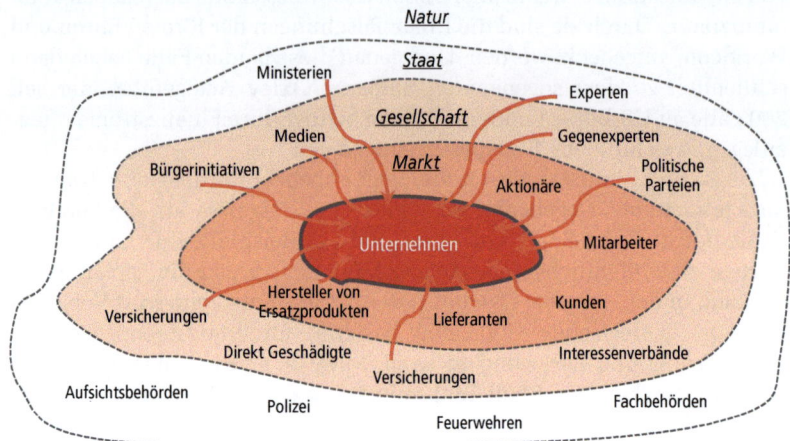

Abbildung 1.4: Stakeholdereinflüsse auf Unternehmen
Quelle: Autor, in Anlehnung an Obermeier (1999, S. 139).

Im Folgenden werden exemplarisch drei Stakeholdergruppen näher erläutert, die mit ihren Ansprüchen die Auseinandersetzung der Unternehmen mit dem Thema Verantwortung und Ethik besonders forciert haben.

Lieferantenansprüche

Angeprangerte Missstände bei Foxconn

Foxconn, einer der Hauptlieferanten für Apple, ist ein typisches Beispiel dafür. Mit mehr als einem Viertel der 1,2 Millionen Beschäftigten, also rund 300.000 Arbeitern, montiert die Firma iPhones für Apple. Sie wurde etwa von der in Hongkong sitzenden „Students & Scholars Against Corporate Misbehaviour" (SACOM) wegen schlechter Bezahlung und inakzeptabler Arbeitsbedingungen, Verwendung giftiger Materialien sowie schlechter Unterbringung und unwürdiger Behandlung der Mitarbeiter durch Aufseher angeprangert.[18] Sogar der Einsatz von Kinderarbeit wurde ihr nachgesagt.[19] Proteste, Aufstände und Selbstmorde von Mitarbeitern wurden als Folgen dieser schlechten Arbeitsbedingungen genannt.[20] Dies alles hat auch den Auftraggeber Apple in Misskredit gebracht.

Obwohl der derzeitige CEO von Apple, Tim Cook, bereits im März 2012 versprach,[21] die Missstände bei seinem Lieferanten abzustellen, bestehen nach wie vor große Zweifel an einer erfolgreichen Umsetzung seiner Ankündigung. Immerhin zeigt ein aktueller Vergleich der Schweizerischen Hightech-Rating-Plattform, eine Initiative der kirchlichen Hilfswerke „Brot für Alle" und „Fastenopfer", dass Apple-Smartphones im Vergleich zu denen von Samsung in Bezug auf „Umwelt", „Arbeitsrechte" und „Konfliktmaterialien" besser abschneiden. Jene werden mit insgesamt

61 % als „mittelmäßig" eingestuft, diese mit 41 % als „ungenügend". „Auf gutem Wege" werden HP (76 %) und Nokia (67 %) beurteilt.[22]

Fakt ist, dass Apple mit seinen iPhones eine Gewinnmarge zwischen 40 % und 50 % erzielt, während Foxconn bei der Fertigung der Geräte ca. 5 % Profitabilität erreicht. Es stellt sich also die Frage, wer die Hauptverantwortung für die sozialen Missstände bei den Foxconn-Mitarbeitern trägt: der Auftraggeber (Brand Owner) oder der Lieferant, der mit knappen Margen bedacht wird.

Gewinnmargen im Vergleich

Apple's Profit Margins on iPhones in US			iPhone 5 Manufacturing Cost	
			Material Costs	**iPhone 5**
	iPhone 5	**iPhone 6**	Flash Memory & RAM	$21,00
sales price	$649,00	$649,00	Display & Touch Screen	$44,00
retailer margin	$68,00	$50,00	Processor	$17,50
apple's price	$581,00	$599,00	Sensors	$6,50
production cost	$288,00	$351,00	Cameras	$18,00
gross profit	**$294,00**	**$248,00**	Cellular Radio	$34,00
profit margin	**49%**	**41,50%**	Wireless Radio	$5,00
			Battery	$4,50
			Power Management	$8,50
			Mechanical Parts	$33,00
			Packaging	$7,00
			Assembly	$8,00
			Licencing Fees	$20,00
			Total Material	**$227,00**
			Research & Developm	**$19,00**
			Software & Administrative	**$42,00**
			Total Production Cost	**$288,00**

Abbildung 1.5: Gewinnmargen iPhone 5 und 6
Quelle: Autor gemäß Angaben bei Sherman, 2013, und Mirani, 2014.

So ergeben sich aus den Ansprüchen der involvierten Stakeholder unbequeme Fragen:

Fragen zur Verantwortung eines Brand Owners

- ob etwa das Unternehmen Apple für die Arbeitsbedingungen seiner Lieferanten verantwortlich ist oder nicht,
- oder ob Apple einen unerheblichen Mehrpreis zur Beseitigung der Missstände zahlen sollte oder nicht,
- aber auch, ob der Konsument selbst mit dem Kauf eines iPhones dazu beiträgt oder nicht.

Kritiker beantworten diese Fragen so: Der Auftraggeber sei verantwortlich für die sozialen und ökologischen Missstände innerhalb der gesamten Lieferkette (Supply Chain). Sie verweisen dabei auf Beispiele wie die Firma Nike, die auf Druck ihrer Kunden und vielen NGOs ihre Verantwortung als Brand Owner neu definierte. Inzwischen gilt diese Firma als Vorbild dafür, dass sie mit großem Aufwand die bestmöglichen sozialen und ökologischen Standards bei der Produktion ihrer Kleidung und Sportartikel zu implementieren sucht.

Positives Beispiel: Nike

Konsumentenansprüche

LOHAS-Bewegung

Wie dieses Beispiel zeigt, kann das Verhalten von Konsumenten, etwa einen Produzenten zu boykottieren, zu einer Haltungsänderung einer Firma führen. Soziologen sehen diese Entwicklung in dem Trend des LOHAS, was für „Lifestyle of Health and Sustainability" (*www.lohas.com*) steht. Demzufolge gibt es vor allem in den entwickelten Ländern immer mehr Konsumenten, die vorwiegend Produkte von solchen Unternehmen kaufen, die ihren Wertvorstellungen wie Umweltfreundlichkeit und Sozialverträglichkeit sowie Gesundheitszuträglichkeit entsprechen, und solche meiden, die ihre Ansprüche nicht erfüllen.[23] Da sie inzwischen einen dreistelligen Milliardenmarkt repräsentieren, sehen sich immer mehr Unternehmen gezwungen, die Erwartungen solcher LOHAS-Konsumenten zu erfüllen, um keinen Wettbewerbsvorteil zu verlieren.[24]

Fairphone – ein typisches LOHAS-Produkt?

Ist nun die nachhaltig verantwortungsvolle Produktion des Fairphone ein typisches Angebot auf die Nachfrage des LOHAS-Marktes? Fairphone ist ein niederländisches Smartphone, das nach 35.000 Stück der ersten Serie bereits 70.000 Stück der zweiten Serie verkauft hat. Die Hersteller scheinen alles daran gesetzt zu haben, die sozialen Bedingungen bei den Lieferanten zu optimieren und die Rohstoffe auf ökologisch höchstmöglichem Niveau zu gewinnen.[25] Fairphone könnte somit ein typisches LOHAS-Produkt werden.

Informationsbedarf der LOHAS-Konsumenten

Der typische LOHAS-Konsument informiert sich über die Produkte, bevor er sie kauft, ob sie seinen gesundheitlichen, sozialen und ökologischen Ansprüchen genügen. Seinen Informationsbedarf decken Ratingagenturen oder Ökolabels.

Ansprüche von Ratingagenturen

Ratingagenturen

Erstere beurteilen Firmen neben ihrer ökonomischen Stärke auch in Bezug auf ihre Sozial- und Ökobilanz. Neben Oekom vergleicht Robeco-SAM Firmen innerhalb einer Branche und bewertet sie.[26] Die Branchenbesten werden dann im Dow Jones Sustainability Index gelistet. Immer mehr private wie institutionelle Anleger orientieren sich daran, um sicherzugehen, dass ihr Kapital in nachhaltige Firmen investiert ist. Deshalb sind selbst größere Publikumsgesellschaften daran interessiert in den besagten Index aufgenommen zu werden. Sie dokumentieren ihre Bemühungen um eine positive Sozial- und Ökobilanz in Jahresberichten, die die Vorgaben der UN Global Reporting Initiative (GRI) erfüllen.

Öko- und Soziallables

Öko- oder Soziallabels sind eine andere Methode, um Produkte LOHAS-Konsumenten schmackhaft zu machen. Über den Sinn und Unsinn solcher Labels wird immer wieder gestritten. Vielen Herstellern wird vorgeworfen, damit Greenwashing zu betreiben, sprich: sich einen grünen Anstrich zu geben, ohne das Versprochene auch wirklich zu halten. Die Internet-Plattform *www.sinsofgreenwashing.org* hat es sich zur Aufgabe gemacht, die typischen Sünden des Greenwashing anzuprangern – so z. B. die Sünde eines fehlenden Beweises, der Vagheit und Irrelevanz der behaupteten Eigenschaften oder der falschen Etikettierung einer sozialen oder ökologischen Ausrichtung eines Unternehmens oder

Produkts. Jedenfalls gibt es unter den zahlreichen Labels am Markt auch solche, die wirklich ernst zu nehmen sind und tatsächlich die ausgewiesenen Eigenschaften getestet haben.

Generell sollten Unternehmen die Ansprüche ihrer Stakeholder ernst nehmen, wenn sie nicht Gefahr laufen wollen, ihrer Gegenwehr ausgesetzt zu sein. Dies ist aber alles andere als trivial, da, wie wir später noch sehen werden (siehe ▶ *Abschnitt 3.6*), jede Stakeholdergruppierung andere Erwartungen an ein Unternehmen hat, unterschiedliche Wertvorstellungen und Logiken vertritt. Wenn nun ein Manager sich auf einen Dialog mit Stakeholdern einlässt, sollte er dies berücksichtigen und sich mit einer angemessenen Sprache an sie wenden. Stakeholder wollen ihre Interessen gewahrt sehen. Fühlen sie diese von unternehmerischen Aktivitäten bedroht, dann spielen sie ihre Machtmittel aus, um sich etwa mit Boykottaufrufen, Bürgerinitiativen, Konsumentenklagen, Streiks etc. zu verteidigen.

Ernstnehmen von Stakeholderansprüchen

Zusammenfassung

Wir haben drei wesentliche Gründe festgestellt, weshalb Unternehmen sich mit der Thematik der nachhaltigen und ethischen Unternehmensverantwortung beschäftigen sollten: (a) schrumpfende Ressourcen, (b) der Ruf nach größerer Transparenz und (c) wachsende Stakeholdererwartungen. Diese drei Gründe hängen wechselseitig voneinander ab. Zu jedem dieser Gründe haben wir Beispiele genannt, die die Dringlichkeit einer verantwortlichen Handhabung von ökonomischen, sozialen und ökologischen Problemen durch Unternehmen deutlich machen.

Obwohl sich die Mehrheit der Führungskräfte offensichtlich darin einig ist, dass die Wahrnehmung von nachhaltiger Verantwortung geschäftsnotwendig ist, hat sie kein gemeinsames Verständnis dieses Begriffs.[27] Auch ist der Zusammenhang zwischen Nachhaltigkeit und Verantwortung sowie Ethik für viele nicht deutlich. Manche gebrauchen diese Begriffe fälschlicherweise sogar synonym. Diese sollen daher im folgenden Kapitel grundlegend definiert und interpretiert und schließlich in dem Modell einer nachhaltigen Unternehmensverantwortung (Sustainable Corporate Responsibility) zusammengefasst werden.

Dabei wird sich zeigen, dass die drei genannten fundamentalen Gründe für Verantwortung eben auch das Ziel haben, dass Unternehmen ihre Ressourcen schonen, für Transparenz sorgen und die berechtigten Ansprüche der Stakeholder befriedigen. Denn dadurch tragen sie zu ihrer eigenen Gesunderhaltung (Corporate Health) bei (mehr dazu in ▶ *Abschnitt 2.4*): Die Ressourcen dienen (a) ihrem *Selbsterhalt*, die Transparenz der ökologischen Einbettung ins größere Ganze und damit (b), dem *Gesamterhalt*, die Befriedigung der Stakeholderansprüche (c) dem sozialen *Miterhalt*.[28]

 Weiterführende Inhalte finden Sie auf der Website *www.pearson-studium.de* unter Online Extras.

Endnoten

1   Die ursprüngliche Definition stammt von Arthur Cecil Pigou (1877–1959): Das Wesentliche der externen Effekte besteht darin, „dass eine Person A, indem sie einer zweiten Person B gegen Bezahlung einen Dienst leistet, zugleich anderen Personen Vor- und Nachteile verschafft, die so geartet sind, dass den begünstigten Parteien keine Zahlung auferlegt oder seitens der geschädigten Parteien keine Kompensation erzwungen werden kann" (zit. n. Steger et al., 1990, S. 197). Pigou wies auch darauf hin, dass Menschen prinzipiell dazu neigen, um gegenwärtiger Vorteile willen etwa bei der Ausbeutung von Rohstoffschätzen künftige Generationen zu benachteiligen. (Hoffmann, 1993, S. 35)

2   Eine groß angelegte Befragung von 766 CEOs in 100 Ländern und 25 Branchen durch Accenture zusammen mit der Organisation UN Global Compact ergab bereits 2010, dass 93 % im Thema „Nachhaltigkeit" einen „kritischen Erfolgsfaktor" für ihr Geschäft erachten, 72 % die drei Hauptmotivatoren dafür „Marke, Vertrauen und Reputation" ansehen. 96 % sind überzeugt, dass Nachhaltigkeitsthemen voll und ganz in der Strategie und in den Prozessen und 88 % sogar in der Lieferkette (Supply Chain) eines Unternehmens integriert sein sollten. Allerdings glaubten nur 54 %, dass sie dies bereits in ihrem Unternehmen oder in ihren Niederlassungen im Ausland erreicht hätten. (Lacy, 2010, S. 13 f)

3   KPMG, 2011, S. 19.

4   Vgl. Wheelen/Hunger, 2010, S. 122.

5   PWC, 2010.

6   KPMG, 2015, S. 30; G250: Die 250 größten Firmen nach Umsatz in der Liste der Global Fortune 500, N100: Die 100 größten Firmen nach Umsatz in den 16 größten Industrieländern.

7   Janggu, 2013.

8   Der ehemalige Chief Communication Officer von Petrobras, Izeusse Dias Braga (2012), nannte in einem Vortrag diese drei Gründe, weshalb seine Firma nicht länger die negativen sozialen und ökologischen Folgen ihrer Geschäftsaktivitäten ignorieren dürfe. Dass kurze Zeit später Petrobras selbst wegen milliardenschwerer Korruptionsdelikte angeklagt wurde, konnte er damals noch nicht ahnen.

9   Poulsen, 2010.

10   Nestlé, 2007, S. 3; vgl. Regenass, 2012.

11   Braungart/McDonough, 2002.

12   Pauly/Traufetter, 2016, S. 38.

13   Vgl. Steger, 2003, S. 250.

14   Vgl. World Commission on Dams, 1999; Netto, 2006.

15   GFBV, 2010.

16   Shell, 2008.

17   Vgl. Reinbold, 2015.

18   SACOM, 2012.

19   Hick, 2012.

20   NN, 2012.

21   Vgl. ts/dpa, 2012.

22   Hightech-Rating, 2016.

23   Greenbiz Staff, 2007.

24   Vgl. Crawford, 2005.

25   Fairphone, 2015.

26   OEKOM, 2016; RobecoSAM, 2016.

27   Vgl. Blackmore et al., 2012.

28   Vgl. Schüz, 1999, S. 116 ff.

Ein ganzheitliches Modell der Unternehmensverantwortung

2

ÜBERBLICK

Lernziele

Der Leser

- versteht die grundlegende Bedeutung und Struktur der Verantwortung für menschliches Handeln,

- erfasst den Sinn verantwortlichen Handelns im Kontext lebensfähiger Systeme,

- kennt die drei Dimensionen der unternehmerischen Verantwortung mit ihren unterschiedlichen Reichweiten,

- charakterisiert die zeitliche Dimension der nachhaltigen Verantwortung,

- begreift nachhaltige Unternehmensverantwortung im Zusammenhang mit einem ganzheitlichen Modell,

- erkennt den Nutzen des Modells für die unternehmerische Praxis.

2.1 Der Begriff und die Struktur der Verantwortung

Ursprüngliche Bedeutung

Herkunft
Der Begriff „verantworten" hat seinen Ursprung im römischen Rechtsleben und ist eine Übersetzung des lateinischen *respondere* im Sinne von „antworten auf eine Anklage", wobei *spondere* wohl im griechischen Wort *spendein* wurzelt. Dieses wiederum steht für das „Spenden" eines Trankopfers bei Abschluss eines Vertrags, in dem etwas vereinbart und zugesichert wird.[1] Der Vertragsabschluss war nämlich eine geheiligte Handlung, die deshalb auch vor einer göttlichen Instanz besiegelt wurde. Ihm kam dadurch eine hohe Verbindlichkeit zu. Im *respondere* beantwortete man die Frage eines Richters, ob man der eingegangenen Verpflichtung gerecht geworden sei.

Religiöse Wurzel der Verantwortung
Dass der Begriff im christlichen Abendland vom Rechtsleben auf alles menschliche Handeln, also auch auf Moral und Ethik, übertragen wurde, hängt vermutlich mit der christlichen Offenbarung zusammen. Diese rückt das menschliche Denken und Handeln unter die Erwartung des letzten Gerichts (griech. *eschaton*). Dort wird das Leben eines jeden gewogen, inwieweit es eher „gut" oder „böse" verlaufen ist (vgl. z. B. 2. Kor. 5,10). Demnach weist Verantwortung ursprünglich immer über die Instanz eines konkreten Vertrags, Gesetzes oder einer moralischen Regel hinaus auf ein größeres Ganzes, hier: auf das verheißene Reich Gottes.[2]

Handlungskonzept mit Feedbackschleife

Verantwortung wird häufig als ein dreistelliges Suchmuster für ein gewünschtes Handeln aufgefasst.[3] Es kann aber auch Nichthandeln, Unterlassen oder eine bestimmte Einstellung oder Überzeugung umfassen. Dabei werden die Konsequenzen bedacht und vor einer Instanz gerechtfertigt. In Anlehnung an den deutschen Philosophen und Pädagogen Georg Picht (1913–1982) bedeutet nun Verantwortung, dass ein Subjekt (Individuum, Gruppe, Unternehmen) *für* sämtliche *Konsequenzen* (auch Neben-, Rück- und Fernwirkungen) *vor Instanzen* (Mitarbeiter, Kunden, Lieferanten, NGOs, eigenes Gewissen, Richter etc.) Rede und Antwort steht.[4]

Verantwortung als dreistellige Relation zwischen Subjekt, Konsequenz und Instanz

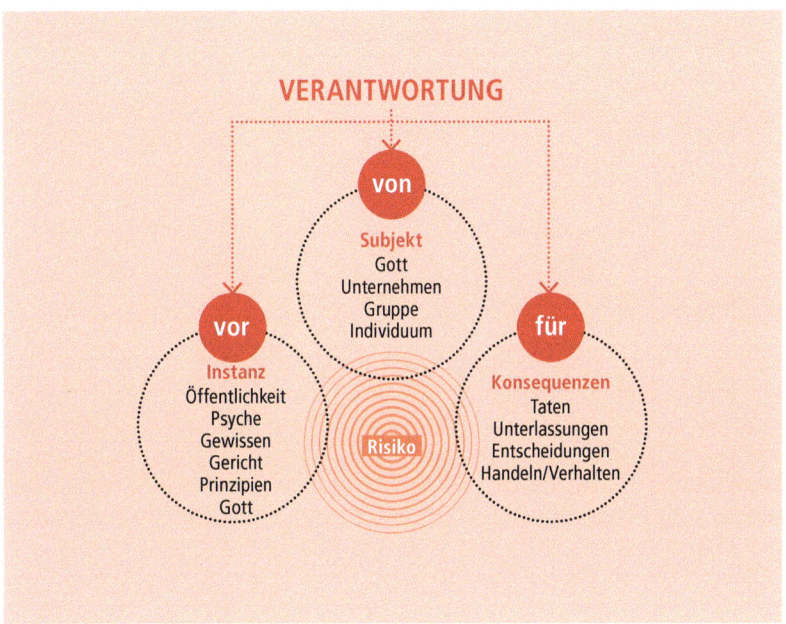

Abbildung 2.1: Die dreistellige Struktur der Verantwortung
Quelle: Schüz 2013, S. 15.

Der Zusammenhang zwischen handelndem Subjekt, Konsequenzen und Instanzen kann auch anhand eines Dreiecks veranschaulicht werden:

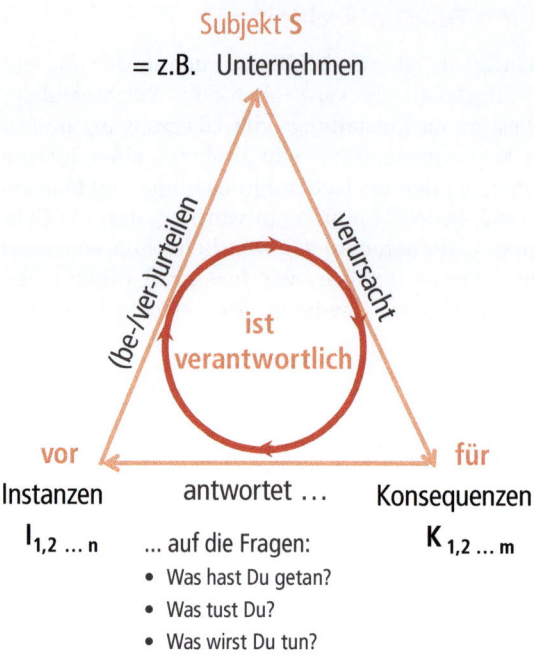

Abbildung 2.2: Struktur der Unternehmsverantwortung

Ein verantwortungsvolles Unternehmen (U) verursacht mit seinen Aktivitäten Konsequenzen (K) und rechtfertigt diese vor Instanzen (I) als Antwort auf deren Frage: Was hast du getan? Oder: Was tust du? Oder: Was wirst du tun? Je nachdem, ob die Instanz mit der Begründung zufrieden ist, beurteilt sie das Unternehmen. Die Instanzen geben also dem Unternehmen Feedback, wie sie die Konsequenzen einer Aktivität aufgenommen haben.

Allerdings hängen die Vorstellungen darüber, was als verantwortliches Handeln angesehen wird, von den Wertvorstellungen der urteilenden Instanz ab. Wenn der Kundenberater einer Privatbank sich weigert, der Anordnung seines Vorgesetzten Folge zu leisten, ein aus seiner Sicht unseriöses Wertpapier zu verkaufen, dann mag dieser jenen als verantwortungslos gegenüber den Interessen des Arbeitgebers verurteilen, während die Kunden ihn als verantwortungsvoll loben.

Ohne Verantwortung
keine soziale Existenz

Wenn der Mensch generell die Folgen seines Handelns ignoriert und sich den Fragen der Instanzen entzieht, dann isoliert er sich von seiner Um- und Mitwelt. Ohne Gemeinschaft wird er jedoch auf Dauer kaum überleben. Als verantwortlicher Mensch hingegen erhält er die für sein Überleben notwendigen Beziehungen und erweist sich als ein mehr oder weniger soziales Wesen.[5]

Verantwortung als Wertbeziehungsbegriff

Verantwortung ist selbst kein Wert, sondern ein Wertbeziehungsbegriff. Er ist demnach selbst zunächst als wertneutral aufzufassen. Er bezieht sich über die beurteilende Instanz auf Werte, die aber sehr widersprüchlich sein können. Folglich ist die Forderung eines Politikers „nach mehr Verantwortung in der Wirtschaft" so lange nichtssagend, wie er nicht zugleich klar macht, auf welche Wertvorstellungen – etwa ethische – und gewünschte Handlungsfolgen – etwa arbeitnehmerfreundliche – seine Aussage abzielt.

Man sollte sich vor Augen führen, dass es zahlreiche zum Teil unüberschaubare Konsequenzen (Neben-, Rück- und Fernwirkungen) des Handelns gibt, zugleich aber auch zahlreiche, zum Teil unüberschaubare Instanzen existieren, die mehr oder weniger berechtigt Feedback geben und eine Begründung für das unternehmerische Handeln einfordern können. Deshalb ist der Prozess der Verantwortung unabschließbar und sollte immer wieder durchlaufen werden, wie der Kreis in ▶Abbildung 2.2 andeutet.

Zudem kann die gleiche Instanz unterschiedliche Konsequenzen in derselben Handlung sehen, wie die berühmte Grammatik-Szene aus dem Monty-Python-Film „Das Leben des Brian" aufzeigt. Brian pinselt auf eine Stadtmauer den provokativen Spruch: „Römer geht nach Hause" und wird dabei von römischen Soldaten erwischt. Der Anführer dieser Gruppe zieht Brian wegen mangelnder Grammatikkenntnisse, also wegen der Syntax, zur Verantwortung. Andere Römer, die ihn später erwischen, ziehen ihn wegen des Inhalts, also der Semantik, zur Rechenschaft, was gegenläufige Sanktionen provoziert.[6] *Unterschiedliche Beurteilung der gleichen Handlung*

Typische Instanzen für Unternehmen repräsentieren die Stakeholder. Ein Kunde, Lieferant, Anwohner, Gesetzgeber, NGOs, Shareholder, Mitarbeiter usw. vertreten unterschiedliche Wertvorstellungen bzw. Interessen, wenn sie die Konsequenzen einer unternehmerischen Aktivität beurteilen. Je nach zur Verfügung stehender Machtmittel können sie dann auch unterschiedliche Sanktionen gegenüber dem Unternehmen ausüben. *Stakeholder als Instanzen*

Beispiel   **Die Ölpest im Golf von Mexiko**

Betrachten wir die Firma British Petrol (BP), unter deren Verantwortung die Ölbohrplattform Deepwater Horizon im Golf von Mexiko im April 2010 explodierte. Obwohl die Firma Transocean den Bohrauftrag für BP ausführte, wurde BP für die Ölpest im Golf von Mexiko verantwortlich gemacht. Unterschiedliche Gruppen von Betroffenen – Fischer, Touristen, Hoteliers, Anwohner, Politiker – verurteilten die Firma. Sie forderten und erhielten Schadenersatz in zweistelliger Milliardenhöhe. *Explosion der Ölplattform Deepwater Horizon*

Der damalige CEO von BP, Tony Hayward, musste vor dem US-Kongress in einem Hearing Rede und Antwort stehen.[7] Immer wieder konnte er auf die auf ihn einstürmenden Fragen keine befriedigenden Antworten geben. Er musste zugeben, dass er über die Details der Katastrophe und die mangelhaften Sicherheitsstandards in seiner *Verantwortung des CEO von BP vor dem US-Senat*

Firma nicht genügend informiert war. Die Medien verurteilten ihn auch für sein Verhalten nach Ausbruch der Katastrophe. So warf man ihm vor, er habe nach Bekanntwerden der Explosion seinen Segelurlaub mit seinem Sohn nicht abgebrochen, um sich an Ort und Stelle ein Bild von der Lage zu verschaffen.

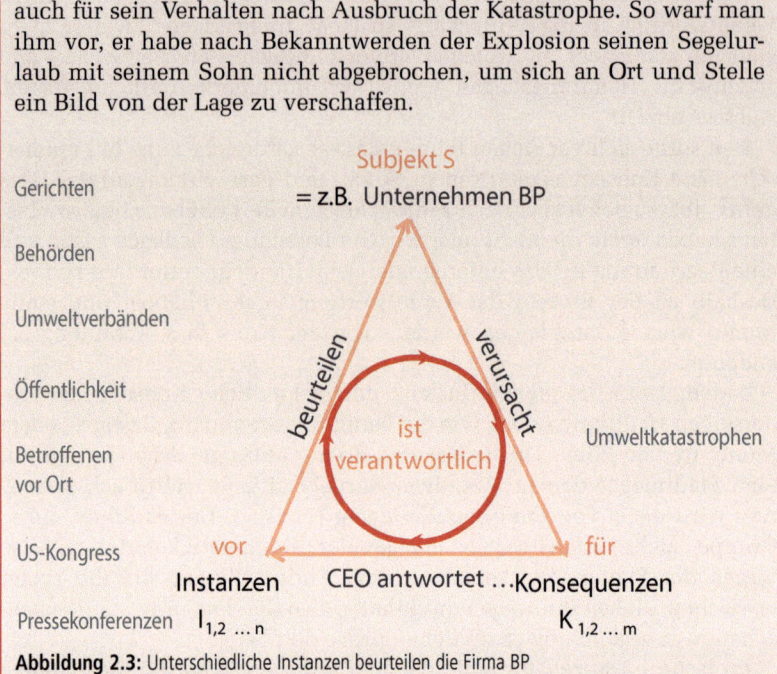

Abbildung 2.3: Unterschiedliche Instanzen beurteilen die Firma BP
Quelle: vgl. Fallstudie Schüz 2013, S. 16 f.

Religiöse Instanzen   Die Androhung, BP und seine Manager müssten auch religiösen Instanzen Rede und Antwort stehen, dient in einer aufgeklärten säkularisierten Welt wohl kaum noch als Abschreckung. Dennoch sollte im Kontext der Unternehmensverantwortung auch die religiöse Dimension mit reflektiert werden. Denn immerhin können religiös motivierte Stakeholder die öffentliche Meinung gegen ein Produkt oder Unternehmen mobilisieren, wenn sie in ihm eine ernsthafte Verletzung von Gottes Schöpfung oder Geboten sehen, und die Verantwortlichen an den Pranger stellen. Oft verweisen sie dabei auf den „Richterstuhl Christi", vor dem am Ende der Zeiten „jeder seinen Lohn empfange für das, was er getan hat bei Lebzeiten, es sei gut oder böse" (2. Kor 5,10).

Beispiel: Unter Hinweis auf diese sogenannte „eschatologische Verantwortung"[8]
Abtreibungspille   protestieren beispielsweise seit Jahrzehnten weltweit Vertreter der katholischen Kirche gegen die Abtreibungspille RU486, wie erst kürzlich wieder in Kanada.[9] Der Erfolg beruht nicht zuletzt auf den drohenden Sanktionen, wie sie vielfältig schon im Alten Testament beschrieben werden. Gott strafe oder belohne menschliches Verhalten nicht nur im Jenseits, sondern bereits im Diesseits mit Katastrophen wie Krankheiten, Unglücken und Hungersnöten – oder wundersamen Errettungen.

Fallstudie

Goldabbau in Rosia Montana, Rumänien

Wie sehr religiös orientierte Instanzen Einfluss auf ein Wirtschaftsprojekt nehmen können, zeigt folgender Fall. Hohe Würdenträger der rumänisch-orthodoxen Kirche mobilisierten ihre Gläubigen gegen den umweltzerstörerischen Goldabbau im siebenbürgischen Rosia Montana durch die kanadische Firma Gabriel Resources. Zum Abbau der größten Goldvorkommen Europas unter Einsatz großer Mengen von Zyanid im Tagebau sollte eine der schönsten Landschaften der Karpaten sowie ein ganzes Dorf mit mehreren Kirchen, Friedhöfen sowie antiken Bergbaustollen dauerhaft zerstört werden. Dem ganzen Tal drohte die Überflutung durch einen See mit hochgiftigen Zyanidresten.

Nach zehn Jahren Widerstand von Umweltschutzgruppen und Bewohnern des Dorfes gegen Politik und Wirtschaft kam es auf einer Tagung der Evangelischen Akademie Siebenbürgen im Juli 2007 unter großem Medieninteresse zu einer Konfrontation zwischen Gegnern und Befürwortern. Fasziniert konnten die Zuschauer, unter denen sich auch der Autor mit einer Gruppe von Studenten befand, die Bildung neuer Stakeholderkoalitionen feststellen. Vertreter der Rumänischen Akademie der Wissenschaften, Greenpeace und andere Umweltaktivisten, Bewohner vor Ort und Vertreter verschiedener Kirchen aus dem In- und Ausland wandten sich vehement gegen das Projekt. Der anwesende orthodoxe Erzbischof Andrei, der immerhin zwei Millionen Gläubige vertrat, brachte die Position der Kirche folgendermaßen zum Ausdruck: „Unsere Kirche ist dagegen, weil das Projekt den Abriss oder Umzug von Kirchen und Friedhöfen beinhaltet. Außerdem wünschen wir, dass die Region landschaftlich intakt bleibt. Gott hat alles gut geschaffen, der moderne Mensch zerstört es. Die Kirche darf nicht schweigen, wenn der Mensch so brutal in die Natur eingreift." Sodann wurde die Grußbotschaft des Patriarchen Teoctist verlesen, dessen Kirche dafür bete, „dass dieses für die Natur und Mensch so gefährliche Vorhaben nicht verwirklicht" werde.[10]

Es dauerte noch weitere acht Jahre, bis der Protest unter starker Mitwirkung der Kirchen tatsächlich zum Aus des Bergbauprojektes führte – trotz teurer PR-Kampagnen der Goldabbaufirma. Allerdings hat Gabriel Resources eine milliardenschwere Klage vor einem Schiedsgericht zur Kompensation seiner entgangenen Gewinne und eingesetzten Investitionen (ca. 500 Mill. US-$) eingereicht. Die Widerstandsgruppe „Alburnus Maior" sieht diese Klage als ungerechtfertigt an, weil das Projekt illegal mithilfe von Politikern, die heute wegen Korruption im Gefängnis säßen, beschafft und entgegen den Interessen der lokalen Bevölkerung gefördert worden sei.[11]

> Rumänische NGOs sehen in dieser Klage ein Omen für weitere Fälle von Schadenersatzklagen, wenn solche durch Ratifizierung des Freihandelsabkommens TTIP noch juristisch munitioniert würden.[12]
>
> *Übung:*
>
> Zeichnen Sie das Verantwortungsdreieck mit Gabriel Resources als **Subjekt**, den verschiedenen **Konsequenzen** (intendiert, nicht intendiert, Neben-, Rück- und Fernwirkungen) des Goldabbaus und den verschiedenen **Instanzen**, sprich: involvierten Stakeholdern, die mit ihren Machtmitteln das Projekt fördern bzw. blockieren.

Eschatologische Verantwortung

Gott als Subjekt der Verantwortung

Dass jahrhundertelang bis heute unter Hinweis auf die Instanz Gottes Menschen oder gar Organisationen zur Rechenschaft gezogen werden, dürfte deutlich geworden sein. Darüber hinaus wurde und wird ein allmächtiger Gott sogar als Subjekt der Verantwortung angesehen. Schließlich habe er ja die Welt mit all ihren Unvollkommenheiten wie Krankheit, Not, Tod, Naturkatastrophen und dem Bösen geschaffen, also auch die Folgen etwa einer sündhaften Menschheit selbst zu verantworten. Bis heute wird Gott in vielen Religionen und Kulturen verantwortlich für die Übel und das Böse in der Welt gemacht.

Umgekehrt glauben Dschihadisten, Gott habe sie aufgefordert, in den heiligen Krieg gegen die Ungläubigen zu ziehen. So gesehen führen sie nur einen göttlichen Auftrag aus, wenn sie, wie jüngst bei den Anschlägen von Paris, sogar ihr eigenes Leben lassen. Als Dank, so hoffen sie, erwartet sie im Paradies ein luxuriöses Leben, das ihnen im Diesseits versagt geblieben ist. Indem sie nur eine vermeintlich von Gott auferlegte Pflicht erledigen, sehen sie sich von jeglicher Schuld befreit.

Rechtfertigung Gottes angesichts des Leids in der Welt

Viele gläubige Christen fragen auch heute noch: Wie kann Gott – so es ihn gibt – so viel Leid in der Welt zulassen? Seit mehr als zwei Jahrtausenden haben Philosophen und Theologen sich mit dieser Frage beschäftigt. Der Universalgelehrte und Philosoph Gottfried Wilhelm Leibniz (1646–1716) diskutierte diese Frage unter dem Begriff der „Theodizee", der Rechtfertigung Gottes angesichts des Leidens in seiner Schöpfung. Für ihn ist diese Welt die „beste aller möglichen Welten", in der auch das Leiden seinen Platz hat, weil erst im Zusammenspiel von Licht und Schatten, Freiheit und Notwendigkeit, Gut und Böse sich die Harmonie der Welt zeigt. Denn erst durch den Mangel wird der Wille aller Lebensformen herausgefordert, zur „größtmöglichen Vollkommenheit" der Welt beizutragen.[13]

Abkehr von der eschatologischen Verantwortung

Prinzipiell in Zweifel gezogen wurde das verantwortliche Eingreifen Gottes in die Welt nach der Zerstörung Lissabons im Jahre 1755. Im Gefolge eines Erdbebens, Tsunamis und zahlreicher Brände starben zwischen 30.000 und 100.000 Menschen – ungeachtet ihres Glaubens. Während Kirchgänger besonders betroffen waren, wurde das Stadtviertel der Prostituierten verschont.[14] Der Versuch der Kirche, wie in den vergangenen Jahrhunderten Gott selbst für die Katastrophe als Bestrafung von sündigen Menschen verantwortlich zu machen, lief daher diesmal ins Leere. Damit war nicht nur eine ganze Stadt, sondern auch ein jahrhundertelang gültiges Weltbild zusammengestürzt und förderte in ganz Europa den Geist der Aufklärung. Besonders Voltaire (1694–1778) machte sich aus Anlass der Katastrophe in seinem Roman Candide über vergangene Versuche lustig, die Übel der Welt mit einem allgütigen Gott zu vereinbaren.[15]

Verantwortung in der Aufklärung

Von nun an setzten sich eher wissenschaftliche Erklärungsversuche für das Geschehen in der Welt durch. Die Ursachen von Katastrophen wie die von Lissabon wurden in den Gesetzen der Natur erkannt. Die Verantwortung des Menschen bestand nun nicht mehr in einem gottgefälligen Leben, sondern in der vernünftigen Bewältigung der materiellen, sozialen und ökologischen Folgen sowie in der Vorsorge vor ähnlichen Naturereignissen mittels Wissenschaft und Technik.

Einsatz von Wissenschaft und Technik

Im Fall von Lissabon übernahm Sebastiao José de Carvalho e Mello, der Marquis de Pombal (1699–1782), die Verantwortung für das erste moderne Katastrophenmanagement und den Wiederaufbau der Stadt. Zunächst ließ er sich dafür eine Generalvollmacht vom König von Portugal geben. Sodann richtete er in seiner Kutsche eine mobile Kommando- und Kommunikationszentrale ein. Diese ermöglichte ihm, in kürzester Zeit überall dort persönlich aufzutauchen, wo Feuer und sonstige Krisenherde auszubrechen drohten. Er organisierte Feuerwehrtrupps und Abrissbrigaden, bekämpfte Plünderungen und Schwarzmärkte, setzte Fixpreise für Lebensmittel fest. Er schlug Aufstände nieder und bekämpfte kriminelle Banden. Zudem wehrte er sich aktiv gegen die kirchliche Sündenbocktheorie, die die Katastrophe als Gottesurteil darstellte. Mit der späteren Auflösung des Jesuitenordens legte er den Grundstein für eine einzigartige Säkularisierung und Modernisierung des Landes.[16]

Marquis de Pombal – der erste moderne Krisenmanager

Die Verantwortung über das Geschehen in der Welt war von nun an nicht mehr göttlichen Mächten anheimgegeben, sondern dem Menschen selbst bewusst geworden. Indem die Menschen Kräfte der Natur analysieren, vermögen sie nach dem methodischen Programm von René Descartes sich zu „Herren und Eigentümern der Natur" zu erheben und sich deren Kräfte systematisch zu bedienen.[17] So gesehen hat die Aufklärung auch den Stellenwert der Verantwortung für das menschliche Handeln auf eine völlig neue Stufe gestellt. Mit der wissenschaftlich-technischen Veränderung und ökonomischen Ausbeutung der Natur ist der Mensch gezwungen, auch die Konsequenzen seines Tun und Lassens selbst zu bewältigen. Der Mensch ist von nun an auf sich selbst zurückgeworfen. Er bedroht damit aber auch sein eigenes Überleben, wenn er die ihm zugewiesene Verantwortung nicht wahrzunehmen versteht. Eine Zuweisung der Verantwortung auf eine göttliche Instanz ist ihm von nun an nicht mehr rational möglich.

Eigenverantwortung des Menschen in der Aufklärung

Die Matrix der Verantwortung

Formel für die totale Verantwortung

Worin besteht aber nun die aufgeklärte Verantwortung? Sie zeigt sich darin, dass der Mensch für sämtliche Konsequenzen vor allen möglichen Betroffenen Rede und Antwort für sein Handeln stehen muss. Ein Rückverweis auf eine ihm übergeordnete transzendente Macht, als deren Erfüllungsgehilfe oder Erdulder er sich erklären kann, ist ihm nicht mehr möglich. Die vielfältigen Kombinationsmöglichkeiten zwischen beurteilenden Instanzen und bewerteten Konsequenzen legen die Darstellung einer Matrix nahe:

	K_1	K_2	K_3	...	K_m
I_1	V_{11}	V_{12}	V_{13}	...	V_{1m}
I_2	V_{21}	V_{22}	V_{23}	...	V_{2m}
I_3	V_{31}	V_{32}	V_{33}	...	V_{3m}
...	...	...	...	...	...
I_n	V_{n1}	V_{n2}	V_{n3}	...	V_{nm}

Tabelle 2.1: Verantwortungsmatrix

Gesamtverantwortung V_{tot}

Die Gesamtverantwortung $V_{tot.}$ eines Unternehmens setzt sich demnach aus der Summe aller Teilverantwortungen V_{ij} zusammen. Die Formel für die Gesamtverantwortung V_{tot} lautet:

$$V_{tot.} = \sum_{i,\,j=1}^{n,\,m} V_{ij} = \sum_{i,\,j=1}^{n,\,m} K_i I_j$$

Unüberschaubarkeit der Gesamtverantwortung

Hier zeigt sich schon das Problem, dass kein Subjekt für alle Konsequenzen vor allen Instanzen Rede und Antwort stehen kann, also die totale Verantwortung für sein Handeln übernehmen kann. Es können immer nur Aspekte der Konsequenzen und eine bestimmte, überschaubare Anzahl an Instanzen berücksichtigt werden.

Vielfache Verursacher

Eine weitere Herausforderung besteht darin, dass in der Regel nicht alle Konsequenzen einem Verursacher allein zugeschrieben werden können. In unserem Beispiel der Ölpest ist die ausführende Firma Transocean involviert, aber auch die Betreiberfirma Halliburton oder die Firma, die die Chemikalie Corexit zur chemischen Bindung des Ölteppichs entwickelt hat. Denn diese Chemikalie hat zwar den sichtbaren Ölteppich schnell aufgelöst, aber die Überreste auf den Meeresgrund absinken lassen. Dies hatte verheerende Auswirkungen auf Flora und Fauna. So haben all diese Akteure gemeinsam zu den Konsequenzen des Unglücks beigetragen.

Situationelle und instanzielle Verantwortung

Außerdem gibt es Konsequenzen, für die sich weder eine Instanz noch ein handelndes Subjekt für zuständig erklärt. So ist etwa die Grundsatzdiskussion wieder entbrannt, ob fossile Energieformen überhaupt noch für das Überleben des Planeten tragbar sind. Hierfür sind weder einzelne Subjekte noch Instanzen identifizierbar. Der Mainzer Philosoph Richard Wisser hat solche Formen der Verantwortung mit „situationeller Verantwortung" bezeichnet, die im Gegensatz zur „instanziellen Verantwortung" eben keine Instanz oder ein einzelnes Subjekt des Handelns kennt, die die existierenden Konsequenzen einklagen bzw. tragen würde.[18] Solche situationellen Verantwortungen sind kollektive Herausforderungen für die ganze Menschheit. Es gibt für sie noch keine von Instanzen einforderbare Lösungen, obgleich unter Umständen das Überleben der Menschheit von ihnen abhängt. Der drohende Klimawandel aufgrund des Treibhauseffektes durch übertriebenen Einsatz fossiler Energiequellen ist ein Beispiel dafür.

2.2 Philosophische Reflexion: Ist Verantwortung eine menschliche Grundbefindlichkeit?

Zur Philosophie der Verantwortung gehört auch die Frage, ob die Befähigung zur Verantwortung, also die Fähigkeit, die Folgen unseres Handelns gegenüber unterschiedlichen Betroffenen (Instanzen) zu bedenken, eine entscheidende Grundbefindlichkeit unseres Menschseins darstellt. Immerhin sehen verschiedene Ansätze der philosophischen Anthropologie (= Lehre vom Menschen) den Unterschied zwischen Mensch und Tier gerade darin, dass Ersterer nicht in eine vorgegebene ökologische Nische hineingeboren wird und sich dort instinktiv bewegt, sondern in seiner „Weltoffenheit" (Max Scheler) seine Nische zum Überleben überhaupt erst durch Kulturleistungen schaffen muss. Er muss auf die Herausforderungen der Natur je nach Situation und je nach seinen Fähigkeiten antworten, sprich: sich so einrichten, dass er trotz seiner Existenz als „Mängelwesen" (Johann Gottfried Herder), trotz seiner „Instinktreduktion" (Adolf Portmann) die Folgen seines Handelns bedenkend überleben kann. So zeichnet sich menschliches Handeln gerade mit der gedanklichen Reflexion über dessen mögliche Folgen für verschiedene Betroffene (Instanzen) gegenüber anderen Lebewesen aus.

Befähigung zur Verantwortung

Zudem hat der Mensch die Möglichkeit, impulsivem, affektgebundenem Verhalten als Reaktion auf umweltbedingte Reize ein Stopp, also zwischen Handlungsbereitschaft und konkretem Handeln eine Reflexionspause einzuschieben, die der deutsche Philosoph Arnold Gehlen als „Hiatus" (lat. *hiatus* = Öffnung, Spalt, Kluft) bezeichnete. Er sieht darin eine zentrale Grundbefindlichkeit des Menschen, die ihm die Möglichkeit eröffnet, zwischen Handlungsimpuls und Handlungsausführung zunächst die Folgen zu überdenken. Im Moment des Hiatus hat der Mensch die Fähigkeit entwickelt, auf eine Herausforderung seine Antwort zu überdenken, deren mögliche Folgen sowie Handlungsalternativen in Betracht zu ziehen, bevor er sich dann zum konkreten Handeln entscheidet.[19]

Hiatus als Pause zur Reflexion des Handelns

Die gedankliche Reflexion möglicher Entscheidungen und ihrer Handlungsfolgen ist auch Merkmal der menschlichen Freiheit, die trotz aller von zeitgenössischen Neurophysiologen nahegelegten Determiniertheit der Hirnaktivitäten[20] doch bestehen bleibt und damit die Bedingung der

Reflexionspause – Merkmal menschlicher Freiheit?

Möglichkeit ethischen Handelns nahelegt. Wir werden auf diesen wichtigen Zusammenhang später noch zurückkommen (siehe ▶ *Abschnitt 5.3*, Exkurs).

Verantwortung als menschliche Grundbefindlichkeit

Richard Wisser hat in seiner philosophischen Anthropologie die Verantwortung als entscheidende Grundbefindlichkeit des Menschen herausgearbeitet. Er bezeichnet den Menschen als „kritisch-krisisches Wesen", das immer wieder in Krisen gerät und seine Auswegmöglichkeiten dann auch kritisch hinterfragen muss. Der Mensch kann überhaupt nur überleben, wenn er die (natürlichen und sozialen) Herausforderungen des Lebens jeweils neu beantwortet und gegenüber Instanzen oder dem Sein als Ganzem verantwortet. Es ist das Wesen des Menschen, dass er die bisherigen Antworten auf die Fragen des Lebens – insbesondere in Krisensituationen – permanent kritisch reflektiert und unter Umständen verwirft, um neue, überlebensfähigere und damit verantwortlichere Antworten zu finden.[21]

Verlust der Verantwortung – Schritt zum kollektiven Suizid?

Wenn nun die Fähigkeit zur Verantwortung überhaupt erst gemeinschaftliche Kulturleistungen und damit die Existenz des Menschen möglich macht, so bedeutet umgekehrt ein Verlust der Verantwortung auch das Risiko, dass er seine Existenz verliert. Denn damit verliert er auch den Bezug zu seiner sozialen und natürlichen Umwelt. Verantwortungslosigkeit wäre dann der erste Schritt zum Untergang, weil dann nur noch kurzfristige gewinnmaximierende Erfolge für das Handeln bestimmend wären und die Neben-, Rück- und Fernwirkungen völlig außer Acht gelassen würden.

Im Gegensatz zur völligen Negierung von Verantwortung wäre die von Georg Picht geforderte „universale Verantwortung" die sinnvolle Einbettung des eigenen Handelns zum Wohle des größeren Ganzen und damit auch eine wichtige Voraussetzung für das langfristige Überleben von biologischen und sozialen Systemen.

2.3   Universale Verantwortung

Als regulative Idee

Unerreichbares, aber notwendiges Ideal

Georg Picht bezeichnet die totale Verantwortung auch als „universale Verantwortung". Diese kann jedoch als anzustrebendes, niemals erreichbares Ideal von keinem menschlichen Subjekt mehr übernommen werden. Allerdings vermag sie, unser konkretes Handeln als „regulative Idee" zu bestimmen. Wer sich in seinem Handeln darum bemüht, wenigstens gedanklich immer zugleich auch die universale Verantwortung mitzutragen, wird viel sorgfältiger die möglichen Konsequenzen und Instanzen analysieren. Picht präzisiert die Frage nach der „universalen Verantwortung"[22] dahingehend, dass „der Mensch für alles verantwortlich ist, was im Bereich seiner Möglichkeiten geschieht, d. h. was innerhalb der Reichweite seines Daseins, Tuns und Lassens liegt"[23].

Im Netz der Konsequenzen

Die Verantwortlichkeit kann je nach Gewichtung von Subjekt, Folgen und Instanz unterschiedlich zugewiesen werden. So gesehen verweist die konkrete Beantwortung einzelner Akteure der Frage „Was hast du getan?" immer *über* ihren Zuständigkeitsbereich hinaus auf sämtliche bekannten oder unbekannten Folgen einer Handlung oder Unterlassung. Theoretisch antwortet die universale Verantwortung auf die Fragen aller möglichen Instanzen nach allen möglichen Konsequenzen einer Aktivität. Es liegt auf der Hand, dass dies in der Praxis nicht möglich ist. Kein Individuum oder keine Organisation kann alle Konsequenzen und möglichen Instanzen überschauen. Sie ist also letztlich immer auch eine „erschreckend unbegrenzte", „ins grenzenlose erweiterte Verantwortung gegen alles, was lebt", wie Albert Schweitzer einmal in seiner Kulturphilosophie formuliert hat.[24] So trägt jeder ein Stück weit „universale Verantwortung" (Georg Picht) mit, eben weil er zur „zukünftigen Geschichte" oder „zum Leben künftiger Generationen" (Hans Jonas) fördernd oder hemmend beiträgt.[25]

Dennoch lohnt es sich, sein Handeln unter dem Gesichtspunkt der universalen Verantwortung zu überprüfen. Denn als regulative Idee sensibilisiert sie den Akteur für die Wechselwirkung der Handlungsfolgen mit dem Ganzen.

Universal verantwortete Antwort als Orientierung

Als kybernetischer Kreisprozess

Die universale Verantwortung geht davon aus, dass der Mensch und auch seine Organisationen Teile des Universums sind und damit auch mit diesem wechselwirken. Der Physiker und Philosoph Heinz von Förster (1911–2002) drückte dies einmal folgendermaßen aus:

Sensibilisierung für möglichst viele Konsequenzen

> „,Bin ich Teil des Universums?' und antworte ,Ja, das bin ich!', dann entscheide ich hier und jetzt, dass immer dann, wenn ich etwas tue, nicht nur ich mich verändere, sondern auch das Universum sich verändert. ... Diese Position ... unterwirft meine Handlungen unwiderruflich meiner Verantwortung".[26]

Obwohl ein vollständiger Überblick über die ausgelösten Kausalnetze niemals möglich ist, erhöht sich mit der Sensibilisierung die Chance dafür, dass die Handlung eher zum Wohle des Ganzen erfolgt als unter Vernachlässigung der ungewollten Neben-, Rück- und Fernwirkungen.

Man kann nun den Prozess des verantwortlichen Handelns mit einem kybernetischen Rückkopplungsprozess vergleichen.[27] Dabei geht es um die Steuerung von Systemprozessen, um Abweichungen von Ist- zu Sollzuständen zu minimieren. Die Instanzen der Verantwortung melden an das Subjekt der Handlung Abweichungen der realisierten Konsequenzen (= Istzustand) von ihren Ansprüchen und Wertvorstellungen (= Sollzustand). Auf dieses Feedback antwortet das Subjekt gegebenenfalls mit einer Korrektur durch Verstärkung oder Abschwächung seiner Handlung, sprich: durch positive oder negative Rückkopplungsprozesse.[28]

Rückkopplungsprozess

Gerade solche kybernetischen Kreisprozesse machen deutlich, dass das Handlungssubjekt inneren wie äußeren Einflüssen unterworfen ist, was ja auch der eigentlichen Bedeutung des Wortes „Subjekt" entspricht (von lateinisch *subiectus* = unterworfen). Die Handlungssubjekte (S) sind folglich im Netz der universalen Verantwortung nicht nur Ursache, sondern auch Wirkung (K). Allerdings wird damit die *Willensfreiheit* des

Handlungssubjekt als Wirkung und Ursache

Subjekts fraglich. Denn was ein Subjekt will, ist in erheblichem Maße von unbewussten biologischen Prozessen sowie sozio-kulturellen Faktoren beeinflusst.[29] Jedenfalls bleibt dem Subjekt die *Handlungsfreiheit*, seine verfügbaren Handlungsoptionen zu identifizieren, zu bewerten und auszuwählen, also in diesem Sinne Verantwortung zu übernehmen. Außerdem wird es selbst zur beurteilenden Instanz (I) von Handlungsfolgen, an denen alle anderen Subjekte beteiligt sind. Diese beeinflussen sich wechselseitig und konstruieren so im Kollektiv ihre eigenen zu verantwortenden Wirklichkeiten. Die Vorstellung eines von der Welt vollkommen unabhängig entscheidenden Handlungssubjekts ist eine Illusion. Darin liegt aber auch eine Chance. Denn mit der meist unbewussten Einbettung des Subjekts im Universum, hat es potenziell Zugang zu Informationen, die das Ganze betreffen.

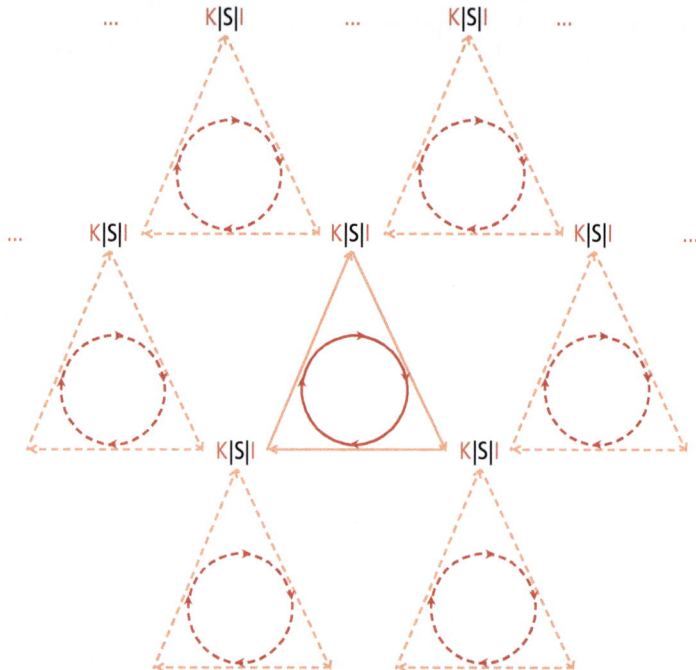

Abbildung 2.4: Handlungssubjekte im Netz der universalen Verantwortung

Beitrag der Einzelwissenschaften

Die universale Verflochtenheit zwischen einzelnem Subjekt und dem Universum wird in den Einzelwissenschaften unter verschiedenen Blickwinkeln thematisiert. Manche Physiker beschreiben das größere Ganze als „Informationsfeld" (Werner Heisenberg, Hans Peter Dürr, Burkhard Heim) oder „Einheit der Natur" (Carl Friedrich von Weizsäcker), Biologen als „morphogenetisches Feld" (Rupert Sheldrake) oder „epigenetische Landschaft" (Conrad Hal Waddington), Soziologen als „kollektive Intelligenz bzw. Gewissen" (Emile Durkheim, Pierre Lévy) oder „Schwarmintelligenz" (Peter Kruse), Kognitionswissenschaftler als „Emergenz" (Francisco Varela), Tiefenpsychologen als „kollektives Unbewusstes"

(Carl Gustav Jung), Religionswissenschaftler als das „Numinose" (Rudolf Otto) und Philosophen als das „geheimnisvolle Eine" (Platon), „das allumfassende Sein" (Muhydinn Ibn Arabi) oder „das Umgreifende" (Karl Jaspers).

Sie alle diskutieren auch unterschiedliche Methoden, wie das endliche Subjekt seine aspektgebundene, artspezifische, egozentrierte oder seinsvergessene Blickverengung überwinden kann. Zum verantwortlichen Handeln gehört also, sich genau solcher subtilen psychologischen, sozialen und natürlichen Einflüsse weitgehend bewusst zu werden. Unterschiedliche Methoden wie z. B. die der „Achtsamkeit und Gewahrsamkeit"[30] entlarven das illusionäre Bestreben des Subjekts, sich verantwortungslos vom Ganzen abzugrenzen. Gleichzeitig weiten sie den Horizont für Handlungsweisen, die der universalen Verantwortung eher gerecht werden. Die ▶ Kapitel 10 bis 12 werden die Thematik weiter verfolgen.

Zugangsmethoden zum Ganzen

2.4 Die dreifache Unternehmensverantwortung (Triple Corporate Responsibility)

Wie sehr die verantwortungslose Abgrenzung eines handelnden Subjekts, ob Individuum oder Organisation, vom größeren Ganzen das eigene Überleben bedroht, zeigt das berühmte Gleichnis des Ökologen Gerrit Hardin (1915–2003) über die „Tragödie der Allmende". Wenn mehrere Hirten ihre Schafherden auf der öffentlichen Weide grasen lassen und dabei jeder sein Eigeninteresse verfolgt, seine Herde wachsen zu lassen, so führt dies unweigerlich zur Zerstörung der Lebensgrundlage aller Herden.[31] Verantwortung für das eigene Überleben ohne Rücksicht auf die Mit- und Umwelt kann zum Untergang aller führen.

Tragödie des Gemeinwesens

Drei Ziele der Unternehmensverantwortung

Mit diesem Gleichnis wird deutlich, warum es sinnvoll ist, sich der universalen Verantwortung zu stellen. Denn sie dient dem langfristigen Überleben und der Gesunderhaltung. Durch verantwortliches Handeln erhöhen sich die Überlebenschancen für alle Beteiligten, wenn das Unternehmen mit seiner sozialen Mitwelt kooperiert und sich in seine natürliche Umwelt integriert. Damit sind gemäß moderner Systemtheorie die notwendigen Bedingungen für die Lebensfähigkeit *(Viability)* biologischer und sozialer Systeme genannt, und damit auch der Unternehmensgesundheit (Corporate Health):[32]

Selbsterhalt setzt Mit- und Gesamterhalt voraus

1. Wenn sie sich selbst organisieren und ihre Identität über Generationen hinweg erhalten *(Prinzip des Selbsterhalts)*.

2. Wenn sie mit anderen Systemen zusammenarbeiten *(Prinzip des Miterhalts oder der Zusammenarbeit)*.

3. Wenn sie sich bei geänderten Umweltbedingungen immer wieder neu an umfassendere Systeme anpassen, mit ihnen verständigen und in ein größeres Ganzes einordnen können *(Prinzip des Gesamterhalts oder der Verständigung mit dem Ganzen)*.

Mit Anerkennung dieser drei Prinzipien lebensfähiger Systeme kann nun die Komplexität der universalen Verantwortung auf drei Dimensionen reduziert werden, nämlich auf die funktionale, soziale und ökologische Dimension.[33]

Ziele der Verantwortungsdimensionen

Die *funktionale Dimension* bezieht sich auf den *Selbsterhalt* einer Organisation, was genügende Prosperität, also wenigstens eine ausgeglichene Bilanz von Einnahmen und Ausgaben voraussetzt. Diese ist das Ergebnis eines gerechten Austauschs von Leistungen mit allen Stakeholdern, was zu deren *Miterhalt* beiträgt und sich auf die *soziale Dimension* bezieht. Bei ungerechtem Tauschverhältnis ist mit Gegenwehr und erhöhten Transaktionskosten, also mit bedrohter Prosperität zu rechnen. Außerdem ist der Selbsterhalt des Unternehmens durch schleichende Zerstörung der natürlichen Ressourcen und Lebensgrundlagen bedroht. Es ist also im eigenen Interesse des Unternehmens, auch die *ökologische Dimension* zu beachten – die auf den *Gesamterhalt* abzielt.

In jeder Dimension gibt es unterschiedliche Methoden, um die jeweiligen Ziele der Unternehmensverantwortung zu erreichen: mithilfe der Technik, Ethik und Ästhetik.

Technisch-ökonomische Verantwortung

Die *technische Verantwortung* sorgt für die effiziente Bereitstellung der Mittel für vorgegebene Zwecke. Denn Technik ist nach einer gängigen Definition die „Bereitstellung von Mitteln für Zwecke"[34]. So ist ein Messer ein geeignetes Mittel für den Zweck, einen Gegenstand zu zerschneiden. Die Wahl des Mittels sollte funktional effizient sein, d. h. man sollte im Sinne von Peter Drucker die *Dinge richtig tun*.[35] Das Messer sollte genügend scharf und hart sein. Der Zweck, dem das Mittel dient, kann hingegen beliebig sein. Das Messer kann beispielsweise zum Zerkleinern von Speisen, aber auch zur Ermordung eines Menschen verwendet werden. Der Ingenieur erfüllt seine technische Verantwortung, indem er sich *für* die richtigen Mittel *vor* der Funktion, wie sie vom Auftraggeber gewünscht wird, rechtfertigt. Die *ökonomische Verantwortung* berücksichtigt noch das Sparsamkeitsprinzip, das den größten Nutzen bei geringstem Mitteleinsatz fordert. Insofern spezifiziert die ökonomische die technische Verantwortung.

Ethische und ästhetische Verantwortung

Die technische Verantwortung blendet aus, ob die gewünschten Zwecke der Gesellschaft und Natur tatsächlich dienlich sind, ob also die *richtigen Dinge* effektiv getan wurden. Dies berücksichtigen die *ethische* und die *ästhetische Verantwortung*. Erstere fragt, ob die Dinge der Mitwelt bzw. den Stakeholdern passen, Letztere, ob sie an die natürliche Umwelt genügend angepasst sind.

Fassen wir zusammen: Die ökonomische Verantwortung dient der Prosperität (englisch = *prosperity*), also dem materiellen Wohlstand des Handlungssubjekts (= Selbsterhalt). Die ethische Verantwortung strebt ein gutes Auskommen mit allen Betroffenen und Anspruchsgruppen an (= Miterhalt). Die ästhetische Verantwortung tritt für ein sinnvolles Handeln ein, das sich in das größere Ganze der Natur und Kultur einfügt. Hierbei ist die Ästhetik deshalb wichtig, weil sie als Lehre von der sinnlichen Wahrnehmung dazu sensibilisiert, mit allen zur Verfügung stehenden Sinnesorganen die richtigen Handlungsweisen bzw. ökologischen Nischen zu finden, die dem Leben als Ganzem dienen (= Gesamterhalt). Die folgende Abbildung stellt den Zusammenhang der dreifachen Unternehmensverantwortung dar.

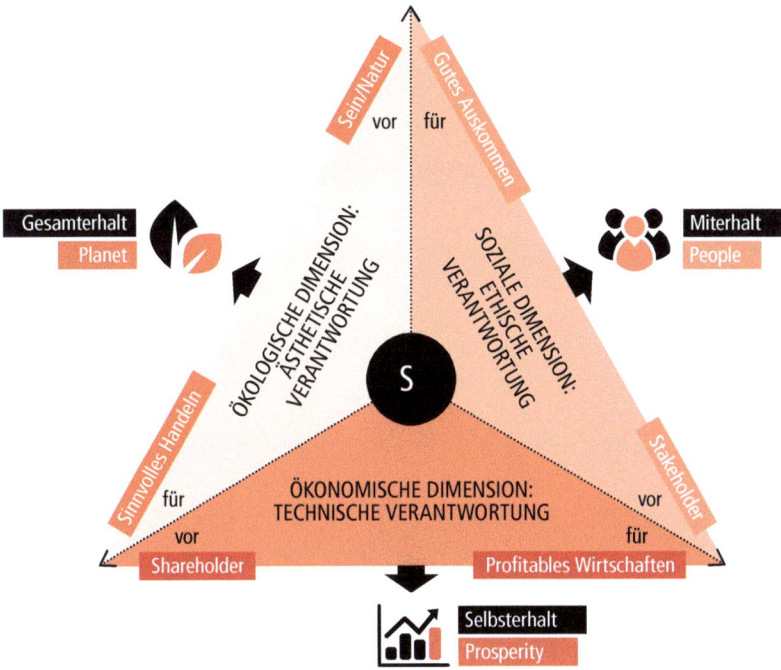

Abbildung 2.5: Die dreifache Verantwortung von Unternehmen
(Triple Corporate Responsibility)
Quelle: Schüz 2013, S. 34.

Diese *Triple Corporate Responsibility* wäre somit die Gesamtverantwortung, die ein Unternehmen für alle Taten oder Unterlassungen seiner Belegschaft trägt. Dann wäre sie mehr als die Summe seiner Einzelverantwortungen. Sie reichte so weit wie die wechselwirkenden Folgen für die gegenwärtigen Generationen, also so weit wie die Macht des verantwortlichen Subjekts jeweils reicht.

> Unterschiedlich wahrgenommene Verantwortung

Längst nicht alle Unternehmen würden eine solche universale Ausrichtung ihrer Verantwortung anerkennen oder überhaupt nur wahrnehmen. Viele beschränken sich auf die Vermeidung unmittelbarer Risiken für ihr eigenes Überleben (egoistische Sichtweise). Andere sorgen dafür, dass die unmittelbar betroffenen Stakeholder berücksichtigt werden (wechselseitige Sichtweise). Wiederum andere nehmen Rücksicht auf das Ganze, indem sie zum Beispiel auch die Folgen für Tiere und Pflanzen in Betracht ziehen. Sie pflegen daher eine biozentrische, sprich: auf alles Leben (griechisch: *bios*) zentrierte Sicht. Viele Naturschutzorganisationen klagen eine solche biozentrische Verantwortung von Unternehmen ein, z. B. wenn deren Produktionsweisen ganze Landstriche mit seltenen Arten gefährden.[36]

2.5   Räumliche Reichweiten der Verantwortung

Jede unternehmerische Aktivität sollte also ökonomisch, sozial und ökologisch verantwortet werden. Dabei reicht die Verantwortung unterschiedlich weit – je nach innerer Werthaltung: Sie kann egoistisch auf die Wahrung der eigenen Interessen, mehr auf wechselseitige (reziproke) Interessen oder gar universal auf das Interesse aller Betroffenen ausgerichtet sein. In unserem Modell der dreifachen Verantwortung stellen sich die Reichweiten des Verantwortungsdreiecks in unterschiedlicher Höhe dar.

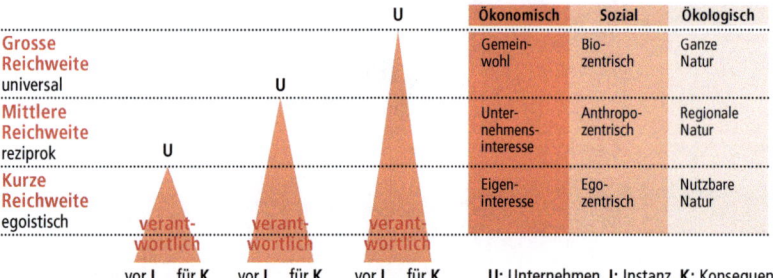

	Ökonomisch	Sozial	Ökologisch
Grosse Reichweite universal	Gemeinwohl	Biozentrisch	Ganze Natur
Mittlere Reichweite reziprok	Unternehmensinteresse	Anthropozentrisch	Regionale Natur
Kurze Reichweite egoistisch	Eigeninteresse	Egozentrisch	Nutzbare Natur

U: Unternehmen, I: Instanz, K: Konsequenz

Abbildung 2.6: Unterschiedliche Reichweiten (Scopes) der Verantwortung
Quelle: Schüz 2013, S. 37.

Dass hier gerade drei Stufen der Reichweite von Verantwortung definiert werden, hat seinen Grund in den empirischen Forschungen von John Piaget (1896–1980) und Lawrence Kohlberg (1927–1987). Piaget hatte entdeckt, dass Kinder unterschiedliche Stufen der moralischen Entwicklung zeigen.[37]

Beantwortung eines moralischen Dilemmas

Lawrence Kohlberg setzte Piagets Forschung fort, indem er sie auf Erwachsene bzw. Studierende anwendete. Er legte seinen Studierenden typische moralische Dilemmata vor und bat sie, einen der vorgegebenen Lösungsvorschläge auszuwählen. Ein Dilemma beschreibt dabei eine Entscheidungssituation, bei der es mindestens zwei Alternativen des Handelns gibt, die sich aber ausschließen. Die Dilemmata, die Kohlberg vorlegte, bezogen sich auf Situationen wie etwa die, ob es für den Ehemann einer schwerkranken Frau legitim ist, zu deren Rettung ein für ihn unbezahlbares Medikament aus einer Apotheke zu stehlen.[38]

Stufen verantwortlichen Handelns nach Kohlberg

Der Einfachheit halber soll folgendes Dilemma diskutiert werden: Die Kassiererin eines Supermarktes gibt Ihnen versehentlich 20 € zu viel Rückgeld. Behalten Sie die Summe oder geben Sie sie zurück? In Anlehnung an Piagets Entwicklungsstufen unterscheidet auch Kohlberg drei Hauptstufen, die er als „vorkonventionelle", „konventionelle" und

„postkonventionelle" Stufe der moralischen Entwicklung bezeichnet.[39] Während das vorkonventionelle moralische Verhalten typisch egoistische Antworten („Ich behalte das Geld, weil dies die Schuld der Kassiererin ist oder ich dabei anonym bleibe!") liefert, sind typische Antworten auf der konventionellen Stufe etwa „Wenn die Kassiererin mich gut behandelt hat, so gebe ich ihr das Geld gerne freiwillig zurück, im anderen Falle nicht!" oder auf der postkonventionellen Stufe z. B. „Was wäre das für eine Welt, wo jeder Geld, das ihm nicht gehört, einfach behielte!" geantwortet wird. Während man also auf der vorkonventionellen moralischen Stufe mehr egoistisch auf Strafe oder Belohnung reagiert, handelt man auf der konventionellen Stufe eher nach dem Prinzip der Reziprozität (Wechsel- oder Gegenseitigkeit) sowie vorgegebenen Konventionen. Nur auf der postkonventionellen Stufe orientiert sich der Handelnde autonom an universalen Prinzipien jenseits von gesetzlichen oder ordnungsrechtlichen Konventionen, die in der Regel nur Teilinteressen vertreten.

Abbildung 2.7: Stufen verantwortlichen Handelns nach L. Kohlberg

Wie wir später noch sehen werden, ist in diesem Zusammenhang interessant, dass die Goldene Regel der Ethik („Was du willst, dass die Leute dir tun, tue ihnen auch!") der konventionellen Stufe zugeordnet werden kann. Denn hier wird ein wechselseitiges Interesse verfolgt, also die Interessen des anderen werden berücksichtigt, weil man erwartet, dass die eigenen ebenfalls berücksichtigt werden. Gemäß Kohlberg gehört ein Handeln gemäß dem kategorischen Imperativ von Immanuel Kant (siehe ▶ *Abschnitt 5.3*: „Handle so, dass die Maxime deines Handelns ein allgemeines Gesetz werden könne") zur postkonventionellen Stufe, weil man in diesem Fall das Gute um des Guten willen tut und nicht, um später selbst etwas Gutes zu erlangen.

In dem Modell der nachhaltigen Verantwortung weicht die dreistufige Einteilung von der Kohlbergs bewusst etwas ab. Vorkonventionell ist die

Abweichende Stufeneinteilung

Stufe des Egoismus, demzufolge alle Handlungen dem Eigeninteresse dienen. Konventionell, und damit auf Gegenseitigkeit bedacht, sind alle Handlungen, die dem wechselseitigen Interesse der Menschheit dienen, also anthropozentrisch sind, aber durchaus anderen Lebewesen schaden können. Erst Handlungsweisen, die allen Lebewesen zugutekommen, also biozentrisch sind, werden hier als postkonventionell erachtet. Wie wir noch sehen werden (siehe ▶ *Abschnitt 5.3*), kann nach dieser Einteilung das Handeln in Erfüllung des Kantischen Imperativs noch auf Stufe zwei liegen, wenn ausschließlich im Eigeninteresse der Menschheit, also anthropozentrisch (von griechisch *anthropos* = der Mensch, also menschenzentriert) auf Kosten aller anderen Lebewesen gehandelt wird.

Postkonventionell, also Handlungen auf Stufe drei, sind dem neuen Modell zufolge alle Handlungen, deren Konsequenzen sich auf *alle* Lebewesen positiv auswirken, sie also in ihrer Würde schützen, somit biozentrisch (von griech. *bios* = Leben, also lebenszentriert) sind. Nach Auffassung des Autors bedeutet die anthropozentrische Beschränkung des Schutzes der Würde nur auf den Menschen die Verfolgung eines Teilinteresses, nämlich die eigene Spezies unter besonderen Schutz zu stellen und alle anderen auszuklammern. Deshalb halten wir fest: Erst wenn der kategorische Imperativ die Würde aller Lebewesen unter Schutz stellt (siehe ▶ *Abschnitt 10.3*), bewegt er sich generell auf der postkonventionellen Stufe.[40]

2.6   Zeitliche Dimension der nachhaltigen Unternehmensverantwortung (Sustainable Corporate Responsibility)

Generell verweist das Konzept des verantwortlichen Handelns immer auch auf die Dimension der Zeit. Man ist verantwortlich für das, was man in der Vergangenheit vollbracht oder unterlassen hat, für die Entscheidungen, die man in der Gegenwart trifft sowie für die zukünftigen Folgen vergangener, gegenwärtiger oder zukünftiger Entscheidungen.

Die Zeit öffnet und begrenzt den Handlungsspielraum gleichermaßen. Was geschehen ist, kann nicht mehr rückgängig gemacht werden, ist irreversibel. Nur die Zukunft ist offen und kann beeinflusst werden. Was aber in der Zukunft (Z) möglich ist, wird durch das Vergangene (V) bestimmt und in der Gegenwart (G) konkret gestaltet. Es hängt von den jeweiligen Entscheidungen mit ab, ob sich Zukunft 1, 2 oder 3 (Z_{1-3}) mit unterschiedlichen Chancen und Risiken realisiert. Eine verantwortungsbewusste Führungskraft (Responsible Leader) wird dies abwägen, um mit ihren Entscheidungen zu einer bestmöglich verantworteten Zukunft beizutragen.

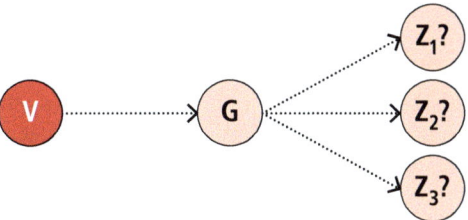

Abbildung 2.8: Zukunftsbeeinflussung durch menschliches Handeln
Quelle: Schüz (2013a, S. 13).

Die zeitliche Dimension wird mit dem Begriff der Nachhaltigkeit zum Ausdruck gebracht. Wie Ulrich Grober in einer umfassenden Kulturgeschichte des Nachhaltigkeitsbegriffes aufzeigen konnte, wurde dieser bereits 1761 von Anna Amalia, der Herzogin von Weimar, im Rahmen einer „neuen und nachhaltigen Forsteinrichtung" mit dem Zweck der rechtzeitigen Wiederaufforstung eingeführt.[41] Demzufolge sollten nicht mehr Bäume gefällt werden als nachwachsen. Der Begriff der Nachhaltigkeit wurde nach Grober aus dem Deutschen im 19. Jahrhundert ins Englische als *sustained yield forest* übersetzt. So fand dann später der englische Begriff „sustainability" Eingang in die internationale Fachsprache. Dieser Begriff stammt wiederum vom lat. *sustinere* oder *sustentare*, was so viel wie „aushalten", „aufrechterhalten", „bewahren" meint. Nachhalten bedeutet dann so viel wie in der „Zeitleiste" etwas unterhalten i. S. von „Anlegung einer ausreichenden Reserve für die Zukunft"[42].

Etymologische Wurzel von Nachhaltigkeit

Weltweit hat sich die Definition der Brundtland-Kommission von 1987 durchgesetzt: „Entwicklung zukunftsfähig zu machen, heißt, dass die gegenwärtige Generation ihre Bedürfnisse befriedigt, ohne die Fähigkeit der zukünftigen Generation zu gefährden, ihre eigenen Bedürfnisse befriedigen zu können".[43] Daraus kann man ableiten, dass eine Entwicklung dann als nachhaltig gilt, wenn sie bei der Befriedigung gegenwärtiger Bedürfnisse nicht die Bedürfnisse künftiger Generationen benachteiligt. Für eine Diskussion bleibt dann offen, was unter „künftige Generationen" oder „nicht benachteiligt" zu verstehen ist.

Definition der Brundtland-Kommission

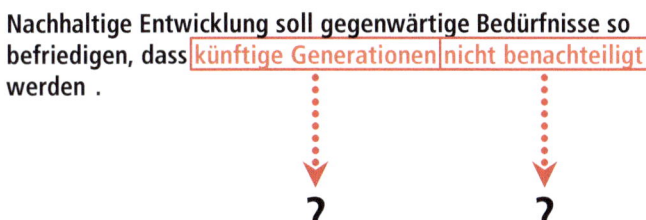

Abbildung 2.9: Fragen zur abgeleiteten Definition von Nachhaltigkeit

Übertragen auf die Verantwortung zielt dies darauf ab, dass die Konsequenzen des Handelns nicht die Reserven für die Zukunft aufzehren, also nicht auf Kosten künftiger Generationen gewirtschaftet werden sollte. Für eine nachhaltige Unternehmensverantwortung (Sustainable

Verantwortung für die Zukunft tragen

Corporate Responsibility – SCR) ist dieser Zusammenhang von besonderer Bedeutung, da wir nicht nur für vergangene und gegenwärtige Taten oder Unterlassungen verantwortlich sind, sondern auch für zukünftige Handlungen. Heutige Versäumnisse können künftigen Generationen Lebenschancen nehmen – wie im Fall des havarierten Atomkraftwerks von Fukushima, wo ganze Landstriche für Jahrhunderte unbewohnbar gemacht wurden. Aus den Schäden der Vergangenheit können wir für die Zukunft lernen. Man kann aber auch durch kluge Voraussicht Entwicklungen so steuern, dass sie künftige Nachteile vermeiden helfen. So verweist Verantwortung immer auch auf verschiedene alternative Zukunftsgestaltungen.[44]

Neben der räumlichen Reichweite unserer Handlungen muss also deren zeitliche einbezogen werden. Nachhaltige Verantwortung betrachtet dabei die Folgen des Handelns für künftige Generationen. Ob damit auch die Generationenfolge von Tieren und Pflanzen berücksichtigt werden soll, bleibt für viele genauso offen wie die Anzahl der zu verantwortenden Generationen.

Nach diesen Ausführungen können wir festhalten, dass nachhaltige Unternehmensverantwortung Antworten auf folgende vier Fragen verlangt:

1. Ist mein Handeln ökonomisch nützlich?

2. Ist mein Handeln sozial akzeptabel?

3. Ist mein Handeln ökologisch sinnvoll?

4. Ist mein Handeln für künftige Generationen verträglich?

Definition für nachhaltige Unternehmensverantwortung

So ergibt sich nun die Definition für nachhaltige Unternehmensverantwortung (SCR): Ein Manager oder Unternehmen handelt nachhaltig verantwortlich, wenn er bzw. es in der Lage ist, für die Konsequenzen seines Handelns vor akzeptablen Instanzen Rede und Antwort zu stehen, und zwar in vierfacher Hinsicht:

1. *vor* seinen Shareholdern *für* Profitabilität bzw. Prosperität (= ökonomische Verantwortung – Fokus auf Selbsterhalt)

2. *vor* seinen Stakeholdern *für* „gutes Auskommen mit ihnen" (= soziale Verantwortung = Fokus auf Miterhalt)

3. *vor* der Natur, dem Sein als Ganzem *für* sein „sinnvolles Handeln" (= ökologische Verantwortung = Fokus auf Gesamterhalt)

4. *vor* künftigen Generationen *für* „zeitliche Voraussicht" (= nachhaltige Verantwortung = Fokus auf langfristige Verträglichkeit).

Wie kann man nun die drei räumlichen Dimensionen der Verantwortung mit ihren unterschiedlichen Reichweiten *und* zugleich die zeitliche Dimension der Verantwortung mit ihren verschiedenen Graden der

Nachhaltigkeit synoptisch darstellen? Nach einem längeren Suchprozess hat der Autor eine grafische Darstellung im folgenden Modell entwickelt.

Da man bei der zeitlichen Dimension unterschiedliche Grade der Nachhaltigkeit von kurz- bis langfristig definieren kann, ist es sinnvoll, das Modell mit einer Uhr zu vergleichen, deren Zeiger mit dem Grad der Nachhaltigkeit fortschreitet. Da wir aber drei Dimensionen der Verantwortung darstellen wollen, sollte die Uhr über drei Ziffernblätter mit jeweils einem Zeiger verfügen, deren Länge die jeweilige Reichweite der Verantwortung innerhalb einer räumlichen Dimension repräsentiert. Die Uhrzeiger selbst stellen die Verantwortungsdreiecke dar, bestehend aus Subjekt S, Konsequenzen K und Instanzen I. Mit Vorrücken des Uhrzeigers wird jeweils der Grad der Nachhaltigkeit angezeigt. Das Modell der nachhaltigen Unternehmensverantwortung sieht nun folgendermaßen aus (siehe ▶ Abbildung 2.10).

Uhrenmodell der nachhaltigen Verantwortung

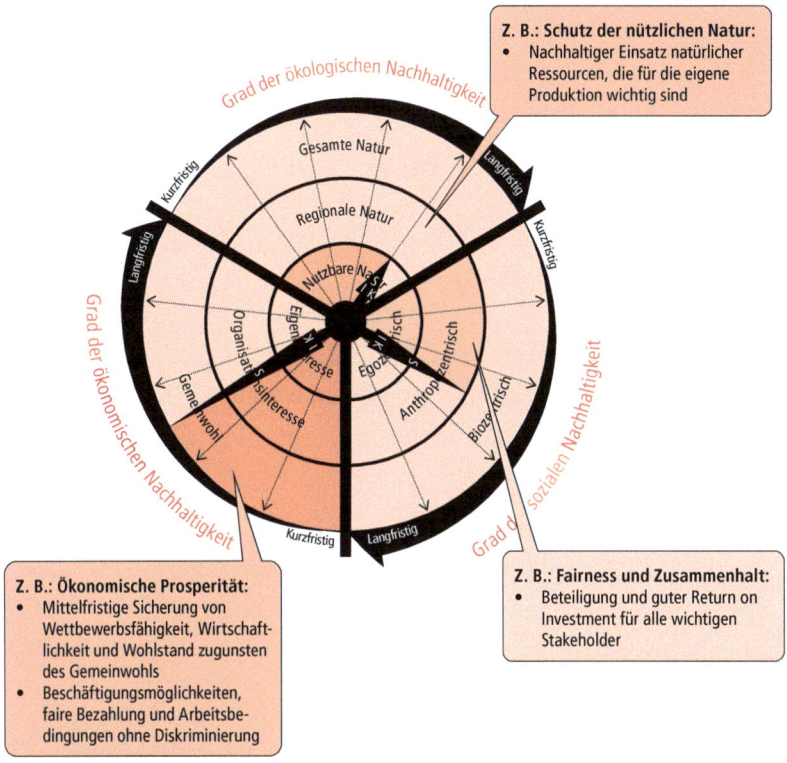

Abbildung 2.10: Vollständiges Modell der Nachhaltigen Unternehmensverantwortung (SCR)
Quelle: vgl. Schüz 2013a, S. 38.

Grafiker haben die verschiedenen Bereiche der „Verantwortungsuhr" nach Vorgaben piktografisch umgesetzt (siehe ▶ Abbildung 2.11).

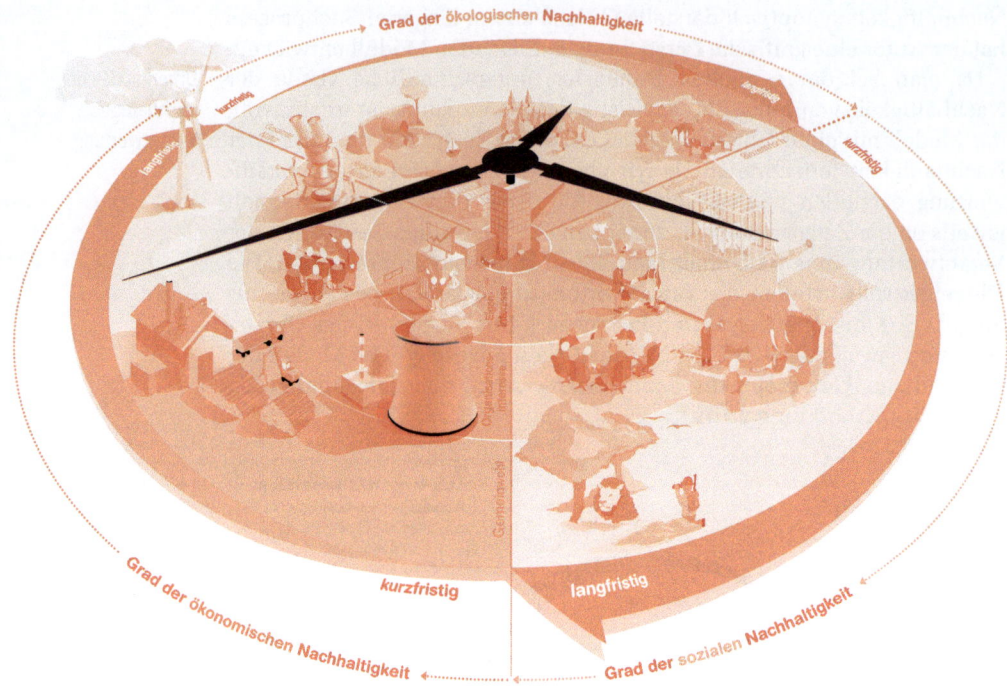

Abbildung 2.11: Andere Darstellung der SCR
Quelle: Schüz, 2013a, S. 29 f.

Die Reichweiten (*Scope of Corporate Responsibility*) und Nachhaltigkeitsgrade der jeweiligen Verantwortungsdimensionen sind in ▶Tabelle 2.2 bis ▶Tabelle 2.4 näher erläutert.

Ökonomische Dimension, technische Verantwortung – Was will ich?

Unterschiedliche Reichweiten: a) klein: Eigeninteresse b) mittel:Organisationsinteresse c) groß:Gemeinwohl	Methode/ Konzept	Beispiele		
		Kurzfristig/heute	Mittelfristig/morgen	Langfristig/künftig
Unternehmen ist verantwortlich	Werte-Management/ Erfolgsstreben bezüglich	a) Shareholder Value b) Customer Value c) Stakeholder Value	a) Shareholder Value b) Customer Value c) Stakeholder Value	a) Shareholder Value b) Customer Value c) Stakeholder Value
für Konsequenz; profitables Wirtschaften	Risk-Management	Quartalsgewinn a) Profitmaximierung b) Win-win c) Erfolg-für-Alle	Jahresgewinn a) Profitmaximierung b) Win-win c) Erfolg-für-Alle	Langzeitgewinn a) Profitmaximierung b) Win-win c) Erfolg-für-Alle

Tabelle 2.2: Ökonomische Dimension der nachhaltigen Verantwortung, funktionale Verantwortung

Ökonomische Dimension, technische Verantwortung – Was will ich?

vor Instanz der Shareholder	Corporate Governance	Kurzfristinvestoren (z. B. Daytrader) a) Schwarzer Ritter b) Weißer Ritter c) Roter Ritter	Mittelfristinvestoren (z. B. Hedgefonds) a) Schwarzer Ritter b) Weißer Ritter c) Roter Ritter	Langfristinvestoren (z. B. Familienunternehmen) a) Schwarzer Ritter b) Weißer Ritter c) Roter Ritter

Tabelle 2.2: Ökonomische Dimension der nachhaltigen Verantwortung, funktionale Verantwortung *(Forts.)*

- **Schwarzer Ritter (Black Knight):** Investor, der maximalen Return on Investment anstrebt, z. B. durch Kauf von Firmen mit tieferem Börsen- als Liquidationswert. Solche Firmen werden zerschlagen und die Einzelteile (z. B. Grundstücke, Maschinen etc.) zu höheren Preisen verkauft, als selbst bezahlt wurde.

- **Weißer Ritter (White Knight):** Investor, der durch sein Investment einen Mehrwert für die Firma und dadurch auch sich selbst anstrebt.

- **Roter Ritter (Red Knight)*:** Investor, der investiert, um primär der Menschheit oder der Natur einen Dienst zu erweisen, dabei aber auch auf Profitabilität achtet. Häufig Stiftungen, aber auch Firmen, die mit großem Idealismus (mit Herzblut = rot) einen lebensdienlichen Auftrag wahrnehmen. (*Bezeichnung stammt von Christian Halper)

Soziale Dimension, ethische Verantwortung – Was soll ich?

Mit unterschiedlichen Reichweiten: a) klein: egozentrisch b) mittel: anthropozentrisch c) groß: biozentrisch	Methode/ Konzept	Beispiele		
		Kurzfristig/heute	**Mittelfristig/ morgen**	**Langfristig/ künftig**
Unternehmen ist verantwortlich	Tugendethik / Best Practice	a) im eigenen Markt b) in der ganzen Branche c) innerhalb und außerhalb der Organisation	a) im eigenen Markt b) in der ganzen Branche c) innerhalb und außerhalb der Organisation	a) im eigenen Markt b) in der ganzen Branche c) innerhalb und außerhalb der Organisation
für Konsequenzen gutes Auskommen	Nützlichkeitsethik	gegenwärtige Generation a) Nutzen für Unternehmen b) Nutzen für alle Menschen c) Nutzen für alle Lebensformen	nächste Generation a) Nutzen für Unternehmen b) Nutzen für alle Menschen c) Nutzen für alle Lebensformen	künftige Generationen a) Nutzen für Unternehmen b) Nutzen für alle Menschen c) Nutzen für alle Lebensformen

Tabelle 2.3: Soziale Dimension der nachhaltigen Verantwortung, ethische Verantwortung

Soziale Dimension, ethische Verantwortung – Was soll ich?

| vor Instanz Stakeholder | Pflichtenethik | a) interne St. (Shareholder, Manager, Mitarbeiter) b) externe, direkte St. (z. B. Kunden, Lieferanten, Anwohner) c) externe, indirekte St. (z. B. Naturschützer, NGOs) | a) interne St. (Shareholder, Manager, Mitarbeiter) b) externe, direkte St. (z. B. Kunden, Lieferanten, Anwohner) c) externe, indirekte St. (z .B. Naturschützer, NGOs) | a) interne St. (Shareholder, Manager, Mitarbeiter) b) externe, direkte St. (z. B. Kunden, Lieferanten, Anwohner) c) externe, indirekte St. (z .B. Naturschützer, NGOs) |

Tabelle 2.3: Soziale Dimension der nachhaltigen Verantwortung, ethische Verantwortung

Ökologische Dimension, ästhetische Verantwortung – Was kann ich?

Mit unterschiedlichen räumlichen Reichweiten a) klein: nutzbare Natur b) mittel: regionale Natur c) groß: gesamte Natur	Methode/Konzept	Beispiele		
		Kurzfristig/heute	Mittelfristig/morgen	Langfristig/künftig
Unternehmen ist verantwortlich	Selbstreflexion bezüglich Fähigkeiten zu:	a) Nutzung natürlicher Ressourcen b) Erhalt der regionalen Natur c) Erhalt aller Lebensformen	a) Nutzung natürlicher Ressourcen b) Erhalt der regionalen Natur c) Erhalt aller Lebensformen	a) Nutzung natürlicher Ressourcen b) Erhalt der regionalen Natur c) Erhalt aller Lebensformen
für Konsequenz sinnvolles Handeln	Sinnreflexion	a) Ressourcenschonung b) Schadenskompensation c) Integration in Lebenskreisläufe (Cradle to Cradle)	a) Ressourcenschonung b) Schadenskompensation c) Integration in Lebenskreisläufe (Cradle to Cradle)	a) Ressourcenschonung b) Schadenskompensation c) Integration in Lebenskreisläufe (Cradle to Cradle)
vor Instanz Sein/Natur	Ganzheitsreflexion	a) im Umgang mit natürlichen Ressourcen b) in regionaler Natur c) im ganzen Sein	a) im Umgang mit natürlichen Ressourcen b) in regionaler Natur c) im ganzen Sein	a) im Umgang mit natürlichen Ressourcen b) in regionaler Natur c) im ganzen Sein

Tabelle 2.4: Ökologische Dimension der nachhaltigen Verantwortung, ästhetische Verantwortung
Quelle: Schüz, 2013a, S. 27 f.

Welchen Mehrwert bringt nun eine solche Darstellung der nachhaltigen Verantwortung mit sich? Zunächst einmal können unterschiedliche Verantwortungsprofile verschiedener Organisationen auf einen Blick sichtbar gemacht werden. Wie die drei Beispiele in ▶Abbildung 2.12 zeigen, kann man sofort erkennen, ob eine Organisation mehr ökologisch, sozial oder ökonomisch ausgerichtet ist und inwieweit sie die anderen Dimensionen berücksichtigt oder vernachlässigt in Bezug auf deren Reichweite und Nachhaltigkeit.

Beispiel 2:
Fundamentalistische Naturschutzorganisation, die sich zur Finanzierung ihrer Aktionen auf den Einsatz Freiwilliger verlässt sowie Sponsoren aufgrund großer Publizität gewinnt.

Beispiel 1:
Ökonomistisches Familienunternehmen, das soziale und ökologische Verantwortung sowie künftige Generationen nur dann berücksichtigt, wenn es dem eigenen Gewinn und Nachwuchs dient.

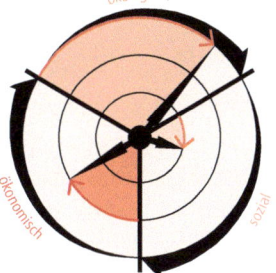

Beispiel 3:
Pragmatisch-idealistischer Pharmakonzern, der sich primär der Bewahrung und Verbesserung des menschlichen Lebens unter Schonung natürlicher Ressourcen verschrieben hat und Gewinne erzielen als sekundäre Folge ansieht.

Abbildung 2.12: Verantwortungsprofile verschiedener Organisationen
Quelle: Schüz, 2013a, S. 31.

Solche Profile sind nützlich, um:

- quantitative Erhebungen zu illustrieren,
- Best-Practice innerhalb einer Industrie zu kennzeichnen – je ausbalancierter desto besser,
- die Kluft zwischen eigener Performance und Best-Practice kenntlich zu machen,
- den Unterschied zwischen Selbst- und Fremdeinschätzung zu verdeutlichen.

Beispiele für Unternehmen, die in allen drei Dimensionen eine große Reichweite und einen hohen Grad der Nachhaltigkeit anstreben, gibt es viele. So verfolgt der Luxustaschenhersteller Larrio Amedrino (*www.amedrino.com*), eine Start-up-Firma ehemaliger Studenten der School of Management and Law an der ZHAW, eine Produktion mit Leder, das von möglichst artgerecht aufgezogenen Tieren stammt und mit natürlichen Stoffen gegerbt ist. Ausgesuchte und gut bezahlte Lieferanten aus der Region sowie der Versuch, einen geschlossenen Kreislauf (*Cradle to Cradle*, siehe ▶*Abschnitt 1.3.1*) beim gesamten Produktionsprozess zu implementieren, werden als vorbildlich angesehen.

Best-Practice-Beispiel: Larrio Amedrino

Abbildung 2.13: Nachhaltig verantwortliche Lederproduktion: Larrio Amedrino
Quelle: in Anlehnung an *www.amedrino.com*

Best-Practice-
Beispiel: dm-
Drogeriekette

Viel bekannter hingegen ist die deutsche Drogeriekette dm, die von dem Unternehmer Götz Werner nach dem Krieg aufgebaut wurde. Zumindest in der Selbstdarstellung bemüht sich das Unternehmen in allen Bereichen als Best-Practice zum Vorbild zu werden. Mitarbeiter können sich frei entfalten und bei flacher Hierarchie den Dienst am Kunden selbstständig gestalten. Die Produkte sollen möglichst nach Prinzipien ökologischer Nachhaltigkeit hergestellt werden. Auch sonst engagiert sich der Unternehmer stark für das Gemeinwohl, setzt sich z. B. für das „bedingungslose Grundeinkommen" für jedermann ein, weil er der Auffassung ist, dass es dem Menschen seine „Würde" und „Freiheit" zurückgibt, die ihm das deutsche Grundgesetz zugesteht. So könne der Mensch in seinem Leben „über sich hinauswachsen" und sich besser selbstverwirklichen.[45]

2.7   Fazit zur nachhaltigen Unternehmensverantwortung

Wir haben bisher die strategische Bedeutung einer verantwortungsvollen Unternehmensführung herausgearbeitet. Dabei wurde eingehend der Begriff der Verantwortung analysiert und ein Modell vorgestellt, das die Reichweite und den Grad der Nachhaltigkeit sowie die drei Dimensionen der ökonomischen, sozialen und ökologischen Verantwortung umfasst.

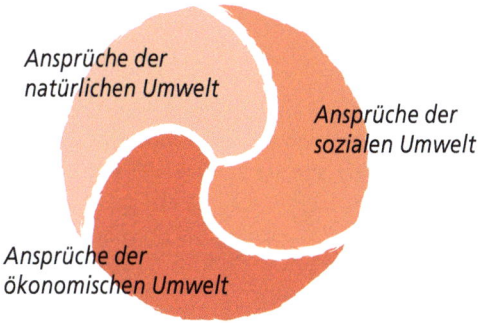

1. Ist mein Handeln ökonomisch nützlich?
2. Ist mein Handeln sozial akzeptabel?
3. Ist mein Handeln ökologisch sinnvoll?
4. Ist mein Handeln für künftige Generationen verträglich?

Abbildung 2.14: Komplementäre Leitfragen der nachhaltigen Unternehmensverantwortung

Die grundlegende Struktur der Verantwortung ist eine dreistellige Relation zwischen handelndem Subjekt S, den Konsequenzen K und den Instanzen I, die das Subjekt befragen, was es mit seinem Handeln „angerichtet" hat.

Die Verantwortung eines Unternehmens ist sehr komplex:

■ Das Handlungssubjekt kann je nach etablierter Kultur mehr oder weniger befähigt sein, Verantwortung ganzheitlich wahrzunehmen.

■ Die Konsequenzen sind schwer überschaubar, da es neben den beabsichtigten noch unbeabsichtigte Neben-, Rück- und Fernwirkungen gibt.

■ Es gibt zahlreiche Instanzen, die als „Richter" das Handlungssubjekt zur Verantwortung ziehen können.

Deshalb bleibt die Forderung nach einer universalen Verantwortung, die ein Unternehmen übernehmen sollte, zumindest in der Form einer „regulativen Idee" (i. S. Immanuel Kants) bestehen, die zwar handlungsorientierend sein, aber als erstrebenswertes Ziel niemals vollständig verwirklicht werden kann. Sie sensibilisiert aber den Akteur auf das größere Ganze Rücksicht zu nehmen und beeinflusst dadurch das Bestreben, möglichst alle Folgen des konkreten Handelns vor dem gesamten Sein zu rechtfertigen.

Zusammenfassung

Wir haben den Begriff der Verantwortung und seine Struktur analysiert und als ein bestimmtes Konzept des Handelns identifiziert. Dabei verursacht ein handelndes Subjekt, das ein Individuum, eine Gruppe oder eine Organisation sein kann, mit seinen Aktivitäten gewollte und ungewollte Konsequenzen. Diese können von verschiedenen Instanzen unterschiedlich infrage gestellt werden, ob sie als schädlich oder nützlich anzusehen sind. Je nach Antwort des Subjekts wird es be- oder verurteilt, dementsprechend mit Sanktionen oder Lob bedacht. Wir haben nun drei Klassen von Konsequenzen und Instanzen identifiziert: technisch-ökonomische, die auf den Selbsterhalt ausgerichtet sind, soziale, die den Miterhalt anstreben, und ökologische, die zum Gesamterhalt beitragen. Die dreifache Verantwortung kann noch von kurz- bis langfristig ausgerichtet sein sowie von egoistisch bis universal reichen. Nachhaltigkeit und Reichweite der Verantwortung können in dem Modell der nachhaltigen Verantwortung grafisch dargestellt werden: mit einer Uhr über drei Ziffernblätter und mit drei Zeigern unterschiedlicher Länge. Auf diese Weise können die unterschiedlichsten Verantwortungsprofile grafisch dargestellt werden.

Da in Unternehmen besonders die soziale und damit auch ethische Verantwortung auf den Prüfstand gestellt und mit dem Begriff der Corporate Social Responsibility oder Business Ethics umschrieben wird, soll nun im Folgenden die Komplexität und Bedeutung der Ethik im Kontext der Verantwortung näher beleuchtet werden.

Komplementäre Zusammenschau Teil I

Der Bedarf an verantwortungsvollem Handeln in Unternehmen wird zunehmend erkannt. Drei wesentliche Gründe können dafür geltend gemacht werden: Die schrumpfenden Ressourcen, die wachsenden Stakeholderansprüche und die zunehmende Transparenz, denen Unternehmen ausgesetzt sind. Es stellt sich jedoch die Frage, wie Verantwortung überhaupt wahrgenommen werden kann. Dazu sollte zunächst der Verantwortungsbegriff analysiert werden. Er ist ein Konzept des Handelns, bei dem der Handelnde die Konsequenzen seines Handelns vor den Instanzen der Stakeholder rechtfertigt. Je nach deren Interessenlage werden jene unterschiedlich be- bzw. verurteilt. Dabei werden ökonomische Konsequenzen vornehmlich von den Investoren (Shareholder) in Frage gestellt, während alle anderen Stakeholder vor allem Tauschgerechtigkeit einfordern. Neben den ökonomischen und sozialen Anforderungen gilt es noch die ökologische Verantwortung zu erfüllen. Denn die Konsequenzen des Handelns sollten nicht die Lebensgrundlagen zerstören, sondern sich sinnvoll ins Ganze der Natur einfügen. Darüber hinaus sollte jede der drei Dimensionen möglichst langfristig die Bedürfnisse künftiger Generationen berücksichtigen. Mit diesem Konzept der nachhaltigen Verantwortung (Sustainable Corporate Responsibility, SCR) dürfte das Maximum an räumlicher und zeitlicher Reichweite verantwortungsvollen Handelns in Unternehmen beschrieben sein. Damit trägt jedes handelnde Subjekt prinzipiell auch eine universale Verantwortung, die zwar nicht mehr erfüllbar ist, wohl aber für die machtvollen Auswirkungen jeder unternehmerischen Aktivität sensibilisiert, und damit zur Vor- und Rücksicht mahnt.

Weiterführende Inhalte finden Sie auf der Website *www.pearson-studium.de* unter Online Extras.

Endnoten

1 Vgl. Stowasser 1979, S. 397, 430; Gemoll 1979, S. 684 f.
2 Schüz, 1999, S. 146; vgl. Bayertz, 1995.
3 Vgl. Nida-Rümlin, 2011, S. 23.
4 Vgl. Picht, 1969.
5 Der Hinweis auf den Einsiedler, der seine sozialen Kontakte völlig abgebrochen hat und doch gut zu überleben versteht, überzeugt nicht. Denn auch er unterhält wenigstens Beziehungen zu anderen Lebensformen in der Natur bzw. baut geistige Beziehungen zu einer realen oder imaginierten jenseitigen Welt auf, die ihm die Kraft zum Überleben bietet. Außerdem lebt er von den Erinnerungen an seine Erziehung, durch die ihm die gemeinschaftlich entstandenen Kulturleistungen und Überlebensstrategien vermittelt wurden.
6 Monty Python, zu finden unter *youtube.com*, Stichworte „Monty Python", „Das Leben des Brian", „Lateinunterricht".
7 Hayward, 2010.
8 Vgl. Banzhaf, 2002, S. 142.
9 Weatherbe, 2015.
10 Hartwig, 2007.
11 Barrington-Bush, 2015.
12 Ciobanu, 2015.
13 Vgl. Leibniz, 1996, S. 249.
14 Deckart et al., 1991, S. 94 ff.
15 Vgl. Sander, 1963, S. 144 ff.
16 Deckart et al., 1991, S. 96 f.
17 Descartes, 1960, S. 50.
18 Wisser, 1996, S. 389.
19 Gehlen, 1978, S. 334 ff.
20 Vgl. Libet, 2005, S. 57 ff, 159 ff.
21 Wisser 1996, S. 459 ff.
22 Picht 1969, S. 338.
23 Schüz, 1986, S. 262.
24 Schweitzer, 1923, S. 379.
25 Schüz, 2013, S. 15.
26 Förster, 2015, S. 353 u. 356.
27 Heinz v. Förster definiert die Kybernetik als eine „Wissenschaft des Regelns, Rechnens, Ordnens und der Entropieverzögerung" (Förster, 2015, S. 342).
28 Im kybernetischen Kreisprozess ist das Handlungssubjekt gewissermaßen der Steuermann (= griechisch: *kybernetes*) im System. Wie verantwortliches Handeln auf Unternehmensebene umgesetzt werden kann, wird in ▶*Kapitel 8* eingehender diskutiert.
29 Vgl. Schmidt-Salomon, 2015, Kapitel 2.
30 Z. B. in der epikureischen Philosophie oder in der buddhistischen Weisheitslehre. Vgl. Varela/Thompson, 1992, S. 164 ff; Steiner, 2016.
31 Hardin, 1968.
32 Schüz, 1999, S. 113 ff; vgl. in Anlehnung an Luhmann Obermeier, 1988, S. 148 f, 189; Malik, 1992, S. 103, 98, 111; vgl. Malinowski (1988), der ebenfalls drei Dimensionen identifiziert, um Kulturen zu beschreiben.
33 Schüz, 1999, 2012b; vgl. Elkington, 1998.

34 Weizsäcker, C. F., 1988, S. 129.
35 Vgl. Drucker, 1993, S. 15 f; Schüz, 1999, S. 119 ff.
36 Schüz 2013a, S. 18.
37 Piaget, 1973, S. 322 f.
38 Kohlberg, 2014, S. 495 f.
39 Kohlberg, 1971, 163 ff. Eigentlich unterscheidet Kohlberg sechs Stufen, von denen er je zwei den genannten drei zuordnet (Kohlberg, 2014, S. 128 ff). Es ist hier nicht der Raum, diese Differenzierung weiter zu verfolgen. Erwähnenswert ist, dass die Philosophen Karl-Otto Apel und Jürgen Habermas mit ihrem diskursethischen Ansatz eine Weiterführung von Kants kategorischem Imperativ (▶ *Abschnitt 4.6*, Exkurs) verfolgen. Sie ergänzen damit Kohlbergs Schema um eine siebte Stufe (Apel, 1990, S. 363 f; Kohlberg, 2014, S. 350).
40 Vgl. Schüz 2012b, S. 11. Im Fall der Rückgabe des zuviel ausgezahlten Rückgeldes sind nur Menschen betroffen. Deshalb kann in diesem Fall der Verweis auf Kants kategorischen Imperativ als Grund für die Rückgabe („Weil das jeder so tun sollte") durchaus als postkonventionelle Stufe angesehen werden, da ja keine anderen Lebewesen diskriminiert werden.
41 Grober, 2010, S. 10.
42 Ebd. S. 20.
43 Brundtlandt Commission, 1987.
44 Vgl. Kogure, 2012.
45 Werner, 2013, S. 271 ff, 277.

TEIL II

Traditionelle Ethik in Unternehmen

Ethik als Regelwerk
sozialer Prozesse

3

ÜBERBLICK

Lernziele

Der Leser

■ unterscheidet die Begriffe Ethik und Moral,

■ erfasst die tiefere Bedeutung der Ethik für eine funktionierende Gesellschaft,

■ begreift das Spannungsfeld zwischen Ethik und Ökonomie,

■ versteht die Unternehmensethik als „gutes Auskommen mit den Stakeholdern".

3.1 Begriffsbestimmung von Ethik und Abgrenzung zur Moral

Begriff der Ethik

Äthos = Ort der gemeinschaftlichen Aufgaben

Ethos = Sitte, Gewohnheit, Brauch

„Ethik" stammt in erster Linie vom griechischen Wort *äthos* ab, was ursprünglich einen Ort meint, an dem sich eine Dorfgemeinschaft traf, um die wichtigsten gemeinschaftlichen Aufgaben wie Nahrungsverteilung, Hochzeit, Beerdigung, Initiationsriten etc. zu organisieren und durchzuführen. Aus diesen Tätigkeiten entwickelten sich dann die Riten, Sitten, Gewohnheiten und Bräuche, die von den Vorfahren jeweils der nächsten Generation weitergegeben wurden. Sie bestimmten die Denkweise und Sinnesart, die den Charakter eines Menschen ausmachten. Der zweite Begriff, *éthos* beschränkte sich auf die Bedeutung von Gewohnheit, Sitte, Brauch.[1]

Sokrates als Aufklärer

Angesichts des Sittenverfalls in ihrer Heimatstadt stellten Sokrates (469–399 v. Chr.) und sein Schüler Platon (428–347 v. Chr.) die Gewohnheiten und Bräuche der Vorväter als Orientierung für gutes Verhalten infrage. Wie viele ihrer Zeitgenossen erkannten sie die Vielfalt und Willkür der teils widersprüchlichen Bräuche und Gesetze bei den verschiedenen Völkern. Dadurch sorgten die überkommenen Sitten immer weniger für eine verbindliche Ordnung. Zugleich verloren die von göttlichen Mächten angedrohten Sanktionen ihren Schrecken. Wie zwei Jahrtausende später in der Aufklärung sollte etwas Neues eine Orientierung für gutes Handeln wiederherstellen. Sokrates bekämpfte den Relativismus der Vorstellungen darüber, was ein gutes Leben ausmacht. Er brachte seine Schüler dazu, die Wahrheit des guten Lebens nicht in äußerlichen Konventionen, sondern in innerer Erkenntnis zu suchen.

Aristoteles: Anleitung zum guten Leben

Später sah Aristoteles in der Selbstverwirklichung, der „Verwirklichung der Seele"[2], den wahren Weg zum Glück. Wer sich selbst erkennt, der entdeckt das in seiner Psyche verborgene Gute und wird dementsprechend auch gut handeln. Und wer gut handelt, der verwirklicht seine inneren und äußeren Möglichkeiten, seine Tugenden. Dann kommt er mit anderen besser aus, wird von seiner sozialen Mitwelt respektiert und führt dadurch ein gutes Leben. Man kann darin eine noch immer aktuelle Anleitung zum Glücklichsein sehen.[3]

Aristoteles bezeichnete seine Untersuchungen über die Gewohnheiten bzw. Charaktereigenschaften (griech. *äthä*) eines Menschen erstmals als *äthikä*, also Ethiken.[4] Diese arbeiten erstens heraus, *was* den „guten Charakter" eines Menschen ausmacht, zweitens *wie* er durch Herausbildung von Tugenden Laster meiden und jene entwickeln kann und drittens *wozu* das alles gut ist, dass er nämlich dadurch dem Wohlergehen in der Gemeinschaft und damit dem Glück dient.[5]

Begriff der Moral

„Moral" stammt vom lateinischen *mos* (Plural: *mores*) ab, was ebenfalls „Sitte, Gewohnheit, Brauch" bedeutet. Mos und Ethos sind demnach Synonyme. Aus unserer Kindheit kennen wir die Drohung: „Ich werde euch Mores lehren", was so viel bedeuten sollte wie: Ich werde euch gutes Betragen, gute Sitten beibringen. Mit moralischen Urteilen wie „gut–böse", „edel–gemein", „freundlich–feindlich" oder „altruistisch–egoistisch" wird innerhalb einer Gruppe oder Gesellschaft erwünschtes Verhalten durch Lob gefördert bzw. unerwünschtes Verhalten durch „Empörung" unterdrückt.[6]

Moralische Urteile

Positive moralische Urteile	Negative moralische Urteile
gut	böse
freundlich	feindlich
wahrhaftig	unwahrhaftig
edel	gemein
selbstlos	egoistisch
erlaubt	verboten
treu	untreu
gewissenhaft	gewissenlos
sittlich	unsittlich
tugendhaft	lasterhaft
gebührlich	ungebührlich
lobenswert	empörend

Tabelle 3.1: Moralische Urteile im Alltag

Welche moralischen Vorstellungen innerhalb einer Gemeinschaft über Gut und Böse vorherrschen, ist relativ und unterliegt oft einem Wandel. Was gut ist, wird innerhalb einer Kultur oder Gemeinschaft oder Gruppe definiert.

Relativität von Moralvorstellungen

Für die einen sind bestimmte sexuelle Neigungen gut, für andere böse. Die einen halten die Gleichberechtigung der Frau für gut, die anderen betrachten sie als böse, da „wider die Natur". Die einen verpönen die Gewinnorientierung von Unternehmen, die anderen heißen sie für gut.

Auch kulturbedingte Unterschiede in den Moralvorstellungen etwa bei der Ahndung von Diebstahl variieren sehr. In manchen Ländern verlangt sie das Abhacken der Diebeshand, in anderen Ländern führt sie zu Strafzahlungen oder Gefängnisaufenthalt, bei bestimmten Naturvölkern gilt Diebstahl überhaupt nicht als Delikt, da dort kein Eigentumsbegriff vorhanden ist.

Auch sind die Vorstellungen der Moral einem geschichtlichen Wandel unterworfen. So kann der Wertewandel in einer Gesellschaft auch die vorherrschenden Moralvorstellungen verändern. Die Zerstörung der Natur galt noch vor Jahrzehnten als selbstverständlicher Akt des Menschen, sich der natürlichen Ressourcen kosten- und folgenlos bedienen zu können. Heute wird sie geächtet. Telefonieren während des Autofahrens galt bis vor Kurzem noch als chic, heute steht es ohne Freisprechanlage unter Verbot. Ähnlich erging es dem Rauchen in der Öffentlichkeit.

Ihre Relativität und Wandlungsfähigkeit führt die jeweils vorherrschende Moral in Konflikte. Denn sie bewertet Menschen („Manager sind böse, Naturschützer gut") und überhaupt Lebewesen („Haushunde sind gut, Kakerlaken sind böse") moralisch unterschiedlich. Der Kampf um die Deutungshoheit, was als gut oder böse zu gelten hat, löst oft die heftigsten Kriege zwischen Gruppen unterschiedlicher Moralvorstellungen aus. Auch der Versuch, eine bestimmte Vorstellung von Gut und Böse anderen aufzuoktroyieren, führt häufig zu grausamen Feldzügen gegen Minderheiten oder Abweichler, die als Sündenböcke geprügelt oder als böse verteufelt werden. In der Moral der verschiedenen Gruppen ist Böse also nicht immer böse und Gut nicht immer gut.

Ethik als Moralphilosophie

Cicero   Obwohl Moral und Ethik Sitten und Bräuche, also gewünschte Handlungsmuster, zum Gegenstand haben, werden sie heute nicht synonym gebraucht. Schon Cicero (106–43 v. Chr.), der das große Gedankengut der Griechen ins Lateinische übersetzte, bezeichnete wohl als Erster „Ethik" als „philosophia moralis", also als Moralphilosophie. Demnach hätte Ethik die Moral zum Gegenstand ihrer Betrachtungen. Sie reflektiert und bewertet vorhandene Moralen, ob sie für ein gutes Leben für alle auf der Basis eines sittlich richtigen Handelns taugen.

Reflexion der   Ethik wäre demzufolge eine Lehre oder Theorie von der Moral, die sich
Binnenmoralen   in bestimmten Gruppen oder Bevölkerungskreisen (Binnenmoral) etabliert hat. So hat z. B. auch die Mafia ihre eigenen Moralvorstellungen – nennt sie sich selbst doch „ehrenwerte Gesellschaft" – legt also selbst fest, was als „gut" bzw. „böse" zu gelten und wie man sich gegenüber anderen zu verhalten hat. Zu einer allgemeinverbindlichen Ethik taugt die Moral der Mafia weniger, da sie im Grund nur der eigenen Familie dient und alle anderen zur Bereicherung ihrer selbst missbraucht, also für alle anderen eben nicht lebensdienlich ist. Demnach kann sie also nicht als ethisch angesehen werden.

Deskriptive und   Im Allgemeinen hat sich durchgesetzt, dass man den Begriff der Moral
normative Ethik   auf sämtliche innerhalb einer Gruppe oder von einer Person verinnerlichten Verhaltensregeln bezieht, die von dem Werturteil „gut oder böse"

bestimmt sind. Dies kann deskriptiv (beschreibend) oder normativ (regelnd, vorschreibend, bewertend) erfolgen. Erstere beschreibt und vergleicht die verschiedenen existierenden Ansätze der Ethik, während letztere Versuche unternimmt, Normen oder Sollensforderungen einer Ethik zu entwerfen, die allgemein verbindlich sein sollen. Eine strikte Trennung zwischen beiden ist nur schwer durchzuhalten, weil auch die Beschreibung häufig in be- und entwertenden Aussagen über ihren Gegenstand mündet, also selbst normativ[7] vorgeht.

Die folgenden Abhandlungen über Ethik und deren Anwendung in Unternehmen versucht beides: zunächst die möglichen Ansätze einer Ethik zu beschreiben (deskriptive Ethik), zugleich aber auch ihre jeweiligen Vor- und Nachteile herauszuarbeiten. Sodann werden Ansätze gesucht, die die Nachteile verringern und die Vorteile verstärken (normative Ethik).

Das hierbei zugrunde gelegte Ziel der Ethik ist das gute Auskommen aller mit allen, die in einem Austauschverhältnis zueinander stehen. *Ethisch gut ist also das Streben nach einem guten Leben, das möglichst nicht auf Kosten, sondern zum Wohle aller Betroffenen vollzogen wird.* Gut ist also die *Sorge um Tauschgerechtigkeit für alle.* Moral hingegen grenzt aus. Sie sorgt sich nur um diejenigen, die ihren relativen Vorstellungen von Gut und Böse entsprechen. Das *Ideal* der Ethik schließt alle ein und erhebt die Erfüllung der Bedingungen für ein gutes Leben aller Lebensformen zum Prinzip. So gesehen ist die Ethik immer *kontrafaktisch*, also gegen die Fakten der Realität. Denn in Wirklichkeit zeigt sich Leben immer auch als Kampf um knappe Ressourcen, die gerade nicht gerecht verteilt sind. Welche Funktion kann sie dann überhaupt im konkreten Leben erfüllen?

Ideal einer kontrafaktischen Ethik

3.2 Funktion der Ethik

Wenn Ethik bestehende Moralen, also Sitten, Gewohnheiten und Bräuche, zum Gegenstand ihrer Betrachtung hat, so stellt sich die Frage nach ihrem Zweck bzw. ihrer Funktion. Für Aristoteles, den Begründer der philosophischen Ethik, dient die Ethik dem „guten Leben" in der Polis, also der Gemeinschaft in einem Staat. Das gute Zusammenleben wird meistens durch die unbewussten Impulse der Begierden, Affekte und Egoismen einzelner Mitglieder der Gemeinschaft gestört. Indem sie ihre Interessen auf Kosten der anderen durchsetzen wollen, stören sie das Gemeinschaftsgefüge empfindlich.

Gutes Leben

Ethik hätte demnach die Aufgabe, das gemeinschaftsstörende Fehlverhalten Einzelner so zu zähmen, dass es idealerweise dem guten Zusammenleben aller mit allen dient. Dabei bringt der Begriff des Zähmens zum Ausdruck, dass die in *jedem* Menschen vorhandenen, teilweise als böse angesehenen Leidenschaften nicht wirklich zum Verschwinden gebracht, wohl aber in ethisch gewünschte Bahnen gelenkt werden können.

Zähmung von Fehlverhalten

Schon Platon, der Lehrer von Aristoteles, hat die menschliche Psyche mit einem Pferdegespann mit zwei Pferden und einem Wagenlenker ver-

Platons Mythos vom Seelenwagen

glichen.[8] Das eine Pferd ist widerspenstig und voller Begierden. Maßlos strebt es nach materiellen Gütern und ist kaum zu lenken. Das zweite Pferd ist voller Tatendrang und schön anzusehen. Gefühlvoll, aber auch voll von Affekten und Emotionen, folgt es dem vorgespurten Weg, den andere vor ihm gegangen sind. Mutig ordnet es sich den Befehlen des Wagenlenkers unter, der die Vernunft des Menschen repräsentiert. Dieser vermag durch Weisheit das göttliche Gute zu erkennen und mit Besonnenheit und Mut das Pferdegespann zu zähmen. Die Gerechtigkeit als vierte Kardinaltugend, weist jedem der Seelenteile seine Rolle zu, ohne einen von ihnen gänzlich zu unterdrücken, aber auch ohne ihn zur Alleinherrschaft kommen zu lassen.

Abbildung 3.1: Platons Metapher vom Seelenwagen
Quelle: Magdalena Steiner, 2016.

Der Gierigen Zähmung

Bis in die Neuzeit hinein bestimmte die Vorstellung von der Zügelung der Begierden und Affekte durch die göttliche Vernunft das Grundverständnis der Ethik, wie die ▶ Abbildung 3.2 von 1617 zur „Zügelung der Leidenschaften" zeigt. Dort kommt der verlängerte Arm aus einer Wolke, der dann die Zange zur Zügelung der Leidenschaften, symbolisiert durch das Herz, hält.

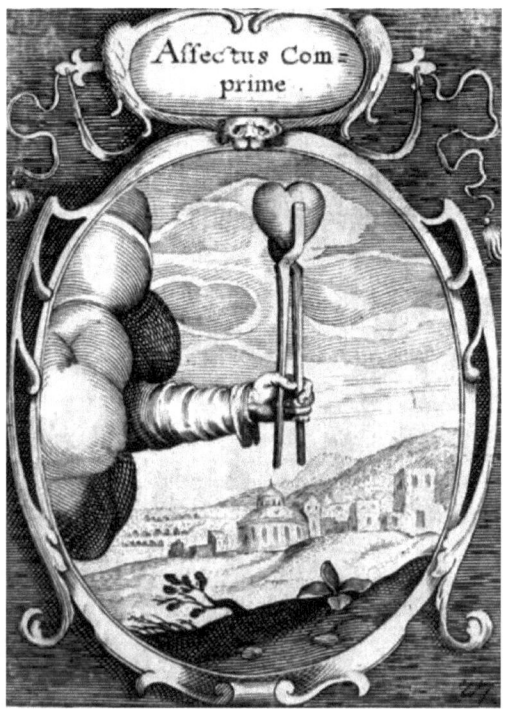

Abbildung 3.2: Die Zügelung der Leidenschaften
Quelle: Peter Isselburg, „Affectus Comprime", Emblemata Politica [Nürnberg, 1619, Erstausgabe 1617, S. 66].

Übertragen auf ökonomische Verhältnisse bedeutet dies auch die Zähmung der Gier nach immer mehr. Schon Aristoteles warnt in diesem Zusammenhang vor der „Chrematistik", die rein um der Geldvermehrung willen besteht und nicht mehr dem Gemeinwohl dient.

Dass ethische Vorgaben auch heute noch Verhalten „zügeln", konnten Experimente der „Behavioral Economy" beweisen. Dan Ariely zufolge schummeln („fudge") Menschen, um sich zu bereichern, solange sie nicht erwischt werden und sie zugleich ihr moralisches Selbstbild aufrechterhalten können. So manipulieren sie ihre Steuererklärung zu ihren Gunsten nur, solange es nicht auffällt. Wenn sie aber mit einem aufgedruckten Hinweis auf den Steuerformularen daran erinnert werden, dass der Gewinn auf Kosten anderer geht, dann gehen die kleinen Betrügereien sofort zurück.[9] Auch andere Experimente zeigten, dass ethische Werte einen Stopp für betrügerisches Verhalten bedeuten – vorausgesetzt man wird z. B. an die zehn Gebote erinnert.

Aufrechterhaltung des moralischen Selbstbildes

3.3   Ökonomie und Ethik – zwei feindliche Brüder?

Bedeutung der Moral für den Markt

Ethik, Politik und Ökonomie – Institutionen einer funktionierenden Polis

Aristoteles zufolge bilden Ethik, Politik und Ökonomik die praktische Philosophie. Sie sorgen für das Gelingen einer Polis. Während die Politik mit einer guten Verfassung und Gesetzen die Rahmenbedingungen für ein gutes Leben in der Polis schafft, stellt die Ökonomik die lebensnotwendigen materiellen Güter bereit. Die Ethik schult den Charakter der einzelnen Mitglieder der Gesellschaft, damit sie ihre Begierden und Emotionen zähmen können und auf diese Weise zu einer gerechten Verteilung der Güter beitragen. Aristoteles zufolge kann nur im Zusammenspiel von Politik, Ökonomie und Ethik ein „gutes Leben" gelingen und der Einzelne dadurch Glückseligkeit erfahren.

Der Markt – Ort der Gier und Täuschung?

Die Güter des täglichen Lebens werden seit Menschengedenken auf dem Markt angeboten und entweder getauscht oder gegen Geld verkauft. Schon vor mehr als 2.600 Jahren soll der Philosoph Anacharsis den Markt als Quelle unethischen Verhaltens angesehen haben: „Der Markt ist ein Platz, der recht eigentlich dazu bestimmt ist, sich gegenseitig zu täuschen und zu übervorteilen."[10] Zweitausend Jahre später hat der deutsche Philosoph Immanuel Kant eine ganz ähnliche Auffassung vertreten: „Habgier oder das Verlangen nach Gewinn ist eine universelle Leidenschaft, die zu allen Zeiten, an allen Orten und auf alle Menschen wirkt."[11]

Der Markt – Ort der sanften Sitten?

Nicht unbestritten bleibt die Auffassung von der Förderung der Unmoral durch den Markt. Der französische Philosoph Charles Louis Montesquieu (1689–1755) behauptet: „Es gilt beinahe allgemein die Regel, dass es da, wo sanfte Sitten [moers douces] herrschen, auch Handel gibt und dass überall dort, wo es Handel gibt, auch sanfte Sitten herrschen … Der Handel … glättet und mildert die Sitten der Barbaren, wie wir es alle Tage sehen können."[12]

Die Rolle der Rahmenbedingungen

Wer hat nun recht? Für beide Auffassungen spricht einiges. Es ist sicherlich unbestritten, dass in jedem Menschen das Potenzial zur Täuschung und Gier vorhanden ist. Andererseits hat der Markt seine eigenen Gesetze. Wer zum Beispiel seiner Gier dort freien Lauf lässt, kann sehr schnell eines Besseren belehrt werden. Denn wenn ein Händler seinen Kunden betrügt oder übervorteilt, so kann er dies nur tun, wenn er eine Art Monopolstellung innehat, also niemand anderes die gleichen gewünschten Waren oder Dienstleistungen anbietet. Wenn hingegen Konkurrenten vorhanden sind, spricht sich der überhöhte Preis oder die schlechte Qualität der Ware sehr schnell herum, und er verliert seine Kunden. Auch das Verhalten des Verkäufers sollte durch Freundlichkeit und Höflichkeit sowie Hilfsbereitschaft geprägt sein, damit er überhaupt Kunden gewinnt und längerfristig binden kann. Eben hierauf zielt Montesquieus Einschätzung.

Die heutigen Wirtschaftsmärkte funktionieren nicht viel anders. Solange die Produkte und Dienstleistungen einem Konkurrenzdruck unterliegen, kann der Käufer deutlich sicherer sein, dass er nicht über den Tisch gezogen wird, als ohne diese Voraussetzung – zumal die heutigen Informationszugänge durch das Internet sehr schnell über die Seriosität eines Angebots aufklären. *(Gutes Benehmen durch Konkurrenzdruck?)*

Schwieriger wird es bei komplexen Produkten, die nicht einmal mehr die Verkäufer überblicken. So versprachen angebotene Finanzprodukte wie die Lehman-Zertifikate für den Käufer durchaus interessante Gewinne, führten aber letzten Endes zum Totalverlust der eingesetzten Summe. Dadurch kommt es dann zu Urteilen über den Finanzmarkt, wie das von René Zeyer: „Das Ganze ist ein gigantischer, unverschämter, aber wohl orchestrierter Raub von ein paar Bankern am Vermögen von Millionen von Sparern und zukünftigen sowie aktiven Pensionären. Die Werkzeuge waren nicht Dietrich oder Schweißbrenner, sondern Finanzinstrumente"[13]. Jedenfalls ist seit der Finanzkrise von 2008 das Kundenvertrauen in Finanzinstitute erheblich zurückgegangen. *(Risiko unübersichtlicher Märkte)*

Neben der Komplexität von Produkten trägt auch die Monopol- oder Oligopolstellung von Anbietern zu einem Verlust des Vertrauens ihrer Kunden bei. Denn ohne das Korrektiv von Konkurrenten können Firmen ziemlich beliebig ihre Preise diktieren oder die Qualität ihrer Produkte mindern. Auch lassen dann die „Sitten" der Unternehmen nach. Anstatt ihre Ware freundlich anzubieten, verteilen sie sie nach Gutdünken. Die Marktbeherrschung hört dann auf, wenn Ersatzprodukte oder Konkurrenten auftauchen und die Marktmacht einzelner Unternehmen beschneiden. *(Nachteile von Mono- und Oligopolen)*

Um die Chancengleichheit der Marktteilnehmer zu wahren, gibt es ja in den meisten Ländern kartellrechtliche Regelungen. Die neue Wettbewerbskommissarin der Europäischen Union, Frau Margrethe Vestager, stellt gerade die Wirksamkeit solcher Institutionen unter Beweis. Sie scheut sich auch nicht, gegen die Marktbeherrschung von z. B. Google unter Androhung von Milliardenstrafen vorzugehen.[14] *(Wettbewerbskommission der EU)*

Bedeutung des Vertrauens für den Markt

Die Negativbeispiele zeigen, wie schnell Vertrauen beim Kunden verspielt werden kann. Misstrauen erhöht dann die sogenannten Transaktionskosten. Das sind solche Kosten, die beim Übergang von einem Glied in der Wertschöpfungskette auf ein anderes entstehen. Wenn z. B. bei dem Verkauf eines Produktes oder dem Ankauf von Ausgangsmaterialien beim Lieferanten geringes Vertrauen besteht, so steigen die Transaktionskosten rapide an, wenn etwa ein Heer von Anwälten die geschlossenen Verträge unter die Lupe nehmen muss. Wenn hingegen aufgrund vorhandenen Vertrauens ein Handschlag genügt und die Parteien sich auf den mündlich geschlossenen Vertrag verlassen können, so sinken die Transaktionskosten. Somit kann Vertrauen der Stakeholder in ein Unternehmen die Effizienz des Wertschöpfungsprozesses erhöhen. *(Vertrauensverlust erzeugt Transaktionskosten)*

Vertrauen –
Erwartung der
Erfüllung eines
Wertes

Was versteht man nun aber unter Vertrauen? „Vertrauen ist die Erwartung, dass sich ein Wert erfüllt". Dementsprechend bedeutet Misstrauen die Erwartung, dass er sich nicht erfüllt.[15] Ein Kunde vertraut z. B. darauf, dass ein Medikament seine Gesundheit wiederherstellt und nicht bedroht. Oder er erwartet, dass das Versprechen des Produzenten über den Nutzen in Erfüllung geht. Oder ein Investor vertraut darauf, dass die Versprechungen der Analysten oder der Unternehmensgrundsätze auch erfüllt werden.

Vertrauen- und
Misstrauensspirale

Vertrauen hat die soziale Funktion, die Komplexität von Beziehungen zu verringern.[16] Es muss sich bewähren. Deshalb ist „blindes Vertrauen" wenig ratsam, wenn man einem Menschen zum ersten Mal begegnet. „Gesundes Misstrauen" schützt vor Enttäuschungen. In sozialen Beziehungen können sich Vertrauen wie Misstrauen spiralförmig verstärken. Wem mit Vertrauen begegnet wird, der wird es leicht erwidern können, weil er eine gewisse Sicherheit verspürt. Wenn sich jemand umgekehrt mit Misstrauen konfrontiert sieht, wird er verunsichert und zieht sich unter Umständen vorsichtig zurück. Dieses Verhalten wiederum vergrößert bei seinem Gegenüber dessen anfängliches Misstrauen, sodass eine negative, sich selbst verstärkende Verhaltensspirale entsteht.

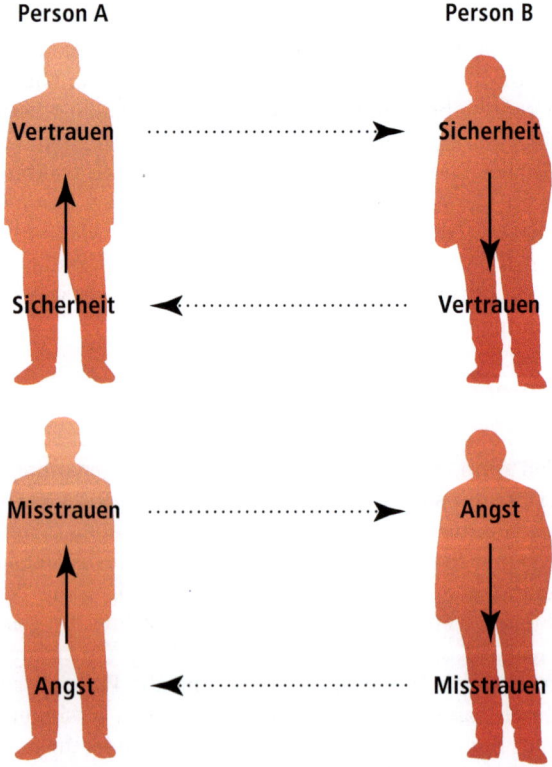

Person A   **Person B**

Vertrauen ┈┈┈┈┈▶ Sicherheit

Sicherheit ◀┈┈┈┈┈ Vertrauen

Misstrauen ┈┈┈┈┈▶ Angst

Angst ◀┈┈┈┈┈ Misstrauen

Abbildung 3.3: Vertrauens- und Misstrauensspirale
Quelle: Schüz, 2001, S. 108.

Unternehmen, die in der Öffentlichkeit aufgrund ihrer hohen Reputation Vertrauen genießen, können sich eher Fehler leisten. Sollten sie einmal ein schlechtes Produkt zu verantworten oder einen Unfall verursacht haben, so verzeiht man ihnen eher. Umgekehrt haben es Unternehmen, denen man misstraut, schwerer, Fehler verziehen zu bekommen. Sie müssen sich erheblich mehr Anstrengungen unterziehen, um das Vertrauen ihrer Stakeholder zurückzugewinnen, als solche, die es bereits genießen. Deshalb wird Vertrauen auch in der Betriebswirtschaft schon seit Längerem als wichtige Größe zur Sicherung von Einkommen, ja sogar als Investitionsgut angenommen.[17]

Vertrauen als Investitionsgut

Auch in Beziehungen zu firmeninternen Stakeholdern trägt Vertrauen erheblich zum Erfolg bei. Empirische Untersuchungen[18] konnten immer wieder zeigen, dass Gruppen, in denen hohes gegenseitiges Vertrauen vorherrscht,

Effizienzsteigerung in der Gruppendynamik

- mehr Informationen, Ideen, Gefühle austauschen,
- klarere Zielvorstellungen entwickeln und formulieren und so leichter Risiken bewältigen und Chancen wahrnehmen,
- mehr Einfluss auf den Lösungsfindungsprozess haben,
- zufriedener mit ihren Lösungen sind,
- stärker motiviert sind, ihre Beschlüsse in die Tat umzusetzen,
- sich mehr als Team fühlen,
- ihrer Gruppe länger treu bleiben.

Gruppen mit hohem Vertrauen erwarten, dass sich die Werte, die den Zusammenhalt der Gruppe fördern, auch in schwierigen Situationen erfüllen. In diesem Fall sinken die Transaktionskosten, d. h. Problemlösungen werden effizienter, also schneller und besser gefunden.

Ethik und Vertrauen

Wie hängt Ethik nun mit Vertrauen zusammen? Durch ethisches Verhalten wird ein Mensch berechenbar und gewinnt dadurch das Vertrauen seiner Mitmenschen. Wenn er z. B. immer die Wahrheit sagt, kann man ihm in seinen Aussagen trauen und sich auf ihn verlassen. Umgekehrt erzeugt unethisches Verhalten Misstrauen. Einem Menschen, der andere ständig betrügt, misstraut man und erwartet, dass er dies in jeder anderen Situation gleichermaßen tun wird. Misstrauen ist demnach die Erwartung, dass die Person, der man misstraut, den Unwert des Betruges erfüllen wird.

Berechenbarkeit

Wie kann nun die Vertrauensbereitschaft in Gruppen gesteigert werden? Hier wird folgende These vertreten: Ethisches Verhalten steigert die Vertrauenswürdigkeit einer Person und damit auch deren Bonität. Man begegnet ihr mit mehr Wohlwollen und überlässt ihr eher eigene Ressourcen. Ethik reduziert die Komplexität der sozialen Beziehungen und senkt damit auch die Transaktionskosten.[19]

Sinkende Transaktionskosten

Somit liegt es auf der Hand, dass ethisches Verhalten Vertrauen in die betreffende handelnde Person erhöht. Dadurch sinken die Transaktionskosten, sodass in diesem Fall Ethik und Ökonomie durchaus Hand in

Fazit

Hand gehen: „Wenn Menschen, die in einem Unternehmen zusammen arbeiten, einander vertrauen, weil sie alle entsprechend gemeinsamen ethischen Normen handeln, [dann] sinken die Transaktionskosten."[20]

3.4   Spannungsfeld von Ethik und Recht

Komplementarität von Recht und Ethik

Neben der vertrauensbildenden Funktion soll Ethik auch die Lücken des Rechtssystems füllen. Vielfach wird die Auffassung vertreten, es genüge, bestehende Gesetze zu erfüllen, um ein akzeptables Mitglied der Gesellschaft zu sein. Dies ist jedoch ein Trugschluss. Denn erstens decken Gesetze längst nicht alle ethischen Ansprüche eines gemeinschaftlichen Zusammenlebens wie etwa Regeln der Höflichkeit ab. Zweitens hinken sie ihnen oft hinterher, wenn zum Beispiel das Rauchen in einem öffentlichen Raum bereits moralisch geächtet, aber ein Verbot gesetzlich noch nicht verankert ist. Daran sieht man, dass Gesetze aus ethischen Standards abgeleitet sein können. Und drittens stehen sie manchmal sogar zu ihnen im Widerspruch, vor allem dann, wenn sie von einem Unrechtsregime stammen. So würden wir viele Gesetze des Dritten Reiches – wie z. B. die Rassengesetze – heute als vollkommen unethisch bezeichnen.

Diskrepanz zwischen legal und ethisch

Es gibt demnach eine Diskrepanz zwischen Legalität und Legitimität, anders ausgedrückt zwischen: legal und ethisch.[21] Daraus ergeben sich folgende vier Kombinationsmöglichkeiten zur Beurteilung von Handlungsweisen bzw. unternehmerischen Aktivitäten: dass sie erstens als *ethisch und legal* wie z. B. die bereits erwähnte dm-Drogeriemarktkette, zweitens als *ethisch und illegal* wie z. B. viele Aktivitäten von Greenpeace, drittens als *unethisch und legal* wie das Beispiel von Nestlés Vermarktung von Milchpulver in Entwicklungsländern sowie viertens *unethisch und illegal* sind, wie z. B. Organisationen der Mafia, eingestuft werden.

Rechtliche und ethische Beurteilungen

Die Beispiele aus der Tourismusindustrie in ▶Abbildung 3.4 sollen diese unterschiedlichen Beurteilungsmöglichkeiten illustrieren. So kann die jährliche Auszeichnung der weltweit ethisch besten Tourismusdestinationen sicherlich als ethisch und legal bezeichnet werden, während der Kinderrechtsaktivist Kailash Satyarthi, der 2014 den Friedensnobelpreis erhielt, zwar aus ethischen Gründen Kinder aus der sexuellen Sklaverei befreit, dabei teilweise aber auch Methoden am Rande der Legalität zu ihrer Befreiung einsetzt.[22] Oder der legale Einsatz von Corexit zur Bekämpfung der Ölpest im Golf von Mexiko, der die unethische Folge hatte, Ökosysteme des Meeres zu schädigen und damit auch den Tourismus zu stören. Der Kindersextourismus ist aus vielerlei Gründen unethisch und sicherlich in den meisten Ländern illegal.

Nachdem nun die Wortbedeutung und die verschiedenen Funktionen der Ethik eingehender beleuchtet wurden, soll im Folgenden die Frage beantwortet werden, wie man Ethik am besten definiert, um ein möglichst einfaches und doch umfassendes Verständnis dieser philosophischen Disziplin zu vermitteln. Die Definition soll zudem auch in Unternehmen gut einsetzbar sein.

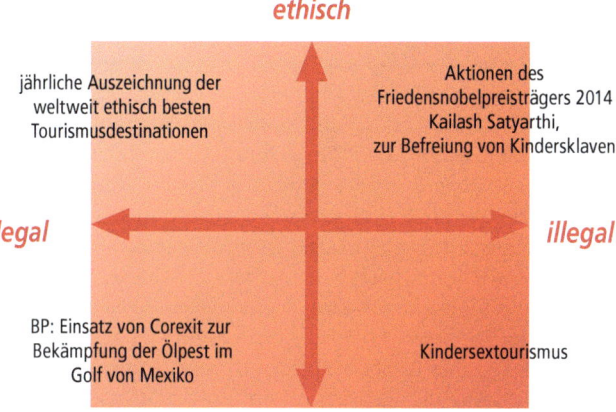

Abbildung 3.4: Diskrepanz zwischen Ethik und Recht mit Beispielen aus dem Tourismus

3.5 Definition von Ethik

Definitionen und philosophische Abhandlungen zur Ethik füllen ganze Bibliotheken. Um Ethik für verantwortliche Personen auch in Unternehmen handhabbar zu machen, ist eine griffige Definition vonnöten. Wie in der Einleitung bereits ausgeführt wurde, sind Definitionen prinzipiell weder wahr noch falsch, sondern allenfalls fruchtbar oder nicht. Sind sie zu allgemein, so sagen sie nichts mehr aus, weil sie nicht genug eingrenzen, sind sie zu spezifisch, so grenzen sie unter Umständen ganze Bedeutungsebenen aus.

Gutes Miteinanderauskommen

Neben zahlreichen mehr oder weniger guten Versuchen[23] hat sich für den Autor folgende Definition bewährt: „Ethik handelt vom guten Auskommen miteinander."[24] Auf den ersten Blick scheint diese Definition ziemlich allgemein und wenig aussagekräftig. Auf den zweiten Blick erkennt man die dreifache Bedeutung von „Auskommen": (a) *mit einer Sache auskommen,* damit ist gemeint: von einer Sache (z. B. Geld) ist genügend vorhanden, sodass man für den vorgesehenen Zweck ausreichend hat, also lange damit auskommt; (b) *mit einer Situation auskommen:* mit besonderen Umständen oder einer Lage zurechtkommen; (c) *mit einer Person auskommen:* also sich mit jemandem vertragen.

Zunächst scheint sich die Definition nur auf Bedeutung (c) von Auskommen, also „Auskommen mit Personen" zu beziehen. Jedoch fließen oft alle drei Bedeutungen gerade in ethikrelevanten Situationen ineinander, wenn z. B. jemand mit einer Person nicht mehr auskommt, weil sein geringes Auskommen ihm nicht erlaubt, dieser Person die Schulden zurückzuzahlen. Das führt dann dazu, dass er mit dieser Situation nicht mehr auskommt, sich ihr entweder entzieht oder entgegenstellt.

Eine fruchtbare Definition

Komplementarität von ökonomischem und ethischem Auskommen

Gerade weil wir die Frage nach der Ethik im Kontext der Ökonomie stellen, liegt es nahe, den Begriff des Auskommens in die Definition aufzunehmen, zumal eine Gesellschaft, in der alle gut miteinander auskommen, ökonomisch gesünder ist. Denn die Kaufkraft der vielen sorgt für ein gesundes Wachstum der Unternehmen. Henry Ford hatte dies erkannt und seinen Mitarbeitenden höhere Löhne bezahlt als die Konkurrenz, gleichzeitig die Produktionskosten durch Einführung des Fließbands gesenkt. So konnten sich seine Mitarbeitenden ein Auto leisten – das Geheimnis seines frühen Erfolgs. In einer gesunden Gesellschaft ist das Auskommen aller eher gesichert. Anders in einer Gesellschaft, in der wenige auf Kosten vieler profitieren.

Reichweite

Auf den dritten Blick wirft die Definition die folgenden zwei Fragen auf: Was bedeutet „gutes Auskommen" und was „miteinander"? Antworten auf diese Fragen nach dem ethischen Wert und der Reichweite definieren den zugrunde gelegten Ethiktyp.

Abbildung 3.5: Fundamentale Fragestellungen der Ethikdefinition

Ethische Grundwerte

Die erste Frage, was strebt man an, um mit jemandem gut auszukommen, führt mehrheitlich fast immer zu folgenden Antworten: Um „gutes Auskommen" sicherzustellen, benötige ich Überleben, Gesundheit, Sicherheit, Gerechtigkeit, Würde, Respekt, Achtung, Mäßigung, Besonnenheit usw.

Überleben – Basis des guten Auskommens

Interessanterweise beantworten Seminarteilnehmer die Frage häufig erst nach mehrmaligem Nachfragen mit „Überleben". Dabei ist dieses doch gerade das Wichtigste, was jeder von uns erwartet, um mit jemandem gut auszukommen: dass er uns nicht umbringt, also am Leben lässt. Der Minimalkonsens aller Ethik ist doch wohl in allen Kulturen, Regionen und Epochen das Gleiche: dass wir wenigstens uns gegenseitig nicht töten, denn schließlich wollen wir alle überleben. Der Philosoph Emanuel Levinas hat dies so ausgedrückt: Das Prinzip aller Ethik besteht darin, dass wir uns nicht gegenseitig umbringen. Und wer sich in die Situation des anderen einfühlen kann, der wird in dessen „Antlitz" und Augen die Aufforderung lesen: „Bitte lass mich am Leben."[25] Vielleicht ist das auch der Grund, weshalb man bei Exekutionen dem Todeskandidaten die Augen verbindet.

In allen Seminaren ist mir bisher jedenfalls seit Jahrzehnten noch niemand begegnet, der nicht am Leben bleiben will. Allenfalls für Suizidge-
fährdete mag dies nicht zutreffen. Sie sind aufgrund ihrer psychischen
Erkrankung oder ideologischen Verblendung sogar bereit, andere mit in
den Tod zu reißen, wie die jüngst durch den selbstmörderischen Piloten
zum Absturz gebrachte Germanwings-Maschine bewiesen hat. Jedenfalls
tragen sie nicht zum guten Auskommen bei, während der Überlebensins-
tinkt bei den meisten Menschen offenbar intakt ist.

Lebenswille

Alle anderen genannten ethischen Werte des guten Auskommens sind
zwar sekundärer Natur, aber nicht weniger bedeutsam als das Überleben.
Denn die meisten Menschen trachten in ihrem Verhältnis zu anderen
danach, dass sie mit Respekt, gerecht, rücksichtsvoll usw. behandelt werden, selbst dann, wenn sie selbst diese Werte anderen nicht in gleicher
Weise entgegenbringen.

Gutes Leben

Reichweite der Ethik

Antworten auf die zweite Frage, nach dem „Miteinander", also die Frage
nach den möglichen Bezugsgruppen des guten Auskommens, reichen
von den Nächsten, Familienmitgliedern, Landsleuten über alle Menschen und Lebewesen bis hin zu zukünftigen Generationen. Und innerhalb von Unternehmen können die Bezugsgruppen, mit denen man gut
auskommen sollte, vom Shareholder über Kollegen und Vorgesetzte bis
hin zu allen Stakeholdern reichen.

Bezugsgruppen

Damit wird deutlich, dass mit den hier vorausgesetzten Werten des
guten Auskommens und dessen diesbezüglichen sozialen Reichweiten
bereits fundamentale Aussagen über die angenommene Ethik gemacht
werden. Denn je nach den Antworten entstehen unterschiedliche Ethiktypen.

Unterschiedliche Ethiktypen

Aus dem ethischen Wert „Lebensförderung" und der Reichweite „alle
Lebensformen" leitet sich beispielsweise das ethische Prinzip „Ehrfurcht
vor allem Leben" ab, das Albert Schweitzer (1875–1965) proklamiert hat.
Aus dem „Schutz der Würde" als Grundwert und der Reichweite „alle
Menschen" ergibt sich das ethische Prinzip „die Würde aller Menschen
gilt es zu schützen". Das erste Beispiel begründet eine „biozentrische
Ethik", die „lebenszentriert" ist, das zweite eine „anthropozentrische
Ethik", die „menschenzentriert" ist. Ethik ist also nicht gleich Ethik!
Unsere Definition mit ihren zwei Fragestellungen konnte genau diese
inhaltliche Offenheit herausarbeiten.

Unterschiedliche
Grundsätze

Mögliche Grundsätze für gutes Miteinanderauskommen

Reichweite	Grundsätze, Beispiele:
Face-to-Face-Ethiken:	Liebe deinen Nächsten!
Politische Ethiken:	Sicherheit für alle Staatsbürger!
Anthropozentrische Ethiken:	Schutz der Menschenwürde! / Gerechtigkeit für alle Menschen ohne Ansehen von Herkunft, Rasse, Geschlecht etc.
Biozentrische Ethiken	Ehrfurcht vor dem Leben!
Intergenerative Ethiken	Erhalte die Lebenschancen für künftige Generationen!
... in Unternehmen	
Ökonomistische/instrumentalistische Unternehmensethik	Maximiere den Gewinn!
Situativ-opportunistische/real-idealistische Unternehmensethik	Gutes Auskommen mit allen Stakeholdern!

Tabelle 3.2: Unterschiedliche Ethiktypen als Antwort auf die Frage nach dem „guten Auskommen miteinander"

Kontroverse Auffassungen von Ethikern

Zusammensetzung von Ethik-Kommissionen – ein Politikum

Ethiker können also durchaus konträre Positionen vertreten – etwa bei der Beurteilung von Gentechnikprodukten. Der Biozentriker wird vielleicht ein Gegner sein, der Anthropozentriker unter Umständen ein Befürworter, solange nicht das menschliche Genom auf dem Spiel steht. Je nach Position wird dann eine bestimmte Technologie verdammt oder befürwortet. So gesehen ist die personelle Zusammensetzung von Ethik-Kommissionen immer auch ein Politikum, das nach seinen interessegeleiteten Motiven untersucht werden sollte.

3.6   Unternehmensethik – gutes Auskommen mit allen Stakeholdern

Definition der Unternehmensethik

Da Unternehmen primär über Stakeholder soziale Kontakte pflegen, liegt es nahe, dass die Unternehmensethik im Unterschied zur allgemeinen Ethik vom „guten Auskommen mit allen Stakeholdern" handelt. Auch hier stellt sich die Frage, wie man mit ihnen gut auskommen kann.

Stakeholderbegriff

Dazu müssen wir den Begriff des Stakeholders noch näher beleuchten. Was ist damit überhaupt gemeint? Der Begriff selbst wurde von Edward Freeman in den 80er-Jahren des vergangenen Jahrhunderts eingeführt. Ihm zufolge sind „Stakeholder" solche Gruppen, die einen „stake", also einen „Einsatz" für das Unternehmen geleistet, daran einen „Anteil" haben und deshalb einen „Anspruch" ableiten können.[26]

Das englische Wort *stake* bedeutet aber auch so viel wie „Pfahl". Vielleicht lässt sich dann dieser Begriff aus der amerikanischen Siedlungsgeschichte ableiten. Denn Siedler konnten mit der Platzierung eines Pfahls ihren „Claim" abstecken. Als Stakeholder waren sie dann Anspruchsberechtigte auf das Land, das zur Besiedlung von der Regierung freigegeben wurde.

„Claim" der Stakeholder

Für Freeman ist „jede Gruppe oder Einzelperson, die die Erreichung der Unternehmensziele beeinflussen kann oder von dieser beeinflusst wird", ein Stakeholder. Nach dieser Auffassung gehören dazu interne Stakeholder wie Mitarbeiter, Manager, Eigentümer und externe Stakeholder wie Lieferanten, Kunden, Gläubiger, Konkurrenten, Medien, Gewerkschaften, Behörden, kritische Interessengruppen, Kommunen, Politiker usw.[27]

Freemans Definition der Stakeholder

Ein anderer Aspekt liefert die Vorstellung von Stakeholdern als Investoren. Sie investieren bestimmte Leistungen und erwarten dafür einen Return on Investment (ROI). Die Leistungen sind allerdings nicht immer sofort ersichtlich. Was ein Anwohner neben einer neu gebauten Fertigungsstätte auf der grünen Wiese in die Anlage investiert, zeigt sich erst bei genauem Hinsehen. Er investiert sein Wohlwollen in die Firma und erwartet dafür, dass der Betrieb seine Ruhe nicht mit übermäßigen Emissionen stört oder gesunde Luft verschmutzt, stattdessen zum Ausbau für ihn nützlicher Infrastruktur beiträgt. Wird allerdings das in die Firma gesetzte Vertrauen nicht erfüllt, so besteht das Risiko, dass der Anwohner mit anderen eine Bürgerinitiative gegen das Unternehmen organisiert. ▶Tabelle 3.3 listet die möglichen Leistungen und Ansprüche verschiedener Stakeholder auf.

Stakeholder als Investoren

Stakeholder/ Interessen-gruppe	Performance (Leistung)	Value (Anspruch)
Shareholder	■ Kapitaleinsatz	■ Angemessene Rendite auf das eingesetzte Kapital (Shareholder Value)
Mitarbeiter	■ Arbeitskraft ■ Erfolgreiche Zielerfüllung	■ attraktiver, sicherer Arbeitsplatz ■ Gutes Einkommen ■ Selbstverwirklichung ■ Sicherheit ■ Prestige
Lieferant	■ Vorleistungen ■ Hochwertige Vorprodukte ■ Lieferung von Rohmaterialen und Betriebsmittel	■ Existenzsicherung ■ Gute Bezahlung ■ Sicherer Absatzmarkt
Kunde	■ Customer Equity ■ Hoher Life-Time-Value ■ Zahlung eines guten Preises ■ Weiterempfehlung der Ware ■ Vertrauen in Produzenten ■ Engagement und Weiterempfehlung ■ Markenloyalität ■ Vertrauen in Produzenten	■ Befriedigung der Kundenbedürfnisse ■ Hochwertige Produkte und Dienstleistungen ■ Produktsicherheit ■ Spezielle (VIP-)Betreuung guter Kunden ■ Kundendienstservice ■ Großzügige Garantieleistungen

Tabelle 3.3: Leistungen und Ansprüche von Stakeholdern

Stakeholder/ Interessen- gruppe	Performance (Leistung)	Value (Anspruch)
Staat	■ Bereitstellung der Infrastruktur ■ Subventionen ■ Rechtssicherheit	■ Steuereinnahmen ■ Unterstützung der Regierung
Gesellschaft	■ Sicherstellung des Marktes ■ Akzeptanz des Unternehmens und dessen Wertvorstellungen	■ Wohlstand ■ Hoher Lebensstandard ■ Gutes Miteinanderauskommen ■ Dienst am größeren Ganzen ■ Beitrag zur Realisierung sozialer Werte
Medien	■ Wohlwollende und regelmäßige Berichterstattung ■ Publikumswirksame Nachrichten	■ Versorgung und gute Aufberei-tung von Informationen ■ Regelmäßiger Dialog
Behörden	■ Unterstützung in Anwendung von Vorschriften und Gesetzen	■ Einhalten von Gesetzen und Vor-schriften ■ Kooperation im Krisenfall
Natur	■ Sorgt für Befriedigung der Grund-bedürfnisse ■ Stellt Energie und Rohstoffe zur Verfügung	■ Schonender Umgang mit Ressour-cen ■ Biologisch abbaubare Abfälle ■ Erhaltung der Artenvielfalt
Anwohner	■ Wohlwollen gegenüber der Betriebsstätte und deren Emissio-nen	■ Gute Beziehungspflege ■ Ausbau der vorhandenen Infra-struktur ■ Regelmäßige Informationen ■ Einbezug in wichtige Entschei-dungen ■ Saubere Umwelt

Tabelle 3.3: Leistungen und Ansprüche von Stakeholdern *(Forts.)*

Jedenfalls haben Stakeholder mit ihren Investments mehr oder weniger gro-ßen Einfluss auf den Erfolg von Unternehmen. Aber auch umgekehrt kön-nen Stakeholder von den unternehmerischen Aktivitäten betroffen sein.

Fallbeispiel: Nestlé

Ein Konflikt mit Stakeholdern kann zu einem großen Risiko für Unterneh-men werden und sogar deren Existenz aufs Spiel setzen. Ein in der Lite-ratur[28] oft diskutiertes Beispiel ist der Konflikt, den Nestlé beinahe jahr-zehntelang mit verschiedenen Stakeholdern hatte, als diese ihre Vermarktungsstrategie von Milchpulver als Ersatz für Muttermilch anpran-gerten. Vor allem in Entwicklungsländern verführte ein Heer von Verkäufern Mütter im Kindbett, anstelle der Muttermilch die Produkte von Nestlé zu verwenden, ungeachtet der Tatsache, dass die Mütter zum Anrühren ver-schmutztes Wasser nahmen und aufgrund des hohen Preises an der Zugabe des Pulvers sparten. Tausende von Säuglingen – so der Vorwurf verschie-ner Nichtregierungsorganisationen – seien daraufhin an der verschmutzten und unterdosierten Ersatzmilch gestorben. Nestlé selbst wies jahrelang jegliche Schuld an der falschen Verwendung des an sich mängelfreien Produktes zurück. Der Konflikt eskalierte, bis sich sogar die Vereinten Nationen einschalteten und Richtlinien zur Vermarktung von Milchpulver herausgaben. Mehr als zwölf Jahre lang gab es einen weltweiten Boykottaufruf gegen die Firma und ihre Produkte, bis schließlich ein neuer CEO bei Nestlé den Dialog mit den involvierten Stakeholdern suchte und es schließlich zu einem Konsens kam, der die Vorwürfe in allen Punkten bereinigte.

Umgangsmethoden mit Stakeholdern

Wie das Fallbeispiel zeigt, hat sich für den gekonnten Umgang mit Stakeholdern vor allem der „runde Tisch" etabliert, bei dem verschiedene Interessengruppen eine Lösung auf Augenhöhe mit Firmenvertretern suchen. Weitere Methoden wie Ad-hoc-Kommunikation, Umfragen, internetbasierte Feedbacks haben sich gemäß einer Umfrage von KPMG als Mittel der Wahl bei den weltweit größten Unternehmen herauskristallisiert.

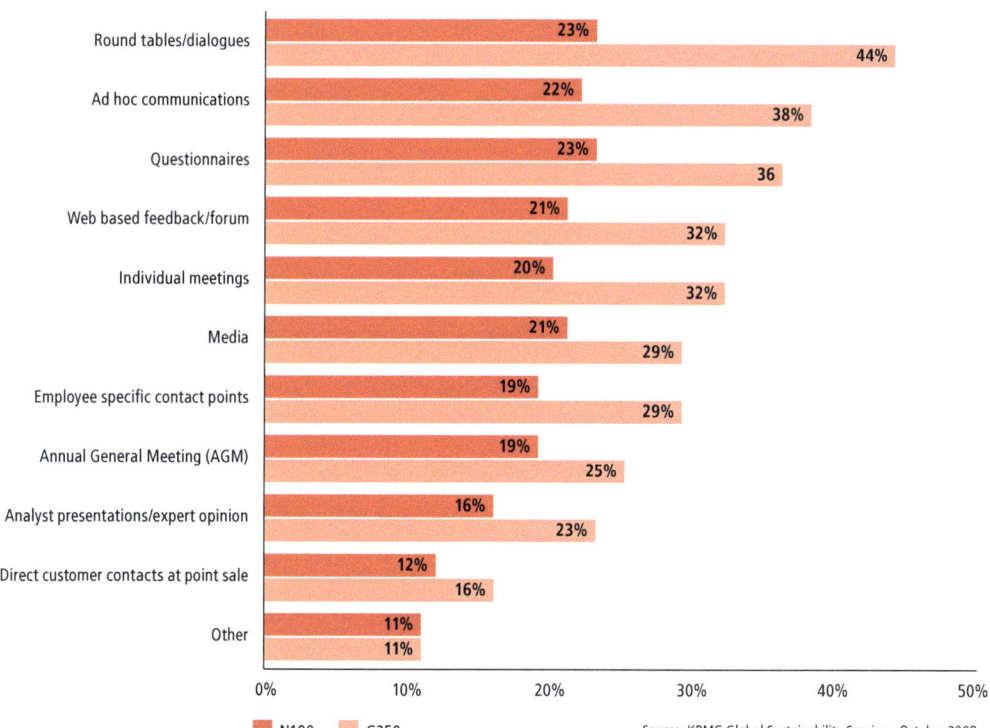

Abbildung 3.6: Methoden der Stakeholderkommunikation
Quelle: KPMG, 2008, S. 32.

Umgang mit unterschiedlichen Weltbildern

Diese Auflistung stellt aber nur die Form der Methoden dar und sagt nichts über den Inhalt aus. Wichtig dabei ist, dass die relevanten Stakeholder überhaupt identifiziert und sodann ihre Interessen, Weltbilder, Sprachen und System-Logiken berücksichtigt werden. Denn häufig verstehen die Unternehmen es überhaupt nicht, in einen wirklichen Dialog mit ihnen zu treten, weil ihnen die Bereitschaft oder das Vermögen fehlt, sich adäquat in deren Lage zu versetzen. Echtes Verständnis entsteht schließlich nicht dadurch, dass man seine eigenen Ziele und (Wert-)Vorstellungen einfach auf andere projiziert.

Gemeinsames Verständnis

Ein gemeinsames Verständnis ist aber unabdingbar, um zu einem guten Auskommen zu finden. Wenn ein Unternehmen beispielsweise die (geringen) Risiken eines neuen Produkts kommunizieren will, muss es in der Lage sein, die Stakeholder in deren eigenem Risikoverständnis abzuholen.

Unterschiedliche Denkweisen von Laien und Experten

Jahrzehntelang hat man z. B. die Bevölkerung über das Risiko eines Super-GAUs (= größter anzunehmender Unfall, entspricht einer Kernschmelze) in einem Kernkraftwerk so aufgeklärt, dass nach allen möglichen Risikostudien eine solche Katastrophe nur einmal in 100.000 Jahren (also mit einer Wahrscheinlichkeit von 10^{-5}) stattfände. Abgesehen davon, dass sich eine solche Zahl dem Verständnis eines Laien entzieht, sagt sie nichts darüber aus, wann konkret ein solcher Unfall passieren kann. Außerdem basiert sie auf Kalkulationen mit einer Reihe von Grundannahmen, die bei Weitem nicht die wirkliche Situation widerspiegeln. Eine kürzlich veröffentlichte Liste mit sämtlichen Unfällen seit Bestehen von Kernkraftwerken zeigt, dass mehrere davon Super-GAU-Niveau hatten. Die Gesamtkosten belaufen sich jedenfalls auf mehr als 450 Mrd. US-$.[29] Dies zeigt, dass die Haftpflichtschäden, die aus solchen Katastrophen erwachsen, nicht versicherbar sind. Das belegt auch eine Studie der Versicherungsforen Leipzig[30], zumal sich das wahre Ausmaß der Schäden schon gar nicht in einer Geldsumme widerspiegelt.

Typische Stakeholdergruppierungen

Wie kann nun ein Kernkraftwerksbetreiber das Verständnis von Stakeholdern gewinnen, ohne sogleich in unüberbrückbare Konflikte verwickelt zu werden? Zunächst einmal sollte er seine eigenen Methoden zum Verstehen mit denen der wichtigsten Stakeholdergruppierungen vergleichen. Eine grobe Einteilung derselben liefert die Risikoforschung. Ihr zufolge treffen häufig Unternehmer oder Manager, das sind die sogenannten NIMBLEs (= *not in my bottom line*), die alles unter dem Gesichtspunkt der ökonomischen Bilanz betrachten, auf die NIMTOs (= *not in my term of office*), das sind die Behördenvertreter und Bürokraten, die alles nach ihren Vorschriften, Regeln und Gesetzen beurteilen, die NIMBYs (= *not in my backyard*), mit ihnen sind die Betroffenheitsaktivisten gemeint, die vor allem dafür Sorge tragen, dass keine umweltverschmutzende Anlage in ihrem eigenen Hinterhof platziert wird, und schließlich die NOPEs (= *not on planet earth*), das sind Gruppierungen, die grundsätzlich um den Bestand der Natur oder Gesellschaft kämpfen.[31]

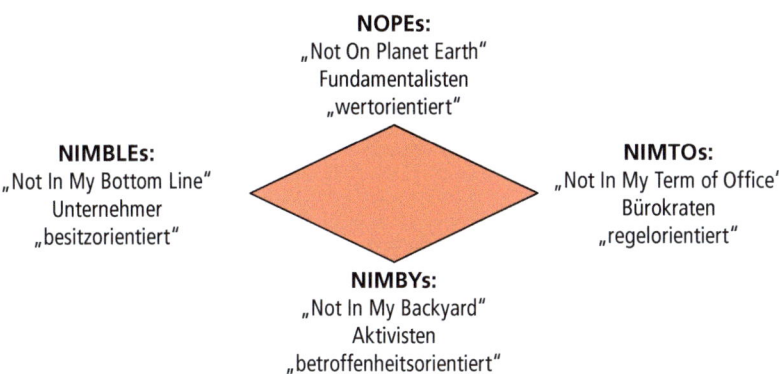

NOPEs:
„Not On Planet Earth"
Fundamentalisten
„wertorientiert"

NIMBLEs:
„Not In My Bottom Line"
Unternehmer
„besitzorientiert"

NIMTOs:
„Not In My Term of Office"
Bürokraten
„regelorientiert"

NIMBYs:
„Not In My Backyard"
Aktivisten
„betroffenheitsorientiert"

Abbildung 3.7: Wichtige Stakeholdergruppierungen
Quelle: in Anlehnung an Obermeier, 1999, S. 141.

Die Gruppen können je nach Situation strategische Allianzen bilden. So kann es durchaus sein, wie im Fall eines Chemieunfalls von 1993 bei Frankfurt a. M., dass plötzlich politische Behörden wie das deutsche Umweltministerium unter der damaligen Leitung von Joschka Fischer mit Anwohnern und Greenpeace eine Allianz eingehen, um die Firma Hoechst an den Pranger zu stellen und zu äußerst umfangreichen Reinigungsarbeiten sowie Schadenersatzzahlungen zu zwingen. Die Firma hat sich von dem damit verbundenen Imageschaden kaum mehr erholt. Der damalige CEO musste seinen Hut nehmen, der Nachfolger fusionierte einige Jahre später mit Rhonc Poulenc zur neuen Aventis.[32]

Strategische Allianzen

Wichtig ist, dass jede dieser Gruppierungen ihre eigene Sprache, Systemlogik, Weltsicht und Organisationsform hat und über unterschiedliche Machtmittel verfügt, um für ihre Art der Risikovorsorge zu kämpfen. Die folgende Tabelle gibt Aufschluss darüber.

Wege zum Verstehen	Unternehmer	Bürokraten	Aktivisten	Fundamentalisten
Sprache	Sach- und management-orientiert	Beamten-deutsch	Aufgeklärte Umgangssprache	Protest-Ingroup-Terminologie (-Slang)
Systemlogik	Kalkulatorisch-technokratisch	Verwaltungs-technisch	Privatistisch	Partiell-fanatisch
Weltsicht	Wagnis- und Grenzüber-schreitungskultur	Welt als formales bzw. kasuistisches Regelwerk	Ich-zentrierte Kultur	Bewahrungs- und Einordnungskultur
Organisationsform	Hierarchisch	Hierarchisch	Netzwerk	Kooperativ, selten hierarchisch

Tabelle 3.4: Unterschiede im Verstehen von wichtigen Stakeholdern
Quelle: in Anlehnung an Obermeier, 1999, S. 158.

Wege zum Ver-stehen	Unternehmer	Bürokraten	Aktivisten	Fundamentalis-ten
Machtmittel	Werbe-, PR-Kampagnen, Rechtsmittel, Lobbyisten	Gesetze, Gebote, Verbote, Strafen	Persönliche Beziehungen, Bürgerinitiativen, Verwaltungsgericht	Moralkampagnen, Boykott, Demonstrationen, Medien, soziale Netzwerke
Risikoparadigma	Kalkulatorisch objektivierend	Regel-, und gesetzesorientiert	Nahsphären-orientiert	Emotiv-moralisierend

Tabelle 3.4: Unterschiede im Verstehen von wichtigen Stakeholdern *(Forts.)*
Quelle: in Anlehnung an Obermeier, 1999, S. 158.

Aushandeln von Interessen mit Stakeholdern

Um mit Stakeholdern gut auszukommen, muss mit ihnen angemessen kommuniziert werden. Die Kommunikation mit ihnen läuft darauf hinaus, die zur Debatte stehenden Risiken, die mit einer Produktionsanlage, einem Produkt oder sonstigen unternehmerischen Aktivitäten einhergehen, mit den betroffenen Stakeholdern unter Berücksichtigung ihrer unterschiedlichen Sprachen, Logiken und Weltbilder „auszuhandeln". Dabei kommt es darauf an,

■ die Leistungen der Stakeholder angemessen zu berücksichtigen,

■ die zugefügten Schäden angemessen zu kompensieren,

■ ihre berechtigten Ansprüche weitgehend zu befriedigen,

■ ihnen aber im Gegenzug zu Kompensationen auch Zugeständnisse abzuringen,

■ sowie Überzeugungsarbeit für die Akzeptanz von unvermeidbaren Risiken zu leisten.

Organisations- und Kommunikations-maßnahmen

Damit ein Unternehmen mit den verschiedenen Stakeholdern angemessen kommunizieren kann, sollte es in einem ersten Schritt seine Organisation daraufhin überprüfen, ob es auf seine verschiedenen Zielgruppen eingestellt ist. Konkrete Organisations- und Kommunikationsmaßnahmen sollten für jede Stakeholdergruppierung eingeleitet werden.
▶Tabelle 3.5 gibt eine Anregung, wie diese aussehen könnten.

Stakeholder	Organisatorische Maßnahmen	Kommunikationsmaßnahmen mit den Stakeholdern
Shareholder	■ Corporate Governance Initiativen ■ Verwaltungsratssitzung ■ Generalversammlung ■ Einsatz von Rating-Agenturen	■ Investor Relations Management ■ Reden auf Generalversammlung ■ Briefe an Investoren ■ Jahresabschlussbericht ■ Aktionärsbriefe

Tabelle 3.5: Organisatorische und Kommunikationsmaßnahmen für den Umgang mit Stakeholdern

Stakeholder	Organisatorische Maßnahmen	Kommunikationsmaßnahmen mit den Stakeholdern
Mitarbeiter	■ Anti-Diskriminierungsprogramme ■ Gesundheitsinitiativen ■ Sicherheit am Arbeitsplatz ■ Faire Entlohnung ■ HR-Programme ■ Materielle und immaterielle Beteiligungen ■ Unternehmenskultur / Codes of Conduct ■ Corporate University ■ Ombudsmann ■ Hotlines ■ Intranet	■ Vision-Building ■ Kommunikation der Unternehmenskultur und Unternehmensstrategie ■ Interne Kommunikation ■ Gutes Einkommen ■ Gutes Betriebsklima ■ Vertrauensbildende Maßnahmen (VBM) ■ Seminare, Workshops ■ Mitarbeiterinfos ■ Betriebsversammlungen
Lieferant	■ Lieferantenprogramme ■ Antikorruptionsprogramme	■ Lieferantenprogramme, Zulassungsverträge ■ Antikorruptionsprogramme ■ VBM
Kunde	■ Produktqualitätssicherung ■ Customer Service und Relations Initiativen ■ Produktsicherheit ■ Reklamationsbearbeitung ■ Qualitätssicherung	■ Kundenbindungsprogramme ■ Werbung ■ Kurze Responsezeit ■ Serviceleistungen ■ Individuelle Beratung ■ Kulanz und gute Garantieleistungen
Staat	■ PR-Stelle ■ Verbandsarbeit ■ Compliance-Abteilung	■ Informationspolitik ■ Lobbyarbeit ■ Dialog mit Politikern
Gesellschaft	■ Corporate Citizenship Initiativen ■ Sponsorship-Programme, Kultursponsoring ■ Soziales Engagement ■ Ethics-Officer	■ Sponsorship-Programme, Kultursponsoring ■ Soziales Engagement ■ Interkulturelles Management ■ Vor strategischen Entscheidungen runde Tische unter Einbezug aller Betroffenen ■ Code of Ethics ■ Mission Statements
Medien	■ Pressestelle ■ Pressesprecher	■ Presseberichte ■ Gut aufbereitete Informationen ■ Glaubwürdige Kommunikation ■ Pressekonferenzen ■ Jahresberichte auf Grundlage der Global Reporting Initiative (GRI) erstellen
Behörden	■ Compliance Management ■ Umweltschutzbeauftragte	■ Zulassung von Kontrollgängen ■ Regelmäßige Zusammenarbeit
Natur	■ Umweltschutzprogramme ■ Ökobilanzen ■ Öko-Audit ■ CO_2-Zertifikatenhandel ■ Rating-Agenturen	■ Dialog mit Naturschutzverbänden / Greenpeace ■ Kommunikation von Rating-Ergebnissen ■ UNEP-Erklärungen ■ Umweltprojekte veröffentlichen

Tabelle 3.5: Organisatorische und Kommunikationsmaßnahmen für den Umgang mit Stakeholdern *(Forts.)*

Methoden des
Aushandelns

Mit Bereitstellung der organisatorischen und kommunikativen Mittel sind noch nicht die konkreten Schritte eines Aushandlungsprozesses vollzogen. Diese sind alles andere als einfach. Die von Ethikern geforderte „ideale Diskursgemeinschaft", wie sie Karl-Otto Apel[33] beschrieben hat, ist normalerweise bei Anwesenheit verschiedener Stakeholder nicht gegeben.[34] Die dort geforderte Basis der Vernunft, auf die sich alle Teilnehmer einigen können, ist – eben wegen der unterschiedlichen Wertvorstellungen, Weltbilder, Logiken und Machtmittel – oft nicht vorhanden. Deshalb müssen dann andere Methoden des Aushandelns zur Anwendung kommen.[35]

Exkurs: Grenzen der Diskursethik

Karl-Otto Apel und Jürgen Habermas zufolge sollten ethische Entscheidungen nicht länger ein Produkt des einsamen Denkers sein, sondern das Ergebnis eines gemeinschaftlichen Diskurses.[36] Voraussetzung für eine vernünftige Diskursgemeinschaft ist die *Teilnahmemöglichkeit* aller „sprach- und handlungsfähiger Subjekte", die *Chancengleichheit* aller Äußerungen, *Herrschaftsfreiheit* des Diskurses, *Widerspruchsfreiheit*, *Konsistenz* und *Wahrhaftigkeit* der vorgebrachten Argumente, *Begründbarkeit von Widerreden*, *gemeinsames Verständnis* von Ausdrücken, *Zurechnungsfähigkeit* und *Aufrichtigkeit* aller Teilnehmer.[37] Auf dieser Basis soll eine zwanglose Übereinstimmung, also ein „Konsens" aller Teilnehmer angestrebt werden.

Ernst Tugendhat kritisiert insbesondere den Zirkelschluss der „idealen Sprechsituation", die der Diskursgemeinschaft zugrunde gelegt ist. Alle Teilnehmer sollen „dieselben Chancen" für eine Beteiligung am Gespräch haben sowie „die gleiche Chance zur Kritik". Diese vernünftige Gleichstellung wird vorausgesetzt, obwohl sie ja Ziel des Diskurses ist. Hier liegt also ein Zirkelschluss vor.[38] Kritisch ist daran auch zu sehen, dass die ideale Sprechsituation in vielen Diskursgemeinschaften empirisch gar nicht gegeben ist, weil ihre Teilnehmer zu weit auseinanderstrebende Interessen, Logiken, Wertvorstellungen haben und, was gerade in der Wirtschaftswelt kaum überwindbar ist, unterschiedliche Machtpositionen innehaben. Die von Habermas geforderte Gleichstellung ist niemals gegeben, wenn z. B. der Vorgesetzte oder gar Unternehmenseigner im Kreise seiner Angestellten sitzt. Dies beeinflusst zwangsläufig die Freimütigkeit der Untergebenen. Selbst wenn die Vorgesetzten zur unbekümmerten Kritik aufrufen, wird diese anders ausfallen als etwa in einer Kaffeerunde von Mitarbeitern der gleichen Hierarchiestufe. Tugendhat verweist hier auf die Situation eines Potentaten, der im Kreise seiner Sklaven diese nach ihren Wünschen befragt. Am Schluss legt er fest, ob und welche Normen er daraus ableitet.[39] Immer wieder hat der Autor dieses Buches selbst miterlebt, wie oberste Manager, einschließlich des CEO, bei bloßer Anwesenheit des Eigentümers, obwohl dieser definitiv keine Vorgaben gemacht, ja sogar zur konstruktiven Kritik aufgerufen hatte, ihre vorher geäußerte Meinung um 180 Grad gedreht haben. Wie soll unter solchen Umständen z. B. Widerspruchsfreiheit, Konsistenz und Wahrhaftigkeit gewährleistet sein? Deshalb dürfte die Diskursethik in dem vorgeschlagenen Stil der beiden Philosophen bei Stakeholderdiskursen kaum so zur Anwendung kommen. Strategien des Aushandelns sollten deshalb in einem *pragmatischen Diskurs* die Machtverhältnisse und zugleich ethische Grundsätze wie z. B. den kategorischen Imperativ, utilitaristische Folgenbetrachtungen etc. mitberücksichtigen. In der Klimakonferenz von Paris, COP21, hat man wohl anscheinend einiges davon berücksichtigt. Wir werden später darauf noch ausführlicher eingehen (siehe ▶ *Abschnitt 9.1*).

Im Kontext dieser Schrift soll die Komplexität des Aushandlungsprozesses zunächst dadurch reduziert werden, dass wir uns auf den Konflikt zwischen ethischen und ökonomischen Interessen beschränken. Denn darum geht es letztendlich in der Unternehmensethik.

Spielarten der Unternehmensethik

Wer in Unternehmen ethisch handelt, also E verfolgt, intendiert ein „gutes Auskommen" mit allen Stakeholdern. Wer ökonomisch handelt, also Ö verfolgt, intendiert einen möglichst hohen Gewinn für die Shareholder. Die Verhältnisse von Ö zu E können folgendermaßen aussehen:

Konflikt zwischen ethischen und ökonomischen Werten

- **Nur Ö:** Beim ökonomistischen Ansatz werden nur ökonomische Ziele verfolgt, ethische möglichst ausgeblendet. Die völlige Verdrängung ethischer Werte unterliegt der Illusion, dass E und Ö sich nicht vertragen, ja dass Erstere sich auf das Ergebnis Letzterer negativ, also störend auswirkt. Dabei wird verdrängt, dass gerade das ethische Auskommen mit den Mitarbeitern, Kunden und Lieferanten eine Grundvoraussetzung für erfolgreiches Wirtschaften ist.

- **Ö > E:** Der instrumentalistische Ansatz nutzt die Ethik, um die ökonomischen Ziele besser zu erreichen. Solange sie diesen dient, wird sie berücksichtigt, im anderen Fall wird sie ignoriert.

- **Ö = E:** Viele Unternehmen balancieren die ökonomischen und ethischen Ziele situativ aus. Im Konfliktfall werden die Forderungen beider Seiten ausgehandelt und kompromissbereit gelöst.

- **Ö < E:** Es gibt aber auch Unternehmen, die ethische Ziele über die ökonomischen Ziele stellen. So fordert Johnson & Johnson von seinen Mitarbeitern in „erster Linie" die wichtigen Stakeholderinteressen von Kunden, Lieferanten, Krankenhäusern und Ärzten hochzuhalten und erst in „fünfter Linie" den Shareholder Value zu beachten.

- **Nur E:** Der rigoristische Ansatz vertritt die Idee, dass Unternehmen ausschließlich ethische Interessen zu verfolgen haben. Dies trifft insbesondere bei social enterprises oder kirchlichen Organisationen zu. Aber hier wird verdrängt, dass gleichfalls ökonomische Ziele zu erfüllen sind. Denn auch ein soziales Unternehmen muss mit den Geldern seiner Sponsoren haushälterisch umgehen, sprich: sie möglichst effizient einsetzen, um den größtmöglichen Nutzen zu erzielen. Es wäre geradezu unethisch, wenn die Gesetze der Ökonomie beim Einsatz von Spendengeldern missachtet würden.

Ökonomie und Ethik **Aushandlungsmethode**	Relation E zu Ö	Unternehmensethik **Risiken**
Ökonomie über alles **Unterdrückung**	Nur Ö	Ökonomistisch **Abwehrreaktion**
Ethik als Instrument für die Ökonomie **Überredung**	E < Ö	Instrumentalistisch **Verdrängung nicht-monetärer Werte**
Ethik und Ökonomie gleichwertig **Pragmatischer Diskurs**	E = Ö	Situativ-opportunistisch **Symptombekämpfung**
Dominanz der Ethik über Ökonomie **Respektvoller Dialog**	E > Ö	Real-idealistisch **Überforderung durch Selbstbindung**
Ethik über alles **Durchsetzung eines Ideals**	Nur E	Rigoristisch **Ökonomisches Aus/ Selbstverleugnung/ Verdrängte Schatten (Innerer Schweinehund)**

Tabelle 3.6: Spielarten der Unternehmensethik
(Quelle: Schüz, 2001, S. 106.)

Unternehmensethik als Brücke zwischen Ethik und Ökonomie

Bei genauerem Hinsehen sind also der erste und letzte Fall kein Thema der Unternehmensethik. Diese kann man als einen Brückenschlag zwischen dem Funktionalismus reiner Ökonomie und dem Rigorismus reiner Ethik auffassen.

Was soll nun die Unternehmensethik als Brücke zwischen Ethik und Ökonomie leisten? Nach dem bisher Gesagten soll sie

■ generell für das gute Auskommen eines Unternehmens mit möglichst all seinen Stakeholdern sorgen,

■ dabei divergierende Interessen austarieren (Stakeholder-Management),

■ zur Kompromissfindung bei Sach- und Wertkonflikten beitragen,

■ Steuerungsdefizite von Markt und Recht ausgleichen,

■ Unternehmensinteressen mit denen der sozialen und natürlichen Umwelt abstimmen,

■ ethisch akzeptable Produktionsverfahren und Produkte ermöglichen,

■ die Konflikte lösen, die sich aus der Art und Weise der Erwirtschaftung und Verwendung des Gewinns ergeben.

Übung	**Die Struktur der ethischen Verantwortung am Beispiel des Abgasskandals bei VW**

Bisher haben wir die Struktur der Verantwortung als eine dreistellige Relation zwischen Subjekt, Konsequenzen und Instanzen kennengelernt. Die ethische Verantwortung prüft dabei, inwieweit die Konsequenzen des Handelns das „gute Auskommen mit allen Stakeholdern" bedrohen oder fördern.

Verantwortung als siebenstellige Relation

Hans Ropohl beschreibt die Struktur der Verantwortung sogar als eine siebenstellige Relation, die sich auf folgenden Fragenkomplex bezieht: *Wer* verantwortet *was*, *wofür*, *weswegen*, *wovor*, *wann* und *wie*. Jedes dieser Elemente kann sich mindestens dreifach ausprägen, sodass sich eine „morphologische Matrix der Verantwortungstypen" ergibt, an der unterschiedliche Verantwortungssituationen ablesbar sind.

Es trägt Verantwortung:	(1)	(2)	(3)
(A) Wer?	Mikroebene: Individuum	Mesoebene: Unternehmen	Makroebene: Gesellschaft/Natur
(B) Was?	Handlung	Produkt/Produktion/ Dienstleistung	Unterlassung
(C) Wofür?	Vorhersehbare Folgen	Unvorhersehbare Folgen	Neben-, Rück- und Fernwirkungen
(D) Weswegen?	Eigeninteresse/funktionale Vorgaben	Ökonomische/soziale/ökologische Werte	Staatliche Gesetze/ Naturgesetze
(E) Wovor?	Gewissen	Stakeholder	Gericht/Naturschützer/Lebenserhalt
(F) Wann?	Zukunft: vorher: prospektiv	Gegenwart: jetzt: momentan	Vergangenheit: nachher: retrospektiv
(G) Wie?	Aktiv	Virtuell	Passiv

Tabelle 3.7: Verantwortung als siebenstellige Relation auf drei Ebenen
Quelle: in Anlehnung an Ropohl, 1996, S. 75.

Verantwortung im Abgasskandal bei VW

Man kann gemäß dieser Matrix die Verantwortung von Volkswagen (ein Unternehmen = A2) analysieren, das die Produktion eines Autos mit manipulierten Abgaswerten (B2) für voraussehbare Folgen (C1 = Verschmutzung der Umwelt, Anklage wegen Betrugs) wegen Verletzung staatlicher Gesetze (D3) vor US-amerikanischen Gerichten, aber auch Naturschützern und erkrankten Verbrauchern (E3), und zwar momentan (F2) und passiv (G3) verantworten muss.[38]

Obwohl das siebenstellige Modell von Ropohl die Komplexität von Verantwortungssituationen sehr gut repräsentiert, ist es für die unternehmerische Praxis einfacher auf das dreistellige Verantwortungsmodell zurückzugreifen. Denn es fokussiert auf die wichtigsten Stellen, die Ropohls Stellen übrigens mit beinhalten: Handelndes Subjekt (A), Konsequenzen (B+C) und Instanzen (D+E). Der Zeitmodus (F) ergibt sich aus den Konsequenzen, und zwar, ob sie auf die Vergangenheit, Gegenwart oder Zukunft bezogen werden, und das Wie (G) ergibt sich sowieso aus der Situation, ob das handelnde Subjekt von anderen zur Verantwortung gezogen wird (passiv), selbst die Verantwortung übernimmt (aktiv) oder sie sich gedanklich vor Augen führt (virtuell). In unserem Beispiel wäre es für die Entscheidungsträger besser gewesen, sie hätten die Verantwortungssituation mit den manipulierten Dieselmotoren virtuell geprüft, bevor sie diese realisiert hätten, oder wenigstens aktiv übernommen, als die Manipulationen intern – vielleicht schon vor ihrer Aufdeckung – ruchbar wurden, anstatt abzuwarten, bis sie passiv zur Verantwortung gezogen werden. Ökonomisch gesehen zog das Abwarten bis zum letzten Schritt verheerende Folgen nach sich.

Interessant in diesem Zusammenhang ist nun, *wie* der Vorstandsvorsitzende der Volkswagengruppe, Matthias Müller, bei seinem ersten Besuch in Amerika während der North American International Auto Show am 11. Januar 2016 nachträglich (F3) vor der Öffentlichkeit (E2) passiv in einem Interview (G3) dem Fernsehsender NPR für die Schäden durch die manipulierten Abgaswerte (C3) wegen Verletzung der Abgasgesetze (D3) Rede und Antwort stehen musste. In einem vorbereiteten Statement entschuldigte er sich für die „hohen Abgaswerte" (B2) wegen „technischer Probleme" (D2), die zu dem Skandal führten. Der Interviewer fragte ihn daraufhin, wie er die Wahrnehmung der amerikanischen Öffentlichkeit ändern wolle, es handele sich bei dem Skandal nicht um ein technisches (D1), sondern auch um ein „ethisches Problem, das tief in der Organisation" (D2) verwurzelt sei. Müller antwortete darauf:

> *„Frankly spoken, it was a technical problem. We made a default, we had ... not the right interpretation of the American law. And we had some targets for our technical engineers, and they solved this problem and reached targets with some software solutions which haven't been compatible to the American law. That is the thing. And the other question you mentioned – it was an ethical problem? I cannot understand why you say that."*[39]

Auch in der Nachbesserung seines Interviews am darauffolgenden Tag geht Müller nicht auf den Vorwurf eines ethischen Problems ein. Offensichtlich versteht er gar nicht, was damit gemeint ist, oder schlimmer noch: er will es nicht verstehen. Stattdessen sieht er die Ursache für die technischen Probleme in den von VW missverstandenen US-Gesetzen. Müller erkannte also nicht die Brisanz, die im Unterschied zwischen gesetzlicher Legalität (D3) und ethischer Legitimität (D1) besteht. Sein

Blickwinkel bezog sich nur auf die ökonomisch-technische, nicht aber soziale oder ökologische Dimension der Verantwortung.

1. Diskutieren Sie mit einem Studienfreund, weshalb Müllers Beantwortung der Frage nach dem „ethischen Problem" des Abgasskandals ihre Wirkung verfehlte, nämlich die amerikanische Öffentlichkeit mit einer Entschuldigung etwas zu beruhigen. Wieso hat Müller mit seiner Antwort das Misstrauen in der Öffentlichkeit gegenüber VW noch vergrößert?

2. Welche ökonomischen, sozialen und ökologischen Konsequenzen (Neben-, Rück- und Fernwirkungen) hat der Abgasskandal ausgelöst? Welche sollte VW vor wem verantworten?

3. Worin besteht Ihrer Meinung nach das „ethische Problem", das der Interviewer angesprochen hat? Berücksichtigen Sie dabei die in diesem Lehrbuch eingeführte Definition von Ethik. Mit wem sollten demzufolge die VW-Gruppe und deren Führungskräfte in Zukunft „gut auskommen"?

4. Welche Stakeholder sind in dem Fall betroffen? Welche Ansprüche können sie gegenüber VW wie geltend machen?

5. Wie hätte Müllers Antwort ausfallen sollen, um der Frage gerecht zu werden?

6. Skizzieren Sie Müllers (a) dreifache und (b) nachhaltige Verantwortung gemäß dem vorgestellten Modell im vorigen Kapitel. Wie würden Sie dementsprechend das Verantwortungsprofil von VW darstellen?

7. Inwiefern ist VW Subjekt, Konsequenz und Instanz der universalen Verantwortung? Skizzieren Sie Macht und Ohnmacht der Firma im kausalen Netz aller involvierten Stakeholder.

8. Wie sollte die VW-Gruppe ihre Verantwortung in Zukunft wahrnehmen, um langfristig ihre Lebensfähigkeit zu erhalten?

3.7   Fazit zur Struktur der ethischen Verantwortung

Ein Unternehmen sollte alle Dimensionen der Verantwortung bei seinen Entscheidungen berücksichtigen. Sie hängen voneinander ab. Um seine Lebensfähigkeit langfristig sicherzustellen, sollte ein Unternehmen nicht nur auf die funktionale Dimension fokussiert sein, sondern auch in gleichem Maße die soziale wie die ökologische Verantwortung einbeziehen. Der ethischen Verantwortung kommt dabei die Rolle zu, die Interessen aller involvierten Stakeholder in Betracht zu ziehen.

Es stellt sich nun die Frage, wie die Ethik konkret auf den Umgang mit Stakeholdern Einfluss nehmen bzw. zu einem guten Auskommen mit ihnen beitragen kann, kurz: wie ethische Verantwortung konkret wahrgenommen werden kann. Dazu werden im Folgenden die drei einflussreichsten Ethikansätze besprochen und auf ihre mögliche Anwendung in der unternehmerischen Praxis geprüft. Dabei werden folgende drei Fragestellungen verfolgt:

1. Wie kann ich die Konsequenzen meines Handelns ethisch reflektieren, sprich: wie kann ich überhaupt beurteilen, ob aus ihnen mehr Schaden oder Nutzen für alle Betroffenen erwächst?

2. Welche Instanzen beurteilen mein Tun und Lassen anhand welcher Sollensforderungen und Pflichten? Welche davon sind ethisch als unabdingbar zu beachten?

3. Wie kann ich mich als Subjekt der Verantwortung dazu befähigen, in einer bestimmten Situation mit meinen Fähigkeiten überhaupt ethisch zu handeln?

Die erste Frage bezieht sich auf Konsequenzen der Verantwortung, die zweite auf die Instanz und die dritte auf das Subjekt. Jede dieser Fragen kann auf unterschiedliche Traditionen der Ethik bezogen werden:

1. Die gewünschten wie ungewünschten Konsequenzen (Was ich will!) werden über die *utilitaristische Ethik (Güter- bzw. Nützlichkeitsethik)* bewertet;

2. Die Instanzen (Was ich soll!) werden über die *deontologische Ethik (Pflichtenethik)* definiert;

3. Das Subjekt des Handelns (Was ich kann!), ein Individuum oder Unternehmen, wird über die *Tugendethik* gestärkt.

Alle drei Ethikformen ergänzen sich komplementär, sprich: jede hat ihre Stärken und Schwächen, die letztlich über die anderen Ansätze kompensiert werden.[40]

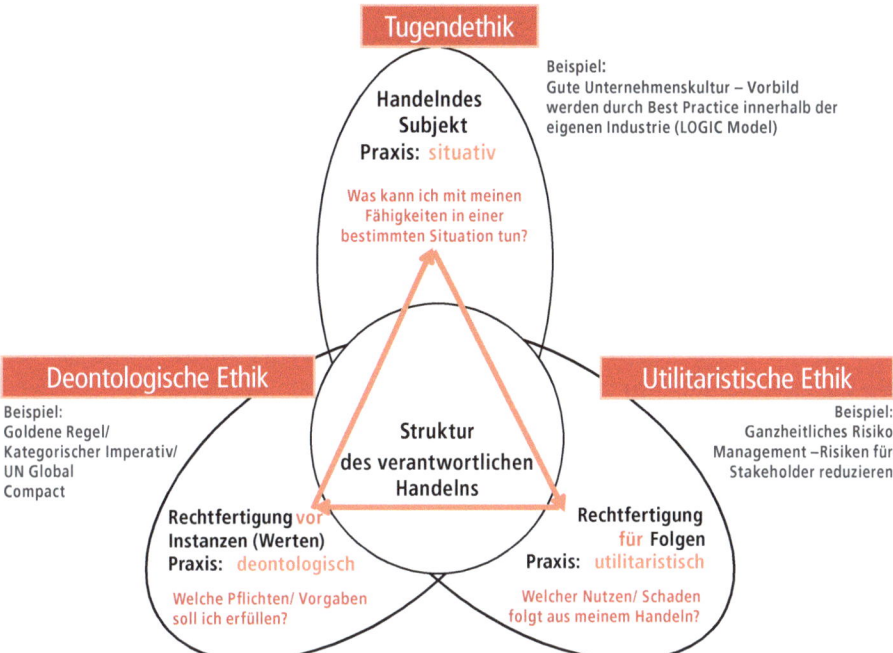

Abbildung 3.8: Die Verknüpfung von Ethik mit Verantwortung

Zusammenfassung

Im vierten Kapitel haben wir die Begriffe „Ethik" und „Moral" aufgeschlossen und eine auch für Manager leicht handhabbare Definition von Ethik als Lehre vom „guten Auskommen miteinander" entwickelt. Vertiefend haben wir im Anschluss die „Unternehmensethik" als Brückenschlag zwischen dem Funktionalismus reiner Ökonomie und Rigorismus reiner Ethik identifiziert. Sie handelt somit vom „guten Auskommen mit allen Stakeholdern". Die Analyse des Stakeholderbegriffs hat ergeben, dass diese unterschiedliche Interessen und Ansprüche verfolgen, deren Berechtigung von ihrem Investment in das betreffende Unternehmen abhängt. Aufgrund ihrer unterschiedlichen Weltsicht, Interessen, Wertvorstellungen, Sprachen und Logiken fällt es schwer, mit ihnen eine ideale Diskursgemeinschaft zu pflegen. Um dennoch einen Konsens mit ihnen über die eigenen Strategien, Produkte oder Dienstleistungen zu erzielen, ist es besser, einen Aushandlungsprozess nach allen Regeln der Kunst anzustreben. Wenn es um ethische Probleme geht, reduziert sich dieser Prozess auf ein Aushandeln zwischen ethischen und ökonomischen Werten. Drei traditionelle Ansätze der Ethik geben Methoden an die Hand, Ethik in eine verantwortliche Firmenpolitik umzusetzen.

In den folgenden drei Kapiteln werden diese drei traditionellen Ethikansätze vorgestellt und auf den unternehmerischen Alltag angewendet. Wir beginnen mit der Nützlichkeits- oder Güterethik, da diese der ökonomischen Reflexion sehr nahe steht, fahren sodann mit der Pflichtenethik fort, um mit der Tugendethik den Abschluss zu bilden. Dieser Rundgang zeigt auf, dass alle drei Ethiken nötig sind, ethisch verantwortliches Handeln zu realisieren. Dabei werden die traditionellen Ansätze mit teilweise hochaktuellen Problemen jeweils auf den Prüfstand gestellt und mit neuen Lösungsansätzen erweitert.

 Weiterführende Inhalte finden Sie auf der Website *www.pearson-studium.de* unter Online Extras.

Endnoten

1   Vgl. Gemoll, 1979, S. 241, 360.
2   Aristoteles, 1985, 1098a.
3   Vgl. Precht, 2012, S. 174 ff.
4   Die griechische Nachsilbe (= Suffix): *-iká* zeigt im Deutschen (wissenschaftliche) Disziplinen an wie z. B. bei Techn*ik*, Botan*ik* und Eth*ik*.
5   Vgl. Tugendhat, 1993, S. 34 ff.
6   Ebd. S. 58 ff.
7   Neben der deskriptiven und normativen Ethik wird von manchen Autoren noch der strategische Gebrauch der Ethik unterschieden. Demzufolge soll die Ethik zu einem optimalen Unternehmensergebnis im Umgang mit Stakeholdern beitragen. Die Ethik wird dann als Mittel zu einem anderen als ethischen Zweck verwendet, etwa um ökonomische Ziele besser zu erreichen. Denn eine Strategie ist ja nichts anderes als ein Mittel und Weg, um ein gewünschtes Ziel (= Norm) anzustreben, etwa Gewinne zu machen oder Marktanteile zu gewinnen. Die Ethik wird dann als Mittel zum Zweck degeneriert und nicht länger als Selbstzweck angesehen. Dennoch ist auch der strategische Ansatz normativ, eben weil auch in ihm das Streben nach einer Norm (z. B. Gewinnmaximierung) steckt.
8   Platon, 1990a, Phaidros, 253c–e.
9   Ariely, 2012, S. 33 f, 51 f.
10 Nach Diogenes Laertius, 1967, S. 58.
11 Hume zit. n. Hochreiter, o. J.
12 Montesquieu, 1994.
13 Zeyer 2009, S. 186.
14 Pauly/Schiessl, 2015, S. 64 ff.
15 Schüz, 1998, S. 10.
16 Luhmann, 1989.
17 Vgl. Bleicher, 1985; 1995, S. 248.
18 Schüz, 1998, S. 18.
19 Vgl. Luhmann, 1989, S. 23 ff.
20 Fukuyama zit. n. Morris, 1997, S. 49; Fukuyama, 1996, S. 352.
21 Vgl. Höffe, 1979, 2015; Vöneky, 2010.
22 Norwegian Nobel Committee, 2014; vgl. DW, 2014.
23 Eine kleine Auswahl von Definitionsversuchen sei hier wiedergegeben: So wird Ethik oft als „Lehre vom richtigen Handeln" (z. B. Peter Koslowski, 1988, S. 6) definiert. Allerdings scheint mir die Definition der Ethik als richtiges Handeln eher zu allgemein, weil unter „richtigem Handeln" auch technisch richtiges Handeln umfasst ist, also ein funktionales Handeln, das die richtigen Mittel zur Erlangung eines Zwecks ergreift. Der Gegensatz von „richtig" und „falsch" ist ein Werturteil, das eher im wissenschaftlich-technischen oder mathematischen Kontext eingesetzt wird. In moralischen und ethischen Fragestellungen, kommt eher das Werturteil „gut" und „böse" oder „schlecht" zum Einsatz. Deshalb lässt sich „ethisch richtiges" Handeln besser mit „gutem Handeln" erfassen, das sich vom „bösen Handeln" abgrenzen lässt. Da es der Ethik um ein gutes Handeln geht, das die Beziehungen zum Mitmenschen oder zu anderen Lebewesen betrifft, drückt „gutes Auskommen" anstelle von „gutem Handeln" noch besser die Intention der Ethik aus, die ja auf soziale Beziehungen gerichtet ist. Dem kommt die Definition von Ethik in Gablers Wirtschaftslexikon nahe: „Ethik ist die Lehre bzw. Theorie vom Handeln gemäß der Unterscheidung von gut und böse." (Gabler, 2015)
24 Schüz, 1999, S. 156.
25 Levinas, 1999.
26 Vgl. Freeman, 1984; 2004.
27 Freeman, 1984, S. 25, 31, 46 f.
28 Z. B. Dobbing, 1988; Sethi, 1994; Obermeier, 1999, S. 175–192; Schüz, 1999, S. 138–143; Attac, 2005, S. 93 ff; generell zur Problematik der Säuglingsernährung durch Ersatzprodukte für Muttermilch Falkner, 1991.
29 Tagesschau, 2014.
30 Günther et al., 2011.
31 Vgl. Obermeier, 1999, S. 140 f.
32 Vgl. Obermeier, 1999, S. 122 ff, 129 ff, 132 ff.
33 Buddeberg, 2011, S. 98.
34 Vgl. Apel, 1990, S. 270 ff.
35 Vgl. z. B. Obermeier, 1999, S. 158; Schüz, 2001; Dia-Edine, 2015.
36 Vgl. z. B. Habermas, 1991, S. 153
37 Habermas in Anlehnung an Robert Alexys „Katalog von Argumentationsvoraussetzungen", 1996, S. 96 ff.
38 Vgl. Grolle et al., 2015.
39 Müller, 2016.
40 Die Einteilung der Ethik in Tugend-, Pflichten- und Güterethik wurde von Friedrich Schleiermacher (1768–1834) vorgenommen (1990; vgl. Bollnow, 1958, S. 19). Ihm zufolge greift eine Begrenzung der Ethik auf die beiden ersten Formen zu kurz. Erst die Wirkung einer Handlung, ob sie einem größeren Gut dient, zeige, ob sie als ethisch anzusehen ist. (Vgl. Giel, 1985)

Nützlichkeitsethik – wie die Folgen des Handelns beurteilt werden können

4

ÜBERBLICK

Lernziele

Der Leser

■ versteht die Methodik der utilitaristischen Güterethik im Unterschied zu ökonomischen Kosten-Nutzen-Analysen,

■ kann sie auf konkrete Fälle unternehmerischer Entscheidungen anwenden,

■ begreift ihre Möglichkeiten und Grenzen,

■ wendet sie auf das Beispiel der positiven und negativen Folgen von Korruption an.

4.1   Begriffsbestimmung

Streben nach dem größten Gut

Entsprechend unserem Verantwortungsbegriff muss das Subjekt für die Folgen seines Handelns vor einer Instanz geradestehen. Wie aber kann es seine Folgen als ethisch gut beurteilen? Dieser Frage widmet sich die Nützlichkeitsethik, auch utilitaristische (von lat. *utilitas* = Nutzen) oder Güterethik genannt. Sie hat sich vor allem in angelsächsischen Ländern durchgesetzt, nicht zuletzt weil sie von englischen bzw. schottischen Philosophen weiterentwickelt wurde. Die Nützlichkeitsethik heißt deswegen auch Güterethik, weil sie mit dem Nützlichen das größte Gut für möglichst viele anstrebt. Erstmals formulierte der irisch-schottische Philosoph Francis Hutcheson (1694–1746) 1723 das größte Gut als „das größtmögliche Glück für die größtmögliche Zahl" („The Greatest Happiness for the Greatest Number"[1]). Diese Ethikform, die sich mit den Konsequenzen des Handelns beschäftigt, gehört zur *konsequentialistischen Ethik*. Das Gut ist der anzustrebende Nutzen, wobei Nutzen – je nach philosophischer Auffassung – mal als Lust, mal als Glück, mal als Summe verschiedener Güter definiert wird. Nach dem utilitaristischen Kalkül ist eine Handlung somit dann gut, wenn sie insgesamt *mehr Nutzen als Schaden für alle Betroffenen* stiftet.[2]

Unterschied zum ökonomischen Denken

Jetzt wird auch die angedeutete Verwandtschaft zum ökonomischen Denken deutlich. Denn im Geschäftsleben wird das Gut auf Geld reduziert, Kosten gegen Nutzen aufgerechnet. Geld zu verdienen, ist demnach gut, es zu verlieren ist schlecht. Ökonomische Kosten-Nutzen-Analysen sind somit eine Form der utilitaristischen Kalkulation. Im Unterschied zur Ethik intendiert die Ökonomie eine Maximierung des Nutzens, und zwar eine Maximierung des *Eigennutzens*, während die utilitaristische Ethik auf den *Nutzen für alle Betroffenen* abzielt.

Frage nach dem Nutzen und Schaden einer Handlung

Es stellt sich sogleich die Frage, wie man Nutzen im Unterschied zu Schaden definiert. Denn was für die einen nützlich ist, kann für andere schädlich sein. Deshalb diskutiert diese Ethik auch die unterschiedlichen Interessen, die hinter dem anzustrebenden Nutzen stehen. Wenn ein Unternehmen die Folgen seiner Aktivitäten utilitaristisch abwägt, muss es Schaden und Nutzen für alle involvierten Stakeholder beachten. Diese haben unterschiedliche, ja konträre Auffassungen, was als Schaden anzusehen ist und was als Nutzen. So sieht der Schafzüchter in unmittelbarer Nähe eines Kernkraftwerks eher den möglichen Schaden für seine Gesundheit, der Betreiber eher den ökonomischen Nutzen der Anlage für sein Unternehmen. Erst im Gesamtkalkül der Schaden- und Nutzenauffassungen der einzelnen Stakeholder, und zwar wenn der Gesamtnutzen überwiegt, ist eine Aktivität ethisch gerechtfertigt.

Wurzeln des utilitaristischen Denkens findet man bereits in der vorsokratischen Philosophie. So proklamierte im sechsten Jahrhundert v. Chr. einer der sogenannten „Sieben Weisen", namens Chilon: „Wähle lieber Verlust als schimpflichen Gewinn; denn jener bringt nur einmal Gram, dieser immer." Und Solon empfahl: „Fliehe die Lust, die Unlust gebiert."[3] Langfristiger Gewinn ist also dem kurzfristigen Erfolg vorzuziehen. Kurzes Glück ist eigentlich ein Unglück. Nur Glück, das lange anhält, ist erstrebenswert. Unternehmen, die alles daran setzen, kurzfristige Gewinne zu generieren und dabei die langfristigen Neben-, Rück- und Fernwirkungen außer Acht lassen, haben diese Jahrtausende alte Weisheit bisher ignoriert.

Epikur (341–270 v. Chr.) geht noch weiter. Seine „hedonistische" Lehre (von griech. *hedone* = Lust, Freude) empfiehlt, nur nach solchen Freuden zu streben, die lange anhalten. Solche, die körperliche Begierden befriedigen, sind meist nur kurzfristiger Natur. Sie sollten deshalb nicht gereizt, sondern gestillt werden. Einziges Ziel im Leben sei das Streben nach Glück, das sich aber nur einstellt, wenn man mit dem, was man hat, zufrieden ist. Dann erlebt man Seelenruhe (= griech. *ataraxia*), in der man nicht immer wieder nach neuen Gelegenheiten kurzfristiger Lustbefriedigung sucht. Diese ziehen oft nur ein Gefühl des Unwohlseins nach sich, den sogenannten Katzenjammer. Solche unreinen Freuden gilt es daher zu meiden.

Epikurs Überlegungen darüber, welche Freuden wirklich als rein zu bewerten und welche nur kurzfristiger Art sind und deshalb Schmerzen nach sich ziehen, haben Jeremy Bentham (1748–1832), einen der Begründer der utilitaristischen Ethik, beeinflusst. Er definierte eine Reihe von Kriterien dafür, welche Art von Freude gegenüber anderen als höher zu bewerten ist.

Bentham übernahm dabei die utilitaristische Formel vom „Vater der schottischen Aufklärung", dem bereits erwähnten Francis Hutcheson, der einen großen Einfluss auf David Hume (1711–1776) wie auch auf Adam Smith (1723–1790) ausübte. Hutcheson entwickelte wohl als Erster ein utilitaristisches Kalkül anhand der Formel „größtes Glück der größten Zahl", der zufolge solches Handeln „das Beste ist, das das größte Glück der größten Zahl" hervorbringt und umgekehrt das schlechteste Handeln dasjenige ist, das das größte „Elend" der größten Zahl hervorbringt.[4]

Benthams Bewertung einer Handlungsmöglichkeit unterliegt dem Maßstab: „Minimizing Suffering – Maximizing Pleasure" – „Minimiere Leiden – Maximiere Freuden". Sein Bewertungsschema zum Vergleich der verschiedenen Freuden und Leiden sieht folgendermaßen aus: Eine Freude mag schwerer wiegen, die mehr Intensität, Gewissheit, Nähe,

Ursprung utilitaristischen Denkens

Epikurs Lehre von der Seelenruhe als reine Freude

Benthams Kriterien der Freude

Langfristiger versus kurzfristiger Nutzen

Schaden-Nutzen-Vergleiche

Reichweite, Fruchtbarkeit und Reinheit[5] mit sich bringt als eine andere Freude. Wenn zum Beispiel ein Kneipenbesuch eine intensive, aber nur kurzfristige Freude, langfristig aber sogar aufgrund der folgenden Kopfschmerzen Leiden erzeugt, so wäre ihm eine andere Freude, zum Beispiel intensive Vorbereitung auf eine Prüfung, die kurzfristig mit Leiden verbunden ist, aber langfristig intensive Freuden erzeugt, vorzuziehen.

Aktion: Kneipenbesuch trotz drohendem Abgabetermin für Thesis	Freuden	Leiden
Intensität	Kurzfristig, da Ausbruch aus anstrengender Situation	Langfristig, großes Bedauern über versäumte Zeit für Abschluss
Dauer	Kurzfristig	Langfristig
Wahrscheinlichkeit	Hoch	Hoch
Nähe – Ferne	Nah: wirkt auf Freunde beim Kneipenbesuch zurück	Fern: da Bedauern sich auf familiäre und freundschaftliche Umgebung auswirkt
Fruchtbarkeit	Gering, da nur unmittelbare Ablenkung von anstrengender Situation	Groß wegen Folgeschäden: Kopfschmerzen/Bedauern über Versäumnis von Weiterarbeit an Thesis
Reinheit	Unrein, da mit potenziellem Leiden verbunden	Rein, da Bedauern vorprogrammiert
Ergebnis	**Kurzfristig groß, langfristig klein**	**Kurzfristig klein, langfristig groß**

Tabelle 4.1: Freuden und Leiden eines Kneipenbesuchs

Risikomanagement

Die utilitaristische Betrachtung erinnert an das Risikomanagement. Dieses kalkuliert die Wahrscheinlichkeit von Schäden durch Handlungen, Produktionsweisen oder Produkte nicht nur für Unternehmen, sondern auch für involvierte Stakeholder. Letztere können Nutzen und Schaden allerdings völlig unterschiedlich wahrnehmen. Fühlen sie sich geschädigt, werden sie zu einer ökonomischen Bedrohung. Sie nehmen erduldete Risiken nicht länger hin, opponieren gegen den Verursacher und setzen ihre Machtmittel ein. So können Protestbewegungen wie beispielsweise jene gegen das Verkehrs- und Städtebauprojekt „Stuttgart 21" zu kostspieligen Verzögerungen führen. Allgemein gesagt: Fühlen sich Stakeholder geschädigt, werden sie zu einer ökonomischen Bedrohung.

Risikomanagement durch gekonnte Stakeholder-kommunikation

Um solche Risiken zu mindern, ist, wie bereits ausgeführt (siehe ▶ *Abschitt 3.6*), eine gekonnte Kommunikation mit den Stakeholdern unerlässlich. Denn wir können den Nutzen bzw. Schaden, den die verschiedenen Stakeholder nach unternehmerischen Aktivitäten empfinden, nur schwerlich imaginativ vorwegnehmen bzw. nachvollziehen. Und wenn, so verlangt dies große Empathie für deren unterschiedliche Nutzen-Schaden-Wahrnehmung, die ja aus ihren jeweiligen Wertvorstellungen abgeleitet ist, sowie ebensolche tiefgreifende Kenntnisse ihrer Lebensverhältnisse und der damit verbundenen Anforderungen und Verpflichtungen. Zur Verifikation der gefundenen Annahmen sollte man daher möglichst immer direkt mit den Betroffenen kommunizieren, um in Erfahrung zu bringen, ob sie unsere Annahmen über ihr Schaden- und Nutzenempfinden teilen oder nicht.

John Stewart Mill (1806–1873) entwickelte den Utilitarismus Benthams weiter, indem er Nutzen und Schaden nicht nur auf die Menschheit bezog, sondern auch auf alle anderen Lebewesen:

> *„Die Norm der Moral … kann … definiert werden als die Gesamtheit der Handlungsregeln und Handlungsvorschriften, durch deren Befolgung ein Leben … [nämlich das größtmögliche Glück] für die gesamte Menschheit im größtmöglichen Umfange erreichbar ist; und nicht nur für sie, sondern, soweit es die Umstände erlauben, für die gesamte fühlende Natur."*[6]

Das utilitaristische Kalkül kann in folgenden Schritten durchgeführt werden:

- Identifiziere die Handlung!
- Identifiziere alle direkt oder indirekt von ihr Betroffenen (Stakeholder)!
- Spezifiziere alle dir bekannten guten und schlechten Folgen für die direkt Betroffenen!
- Wäge die Gesamtmenge guter Folgen mit der Gesamtmenge schlechter Folgen ab unter Berücksichtigung der Anzahl, Dauer, Nähe oder Ferne, Fruchtbarkeit, Reinheit jedes betroffenen Wertes (juristische, ökologische, religiöse, ethische, ästhetische, imagebezogene Werte etc.) und priorisiere diese!
- Erstelle die gleiche Analyse für die indirekt Betroffenen und/oder für die Gesellschaft im Ganzen und/oder für die Natur!
- Fasse alle guten und schlechten Konsequenzen zusammen. Überwiegen die guten, so ist die Handlung als moralisch gut, überwiegen die schlechten, so ist sie nach utilitaristischer Ethik als moralisch schlecht einzustufen!
- Denke über Alternativhandlungen nach, außerhalb des Schemas Tun oder Lassen! Erstelle auch für solche Handlungen die gleiche Analyse!
- Vergleiche die Ergebnisse der verschiedenen Handlungen, bevorzuge diejenige Handlung mit dem besten utilitaristischen Ergebnis!

An folgendem Beispiel soll einmal die typische Schaden-Nutzen-Bilanz eines utilitaristischen Kalküls vor Augen geführt werden. In dem Beispiel geht es um die Frage, ob Mitarbeiter entlassen werden sollen, um eine Firma zu retten. Als vergleichbare Nutzenwährung wurde die Einheit eines „Jolly" eingeführt, das ist eine Einheit für Lust oder Freude. Je mehr Freude eine Aktion nach sich zieht, desto mehr Jollys sind damit verbunden. Da die Anzahl der Jollys pro betroffenen Menschen aufaddiert wird, ergibt sich so eine Summe, die mit dem Gesamtergebnis aller Minus-Jollys verrechnet werden muss. In unserem Beispiel erzeugt die Entlassung weitaus mehr Jollys als Minus-Jollys. Das Kalkül in der fol-

Beispiel für Kalkül gemäß utilitaristischer Ethik

genden Tabelle berücksichtigt – ganz im Sinne von Jeremy Benthams Lehre – auch die Wahrscheinlichkeit p, Intensität I, Nähe N, Reinheit R und Fruchtbarkeit F der Freude, die Handlungen bei den einzelnen Stakeholdern auslösen. Die Formel für das Total T an Jollys pro Stakeholder ergibt sich aus dem Produkt der Menge M und Anzahl A der Betroffenen folgendermaßen:

$$T = p \times M \times A \times (D + N + R + F).$$

Stakeholder	positiver (+) oder negativer (–) Einfluss	Wahr-scheinlich-keit p des Einflusses	Menge an Freude bzw. Schmerz M (Jollys) pro Person	Anzahl der potenziell betroffenen Personen A	Intensi-tät und Dauer D (Skala 1–5)	Nähe N (Skala 1–5)	Reinheit R (Skala 1–5)	Frucht-barkeit F (Skala 1–5)	Netto Total T (Jollys in Millio-nen)
Shareholder	Vermeidung der Insolvenz (+)	0,6	5	2.000.000	2	5	3	1	66
	Erhöhung des finanziellen Ertrags (+)	0,4	3	2.000.000	2	3	4	2	26,4
	Bedenken hin-sichtlich langfris-tigen Überlebens des Unterneh-mens (–)	0,7	–2	2.000.000	3	1	2	3	–25,2
Manager	Psychologische Belastung durch Entlassungen (–)	0,7	–20	150	3	5	2	2	–0,0252
	Psychologische Aufwertung: Selbstbewusst-sein, schwierige Entscheidungen zu treffen (+)	0,3	20	150	2	5	4	4	0,0135
Verblei-bende Mitar-beiter	Keine Angst und Sorgen mehr (+)	0,5	30	60.000	2	5	1	4	10,8
	Lohnfortzah-lung (+)	1	50	60.000	2	5	1	3	33
	Aus Dankbar-keit mehr arbei-ten (+)	0,6	5	60.000	3	5	1	3	2,16
	Schuldgefühl, weil man den Job behalten hat (–)	0,7	–20	60.000	2	4	3	2	–9,24
	Angst vor einem zukünftigen Job-verlust (–)	0,3	–10	60.000	4	1	3	4	–2,16
Freigesetzte Mitarbeiter	Psychologisches Trauma (–)	0,9	–50	20.000	5	5	4	4	–16,2

Tabelle 4.2: Umfassende utilitaristische Kalkulation der Entlassung von Mitarbeitern, um eine Firma vor dem Konkurs zu bewahren
Quelle: nach Fisher/Lovell, 2009, S. 133.

Stakeholder	positiver (+) oder negativer (–) Einfluss	Wahr-scheinlich-keit p des Einflusses	Menge an Freude bzw. Schmerz M (Jollys) pro Person	Anzahl der potenziell betroffenen Personen A	Intensi-tät und Dauer D (Skala 1–5)	Nähe N (Skala 1–5)	Reinheit R (Skala 1–5)	Frucht-barkeit F (Skala 1–5)	Netto Total T (Jollys in Millio-nen)
	Rasch einen bes-seren Job oder interessanteren Lebensstil fin-den (+)	0,15	100	20.000	3	3	5	4	4,5
	Einen schlechte-ren Job als den bisherigen fin-den	0,5	5	20.000	4	2	1	4	0,55
	Kein neuer Job und Einkom-mensverlust (–)	0,35	–100	20.000	5	5	5	5	–14
Familien der freigesetz-ten Mitar-beiter	Psychologischer und wirtschaftli-cher Einfluss auf die Familien der-jenigen, die den Job verloren haben	0,8	–40	50.000	3	5	2	4	–22,4
Steuerzahler	Zusätzlich aus-bezahlte Sozial-leistungen und Einkommensver-luste	1	–0,001	29.400.000	2	2	3	1	–0,2352
			Jollys Rechner					**Total**	53,9631

Tabelle 4.2: Umfassende utilitaristische Kalkulation der Entlassung von Mitarbeitern, um eine Firma vor dem Konkurs zu bewahren *(Forts.)*
Quelle: nach Fisher/Lovell, 2009, S. 133.

4.2   Schwierigkeiten bei der utilitaristischen Analyse von Nutzen und Schaden

Zunächst haben wir das Problem, dass Nutzen, Interessen, Freuden und Leiden schwerlich alle miteinander vergleichbar sind. Jeder will ein anderes Glück, so wie jeder auch unterschiedliche Arten von Lust und Freuden sucht. So weist der Philosoph Alasdair MacIntyre darauf hin:

> *„Die Vorstellung vom menschlichen Glück [ist] keine einheitliche, einfache Vorstellung und [kann] uns kein Kriterium für unsere grundlegenden Entscheidungen liefern ... Es gibt zu viele unter-schiedliche Arten lustvoller Betätigung, zu viele unterschiedliche Möglichkeiten, glücklich zu werden. ... Das Glück, das dem Klos-terleben eigen ist, ist nicht das gleiche Glück wie das, das dem Leben der Soldaten eigen ist. Denn unterschiedliche Arten der Lust und unterschiedliche Formen des Glücks sind größtenteils nicht vergleichbar: Es gibt keine qualitativen oder quantitativen Maßstäbe, mit denen sie gemessen werden könnten."* [7]

Die Vielfalt möglicher Folgen für verschiedene Stakeholdergruppierungen könnte man berücksichtigen, indem man eine Skala über die Schwere der Folgen aufstellt: So könnte der Verlust eines Lebens mit einem höheren Faktor belegt werden als der Verlust der Gesundheit, diese wiederum höher gewichtet werden als der Verlust von körperlicher Unversehrtheit, Eigentum, Freiheit, Reputation, Position, Geld oder Wohlbefinden.

4.3   Grenzen von ökonomischen Kosten-Nutzen-Kalkülen

Im Unterschied zu ethischen Schaden-Nutzen-Kalkülen, bei denen alle involvierten Stakeholder einbezogen werden, sind die typisch ökonomischen Kosten-Nutzen-Kalküle von Unternehmen ausschließlich auf das Eigeninteresse bezogen – mit zum Teil schwerwiegenden Folgen, wie folgendes Fallbeispiel zeigt.

Fallbeispiel: Folgenbetrachtung bei Ford Pinto

Die Firma Ford hatte sich in den 70er-Jahren des vorigen Jahrhunderts zum Ziel gesetzt, ein Auto für unter 2.000 US-$ auf den Markt zu bringen. Lee Iacocca, der damalige Entwicklungschef, sah seine weitere Laufbahn an die Erfüllung dieser Vorgabe gekoppelt. Die Entwicklungsingenieure konstruierten den Ford Pinto, der alle Vorgaben erfüllte – mit einer Schwachstelle: dem Tank im Heck, der sich bei Auffahrunfällen leicht entzünden konnte und in der Folge auch zu Todesfällen führte. Aufgrund einer Kosten-Nutzen-Kalkulation, die von 180 zu erwartenden Todesfällen ausging, sollte entschieden werden, ob einer sicheren, aber konstruktiv teureren Variante (Tank unter dem Rücksitz) der Vorzug gegeben werden sollte.

Abbildung 4.1: Ford Pinto
Quelle: Photo by Matthew Brown at the So Cal Galaxies All-Ford Show in Anaheim released under the GNU Free Documentation License.

Aufgabenstellung

Stellen Sie einen Nutzen-Schaden-Vergleich im Sinne der utilitaristischen Ethik auf, indem Sie den Nutzen und Schaden für alle direkt oder indirekt Betroffenen tabellarisch aufstellen und jeweils gewichten. Vergleichen Sie das Ergebnis mit der ökonomischen Kosten-Nutzen-Analyse, wie sie bei Ford (vgl. ▶Tabelle 4.3) vorgenommen wurde. Was lernen Sie aus dem Vergleich?

Die Firma Ford produzierte den Kleinwagen von 1971 bis 1980. Lee Iacocca versprach ein Auto für jedermann zum erschwinglichen Preis von unter 2.000 US-$. Durch konsequentes Sparen konnte das Auto zum Preis von 1.998 US-$ angeboten werden, allerdings auf Kosten der Sicherheit. Denn aufgrund der Konstruktion des Tanks im Heck geriet das Fahrzeug schon bei Auffahrunfällen ab 45 km/h leicht in Brand. Dennoch war das Auto in den ersten Jahren ein Verkaufserfolg.

Hintergrund-
informationen

Erst 1977 brachte eine Publikation von Mark Dowie im Magazin Mother Jones den Ford Pinto in die Negativschlagzeilen, nachdem eine Reihe von Opfern vor dem Zivilgericht Schadenersatzansprüche geltend gemacht hatten und der Autor Hintergrundinformationen recherchierte.[8]

Nebenbei bemerkt stoppte Ford gleich nach diesen Negativschlagzeilen die Werbekampagne für das Auto mit dem Slogan: „Pinto leaves you with that warm feeling."[9] – ein wunderbares Beispiel, mit welchem möglicherweise unbewussten Zynismus Firmen berechtigten Sorgen entgegentreten können.

1977 trat der Sicherheitsstandard 301 der National Highway Traffic Safety Administration (NHTSA) in Kraft. Dieser sollte das Risiko eines Benzinaustritts aus dem Tank nach einem Auffahrunfall stark reduzieren. Bereits das 77er-Modell des Pinto erfüllte diesen neuen Standard.

Doch Crashtests wiesen nach, dass die Modelle von 71–76 nicht den gleichen Sicherheitsgrad aufwiesen wie vergleichbare Modelle des Konkurrenten General Motors. Dies veranlasste Ford zu einer Rückrufaktion von 1,5 Millionen Autos, bei denen die Tankanlagen verbessert wurden. Die Kosten lagen bei 40 Millionen Dollar.

Nach einem schweren Autounfall, bei dem drei Frauen starben, wurde Ford strafrechtlich verfolgt. Die Anklage lautete: fahrlässige Tötung aufgrund der Konstruktion eines tödlichen Autos und seines Verkaufs trotz seiner offensichtlichen Mängel. In diesem Prozess wurde Ford am 13. März 1980 freigesprochen. Es hätten keine Verstöße gegen das Gesetz vorgelegen. Insgesamt hatte Ford drei Millionen Autos dieses Modells gebaut. Für die meisten Kunden war es ein wirtschaftliches Auto, für Hunderte von Menschen brachte es den Tod und Tausende erlitten schwerste Verletzungen. Es blieben trotz des Freispruchs eine Reihe ethisch relevanter Fragen offen.

Was an dem Fall besonders nachdenklich stimmt, sind die Kosten-Nutzen-Analysen, die Ford dazu bewogen haben, sich bei der Konstruktion für die unsichere Variante des Tankeinbaus zu entscheiden. Sie verglichen nämlich die beiden Konstruktionsweisen (Tankeinbau unten am Heck versus Tankeinbau über der Hinterachse) im Hinblick auf die Kosten und den Nutzen. Die sicherere Variante kostete demzufolge für die gesamte Ford-Produktion ca. 137 Millionen US-$ (11 US-$ Mehrkosten pro Auto) gegenüber dem erwarteten Nutzen von 50 Millionen US-$.[10]

11 US-\$ Mehrkosten zur Minderung des Todesrisikos
Nach internen Berechnungen von Ford

Kosten unsichere Variante (= Nutzen bei sicherer Variante):	
Schadenserwartung:	180 Todesfälle, 180 Schwerverletzte, 2.100 verbrannte Autos
Kosten pro Einheit:	200.000 US-\$ pro Todesfall, 67.000 US-\$ pro Verletzten, 700 US-\$ pro Auto
Gesamtkosten:	180 × 200.000 + 180 × 67.000 + 2.100 × 700 = 49,5 Mio. US-\$
Kosten sichere Variante (= Nutzen bei unsicherer Variante):	
Anzahl:	11 Mio. Autos / 1,5 Mio. Kleinlaster
Kosten pro Tank:	11 US-\$ pro Auto / Kleinlaster
Gesamtkosten:	= 137 Mio. US-\$
Nettonutzen unsichere Variante:	= 86,5 Mio. US-\$

Tabelle 4.3: Kosten-Nutzen-Kalkül beim Ford Pinto
Quelle: Autor nach Birsch/Fielder, 1994, S. 28.

Was dabei am meisten Aufsehen erregte, war der Kostenansatz von 200.000 US-\$ pro Menschenleben – gemessen im Jahr 1971. Diese Zahl stammt nicht von Ford selbst, sondern wurde von dem erwähnten Industrieverband NHTSA errechnet. Die Zahl setzt sich z. B. aus Produktivitätsverlusten (130.000 US-\$), Versicherungs- und Beerdigungskosten zusammen. Ärgernis erregten auch die 10.000 US-\$ Schmerzensgeld pro Opfer.

Wert eines Menschenlebens

Nach Kostenaufstellung der NHTSA 1972

Kostenaufstellung:

Anteil	Kosten, 1971 [US-\$]
Zukünftiger Produktivitätsverlust	
direkte	132.000
indirekte	41.300
Medizinische Kosten	
Krankenhaus	700
Andere	425
Sachschäden	1.500
Versicherungsverwaltung	4.700
Gerichtskosten	3.000
Verluste für Arbeitgeber	1.000

Tabelle 4.4: Grundlage des Kalküls: Was kostet ein Menschenleben?
Quelle: Autor nach Birsch/Fielder, 1994, S. 26.

Wert eines Menschenlebens

Nach Kostenaufstellung der NHTSA 1972

Schmerzensgeld	10.000
Beerdigung	900
Vermögensschäden	5.000
Sonstige Unfallkosten	200
Gesamtkosten	**200.725**

Tabelle 4.4: Grundlage des Kalküls: Was kostet ein Menschenleben? *(Forts.)*
Quelle: Autor nach Birsch/Fielder, 1994, S. 26.

Schätzungen sprechen davon, dass Ford mit dem öffentlich gewordenen Fall mehr als 200 Mio. US-$ Reputationsschäden abzuschreiben hatte.

Die Übung zur Kosten-Nutzen-Kalkulation bei der Produktion des Ford Pinto zeigt, dass bei der finanziellen Verrechnung von Menschenleben als Kosten eine Reihe von qualitativen Aspekten außer Acht gelassen wird. Ein Menschenleben kann nicht einfach mit 200.000 US-$ bewertet werden. Hieran ändert sich auch nichts, wenn die Zahl, sagen wir auf 5 Millionen US-$, erhöht wird. Im Todesfall werden die Angehörigen den Verlust nicht einfach mit Geldzahlungen verschmerzen können. Was die Öffentlichkeit besonders aufbrachte, war die bewusste Inkaufnahme von Todesfällen und deren „eiskalte" und „emotionslose" Berechnung. Aus diesem Grund wurde ja nach Aufdeckung des Kalküls in der Öffentlichkeit durch einen Zeitungsbericht Ford mit einem Sturm der Entrüstung konfrontiert. Am Ende hatte Ford einen Reputationsschaden zu kompensieren, der weit höher war als die sichere Einbauvariante des Tanks gekostet hätte.

Der Fall lehrt auch, dass nicht aller Nutzen oder Schaden in Geld verrechnet werden kann. Das ist ja eben ein Problem von Versicherungsleistungen, die etwa in der Lebensversicherung den Verlust eines Angehörigen oder bei der Sachversicherung den Verlust eines wertvollen Erbstückes nicht einfach mit Geld begleichen können. Solche Leistungen gleichen nur den wirtschaftlichen, nicht aber den emotionalen oder mentalen Schaden aus.

Ergebnisse

119

Utilitaristische Ethik – vom Nutzen und Schaden der Korruption

Ein Flugzeughersteller hat große Summen in die Entwicklung eines Flugzeuges gesteckt und sich finanziell übernommen. Wenn er nicht bald einen Auftrag erhält, müsste er Teile seiner Produktionsanlagen schließen. Nun könnte er einen Großauftrag von einer staatlichen Airline in einem asiatischen Land bekommen, wenn er den Verkehrsminister, der über 1 Mio. US-$ Spielschulden hat, finanziell entlastet.

Aufgabenstellung

Kalkulieren Sie gemäß utilitaristischer Ethik die Gesamtsumme des Nutzens der Schmiergeldzahlung für alle Stakeholder und vergleichen Sie sie mit den Gesamtschäden. Macht es demgemäß Sinn, den Forderungen des Ministers nachzukommen? Was lernen wir aus der Übung?

Vorgehensweise

Zuerst sollen die betroffenen Parteien identifiziert werden. Dabei gilt das Prinzip, dass Nutzen und Schaden aus der Handlung für *alle* betroffenen Stakeholder verglichen werden. ▶Tabelle 4.5 dient als Richtschnur.

Betroffene Stakeholder	Nützliche Folgen der Schmiergeldzahlung	Schädliche Folgen der Schmiergeldzahlung
Politiker	Kann Spielschulden tilgen	Angst vor Entdeckung
Flugzeughersteller	Neuer Auftrag	Strafzahlungen bei Aufdeckung
Mitarbeiter des Flugzeugherstellers	Arbeitsplätze gesichert	
Kunde (= Airline)		
...		
...		
Alle Marktteilnehmer		
...		
Staat des korrupten Politikers		
...		
Grob-Bilanz: Die Schmiergeldzahlung verursacht gemäß utilitaristischer Ethik mehr/weniger Schaden als Nutzen.	Schmiergeldzahlung nützt insgesamt: _____ (+) – wobei noch eine Gewichtung der jeweiligen Folgen vorgenommen werden müsste	Schmiergeldzahlung schadet insgesamt: ___ (–) – wobei noch eine Gewichtung der jeweiligen Folgen vorgenommen werden müsste

Tabelle 4.5: Formular zur utilitaristischen Kalkulation der Schmiergeldzahlung

Das Ergebnis dieser Übung zeigt, ob die Teilnehmer wirklich in der Lage waren, die Konsequenzen für alle Stakeholder zu überblicken. Betriebswirtschaftsstudenten neigen nämlich dazu, den Fokus auf den Flugzeughersteller zu legen. Sie argumentieren dann, dieser würde ohne die Schmiergeldzahlung einen lebenswichtigen Auftrag verlieren. Es drohe folglich der Verlust von Tausenden von Arbeitsplätzen. Also würde die Schmiergeldzahlung einen vielfachen Nutzen gegenüber den Schäden bewirken, die eine mögliche Aufdeckung der Korruption bedeuten würde. Allein schon wegen dieses Kalküls müsse man aus utilitaristischer Sicht die Schmiergeldzahlung als gerechtfertigt ansehen. Der Fehler einer solchen Argumentation liegt darin, dass ein wichtiger Stakeholder außer Acht gelassen wurde, nämlich die Konkurrenz, die dann den Auftrag nicht erhält und nun ihrerseits möglicherweise ihre Arbeitsplätze verliert. Ein Nutzen-Schaden-Vergleich zwischen Hersteller und Konkurrenten führt mehr oder weniger zu einer Nullsumme. Selbst wenn das Konkurrenzunternehmen besser dasteht und nicht gleich Konkurs anmelden muss, können die Arbeitsplätze nur erhalten werden, wenn andere Aufträge den Verlust kompensieren. So kommt es, dass das Argument des Arbeitsplatzerhalts unter den Tisch fällt. Denn entsprechend der Voraussetzung der utilitaristischen Ethik müssen alle Betroffenen *gleichwertig* behandelt werden. Es darf also der Nutzen für die eigene Firma nicht höher gewichtet werden als der der Konkurrenten.

Häufige Fehlkalkulation

Wenn man zusätzlich noch bedenkt, dass die Schmiergeldzahlung als Schwarzgeld dem offiziellen Wirtschaftskreislauf des Landes entzogen und außer Landes gebracht wird, entsteht ein weiterer Schaden. Außerdem wird die Schmiergeldsumme der Forschung und Entwicklung für die Flugzeuge entzogen, sodass oft auch die Qualität im Vergleich zur Konkurrenz leiden kann.

Entgangene Investitionen durch Schwarzgeld

Die freie Marktwirtschaft lebt schließlich davon, dass jeder Anbieter eines Produkts den Auftrag erhält, der das beste Preis-Leistungs-Verhältnis hat. Diese Rahmenbedingung wird mit der Korruption zerstört. Nicht der Beste, sondern der Korrupteste erhält den Auftrag. Den Schaden, der dadurch dem System der freien Marktwirtschaft entsteht, gilt es ebenfalls miteinzubeziehen.

Der folgende Abschnitt analysiert etwas ausführlicher weitere Schäden, die aus der weltweiten Korruption erwachsen.

4.4 Fazit zu den schädlichen Konsequenzen der Korruption

Die Debatte in den letzten zwanzig Jahren über die schädlichen Auswirkungen der Korruption wurde vor allem von der NGO „Transparency International" weltweit vorangetrieben. Gemäß ihrer Definition ist Korruption „der Missbrauch von öffentlicher Macht zugunsten eines priva-

Gesetze zur Bekämpfung von Korruption

ten Profits". Dies führte vor allem in westlichen Ländern zu einer weltweiten Ächtung der Korruption, was sich auch in vielen internationalen Richtlinien und Gesetzen niederschlug – so zum Beispiel bei der UNO in „UN Convention against Corruption", „UN Tool Kit", „UN Global Compact", beim Europarat in „Criminal Law Convention on Corruption", „Civil Law Convention on Corruption", „Model Code of Conduct for Public Officials", bei der OECD in „Convention against Bribery of Foreign Public Officials in International Business Transactions", „Extractive Industries Transparency Initiative", „The Business Principles for Countering Bribery" sowie „Guidelines for Multinational Enterprises" und „Corporate Governance Principles".[11]

Lockerer Umgang in der Vergangenheit

In Deutschland wurde zum Beispiel (erst!) 1999 die Möglichkeit, dass Firmen ihre Bestechungsgelder unter „außergewöhnliche Aufwendungen" von der Steuer absetzen konnten, gesetzlich abgeschafft und die Praxis der Korruption unter Strafe gestellt. Viele Großunternehmen haben sich darauf eingestellt und schwarze Kassen angelegt, die ihnen erlaubten, weiterhin Bestechungsgelder zu zahlen, vor allem in Ländern, in denen sie ohne diese Praxis keine Aufträge erhalten würden.

Wandel von Unternehmenskulturen durch Korruptionsverbot

Firmen wie Siemens, ABB, Daimler und viele andere wurden in den letzten zehn Jahren entlarvt, dass sie in einigen Bereichen die Korruptionspraxis aufrechterhalten haben. Sie wurden an den öffentlichen Pranger gestellt und einige ihrer Topmanager strafrechtlich verurteilt. Um nicht künftig öffentliche Aufträge vor allem in den USA zu verlieren, wurden sie gezwungen, ihre Finanzströme vollkommen transparent zu machen. Ein wichtiger Schritt dahin war die Installation mächtiger Compliance-Abteilungen. Allein Siemens beschäftigt beinahe 600 Mitarbeiter mit Aufgaben der „Legal" und „Ethical" Compliance. Mit eigens entwickelter Software kontrollieren sie sämtliche Finanzströme, stehen aber auch als interne Berater für schwierige Situationen zur Verfügung. Gerhard Cromme, der frühere Aufsichtsratschef von Siemens, bekannte in einem Spiegel-Interview 2008: Seit bei Siemens die Schmiergeldzahlungen 2006 eingestellt wurden, „ging die Zahl der Aufträge nach oben".[12]

Gründe für Korruptionsverbot

Der Zusammenhang von Korruption und Armut

Kann die utilitaristische Folgenbetrachtung die weltweite Ächtung der Korruption mittragen? Gemäß Analysen von Transparency International zeigt sich:

- Je größer die Korruption in einem Land, desto größere Armut herrscht dort.
- Je mehr Rohstoffe ein Land hat, desto stärker grassiert die Korruption in der Politik.

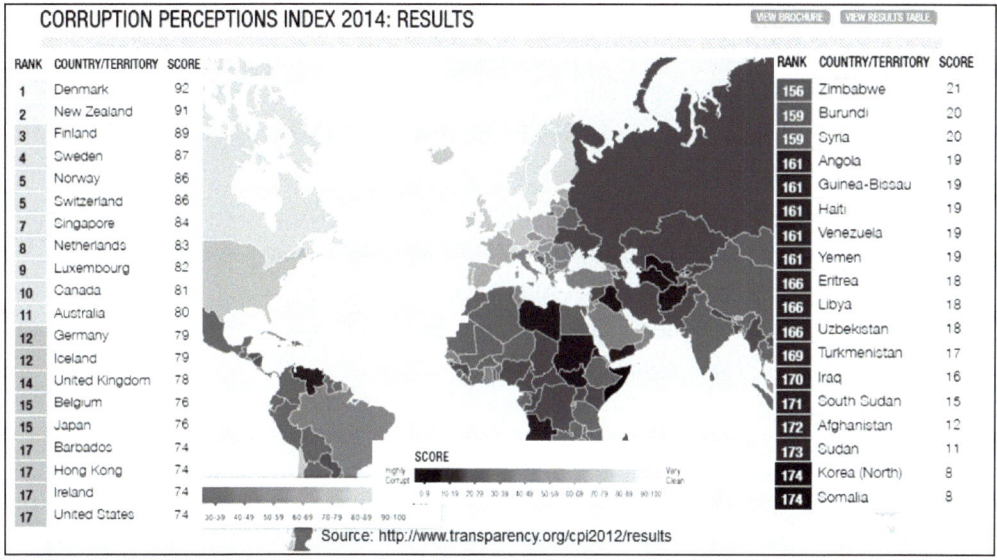

CORRUPTION PERCEPTIONS INDEX 2014: RESULTS

RANK	COUNTRY/TERRITORY	SCORE
1	Denmark	92
2	New Zealand	91
3	Finland	89
4	Sweden	87
5	Norway	86
5	Switzerland	86
7	Singapore	84
8	Netherlands	83
9	Luxembourg	82
10	Canada	81
11	Australia	80
12	Germany	79
12	Iceland	79
14	United Kingdom	78
15	Belgium	76
15	Japan	76
17	Barbados	74
17	Hong Kong	74
17	Ireland	74
17	United States	74

RANK	COUNTRY/TERRITORY	SCORE
156	Zimbabwe	21
159	Burundi	20
159	Syria	20
161	Angola	19
161	Guinea-Bissau	19
161	Haiti	19
161	Venezuela	19
161	Yemen	19
166	Eritrea	18
166	Libya	18
166	Uzbekistan	18
169	Turkmenistan	17
170	Iraq	16
171	South Sudan	15
172	Afghanistan	12
173	Sudan	11
174	Korea (North)	8
174	Somalia	8

Source: http://www.transparency.org/cpi2012/results

Abbildung 4.2: Tansparency International Korruptionsindex: Die ärmsten Länder sind am korruptesten
Quelle: nach *www.transparency.org*

Was sind die Gründe für solche Korrelationen? Länder mit hoher Korruption entziehen der Bevölkerung deren zustehende Gelder. Denn die Schmiergeldzahlungen, die gemäß einer Einschätzung der Weltbank pro Jahr mehr als 1 Billion US-$ ausmachen, werden nicht in dem Land investiert, sondern von den Empfängern als Schwarzgelder wieder in das reiche Ausland geschafft.[13] Sie werden sozusagen der Volkswirtschaft der armen Länder entzogen. Auch das Vertrauen in die freie Marktwirtschaft sinkt. Denn diese basiert ja auf dem Prinzip, dass der beste Anbieter, also derjenige mit dem besten Preis-Leistungs-Verhältnis, den Zuschlag für einen Auftrag erhält. Durch die Korruption allerdings gewinnt derjenige den Auftrag, der heimlich die meisten Schmiergelder zahlt, was denjenigen mit dem besseren Preis-Leistungs-Verhältnis ungerechtfertigterweise aus dem Markt drängt. Der Schmiergeldzahler hingegen muss nun an anderer Stelle das ausgegebene Geld wieder einsparen, meistens auf Kosten der Qualität seiner angebotenen Produkte.

Fassen wir die verschiedenen Gründe, die gegen die grassierende Korruption sprechen, zusammen:

Der Zusammenhang von Armut, Rohstoffreichtum und Korruption

1. Makroökonomische Gründe:
- Verzerrung des Wettbewerbs
- Fehlinvestition
- Missbrauch von Ressourcen
- Qualitätsminderung der Produkte
- Verminderte Investitionsbereitschaft in Ländern mit hoher Korruption
- Schmiergelder als zusätzliche Steuer?

2. Mikroökonomische Gründe:
   - Reputations- und Vertrauensverlust
   - Erpressbarkeit steigt
   - Gefahr, von öffentlichen Ausschreibungen ausgeschlossen zu werden

3. Soziale und politische Gründe:
   - Vertrauensverlust in politische Institutionen
   - Verletzung demokratischer Prinzipien
   - Bereicherung einer Minderheit auf Kosten der Mehrheit
   - Verarmung der korrupten Länder
   - Wachsende Flüchtlingsströme in Richtung reicher Länder

All diese Folgen müssten als potenzielle Schäden für verschiedene Stakeholder mit in Betracht gezogen werden. Demgegenüber fällt der Nutzen erheblich ab. Aus Sicht der utilitaristischen Ethik ist Korruption somit keinesfalls hinnehmbar.

4.5   Kritische Würdigung der utilitaristischen Ethik

Quantitativ-rationales Kalkül

Die utilitaristische Ethik bringt eine Reihe von Vorteilen mit sich, die von Wirtschaft und Gesellschaft geschätzt werden. Die Nutzenberechnung basiert auf einem quantitativ-rationalen Kalkül, das für den Menschen nachvollziehbar und verständlich ist. Man sensibilisiert sich dafür, ob die vielfältigen Konsequenzen einer Handlung mehr Schaden oder Nutzen für die Betroffen bedeuten. Die utilitaristische Ethik fördert auch den Dialog mit verschiedenen Stakeholdern, um ihre Risikowahrnehmung besser nachvollziehen zu können. Ohne diese nachvollziehen zu können, fällt es schwer, sich in die Sichtweise der Betroffenen hineinzudenken oder hineinzufühlen.

Regelutilitarismus

Sorgfältige Kalküle, wie wir sie am Beispiel der Schmiergeldzahlungen nachvollzogen haben, führen auch dazu, dass man aus Einzelbetrachtungen eine Regel ableiten kann. Denn die Schäden, die das korrupte Verhalten eines Flugzeugherstellers verursachen, entstehen auch bei anderen korrupten Praktiken. Das Ergebnis „Schmiergeldzahlungen eines Flugzeugherstellers führen nach utilitaristisch ethischer Kalkulation zu mehr Schäden als Nutzen" kann auf alle Schmiergeldzahlungen ausgeweitet und damit zu einer Regel erhoben werden. Deren utilitaristische Kalkulation muss nicht immer wieder erneut durchgeführt werden. Man nennt diese Verallgemeinerung einzelner Handlungen auf Regeln auch *Regelutilitarismus*.

Das erinnert an das angelsächsische Rechtssystem, das auf dem soge- Utilitarismus und
nannten „Case Law" basiert. Einzelne Fälle werden be- und gegebenen- Case Law
falls verurteilt. Wenn sie als schädlich erachtet werden, führen sie zu
einer gesetzlichen Regelung, die künftig die damit verbundenen Handlungsweisen unter Strafe stellt. Diese empirische Methode der Gesetzes-
bildung steht komplementär zum deduktiven Rechtssystem Kontinental-
europas. Aus dem Grundgesetz werden Gesetzeswerke abgeleitet, die auf
verschiedene konkrete Fälle heruntergebrochen werden.

Mit dem Vergleich der beiden Rechtssysteme ergibt sich auch der Empirische und
unterschiedliche Zugang zur Ethik in beiden Regionen. Während im deduktive
angelsächsischen Raum die utilitaristische Ethik im Vordergrund steht, Rechtsbildung
hat sich auf dem Kontinent die deontologische Ethik, wie sie im nächsten Kapitel beschrieben wird, etabliert. Wie wir noch sehen werden, sollten beide Zugangsweisen nicht als konträr, sondern als komplementär
aufgefasst werden.

Mit der utilitaristischen Ethik ist ein grundsätzliches Problem verbun- Grenzen der
den: Sie quantifiziert den Nutzen der jeweils Betroffenen und vergleicht utilitaristischen Ethik
die Zahlen. So kann der Nutzen aller über den individuellen Nutzen
gestellt werden. Genau hier setzt die Kritik an. Es kann sein, dass der
Nutzen des Einzelnen mit dem Nutzen eines anderen verrechnet wird
und somit die individuellen Nutzeneinbußen von größeren Nutzenge-
winnen aufgewogen werden.

Hier setzt auch die Kritik am Utilitarismus durch John Rawls (1921– Unverträglichkeit mit
2002) an, der ja in seiner „Theorie der Gerechtigkeit" diese als „Fairness" dem Postulat der
jedem gleichermaßen zugesteht. Der Utilitarismus kennt keine *gerechte* Gerechtigkeit
Verteilung des Nutzens über die einzelnen Menschen, weil er nur den
Gesamtnutzen über das Kollektiv betrachtet. So kann es sein, dass eine
Minderheit ungerecht behandelt wird, ihr beispielsweise die Freiheit
genommen wird, wenn dies dem Wohl der Mehrheit dient. „Der Utilitarismus nimmt die Verschiedenheit der einzelnen Menschen nicht ernst",
während in einer gerechten Gesellschaft die Gleichberechtigung aller
Menschen im Hinblick auf die Grundrechte vorausgesetzt wird.[14] Wie
die Geschichte zeigt, rechtfertigen gerade Diktatoren, Fanatiker und Ideo-
logen ihre Gewaltexzesse mit der Nützlichkeit für die Allgemeinheit. Der
Einzelne wird dem Gemeinwohl geopfert. Wohin das führen kann, haben
die französische und russische Revolution, aber auch der Nationalsozialismus gezeigt. Letzterer hat zum Beispiel die jüdische Bevölkerung als
schädlich für das Ganze eingestuft und demzufolge deren Vernichtung
zur Rettung des Gemeinwohls legitimiert und legalisiert.

Die Regel „größtmögliches Gut der größten Zahl" kann zu solchen Ideologischer
ideologischen Begründungen führen. Auch in Unternehmen kann dies Missbrauch
fatale Folgen haben. So verbietet die utilitaristische Ethik nicht, Menschen gegen ihren Willen zu opfern, wenn dabei eine größere Zahl gerettet würde. Der kalkulierte Nutzen wäre größer als der Schaden, die Handlung somit ethisch gerechtfertigt, ganz nach dem Motto „Der Zweck
heiligt die Mittel".

| Diskussion | **Lebensbedrohliche Katastropheneinsätze** |

Darf der Kernkraftwerksbetreiber Tepco Hunderte von Arbeitern in das havarierte Kernkraftwerk von Fukushima schicken und damit dem Risiko einer schweren, vielleicht sogar tödlichen Strahlenschädigung aussetzen, wenn dadurch vielleicht eine Million Anwohner gerettet werden? Unter welchen Umständen würden Sie eine solche Aktion unterstützen? Diskutieren Sie die Frage gemäß der utilitaristischen Fomel, mehr Nutzen als Schaden zu stiften. Beurteilen Sie das ethische Für und Wider einer solchen Aktion.

Reinigungsarbeiter in Fukushima

Derzeit arbeiten täglich noch immer mehr als 7.000 Arbeiter auf dem radioaktiv verseuchten Gelände, um die oberste Bodenfläche von radioaktivem Material zu befreien. Dieses wird in großen Säcken verstaut und verbunkert. Desgleichen das radioaktiv verseuchte Kühlwasser, das ebenfalls in großen Tanks gelagert und nicht entsorgt werden kann. Interviews mit solchen Arbeitern haben gezeigt, dass sie nicht immer freiwillig diese risikoreiche Arbeit durchführen. So wurde ihnen angedroht, bei Verweigerung ihren Job zu verlieren. Da sie aber als Familienväter auf ihre Einkommen angewiesen sind, bleibt ihnen oft nichts anderes übrig, als die Arbeit anzunehmen.

Liquidatoren in Tschernobyl

Zur Erinnerung an die Explosion des Atomreaktors von 1986 in Tschernobyl publizierte die Zeitschrift Fokus 25 Jahre danach ein Protokoll der Katastrophe. Demzufolge wurden etwa 800.000 sogenannte Liquidatoren – Soldaten und andere Helfer – aus der gesamten Sowjetunion[15] für Reinigungsarbeiten, aber auch für den Bau des Sarkophags zwangsverpflichtet – ohne Schutzbekleidung bei höchster Strahlenbelastung! Nach einer Studie der atomkritischen Ärzteorganisation IPPNW von 2011 sollen mehr als 112.000 Liquidatoren an den Folgen ihrer Zwangsarbeit gestorben sein. Ein Verband der Liquidatoren in Kiew rechnet sogar vor, dass etwa die Hälfte der 300.000 ukrainischen Katastrophenhelfer inzwischen verstorben sei. Man geht davon aus, dass allein in der Ukraine eine Million Todesfälle auf das Reaktorunglück zurückzuführen sind.[16]

Abbildung 4.3: „Denkmal der Liquidatoren" in Tschernobyl zur Erinnerung an die 800.000 Helfer
Quelle: Renovabis, 2011.

Eine Rechtfertigung solcher Zwangsverpflichtungen durch die utilitaristische Ethik stößt hier an ihre Grenzen. Ist es gerechtfertigt, dass Menschen unter Missachtung ihres Selbstbestimmungsrechts zu Arbeiten verpflichtet werden, deren Risiken sie nicht kennen? Oder dass sie mit finanziellen Mitteln dazu unter Druck gesetzt werden? Die Folgen des Handelns utilitaristisch abzuwägen ist notwendig, aber nicht hinreichend. Der angelsächsische Ansatz muss durch eine weitere ethische Instanz ergänzt werden, die ihr Veto gegen numerische Aufrechnung von Leben einlegen kann: die Pflichtenethik oder deontologische Ethik, wie sie im folgenden Kapitel näher behandelt wird. Sie stellt eine Instanz dar, die die Ergebnisse der Konsequenzenbetrachtung durch die utilitaristische Ethik kritisch hinterfragt. Ihre Begründung ethischen Handelns wird nicht von den Folgen abgeleitet, sondern von vernünftigen Grundsätzen, die allgemeine Anerkennung finden.

Grundsatzfrage

Zusammenfassung

Ethische Verantwortung beginnt mit der Bewertung der Konsequenzen des Handelns für alle Betroffenen. Dabei zeigt sich, dass diese Nutzen und Schaden unterschiedlich wahrnehmen, weil zum Teil konträre Interessen und Wertvorstellungen auf dem Spiel stehen. Die utilitaristische Ethik hat sich zur Aufgabe gemacht, die Nützlichkeit einer Handlung mit dem Schaden, den sie anrichtet, zu vergleichen. Ist der Gesamtnutzen größer als der Gesamtschaden, so gilt die Handlung als ethisch gerechtfertigt, im anderen Fall ist sie als unethisch zu verwerfen. Was als Nutzen angesehen wird, variiert je nach utilitaristischem Ansatz. Häufig wird der Nutzen mit Glück gleichgesetzt, dann handelt es sich um einen eudaimonistischen Ansatz (von griech. *eudaimonia* = Glück). Für Bentham ist Glück messbar in Form von Freude, die eine Handlung bereitet. Um eine quantitative Vergleichbarkeit zu gewährleisten, werden solche Freuden, die wahrscheinlich, rein, fruchtbar, intensiv und lang anhaltend sind, höher eingeschätzt als solche, die nicht so beschaffen sind. Überwiegen die Freuden aller Betroffenen das Leiden, so gilt die Handlung als ethisch. Neuere Ansätze wie der „ideale Utilitarismus" von George Edward Moore (1873–1958) verallgemeinern die utilitaristische Formel mit „größtmögliches Gut der größten Zahl". Dann werden nicht nur Freuden, sondern auch Güter wie Glück, Reichtum, Liebe und Erkenntnis als nützlich angestrebt.

Die Grenzen der utilitaristischen Ethik zeigen sich in der Summierung der Güter über alle Einzelschicksale hinweg. Dabei kann es passieren, dass der Einzelne dem Gemeinwohl geopfert wird. Um solches zu verhindern, sollte eine ethische Instanz eingeführt werden, die mit vernünftigen Sollensforderungen und Pflichten dem Einhalt gebietet und auch den Einzelnen unter ethischen Schutz stellt.

 Weiterführende Inhalte finden Sie auf der Website *www.pearson-studium.de* unter Online Extras.

Endnoten

1   Hutcheson, 2008, S. 125.
2   Vgl. generell die Einleitung von Höffe (1992) zu verschiedenen Kerntexten utilitaristischer Ethiker.
3   Capelle, 1968, S. 65.
4   „That Action is best, which procures the greatest Happiness for the greatest Numbers; and that, worst, which, in like manner, occasions Misery." (Hutcheson, 2008, S. 125)
5   Bentham arbeitet sieben Kriterien heraus: „Intensity", „duration", „certainty or uncertainty", „propinquity or remoteness", „fecundity", „purity", „extent" (Bentham, 1988, S. 30).
6   Mill, 1985, S. 21.
7   MacIntyre, 1995, S. 91.
8   Dowie, 1994.
9   Hoffmann, 1995, S. 553.
10   Birsch, 1994.
11   Vgl. Leipziger, 2010, S. 327 ff.
12   Cromme, 2008, S. 63.
13   Interessant wäre nun eine Untersuchung, inwieweit die reichen, korruptionsarmen Länder davon profitieren, dass die korruptionsreichen Länder ihre Schwarzgelder in den reichen Ländern zwecks Luxusgüterkonsum wieder ausgeben.
14   Rawls, 2014, S. 44 ff. Wie eine gerechte Gesellschaft entstehen kann, diskutiert Rawls ausführlich. Die Repräsentanten der Gesellschaft sollten für eine gerechte Zuteilung von Gütern sowie Rechten und Pflichten sorgen, um „die vernünftigen Bedürfnisse" aller befriedigen zu können. Damit die Zuteilung neutral vorgenommen wird und nicht die eigene Position begünstigt, sollen die Vertreter sich hinter einem „*Schleier des Nichtwissens*" befinden, der ihre jeweiligen Ziele, Herkunft, Position, Intelligenz und Begabungen für sie unkenntlich macht. Sie sollen dadurch in einen „Urzustand" versetzt werden, in dem sie einen neuen Gesellschaftsvertrag aushandeln, der allen Betroffenen die gleichen Grundfreiheiten zugesteht und von ihnen als gerecht akzeptiert wird. (S. 119 ff)
15   Es besteht der Verdacht, dass die kostspielige Rekrutierung der Liquidatoren aus der gesamten UdSSR auch dazu diente, die befürchtete Erhöhung der Krebsraten statistisch zu verwässern.
16   Fokus, 2011.

Pflichtenethik – was man unbedingt beachten sollte

5

ÜBERBLICK

Die Pflichtenethik wird auch deontologische Ethik (von griech. *deon* = Pflicht) genannt. Pflichten legen fest, was getan bzw. unterlassen werden soll. Ersteres definiert positive, Letzteres negative Pflichten.

Rechte und Pflichten   Der Komplementärbegriff von Pflicht ist das Recht. Wenn ich die Pflicht habe, jemanden nicht zu töten, so hat dieser das Recht nicht getötet zu werden. Aus den Pflichten lassen sich also Rechte ableiten wie auch umgekehrt: keine Rechte ohne Pflichten. So gibt es auch „positive Rechte" wie z. B. das Recht auf gerechte Behandlung und „negative Rechte" wie z. B. das Recht auf Unversehrtheit. Rechte können für eigene Interessen in Anspruch genommen werden, müssen aber auch anderen zugesprochen werden. Damit werden sie zur Pflicht für einen selbst.

Pflichten werden über Sprache festgelegt. Sie teilen dem Menschen mit, was er tun oder lassen soll, damit er mit anderen „gut auskommt". Woher stammen ethische Pflichten, die meist als Imperative oder Sollensforderungen – etwa als Du-sollst- oder Du-darfst-nicht-Sätze formuliert werden? Welche ethisch anerkannten Pflichten haben sich etabliert und wie begründet man sie als allgemeingültig und notwendig? Aus der Geschichte lernen wir, wie unterschiedlich die Formen des Miteinanderauskommens gelebt werden und auch heute noch einflussreich sind. Wie finden sie im unternehmerischen Handeln Anwendung? Die folgenden Abschnitte geben erste Antworten auf diese Fragen.

5.1   Zur Entstehung moralischer Pflichten

Aristoteles hat den Menschen als ein Lebewesen gekennzeichnet, das im Unterschied zum Tier Sprache hat und auf Gemeinschaft angelegt ist. Beides hängt zusammen. Während Tiere sich je nach Art und Evolutionsstufe eher instinktgebunden zu Rudeln oder Schwärmen zusammenschließen, erlaubt die Sprache Kulturleistungen, die über das kollektive Gedächtnis von Generation zu Generation weitergegeben werden und so die Identität einer menschlichen Gemeinschaft bilden.[1]

Orientierung in einer unvollkommenen Welt

Wie entsteht dabei ein Bewusstsein für Moral und welche Funktion erfüllt sie? Seit Urzeiten sieht sich der Mensch den Unsicherheiten des Lebens ausgesetzt. Die Welt zeigt sich ihm alles andere als perfekt, mal als freundlich, mal als feindlich – sei es in seinem Verhältnis zur Natur oder zu seinen Mitmenschen. Naturkatastrophen, Krankheit und Tod sowie Kriege, Raub und Mord sind Beispiele für die *Unvollkommenheit der Welt*. Sie ist Auslöser für die Grundstimmung der *Angst* im Menschen.

Unvollkommenheit der Welt

Der Mensch hat primär die Fähigkeit, durch *kulturelle Leistungen* der Angst vor den Bedrohungen durch die Natur und durch Mitmenschen zu begegnen:

Kulturleistungen des Menschen

- Durch die Fähigkeit zur *Produktivität* in Form von Handel, Technik und Wissenschaft schafft der Mensch verlässliche Strukturen, die in seiner Macht stehen und ihm sein Überleben sichern sollen.

- Aufgrund der in ihm angelegten *Sozialität* schließt sich der Mensch in Gemeinschaften zusammen und findet auf diese Weise Schutz vor der feindlichen Umwelt.

- Durch *Religiosität*, also die Eigenschaft, sich auf übernatürliche Mächte zu beziehen – sei es durch Magie oder Mythos, sei es durch Offenbarungsreligionen – wird Bedrohliches abgebaut und Vertrauen in die Welt wiedergewonnen, wenn es etwa im Neuen Testament heißt: „In der Welt habt ihr Angst, aber seid getrost, ich habe die Welt überwunden" (Joh. 16, 33).

Produktivität, Sozialität und Religiosität sind Versuche des Menschen, die Unwägbarkeiten der Natur, des Zusammenlebens und der Zukunft beherrschen zu wollen. Diese Strategien zur Angstbewältigung sind jedoch nur vorübergehend erfolgreich. Denn die Welt lässt sich nur in gewissen Grenzen zum Objekt des Machens degradieren. Außerdem provoziert der Zusammenschluss in Gemeinschaften regelmäßig die Macht des Stärkeren über den Schwächeren. Schließlich lässt der Gültigkeitsanspruch übernatürlicher Offenbarungen elitäre Gruppen andere ausgrenzen oder vereinnahmen.

Strategien der Angstbewältigung

Gerade über die Sprache werden durch Miteinander-Sprechen, Aufeinander-Hören und Einander-Antworten „Ordnungen friedlichen Zusammenlebens" errichtet.[2] Allerdings gibt es unterschiedliche Antworten, wie eine gute, friedliche und angstfreie Gemeinschaft erhalten werden kann. Nach Friedrich Nietzsche entstammen sie dem „Trieb der Furchtsamkeit", der nur solche Handlungen für gut heißt, die „auf die gemeinsame Sicherheit und das Sicherheitsgefühl abzielen". Das führt aber zugleich zu einer „Tyrannei der Furchtsamkeit", die alles Bedrohliche und Angstmachende ausgrenzt.[3] Der Zusammenschluss in einzelne Gruppen ist daher immer auch eine Abgrenzung gegen fremde Wertvorstellungen und Interessen.

Sprache und Furchtsamkeit als Grundlage der Moral

Die Erkenntnis von Gut und Böse

Menschwerdung Wie kam es zu dieser bedrohlichen Stellung des Menschen in der Welt? Die Anthropologie sieht darin ein Resultat der Evolutionsbiologie. Der Homo sapiens hat im Kampf ums Dasein eine Reflexionsfähigkeit gewonnen, infolge derer seine instinktgebundene Einheit mit der Natur verloren ging.

Der erste Imperativ Der Schöpfungsmythos im Alten Testament beschreibt Vergleichbares. Der Urmensch lebt im Paradies, also in der Einheit mit der Natur, wie alle anderen Lebewesen – mit dem einzigen Unterschied, dass er eine von Gott gegebene Sollensforderung zu beachten hat: „Vom Baum der Erkenntnis des Guten und Bösen darfst du nicht essen." (Gen 2, 17) Da stellt sich sofort die Frage, wie man ohne Kenntnis von Gut und Böse einen Imperativ befolgen soll. Denn die Einhaltung eines Verbotes setzt ja genau diese Kenntnis voraus. Sonst weiß der Entscheidungsträger ja gar nicht, dass es böse ist, das Gebot zu brechen, und gut, es einzuhalten.

Unerfüllbarkeit des ersten Imperativs Jedenfalls verändert sich mit dem Wissen um Gut und Böse das Verhältnis des Menschen zu seiner Umwelt. Was immer er tut und wie immer er sich verhält, wird von nun an als gut oder böse bewertet. Während zuvor unbewusste Impulse, Instinkte, Triebe und Affekte den Umgang mit seiner sozialen und natürlichen Umwelt bestimmten, wird nun durch bewusste Überlegung eine bestimmte Handlungsweise als gut bevorzugt, eine andere als böse verworfen. Damit kommt es zur Aufspaltung der Welt. Denn es werden nicht nur Handlungen und Sachen, sondern auch Mitmenschen als gut oder böse betrachtet. Die einen werden akzeptiert und integriert, die anderen gemieden oder gar ausgegrenzt. Mangels Maßstäben kommt es zu einer willkürlichen Einteilung der Welt in Gut und Böse. In dieser Willkür entsteht Wettbewerb, bei dem der Stärkere den Schwächeren übermächtigt.

Erfahrung der Einheit und Autonomie Grundsätzlich entdeckt der gefallene Mensch sein Ich, das nicht mehr in das Ganze eingebunden ist. Und mit dieser Distanzierung wird das Gewissen wach, eben das Wissen um Gut und Böse, die Erfahrung der Schuld. Damit kann man den Mythos vom ersten Imperativ so deuten, dass er den Menschen zum Bewusstsein seiner selbst und zur Stellungnahme zur Welt zwingt. Ohne den ersten Imperativ wäre der Mensch in der endlosen Einheit verblieben. Er hätte nie die Unsicherheit und Sterblichkeit menschlicher Existenz erfahren, aber sich auch nie „im Glanze der Autonomie sonnen" können.[4]

Entwicklungsstufen

Genealogie der Moral In der geschichtlichen Abfolge kann man verschiedene Stufen der Moral erkennen. In Weiterführung von Nietzsches Untersuchungen zur Entstehungsgeschichte (Genealogie) der Moral (1887) sieht der Ägyptologe Jan Assmann (geb. 1938) drei große Phasen, wie das Miteinanderauskommen gesichert wird.

Phase 1: Face-to-face-Ethik In der ersten Phase herrscht die „Moral der Kleingruppen-Gesellschaften", wie sie in archaischen Stammeskulturen überall verbreitet ist. Hier herrscht eine horizontale „Sippensolidarität" zwischen Verwandtschaftsbeziehungen vor. Wer dazu gehört, ordnet sich ein und genießt den Schutz der Gruppe (Face-to-face-Ethik). Die Regeln des guten Miteinanderauskommens werden in Sprichwörtern und Redensarten artikuliert und weitergegeben. Sie werden aber auch durch die willkürliche Macht des Stammesführers geprägt. So gesehen herrscht in dieser Phase eine naturnahe Ethik vor, bei der der Stärkere im Lebenskampf bestimmt und Angehörige anderer Stämme ausgrenzt, sie allenfalls über Heirat integriert. Der leitende Imperativ: Beachte die Familienbande und ordne dich dem Oberhaupt unter![5]

Die zweite Phase mit den altorientalischen Hochkulturen löst die Willkürherrschaft der Stammesmoral ab. Moral wird über die staatliche Hierarchie, an deren Spitze der König oder Pharao steht, auf das ganze Volk übertragen. In Ägypten herrscht das konventionelle Prinzip der Ma'at, das ist das Prinzip der verbindenden, „konnektiven Gerechtigkeit", die „Solidarität, Mitmenschlichkeit, Verlässlichkeit und Altruismus" umfasst. Der Einzelne dient der Gemeinschaft, indem er sich in „Zurückhaltung, Höflichkeit, Bescheidenheit, Selbsthintansetzung, Demut" übt. Auf diese Weise wird die natürliche Neigung des Einzelnen zu Egoismus, Triebhaftigkeit, Gewalt oder Aggressivität zwar zugunsten der Gemeinschaftsordnung, aber auf Kosten seiner Freiheit gezähmt. Ma'at umfasst somit mehr als nur eine ethische Tugend. Sie ist ein ganzes Moralsystem, wie eine gute Gemeinschaft innerhalb einer staatlichen Ordnung mit hohen Kulturleistungen gelingen kann.[6] Der leitende Imperativ: Beachte die Konventionen und Hierarchie der staatlichen Ordnung und handle solidarisch mit allen ihren Mitgliedern.

Phase 2: Das Prinzip der Ma'at als konnektive Gerechtigkeit

In der dritten Phase entsteht ein Moralverständnis, das von tradierten Herrschaftssystemen mit ihren jeweiligen Wertvorstellungen unabhängig wird. Moral wird allgemein verbindlich begründet und kann damit zugleich im heutigen Sinne als Ethik angesehen werden. Es entstehen religiöse und philosophische Bewegungen, Sekten und Schulen, die jeweils auf wenigen Prinzipien basieren. Es ist die Phase der Menschheitsgeschichte, in der der Mythos zum Logos (= Vernunft) mutiert.[7] Karl Jaspers datiert sie zwischen dem neunten und dritten Jahrhundert vor Christus und bezeichnete sie mit dem Begriff der „Achsenzeit" der Weltgeschichte.[8] Der Mensch wird „sich seines Seins im Ganzen, seiner selbst und seiner Grenzen bewusst"[9]. Seine Lebensform folgt allgemein gültigen religiösen Glaubens- oder philosophischen Wissenskonzeptionen, die unterschiedliche Sollensforderungen und Pflichtenkataloge begründen. Alle streben nach einem universalen Erklärungsprinzip der Welt und des ethischen Handelns.

Phase 3: Universale Ethiken

Die Zehn Gebote

Man kann in den Zehn Geboten[10] durchaus ein Beispiel für die dritte Phase sehen. Der allgemein gültige Gott beansprucht Alleinherrschaft und stellt die Verehrung aller anderen Götter unter Verbot. Die Gebote selbst provozieren Paradoxien des Guten und Bösen, wenn sie einerseits das Gute durchsetzen wollen, zugleich aber böse Folgen zeitigen.

Universalanspruch und Paradoxien der Zehn Gebote

Beispiel:
Diebstahlverbot

So nimmt der Imperativ „Du sollst nicht stehlen!" den Menschen die Teilhabe an allen Dingen. Er setzt die Zuschreibung von Eigentum voraus und trennt den Einzelnen von allen anderen Dingen ab, auf die er von nun an keinen Anspruch mehr hat. Er beraubt ihn gewissermaßen seines unschuldigen Anteils am Ganzen. Zwar fördert er auf der einen Seite Privateigentum und persönliche Leistungen, die es zu sichern oder gar zu vermehren gilt, auf der anderen Seite aber den Vergleich mit dem anderen, den Reiz und die Sucht, mehr haben zu wollen, und damit in der Folge Ungleichheit und Ungerechtigkeit, Konfrontation und Krieg.[11]

Beispiel:
Tötungsverbot

Ähnlich auch das Gebot „Du sollst nicht töten!" Es fordert von uns, Leben am Leben zu lassen – nicht nur menschliches Leben. Aber wie können wir leben, ohne Leben zu vernichten, selbst wenn wir Vegetarier sind? Welche Maschinerie des Todes betreibt das Leben, wenn es unzählige Kleinstlebewesen vernichtet, damit eines überleben kann? Und wie oft töten Menschen in vermeintlicher Selbstverteidigung andere?

Tieferer Sinn von Imperativen im Bewusstwerden eigener Defizienz?

Was ist dann der Sinn solcher Imperative? Vielleicht liegt er weniger darin, dass wir gut werden und uns von dem Bösen abgrenzen, als vielmehr darin, dass wir ein Bewusstsein unserer eigenen moralischen Defizienz entwickeln. Dann erheben wir uns über unsere unbewussten Begierden, Triebe und Wünsche, können sie beobachten, ihre Energien in andere, positivere Bahnen lenken (sublimieren) und ihnen notfalls auch Einhalt gebieten. Zugleich gewinnen wir Verständnis für die definierten Fehltritte der Mitmenschen, werden wir ihnen gegenüber toleranter, ja akzeptieren sie sogar in ihrem Sosein, weil wir um unsere eigenen Anteile am Bösen wissen.

Von der göttlichen zur vernünftigen Instanz

Die gesetzgebende Instanz der Zehn Gebote ist der allumfassende alleinige Gott. Bis in die Neuzeit hinein haben mehrheitlich religiöse Systeme die Ethik des Menschen bestimmt. Erst in der neuzeitlichen Aufklärung wird die Begründung der Moral durch die gesetzgebende Instanz eines transzendenten Gottes infrage gestellt und daher in die menschliche Vernunft verlegt und dadurch säkularisiert.

5.2　Die Goldene Regel

Verbreitung und Wortlaut

Als die wohl am weitesten verbreitete Sollensforderung, die auch von Firmen[12] oft in ihren Code of Conduct aufgeführt wird, gilt die Goldene Regel des ethischen Handelns. Der Unternehmer Arthur Nash beschrieb ihren Wert für das Geschäftsleben bereits 1927 in seinem Buch „The Golden Rule in Business".[13] Sie wird in allen Religionen und Kulturen schon seit mindestens zweitausend Jahren als notwendige Grundforderung des guten Auskommens miteinander gelehrt. Als bekanntes Sprichwort lautet sie: „Was du nicht willst, das man dir tu, das füg auch keinem anderen zu." Das ist die negative Formulierung. Positiv formuliert lautet sie so: „Behandle die anderen so, wie du selbst gerne behandelt werden willst."

Universalität der Gegenseitigkeit

In den verschiedenen Religionen kommt sie in abgewandelter Form folgendermaßen vor:[14]

- Im **Hinduismus**: „Man sollte sich gegenüber anderen nicht in einer Weise benehmen, die für einen selbst unangenehm ist; das ist das Wesen der Moral!"

- Im **Konfuzianismus** (ca. 551–489 v. Chr.): „Was du selbst nicht wünschst, das tue auch nicht anderen Menschen an!"

- Im **Buddhismus**: „Ein Zustand, der nicht angenehm oder erfreulich für mich ist, wie kann ich ihn einem anderen zumuten?"

- Im **Judentum** (Rabbi Hillel, 60–10 n. Chr.): „Tue nicht anderen, was du nicht willst, dass sie dir tun!"

- Im **Christentum** (Jesus von Nazareth, Matth. 7,12): „Alles, was ihr also von anderen erwartet, das tut auch ihnen!"

- Im **Jainismus**: „Gleichgültig gegenüber weltlichen Dingen sollte der Mensch wandeln und alle Geschöpfe in der Welt behandeln, wie er selbst behandelt sein möchte!"

- Im **Islam**: „Keiner von euch ist ein Gläubiger, solange er nicht seinem Bruder wünscht, was er sich selber wünscht!"

Weil die Goldene Regel offenbar in vielen Kulturkreisen und Religionsbüchern vorkommt, gilt sie als Beleg gegen den moralischen Relativismus.[15] Hans Küng sieht in ihr sogar die Grundlage eines „Weltethos", das einer lebensdienlichen Wirtschaft und Politik zugrunde gelegt werden könnte.[16]

Bei genauer Analyse ist das Gemeinsame all dieser Formulierungen das Prinzip des „Miterhalts"[17]: Indem ich den anderen so behandle wie ich selbst gerne behandelt werden möchte, sorge ich für ein gutes Auskommen mit ihm, was auf einen Erhalt meiner Mitmenschen hinausläuft. Dies setzt allerdings voraus, dass er mein Handeln auch für sich als gut anerkennt. Auf diese Problematik der abweichenden Interessen gehen wir gleich noch etwas näher ein. Der Miterhalt soll durch das Prinzip der *Gegenseitigkeit* oder auch *Reziprozität* gewährleistet werden. Denn was motiviert mich eigentlich dazu, die Goldene Regel einzuhalten?

Dahinter steckt der Wunsch, dass der andere, den ich gut behandle, dann auch mich gut behandelt. Die Lebenserfahrung zeigt, dass dies häufig auch der Fall ist. So wie ich in den Wald hineinrufe, schallt es zurück, sagt der Volksmund. Deshalb fordert uns die Goldene Regel auf, den Schritt zum Guten als Erster zu gehen und nicht erst zu warten, bis der andere mich gut behandelt. Die Goldene Regel fordert uns auf, gutes Behandeln unserer Mitmenschen als *Investition* in ein „künftiges gutes Auskommen miteinander" anzusehen. Man könnte dann die christliche Variante der Goldenen Regel so abändern: „Alles, was ihr von den anderen erwartet, das tut ihnen *zuvor*." Dafür spricht auch, dass im Matthäus-Evangelium die Goldene Regel das Ergebnis einer längeren Argumentationskette ist. So verkündet Jesus am Ende seiner Bergpredigt (Mat. 7, 1–

2): „Richtet nicht, damit ihr nicht gerichtet werdet. Denn wie ihr richtet, so werdet ihr gerichtet werden, und nach dem Maß, mit dem ihr messt und zuteilt, wird euch zugeteilt werden." Verallgemeinert gesagt: So wie ihr die anderen behandelt, werdet ihr selbst behandelt werden. Oder konkret: „Wenn du selbst nicht bestohlen oder belogen werden willst, dann bestiehl oder belüge auch deine Mitmenschen nicht!"

Konventionelle Ethik nach Kohlberg? Die Reziprozität der Goldenen Regel erinnert an die konventionelle Stufe bei Lawrence Kohlberg (siehe ▶ *Abschnitt 3.5*). Man handelt gut aus höherem Eigeninteresse, indem man hofft, dass der andere einen selbst ähnlich behandelt. Die Goldene Regel ist also keine rein altruistische Regel (von lat. *alter* = der Andere), sondern immer auch egoistisch (von lat. *Ego* = Ich), das heißt auf Eigeninteresse bezogen. So gesehen kann man Handeln nach der Goldenen Regel auch als *egoistischen Altruismus* ansehen.

Kritische Würdigung

Kritische Aspekte Zahlreiche Denker haben die Goldene Regel durchaus auch kritisch unter die Lupe genommen. Samuel von Pufendorf (1632–1694) kritisierte 1672 die Alltagsuntauglichkeit des Gegenseitigkeitsprinzips. Denn wörtlich genommen, müsste ein Richter einen Verbrecher freisprechen, weil er (an dessen Stelle) selbst gerne freigesprochen worden wäre. Außerdem setze die Regel die Gleichheit aller Menschen voraus.[18] George Bernhard Shaw hat 1903 daher die Goldene Regel ironisch neu formuliert: „Behandle andere nicht, wie du möchtest, dass sie dich behandeln. Ihr Geschmack könnte nicht derselbe sein."[19] Die Goldene Regel sagt nichts darüber aus, ob es dem anderen auch gefällt, von uns so behandelt zu werden, wie wir selbst gerne behandelt werden möchten. Es kann ja sein, dass er eine ganz andere Interessenlage hat als ich. Ein Masochist hat sicherlich eine andere Interessenlage als ein Sadist. Sie können sich dann ergänzen, wenn der eine jeweils den anderen so behandelt, wie er gerade *nicht* behandelt werden will.

Forderung nach Empathie und Dialog Gerade weil Menschen mit ihrer Vielfalt an Wünschen, Interessen und Bedürfnissen unterschiedlich behandelt werden wollen, fordert die Goldene Regel, sich empathisch in die Interessenlage des anderen hineinzuversetzen. Dies kann imaginativ in Form eines „Rollentausches"[20] oder auch dialogisch erfolgen. Hier sollte man den anderen fragen, wie er denn in bestimmten Situationen gerne behandelt werden möchte, bevor man ihm etwas Gutes tut.

Hypothetische Regel Auch der große Philosoph der Aufklärung, Immanuel Kant (1724–1804), hat die Goldene Regel in seiner „Grundlegung zur Metaphysik der Sitten" kritisch hinterfragt. Ihm geht es um eine rationale Begründung der Moral, die universal für alle vernünftigen Menschen verpflichtend ist. Er bezeichnet die Goldene Regel sogar als „trivial". Denn sie könne „kein allgemeines Gesetz" sein, weil sie in der Anwendung des Gegenseitigkeitsprinzips das Handeln aus Neigung befördert. In diesem Zusammenhang beruft sich Kant auf das oben genannte Beispiel von Pufendorf, demzufolge Verbrecher unter Berufung auf die Goldene Regel

„gegen seine strafenden Richter argumentieren" könnten, ihn nicht zu verurteilen.[21]

Gemäß Kant wäre die Goldene Regel ein „hypothetischer Imperativ" (von griech. *hypothesis* = Unterstellung, Annahme). Man handelt gemäß einer Annahme, wie der andere gerne behandelt würde. Oder man handelt aus höherem Eigeninteresse. In diesem Fall behandelt man den anderen gut, weil man selbst gut behandelt werden möchte. Das Handeln basiert auf einer Bedingung: Wenn du X willst, tue Y im Sinne von: „Wenn du auf bestimmte Weise gut behandelt werden willst, so musst du andere auf ihre Weise gut behandeln." Für Kant sind solche hypothetischen Imperative Ausdruck „praktischer Klugheit". Sie sind für den täglichen Gebrauch durchaus nützlich, begründen jedoch kein allgemeingültiges ethisches Handeln.

Bedingte Annahmen

Die Goldene Regel ist gewissermaßen eine notwendige Bedingung für ethisches Handeln. Sie ist jedoch nicht hinreichend. Denn es gibt Situationen, in denen sie zwar erfüllt ist, dennoch aber kriminelles oder unethisches Handeln impliziert. So könnte man etwa formulieren: „Lasse dem anderen Bestechungsgelder zukommen, weil du sie selbst gerne annimmst." Solches Handeln schließt die Goldene Regel jedenfalls nicht aus. Deshalb sollte noch eine hinreichende Bedingung aufgestellt werden, damit solche bedingten Handlungsweisen ausgeschlossen werden können.

Konformität mit delinquentem Handeln

5.3 Der kategorische Imperativ

Immanuel Kant stand, wie gesagt, solchen bedingten Handlungsmustern sehr skeptisch gegenüber, da sie ja nicht gutes Handeln um seiner selbst willen fördern, sondern nur solches Handeln, das um eines „höheren" Eigennutzens willen vollzogen wird. Für Kant ist solches Handeln nicht wirklich moralisch einwandfrei, da man ihm ja immer unterstellen könnte, es sei letztlich aus „praktischer Klugheit" und nicht um der Moralität selbst willen geschehen.

Gutes Handeln um seiner selbst willen

In seiner berühmten Schrift „Zur Grundlegung der Metaphysik der Sitten" von 1785 hat deshalb Kant das Problem einer Ethik der Pflichten neu durchdacht und der deontologischen Ethik eine neue Wendung gegeben.

Universalisierungsprinzip

Da viele moralische Regeln wie die Goldene Regel bedingt und damit abhängig von Neigungen sind, begründet Kant seine Ethik kategorisch.[22] Sein Imperativ muss demzufolge bedingungslos gelten. Er muss allgemein und notwendig sein. So formuliert er den kategorischen Imperativ:

Absolute Begründung der Ethik

> „*Handle nur nach derjenigen Maxime, durch die du zugleich wollen kannst, dass sie ein allgemeines Gesetz werde.*"[23]

Er besagt, dass nur solches Handeln ethisch ist, das „zum allgemeinen oder universalen Gesetz erhoben" werden kann.

Pflicht zum Töten?

Man kann diese Forderung auch als Testfrage nehmen, ob ein bestimmtes Handeln ethikfähig ist. Beispielsweise kann man fragen, ob das Töten kategorisch gefordert, also zu einer allgemeinen und notwendigen Pflicht erhoben werden kann, ob es also zu einem guten Miteinanderauskommen aller Menschen taugt. Dies kann leicht verneint werden. Denn eine menschliche Gemeinschaft, in der jeder jeden töten soll, würde sich sehr schnell selbst auslöschen. Wir können nur dann gut miteinander auskommen, wenn alle Menschen die Pflicht zum Nichttöten gegenüber allen Menschen kategorisch, also allgemein und notwendig einhalten.

Gibt es Ausnahmen? Offenbar ja, wenn wir beispielsweise das Recht zur Selbstverteidigung in den Blick nehmen und ein Mörder nur durch Tötung an seiner Tat gehindert werden kann.

Pflicht zur Lüge?

Lüge als „verallgemeinerbares Gesetz"?

Gemäß Kant kann ein Handeln nur dann als ethisch angesehen werden, wenn es zum allgemeinen Gesetz und damit zur Pflicht für alle Menschen erklärt werden kann. Nicht alle Handlungsweisen lassen sich jedoch so einfach kategorisch einfordern bzw. ablehnen. Spielen wir diese Forderung an einem weiteren konkreten Beispiel durch. Kann das Lügen zu einem allgemeinen Gesetz erhoben werden? Eine Antwort darauf verlangt zunächst eine Definition der Lüge. Gibt es denn überhaupt ein sicheres Kennzeichen für eine Lüge? Der Kirchenvater Augustinus (354–530) gibt in seinem Buch „Über die Lüge" folgende Antwort: Es „lügt derjenige, der etwas anderes, als was er im Herzen trägt, durch Worte oder sonstige Zeichen zum Ausdruck bringt"[24]. Eine Lüge täuscht also über die eigentliche Gesinnung und Absicht des Lügners hinweg, um ein bestimmtes Ziel zu erreichen. Wenn nun das Lügen für jedermann zur *Pflicht* erhoben würde, man also immer die Unwahrheit sagen und den anderen über seine wahrhaften Intentionen im Unklaren zu lassen hätte, wie würde sich das auf das menschliche Miteinanderauskommen auswirken? Sprache wäre sinnlos geworden, da jede Aussage ohne Relevanz wäre. Man könnte keinem Versprechen mehr glauben, keinen Vertrag mehr als gültig ansehen, überhaupt müsste man jeder gemachten Aussage etwa über die Qualität eines Produktes misstrauen.[25] Man kann auch nicht aus der Lüge auf die Wahrheit schließen, da zwischen beiden eine Assymmetrie vorliegt. Eine Lüge kann unterschiedlichste Absichten verschweigen. Deshalb kann mit dem Wissen, dass jeder lügt, nicht die versteckte Wahrheit erschlossen werden.

Es ist also kaum vorstellbar, dass es jemanden gibt, der in solch einem sozialen Umfeld leben möchte. Selbst der notorischste Lügner wünscht sich ein Umfeld, in dem jeder die Wahrheit sagt, sonst könnte er seine Lügen gar nicht erfolgreich platzieren. Kurz: Das Lügen ist nicht verallgemeinerungsfähig, kann nicht zum universalen Gesetz erhoben werden. Ganz anders die wahre Aussage. Sie kann zur Pflicht erhoben werden. Denn sie führt zu einer Gesellschaft, in der jeder jedem trauen kann, weil er die Erfahrung gemacht hat, dass das gegebene Wort auch eingehalten wird.

Allerding gibt es auch für das Lügen Ausnahmen, wenn dadurch etwa ein Mord verhindert werden kann. Es ist also nicht einfach, konkrete Handlungsweisen mit dem Universalisierungsgebot des kategorischen Imperativs immer in Einklang zu bringen.

Selbstbestimmungsrecht des Menschen

Gibt es nun ein Handeln, das ausnahmslos universalisierbar ist und konkret bezeichnet wird? Kant bejaht und bringt dies in seiner zweiten Formulierung des kategorischen Imperativs zum Ausdruck:

> „Handle so, dass du die Menschheit sowohl in deiner Person, als in der Person eines jeden anderen jederzeit zugleich als Zweck und niemals bloß als Mittel brauchest."[26]

Untersuchen wir zunächst die Bedeutung des zweiten Teils der Formulierung. Was versteht Kant unter den Gebrauch eines Menschen „bloß als Mittel"? Es wird schnell klar, dass damit die „Versklavung" eines Menschen gemeint wäre. Nun soll man einen Menschen „niemals bloß als Mittel" gebrauchen. Das bedeutet doch wohl, dass wir einen Menschen durchaus auch als Mittel gebrauchen können, etwa, wenn wir ihn als Angestellten in einer bestimmten Funktion einsetzen.

Die kategorische Forderung besteht nun darin, dass wir ihn aber „jederzeit zugleich als Zweck" brauchen sollen. Was heißt das, einen „Menschen als Zweck" gebrauchen? Der Begriff „Zweck" meint ursprünglich einen Holznagel inmitten einer Zielscheibe, um ein Ziel – etwa bei einer Schießübung mit einer Armbrust – zu kennzeichnen.[27] Der Zweck ist also ein Ziel, das man mit welchen Mitteln auch immer treffen soll. Den Menschen als Zweck zu gebrauchen, meint demnach, ihn als Ziel anzusehen, das ihn als absoluten Wert und nicht als Mittel ansieht, das ihn um seiner selbst willen anerkennt und nicht nach seinem Nutzwert abschätzt, ihn nicht bloß als Instrument ansieht, und ihn dergestalt nicht als bloßen Funktionsträger instrumentalisiert.[28]

Für Kant ist diese Frage eindeutig zu beantworten: Das Menschsein zeichnet sich dadurch aus, dass der Mensch ein Wesen ist, das zwei Welten zugleich angehört, „Bürger zweier Welten" ist: der Welt der Natur und der Welt der Vernunft.[29] Der Mensch unterscheidet sich vom Tier dadurch, dass er seinem triebgebundenen Verhalten seine Vernunft entgegensetzen kann.

Kant zufolge ist der Mensch erst frei dank seiner Vernunft. Sie erlaubt ihm autonomes Handeln. Autonomie (von griechisch: *autos* = selbst und *nomos* = Gesetz) bedeutet aber nicht Willkürfreiheit, sondern Selbstgesetzgebung.[30] In diesem Sinne ist Freiheit gleich Bindung an das Sittengesetz, an den kategorischen Imperativ, der zum Ausdruck bringt, was jeder vernünftige Mensch tun würde. Wer unvernünftig handelt, folgt blind seiner Natur, seinen Instinkten, Affekten und Begierden. Diese steuern ihn derart unbewusst, dass er dann gerade nicht frei ist. Die Vernunft erlaubt dem Menschen, seine natürlichen Impulse zu kontrollieren

---

Marginalien:

Inhaltlich-praktische Formulierung

Erläuterung

Mensch als Mittel und Zweck

Der Mensch als Bürger zweier Welten

Autonomie des Menschen

und damit ethisch zu handeln. Durch sie ist der Mensch von den Zwängen der Natur befreit und wird in die Gemeinschaft aller Vernunftwesen erhoben, also – wie Kant auch sagt – Mitglied der „intelligiblen Welt". Als Bürger dieser Welt vernimmt er die ethischen Pflichten, die sich aus dem kategorischen Imperativ ergeben.

Exkurs: Hat der Mensch Willens- und Handlungsfreiheit?

Immanuel Kant ging davon aus, dass der Mensch von Natur aus nicht frei ist, weil er als Naturwesen den determinierenden Kräften der natürlichen Instinkte, Affekte und Begierden ausgesetzt ist. Erst als Vernunftwesen kann er intervenieren, gewissermaßen „Stopp" sagen und seinen natürlichen Willensimpulsen Einhalt gebieten. Erst dann kann er autonom handeln.

Die moderne Hirnforschung scheint Kant in der ersten Hinsicht Recht zu geben. Der Hirnphysiologe Benjamin Libet (1916–2007) entdeckte vor mehr als 30 Jahren, dass Willensentscheidungen etwa zum Heben der rechten oder linken Hand ca. ½ Sekunde, bevor sie bewusst werden, bereits als Hirnsignal messbar sind. Man kann also messen, welche Hand die Versuchsperson heben wird, bevor ihr das überhaupt bewusst ist. Im Anschluss an Libets Forschungen nahmen daher viele Experten an, dass menschliche Entscheidungen überhaupt determiniert, also unbewusst vorgegeben sind, der freie Wille also eine Illusion sei.

Libet selbst hielt sich mit solchen Schlussfolgerungen zurück. Er glaubte an die Möglichkeit, unbewusste Impulse stoppen oder umlenken zu können. Dies konnte kürzlich der Berliner Neurowissenschaftler John-Dylan Haynes zusammen mit seinem Doktoranden Matthias Schultze-Kraft experimentell nachweisen. Versuchspersonen sollten bei Aufleuchten einer grünen Ampel ein Gaspedal betätigen. Das gemessene unbewusste Hirnsignal wurde aber dazu genutzt, die Ampel wieder auf Rot zu stellen. Bevor also 500 ms später den Versuchspersonen der Impuls zum Betätigen des Gaspedals bewusst wurde, stand die Ampel wieder auf rot. Aufgrund der zeitlichen Verzögerung zwischen Wahrnehmung und Hirnsignal, gelang es den Versuchspersonen zunächst nicht, rechtzeitig vom Gas zu gehen, um der roten Ampel Folge zu leisten. Mit der Zeit jedoch konnten sie noch innerhalb der 500 ms Zeitverzögerung zwischen Hirnsignal und bewusster Wahrnehmung vom Gas gehen. Dies beweist, dass der Mensch die unbewusst angebahnten Handlungen durch ein bewusstes Veto willentlich wieder abbrechen kann, wenn auch nur bis zu einer Fünftelsekunde vor ihrer Bewusstwerdung.[31]

Damit würde Immanuel Kant im Nachhinein recht gegeben, dass nämlich das vernünftige Bewusstsein den natürlichen Impulsen des Unbewussten Einhalt gebieten kann.

Diskussionsthemen:

- Diskutieren Sie den Unterschied zwischen Willens- und Handlungsfreiheit.

- Kann der Wille eines Menschen frei sein, wenn man davon ausgeht, dass das Bewusstsein, wie James Jeans einmal gesagt hat, ein unbewusster Akt ist? Und kann er frei sein, wenn man davon ausgeht, dass dasjenige, was wir wollen, auch stark unserer Sozialisation und den äußeren Einflüssen der Gesellschaft unterworfen ist? Man denke nur an die Manipulationen durch die Werbung, die uns suggeriert, was wir wollen, und dadurch auch unser Kaufverhalten prägt.

- Wäre ein vollkommen determinierter Mensch unfähig zur ethischen Verantwortung? Wie viel Freiheit sollte man dem Menschen zugestehen, damit er überhaupt ethisch handeln kann?

Die Würde des Menschen

Kant zufolge wird der Mensch durch den Gebrauch seiner Vernunft zur Person (von lat. *personare* = hindurchtönen), indem durch ihn die Welt der Vernunft in die Welt der Natur hineinregiert. Genau diese Eigenschaft der autonomen Vernunft macht den Menschen überhaupt erst zum Menschen, macht seinen Wert oder, anders gesagt, seine „Würde" aus.

Der Mensch als Person

Jeder Mensch ist an sich wertvoll und daher in seiner „Würde unantastbar", wie es z. B. in Artikel 1 des deutschen Grundgesetzes heißt. Er darf nicht als reines Mittel missbraucht werden, ohne seine Einwilligung z. B. lebensgefährliche Aufgaben durchzuführen. Die Würde und das Selbstbestimmungsrecht des mündigen Menschen lassen dies nicht zu. Dieses Gut ist nach Kant die Grundvoraussetzung für eine funktionierende, aufgeklärte Gesellschaft. Alles andere wäre Sklaverei – eine Erkenntnis, die ebenso für Unternehmen von Bedeutung ist. Diese Einsicht ist auch die Grundlage der Menschenrechte, die fast in jedem Artikel das Selbstbestimmungsrecht des Menschen konkretisieren und sich gegen dessen vollständige Instrumentalisierung wenden.

Die Würde des Menschen

Somit bedeutet die Ausgrenzung Einzelner oder bestimmter Gruppierungen auch eine willkürliche Missachtung ihrer Würde, also ihrer bedingungslosen und notwendigen Zugehörigkeit zur Gemeinschaft aller Menschen. Deshalb ist für Kant das Handeln nach dem kategorischen Imperativ ein Handeln aus Pflicht. Handeln aus Neigung hingegen ist für ihn ein Handeln, das nicht der Vernunft, sondern der triebgesteuerten Natur oder praktischen Klugheit folgt. Diese möchten prinzipiell das verfolgen, was dem egoistischen Selbsterhalt dient, während jene immer so handelt wie alle anderen Vernunftwesen wollen, nämlich verallgemeinerungsfähige Pflichten zu erfüllen.

Handeln aus Pflicht, nicht aus Neigung

Exkurs: Diskussion zur Würde des Menschen

Wird die Würde eines zwergwüchsigen Menschen verletzt, wenn er im Schutzanzug auf einem Jahrmarkt vorgeführt oder gar in einem Wettbewerb von starken Männern möglichst weit geworfen wird? Der Philosoph Peter Bieri diskutiert diese früher weit verbreitete, später von der UNO verbotene Praxis des „Zwergenwerfens". Die Begründung war, es gelte die Würde des Menschen zu schützen. Würden Sie dieses Verbot mittragen, wenn die betroffenen Zwergwüchsigen gar nicht glücklich darüber sind, weil sie nun eine wichtige Quelle für ihren Lebensunterhalt verloren haben? Einer der betroffenen Zwerge hat Bieri gegenüber klar zum Ausdruck gebracht, dass das Geworfenwerden zum Vergnügen der Zuschauer ihm keinesfalls seine Würde nehme, da er ja freiwillig entschieden habe, sich „benutzen" und „begaffen" zu lassen. Während des Geworfenwerdens schließe er die Augen und denke an etwas Schönes. Allerdings deutete er an, dass er auf den Job angewiesen sei. Denn mit seinem Körperwuchs gebe es keine anderen Arbeitsstellen.[32]

■ Diskutieren Sie den Fall und andere Möglichkeiten eines Verlustes der Würde beim Verdienen des Lebensunterhalts.

Exkurs: Allgemeine Erklärung der Menschenrechte

Am 10. Dezember 1948 haben die Vereinten Nationen auf ihrer Generalversammlung in 30 Artikeln eine „Allgemeine Erklärung der Menschenrechte"[33] abgegeben. Im Folgenden eine Zusammenfassung:

Artikel:	Recht auf:
1	■ Anerkennung der Freiheit und Gleichheit aller Menschen von Geburt an, der Vernunft- und Gewissensbegabung, der Pflicht zur Brüderlichkeit
2	■ Anspruch auf alle Rechte und Freiheiten ohne Ansehung nach Rasse, Geschlecht, Sprache, Religion, politischer oder sonstiger Anschauung, nationaler oder sozialer Herkunft, Vermögen, Geburt oder sonstigem Stand ■ Unterschiedslose Gleichbehandlung aller unabhängig von Herkunftsland oder -gebiet
3	■ Leben, Freiheit und Sicherheit der Person
4	■ Verbot von Sklaverei, Leibeigenschaft, Sklavenhandel
5	■ Verbot von Folter, grausamer, unmenschlicher und erniedrigender Behandlung oder Strafe

Artikel:	Recht auf:
6	■ Überall gültige Anerkennung der Rechtsfähigkeit
7	■ Gleichheit vor dem Gesetz ■ Gleicher Schutz durch das Gesetz gegen jede Diskriminierung und jede Aufhetzung zur Diskriminierung
8	■ Rechtshilfe zur Verteidigung dieser Grundrechte
9	■ Verbot von willkürlicher Festnahme, Inhafthaltung oder Landesverweisung
10	■ Gerechte öffentliche Verfahren vor unabhängigen und unparteiischen Gerichten
11	■ Unschuldsvermutung bis zum Nachweis der Schuld ■ Rechtssicherheit zum Zeitpunkt der Tat, Verbot von nachträglicher Strafverschärfung
12	■ Rechtlichen Schutz vor willkürlichen Eingriffen in Privatleben, Familie, Wohnung, Schriftverkehr, Beeinträchtigung von Ehre und Ruf
13	■ Freizügigkeit: Mobilität und Aufenthaltswahl innerhalb eines Landes (neue Fassung: unter Vorbehalt der jeweiligen Ausländergesetze) ■ Auswanderung ■ Rückkehr
14	■ Asyl in anderen Ländern zum Schutz vor Verfolgung
15	■ Staatsangehörigkeit, Wechsel der Staatsangehörigkeit, Verbot willkürlicher Entziehung
16	■ Heirat und Familiengründung ohne Beschränkung nach Rasse, Staatsangehörigkeit, Religion ■ Freie Partnerwahl bei Heirat ■ Schutz der Familie durch Gesellschaft und Staat
17	■ Geteiltes oder ungeteiltes Eigentum, Schutz vor willkürlicher Beraubung
18	■ Gedanken-, Gewissens- und Religionsfreiheit, deren Wechsel, alleinige oder gemeinschaftliche Ausübung, öffentliches oder privates Bekenntnis
19	■ Meinungsfreiheit und -äußerung, grenzenlose Suche, Empfang und Verbreitung von Gedankengut
20	■ Friedliche Versammlung und Vereinigung, Verbot von erzwungener Mitgliedschaft
21	■ Mitgestaltung öffentlicher Angelegenheiten, unmittelbar oder durch gewählte Vertreter ■ Gleicher Zugang zu öffentlichen Ämtern ■ Mitbestimmung, geheime Wahlen und Stimmabgaben
22	■ Soziale Sicherheit, Genuss der wirtschaftlichen, sozialen und kulturellen Rechte zur Wahrung der Würde und Persönlichkeitsentwicklung
23	■ Arbeit, freie Berufswahl, gerechte und befriedigende Arbeitsbedingungen, Schutz vor Arbeitslosigkeit ■ Gleicher Lohn für gleiche Arbeit ■ Gerechte und befriedigende Entlohnung zur eigenen und familiären Existenzsicherung, gegebenenfalls mit Hilfe sozialer Schutzmaßnahmen ■ Bildung von oder Beitritt zu Gewerkschaften zur Interessenwahrung

Artikel:	Recht auf:
24	■ Erholung und Freizeit, vernünftige Begrenzung der Arbeitszeit, regelmäßiger bezahlter Urlaub
25	■ Lebensstandard zur Wahrung von Gesundheit und Wohl der Familie, einschließlich Nahrung, Kleidung, Wohnung, ärztliche Versorgung, soziale Leistungen, Sicherheit im Fall von Arbeitslosigkeit, Krankheit, Invalidität, Verwitwung ■ Besondere Fürsorge und Unterstützung von Müttern und Kindern
26	■ Unentgeltliche obligatorische Grundbildung, höhere Bildung entsprechend den Fähigkeiten ■ Bildung zur vollen Entfaltung der menschlichen Persönlichkeit, zur Stärkung der Achtung vor den Menschenrechten und Grundfreiheiten, zu Verständnis, Toleranz und Freundschaft zwischen allen Nationen und allen rassischen oder religiösen Gruppen ■ Freie elterliche Wahl der Bildungsart für ihre Kinder
27	■ Freie Teilnahme am kulturellen Leben der Gemeinschaft einschließlich der Künste und Wissenschaften ■ Urheberschutz in Wissenschaft, Literatur oder Kunst
28	■ Soziale und internationale Ordnung zur Verwirklichung der Menschenrechte
29	■ Freie und volle Entfaltung der Persönlichkeit unter Einhaltung von Pflichten gegenüber der Gemeinschaft ■ Ausübung der Rechte und Freiheiten, soweit diese Moral, öffentliche Ordnung und allgemeines Wohl einer demokratischen Ordnung genügen ■ Ausübung der Rechte und Freiheiten ohne Widerspruch zu den Zielen und Grundsätzen der Vereinten Nationen
30	■ Vollständige Einhaltung der Menschenrechte ohne besondere Bevorzugung einiger auf Kosten anderer

Quelle: *http://www.un.org/depts/german/menschenrechte/aemr.pdf,* vom Autor zusammengefasst.

5.4   Unternehmensethische Anwendungen

Der kategorische Imperativ wird in der Wirtschaft heute öfter angewendet, als es den meisten Akteuren bewusst ist. Viele inzwischen zur Selbstverständlichkeit gewordene ethische Richtlinien, die zum „guten Auskommen mit allen Stakeholdern" beitragen, basieren letztlich auf Kants Ethik.

Internationale Standards

Man denke etwa an die weltweiten Versuche, Kinderarbeit bei Zulieferern zu bekämpfen, z. B. durch die „International Labor Organisation" (ILO)[34] mit dem Verweis auf die „Allgemeine Erklärung der Menschenrechte" von 1948.[35] Dort heißt es in Artikel 4: „Verbot der Sklaverei und des Sklavenhandels: Niemand darf in Sklaverei oder Leibeigenschaft gehalten werden; Sklaverei und Sklavenhandel sind in allen Formen verboten." Dies lässt sich direkt aus Artikel 1 ableiten: „Freiheit, Gleichheit, Solidarität: Alle Menschen sind frei und gleich an Würde und Rechten geboren. Sie sind mit Vernunft und Gewissen begabt und sollen einander im Geiste der Brüderlichkeit begegnen." Es liegt nahe, die philosophisch-ethische Begründung für diese Formulierung in Kants Ethik zu suchen.[36]

Wie der kategorische Imperativ argumentativ genutzt werden kann, um konkrete Situationen in Unternehmen ethisch zu beurteilen, zeigen die folgenden Beispiele.

Erlaubt der kategorische Imperativ das heimliche Data-Mining über das Verhalten von Kunden, um ihnen gezielt Produkte anzudienen? Mit dem Verfahren des heimlichen Data-Minings wird das Such- und Kaufverhalten von Menschen im Internet gespeichert, um Rückschlüsse auf Vorlieben und Produktbevorzugungen zu gewinnen und mit diesem Wissen Vermarktungsstrategien zu optimieren. In diesem Fall werden Menschen „bloß als Mittel" gebraucht und nicht auch „als Zweck". Letzteres setzt voraus, dass sie frei zustimmen, was mit ihren Daten geschieht. Seth Gordon hat daher in seinem Buch „Permission Marketing" diesen Umstand berücksichtigt und mahnt die Hersteller an, für das Sammeln von Kundendaten explizit die Erlaubnis einzuholen. Da reicht es nicht aus, dass die Kunden ausdrücklich die Datenspeicherung ablehnen. Sie sollten wissen, was gesammelt wird und wozu ihre Daten verwendet werden, welchen Nutzen sie davon haben und wie sie vor Missbrauch gesichert sind.[37] Der Umgang mit Kundendaten darf keine Einbahnstraße sein. Kundenbindung gewinnt nur der, der auch das Vertrauen seiner Kunden gewinnt. Der Dialog mit ihnen sollte ehrlich, unaufdringlich, deutlich und konsistent erfolgen, sodass die Erwartungen aller Beteiligten erfüllt werden. Wie empfindlich der Umgang mit Daten geworden ist, zeigen ja die Enthüllungen von Edgar Snowden. Es besteht immer das Risiko, dass die gesammelten Daten nicht nur zu Marketingzwecken verwendet werden, sondern auch zur Kontrolle der Privatsphäre unbescholtener Bürger.

Heimliches Data-Mining zwecks Kundendienst?

Auch die früher gestellte Frage, ob ein Kernkraftwerksbetreiber recht daran täte, 100 Arbeiter zum Wohle von einer Million Menschen zu opfern, findet in Kants Ethik eine andere Antwort als in der utilitaristischen Sicht. Diese legt ja nahe, hundert Menschenleben gegen die Rettung von einer Million zu opfern. Kants kategorischer Imperativ hingegen würde die Opferung auch nur eines einzigen Menschenlebens in jedem Fall ablehnen – außer der Betreffende nehme freiwillig und sehenden Auges das Risiko auf sich, was ja ein Postulat der Würde und damit auch dem Selbstbestimmungsrecht des Menschen entspricht.

Opferung von Menschen gegen ihren Willen?

Darf ein Unternehmen bei Lieferanten einkaufen, die bei der Produktion Kinderarbeit einsetzen? Auch diese Frage lässt sich schnell unter Verweis auf den kategorischen Imperativ beantworten. Da Kinder, solange sie nicht mündig sind, noch nicht über ihre volle Autonomie verfügen, sprich: noch nicht vollkommen vernünftig und selbstbestimmt im Sinne Kants sind, müssen sie davor geschützt werden, „bloß als Mittel" gebraucht zu werden. Gerade weil sie in ihrer Unmündigkeit ihre Vernunft und damit ihre Fähigkeit zur Autonomie noch nicht voll entwickelt haben, gilt es, sie vor der völligen Instrumentalisierung durch Arbeit zu schützen, selbst wenn die Armut ihrer Familie sie dazu hintreibt. Vor allem Unternehmen als Auftraggeber sollten ihre Lieferanten

Verbot von Kinderarbeit?

beeinflussen, zu einer Ausbildung kindgerechter Entwicklung beizutragen. Teilzeitarbeit und Schulbildung müssen dann nicht im Widerspruch stehen. Viele Organisationen wie die ILO haben sich deshalb den Kampf für Verbot von Kinderarbeit auf ihre Fahnen geschrieben. Wenn man bedenkt, dass alleine in Indien die Zahl von Kindersklaven auf eine zweistellige Millionensumme geschätzt wird, sieht man, wie dringlich das Problem ist. Der Inder Kailash Satyarthi wurde 2014 für seinen Kampf gegen die Kindersklaverei in Indien sogar mit dem Friedensnobelpreis ausgezeichnet. 1989 gründete er die South Asian Coalition on Child Servitude (SACCS), die über 470 Partnerorganisationen umfasst[38] und 83.000 Kindersklaven befreit haben soll.

Verbot von Tierversuchen?

Ein anderes Beispiel: Darf ein Unternehmen Tierversuche durchführen, um kosmetische Produkte auf Hautverträglichkeit zu testen? Hier ist die Beurteilungsgrundlage anders. Da Kants kategorischer Imperativ nur für den Umgang mit Menschen gilt und Tiere für ihn „vernunftlose Wesen", mithin „Sachen" sind, können sie „bloß als Mittel" gebraucht und damit auch für Versuche verwendet werden. Hier zeigt sich eine Grenze von Kants Ethik. Sein anthropozentrischer Ansatz stellt nur den Menschen unter ethischen Schutz und nimmt nichtmenschliche Lebensformen davon aus. Erst *biozentrische* Ethiken, von denen eine etwa Albert Schweitzer formuliert hat, zeigen auf, wie der Mensch Tiere und Pflanzen unter ethischen Schutz stellen und dies auch begründen kann. Dieser Zusammenhang soll später noch eigens diskutiert werden.

Einfluss auf moderne Sollensforderungen

Kants zweite Formulierung des kategorischen Imperativs, demzufolge ein Mensch „niemals bloß als Mittel, sondern immer zugleich auch als Zweck" anzusehen sei, hat in vielerlei Form heute etablierte unternehmens- und wirtschaftsethische Prinzipien mehr oder weniger bewusst beeinflusst. Man findet ihn zum großen Teil beispielsweise in den weltweit am meisten verbreiteten und akzeptierten zehn Prinzipien des UN Global Compact.[39]. Dies ist ein freiwilliger Pakt zwischen Unternehmen und der UNO. Er wurde 1999 anlässlich des World Economic Forum (WEF) in Davos vom damaligen UN-Generalsekretär Kofi Annan vorgestellt, um dem Weltmarkt ein „menschliches Gesicht" zu geben. Der Pakt zielt darauf ab, die Globalisierung sozialer und ökologischer zu gestalten. Unternehmen, die den Global Compact unterschreiben, sollen (vgl. *www.unglobalcompact.org*):

1. Die international verkündeten Menschenrechte respektieren und ihre Einhaltung innerhalb ihrer Einflusssphäre fördern,

2. sicherstellen, dass sie nicht bei Menschenrechtsverletzungen mitwirken,

3. die Rechte ihrer Beschäftigten, sich gewerkschaftlich zu betätigen, respektieren sowie deren Recht auf Kollektivverhandlungen effektiv anerkennen,

4. alle Formen von Zwangsarbeit bzw. erzwungener Arbeit ausschließen,

5. an der Abschaffung von Kinderarbeit mitwirken,

6. jede Diskriminierung in Bezug auf Beschäftigung und Beruf ausschließen,

7. eine vorsorgende Haltung gegenüber Umweltgefährdungen einnehmen,

8. Initiativen zur Förderung größeren Umweltbewusstseins ergreifen,

9. die Entwicklung und die Verbreitung umweltfreundlicher Technologien fördern,

10. gegen alle Arten der Korruption eintreten – einschließlich Erpressung und Bestechung.

Man kann die ersten sechs Prinzipien sowie das zehnte Prinzip als direkte Ableitungen aus dem kategorischen Imperativ auffassen. Die Respektierung der Menschenwürde, das Recht auf freien Zugang zu Gewerkschaften, Verbot jeglicher Zwangsarbeit oder Kinderarbeit und schließlich die Bekämpfung von Korruption sind alles Beispiele dafür, dass man den Menschen niemals bloß als Mittel gebrauchen soll.

Auch in anderer Form findet die Pflichtenethik Eingang in Unternehmen. Diese stellen nämlich ihre eigenen Pflichtenkataloge in Form von Unternehmensprinzipien, Code of Conducts oder Corporate Virtues auf (= Unternehmenstugenden oder -werte). Solche Prinzipien können durchaus das Handeln und Verhalten innerhalb eines Unternehmens steuern, sofern sie innerhalb der Kultur auch gelebt werden. Dafür gibt es positive wie negative Beispiele.

Können Imperative unternehmerisches Handeln beeinflussen?

Positiv wäre der Fall „Tylenol" bei der Firma Johnson & Johnson. Es handelt sich dabei um das Schlafmittel Tylenol, das 1986 im Chicagoer Raum einige Mal mit Zyanid vergiftet war. Mehr als sieben Verbraucher starben daran. Da nur wenige Flaschen mit den Pillen vergiftet schienen, riet das FBI damals von einer globalen Rücknahme des Produktes ab, um keine Panikstimmung zu erzeugen. Dennoch rang sich der Vorstand von Johnson & Johnson zu dieser Aktion durch, wohl wissend, damit mehr als 100 Millionen US-$ zu verlieren. Auf die Frage eines Journalisten, weshalb die Firma sich zu dieser Rückrufaktion entschlossen habe, antwortete der damalige Chairman, James Burke, es sei ihm gar nichts anderes übrig geblieben, denn der erste Grundsatz ihres Firmencredos hätte ihnen keine Wahl gelassen. Dieser laute nämlich: „Wir glauben, dass unsere erste Verantwortung gegenüber Doktoren, Schwestern, Krankenhäusern, Müttern und allen anderen, die unsere Produkte benutzen, besteht." Erst in fünfter Linie hätten sie eine Verantwortung gegenüber den Shareholdern. Allerdings gelang es der Firma schon wenige Wochen nach dem teuren Rückruf, nach einer beispiellosen Imagekampagne ihre alte Reputation wiederherzustellen und damit auch die verlorenen Marktanteile wiederzugewinnen.[40]

Fallbeispiel von Johnson & Johnson

Der oft gehörte Vorwurf, ethische Prinzipien in Unternehmen seien nutzlos, weil „zu hoch aufgehängt", lässt sich also nicht prinzipiell aufrechterhalten. Pflichtenkataloge können Verhalten beeinflussen. Nicht

Vorwurf der Unverbindlichkeit

umsonst streben immer mehr Unternehmen danach, Verhaltenskodizes, ethische Prinzipien und Richtlinien in ihre Unternehmenskultur und Managementsysteme zu integrieren. Gerade darin sehen viele den Kern der Unternehmensverantwortung.[41] Ob die selbst gewählten Pflichten eingehalten und in der Praxis umgesetzt werden, hängt von etwas ganz anderem ab, nämlich von der vorherrschenden Kultur eines Unternehmens. Diese prägt nämlich das Verhalten des einzelnen Mitarbeiters derart, dass sie ihn überhaupt erst dazu befähigt, die geforderte Verantwortung zu leben oder zu ignorieren.

Das Gleiche gilt auch für das Individuum. Ob ein Individuum ethische Pflichten einhält, hängt von seinem Charakter und damit auch von seinen Überzeugungen und persönlichen Werten ab. Diese befähigen oder behindern den Menschen, verantwortlich bzw. ethisch zu handeln. Der Charakter – oder das Persönlichkeitsprofil – bestimmt das Vermögen des Menschen zur Verantwortungsübernahme, sprich: definiert, inwieweit er überhaupt Verantwortung übernehmen kann. Ist der Charakter nun angeboren oder kann er verändert werden? Eine Antwort auf diese Frage ist äußerst bedeutsam und wird in der Tugendethik – dem sei schon mal vorgegriffen – zugunsten der letzteren Annahme beantwortet. Die Erkenntnisse der neuesten Hirnforschung[42] wie auch die Entdeckungen der Epigenetik in der Genforschung[43] unterstützen ebenfalls die These von der Veränderbarkeit unseres Charakters und des damit verbundenen Denkens, Fühlens und Handelns.

5.5   Grenzen der deontologischen Ethik

Rigorismus des kategorischen Imperativs

So überzeugend Kants Ansatz zur ethischen Verantwortung ist, so hat auch er Schwachpunkte. Er fordert z. B. konsequent, rigoros die Wahrheit zu sagen – ungeachtet möglicher negativer Folgen. Was aber, wenn man mit einer Unwahrheit Leben retten kann? Wie wir gesehen haben, kann auf den ersten Blick Lügen niemals zum allgemeinen Gesetz erhoben werden. Dennoch wird bisweilen eine Unwahrheit zur ethischen Tat, wenn mit ihr etwa eine Massenpanik oder die Insolvenz eines Unternehmens verhindert oder ein unschuldig Verfolgter gerettet wird. Kann man diesen Widerspruch auflösen? Kants Antwort fällt etwas unbefriedigend aus. Man solle mit wahren Aussagen etwa die Verfolger von seinem Opfer geschickt ablenken.[44]

Abwägung bei Pflichtenkollision

Ernst Tugendhat schlägt in Anlehnung an Richard M. Hare eine einleuchtendere Lösung vor. Im Falle von Pflichtenkollisionen solle man so entscheiden, wie dies jede beliebige vernünftige Person täte. Diese würde einen potenziellen Mörder anlügen, ihn damit zwar bloß als Mittel gebrauchen, aber zugleich die Würde und Unversehrtheit des Opfers wahren. Tugendhat verweist dabei auf Kants dritte Formulierung des kategorischen Imperativs. Der zufolge müsse „ein jedes vernünftige Wesen" so handeln wie alle anderen: Es müsse „seine Maxime jederzeit aus dem Gesichtspunkte seiner selbst, zugleich aber auch jedes anderen vernünftigen ... Wesens ... nehmen".[45]

Dass auch das Anlügen die Opfer nicht immer vor ihren Verfolgern retten kann, zeigt die grandiose Eingangsszene („Jew Hunter Scene") des Spielfilms von Quentin Tarantino „Inglorious Basterds". Der französische Bauer, der eine jüdische Familie vor den Nazis versteckt hält, kann den Verfolger, einen SS-Oberst, selbst mit einer Lüge nicht täuschen. Er wird gezwungen, das Versteck zu verraten, sonst würde er auch seine eigene Familie verlieren. Aus der Sicht des kategorischen Imperativs lässt sich das Dilemma des Farmers nur sehr schwer auflösen. Denn um seine eigene Familie zu retten, muss er die jüdische Familie zum bloßen Mittel degradieren und verraten. Allerdings kann man feststellen, dass er vom Verfolger selbst zum bloßen Mittel degradiert wurde. Ihm wurde damit faktisch seine Autonomie genommen, sodass er demnach gar nicht mehr ethisch handeln konnte.

Grenzen der ethischen Entscheidungsfreiheit

Gibt es noch andere Möglichkeiten, solche Fälle deontologisch zu beurteilen? Adam Smith (1723–1790), der als Begründer der klassischen Nationalökonomie gilt, hat in seiner „Theorie der ethischen Gefühle" als ethische Instanz den „unparteilichen Betrachter" vorgeschlagen. Man solle sich einen „unbeteiligten Augenzeugen" vorstellen, der eine Handlungsweise als dankenswert belohnen oder als vergeltungswürdig bestrafen würde, wobei ihm „jeder vernünftige Mann bereitwillig in seinem Herzen beipflichten und mit dem er gerne sympathisieren" würde.[46] Tugendhat „verbindet" diesen Ansatz mit Kants Frage „Wie würde jeder wollen, dass ich mich verhalte?" Der unparteiliche Beobachter wäre dann „im Sinn von Smith derjenige, der alle Affekte und Haltungen daraufhin beurteilt, ob er aus der Perspektive eines Unbeteiligten mit ihnen sympathisieren kann, und er wäre zugleich im Sinn von Kant derjenige, der alle Handlungen daraufhin beurteilt, ob er sie aus der Perspektive eines Beliebigen wünschen kann."[47]

„Der neutrale Beobachter" nach Adam Smith

Im Unterschied zu Kant beurteilt der Beobachter nicht aus der Perspektive eines abstrakten Vernunftwesens, dessen Maxime immer eine allgemeine Gesetzgebung verfolgt, sondern eines konkreten Menschen mit allen Gefühlen der Zu- oder Abneigung, der aber so viel inneren Abstand zu einem Tatbestand hat, dass er ihn nicht mehr aus Eigeninteresse, sondern neutral beurteilt.[48] Ein solcher neutraler Beobachter würde sich in die Lage des französischen Landwirts hineinversetzen und seine ausweglose Situation erkennen. Er würde deshalb ihn nicht verurteilen, sondern stattdessen den Verfolger, der ihm seiner Würde und damit seiner Autonomie beraubt hat.

Fallstudie

Urteile eines neutralen Beobachters

Wie würde ein Richter oder Arbeitgeber im Unterschied zu einem neutralen Beobachter im Sinne von Adam Smith

- eine 98-Jährige beurteilen, die, wie kürzlich in einem Saarbrücker Kaufhaus geschehen, Schokolade und einen Frischkäse im Gesamtwert von 6,25 € ohne Bezahlung mitnimmt?

- Wie eine Kassiererin, die nach 31 Jahren Tätigkeit in einem Berliner Supermarkt einen liegen gebliebenen Bon für Pfandflaschen im Gesamtwert von 1,30 € eingelöst hat?

- Wie eine 58-jährige Altenpflegerin, die in Konstanz vier übrig gebliebene Maultaschen im Wert von vier Euro vor dem Abfall rettete und verzehrte?[49]

Im ersten Fall wurde die Greisin von einer zuständigen Amtsrichterin „ohne Bedenken" zu einer Geldstrafe von 1.080 € verurteilt. Im zweiten Fall (,Emmely') wehrte sich die inzwischen berühmt gewordene, kürzlich verstorbene Kassiererin gegen ihre fristlose Kündigung, bis ihr schließlich in dritter Instanz vor dem Bundesarbeitsgericht Recht gegeben wurde. Sie musste wieder eingestellt werden.[50] Im dritten Fall wurde die Altenpflegerin ebenfalls fristlos entlassen, bekam aber vor dem Landesarbeitsgericht eine Abfindung und Gehaltsnachzahlung zugesprochen. Die Kündigung blieb bestehen.

Wir haben es also mit drei sogenannten „Bagatellfällen" (in Deutschland: unter 10 €) zu tun, die jeweils völlig unterschiedlich vor Gericht beurteilt wurden.

Diskutieren Sie die drei Fälle aus der Sicht eines „neutralen Beobachters", also nach Adam Smiths „Theorie der ethischen Gefühle". Er hat dafür drei Kriterien angegeben: Zunächst ist die „Absicht" oder „innerste Gesinnung" des Täters zu prüfen, sodann die daraus folgende „äußere Tat oder die Körperbewegung", die damit verbunden ist, und drittens die „guten oder bösen Folgen" .[51] Unter Umständen kommt die ethische Betrachtung zu einem anderen Resultat als die juridische, was wiederum ein Beispiel dafür ist, dass Legalität und Legitimität nicht unbedingt zusammenfallen müssen (siehe ▶ Abschnitt 3.4).

Die drei Fälle könnten folgendermaßen diskutiert werden:
Im ersten Fall bestand unter Umständen gar keine Absicht, die Ware unbezahlt mitgehen zu lassen, sondern könnte auf eine für Hochbetagte nicht unübliche Vergesslichkeit zurückzuführen sein. Die Folgen resultierten also wahrscheinlich aus einem Zufall, für den die Täterin nichts kann. Adam Smith hat in einem eigenen Kapitel den Einfluss des Zufalls diskutiert. Übertragen auf den Fall würde ein neutraler Beobachter, sollte er keine schwerere Demenz bei der Täterin

feststellen, vielleicht einen „geringen Grad von Fahrlässigkeit, der keinerlei Unrecht in sich schließt" diagnostizieren. Denn der Täter „behandelt seinen Nächsten, wie er sich selber behandelt, meint es [mit] niemandem böse und ist weit davon entfernt, eine freche Missachtung für die Sicherheit und das Wohlergehen anderer zu hegen". Er verdient allenfalls „bis zu einem gewissen Grade Tadel und Zurechtweisung, doch keinerlei Bestrafung". Er sollte allerdings zur Wiedergutmachung verpflichtet werden. Mit einer Nachzahlung zuzüglich einer Gebühr für die entstandenen Umtriebe dürfte der Fall für die meisten „neutralen Beobachter" erledigt sein.[52]

Im zweiten Fall hat die Täterin Emmely einen Gutschein eingelöst, den ein Kunde versehentlich liegen gelassen und nicht eingelöst hat. Die Folge war zunächst die Aneignung eines fremden Gutes. Das wäre aus der Sicht eines neutralen Beobachters als Diebstahl zu werten, der zu Zeiten von Adam Smith im British Empire bis 1808 noch „mit dem Tode bestraft" worden wäre.[53] Die mit der Tat verbundene Körperbewegung bestand im Aufheben eines Zettels, dem nicht eingelösten Bon am Ende des Tages. Als neutraler Beobachter können wir uns in die Gesinnung von Emmely ziemlich gut hineinversetzen: Der Eigentümer hat den Bon verloren. Mit größter Wahrscheinlichkeit wird er wegen seines geringen Wertes nicht zurückkommen, um ihn zu suchen. Es handelt sich also um einen Bagatellfund (Wert kleiner 10 €), der normalerweise nicht anzeige- oder abgabepflichtig ist.

Wahrscheinlich kannte die Kassiererin aber den juristischen Sachverhalt nicht, dass eine Fundsache in den Geschäftsräumen, in denen sie arbeitet, nicht ihr, sondern dem Geschäftsherrn gehört. Demzufolge könnte ein neutraler Beobachter ihr kaum eine absichtliche Aneignung einer Fundsache unterstellen. Auch eine direkte böse Folge lässt sich kaum unterstellen, denn aller Wahrscheinlichkeit nach wäre der Bon bei den Reinigungsarbeiten vernichtet worden. Damit wäre aber dem Arbeitgeber ein unverhofftes Plus in der Kasse angezeigt worden, da ja die Forderung bereits in der Kasse registriert, aber nicht eingelöst worden ist. Wie der Arbeitgeber mit überschüssigem Geld in der Kasse umzugehen hat, entzieht sich dem neutralen Beobachter. Prinzipiell dürfte für den Arbeitgeber aus seiner Sicht kein Schaden entstanden sein, allenfalls der Verlust eines zufälligen Kassenüberschusses, auf die der Geschäftsherr keinen Rechtsanspruch hat, weil es sich ja um eine Fundsache handelt. Demzufolge würde ein neutraler Beobachter auch keine böse Folge durch die Tat erkennen. Daher würde er auch die fristlose Kündigung der Kassiererin als ethisch nicht gerechtfertigt sehen. Nach 31 Jahren erfolgreicher Zusammenarbeit sieht er zudem keinen Grund für ein „gestörtes Vertrauensverhältnis", allenfalls eine Informationslücke bei Emmely über Besitzansprüche von Fundsachen in Geschäftsräumen, die aber leicht zu schließen gewesen wäre oder der schlimmstenfalls mit einer Abmahnung hätte begegnet werden können.

Dass diese Einschätzung des neutralen Beobachters durchaus mit der öffentlichen Meinung einherging, sieht man an der Welle der Solidarität, die für Emmely deutschlandweit zum Ausdruck gebracht wurde. Die Überreaktion des Arbeitgebers sowie die Bestätigung der Kündigung über zwei Gerichtsinstanzen hinweg wurden vielerseits angeprangert. So kämpfte nicht nur eine eigens gegründete Aktionsgruppe „Solidarität für Emmely" dagegen an, sondern auch einflussreiche Politiker wie z. B. der damalige Bundestagsvizepräsident Wolfgang Thierse (SPD), der das erstinstanzliche Urteil „barbarisch" und „asozial" nannte.[54]

Auch im dritten Fall könnte der neutrale Beobachter Sympathie für die Konstanzer Altenpflegerin bekunden. Denn sie hat übrig gebliebene und für den Abfall bestimmte Essensreste, sechs Maultaschen, aufgegessen. Auch hier dürfte Unwissenheit eine böse Absicht verneinen, und ein Geschädigter ist ebenfalls nicht zu erkennen. Der Tatvorgang selbst, die Aneignung von Essen während der Arbeitszeit mag je nach Umständen Anstoß erregen oder nicht: im ersten Fall ja, wenn z. B. im Altenheim für die Betreuer eine eigene Mittagspause vorgesehen ist, in der sie auf eigene Kosten ihr Mittagessen zu besorgen hätten; im zweiten Fall nein, wenn eine Mittagspause nicht vorgesehen ist und die Mitarbeiterin unter Hunger gelitten haben würde. In diesem Fall käme der Tatbestand des „Mundraubes", also der Entwendung oder Unterschlagung von Nahrungsmitteln zum Eigengebrauch in Betracht. Seit 1975 ist dies in Deutschland kein Straftatbestand mehr. Ein neutraler Beobachter hätte Sympathie mit einer hungernden Mitarbeiterin, die sozusagen auf die Schnelle ihr Grundbedürfnis nach Nahrung aus dem Abfall bediente, zumal niemand dabei geschädigt worden ist. Wie im zweiten geht auch im dritten Fall der neutrale Beobachter konform mit einer Gerichtsentscheidung, die in zweiter Instanz den Arbeitgeber zu einer Abfindung und Gehaltsnachzahlung verurteilte. Eine Wiedereinstellung wurde jedoch nicht verlangt.

In allen drei Fällen zeigt sich Adam Smiths ethische Methode des neutralen Beobachters als durchaus fähig, einen Tatbestand aus dem Blickwinkel von Gesinnung und Folgen sehr differenziert und durchaus repräsentativ zu beurteilen.

Absehung von eigenen Vorlieben Es ist ein bedeutender Unterschied, ob es bei der Beurteilung um die Entscheidung eines anderen geht oder um eine eigene Angelegenheit. Denn hierbei wird, wie Adam Smith völlig klar erkennt, „jedermann … von der Natur in erster Linie und hauptsächlich seiner eigenen Obsorge anvertraut" sein, also immer geneigt sein, „sich selbst den Vorzug zu geben".[55] Deshalb ist es für Smith notwendig, „die Anmaßung seiner Selbstliebe zu dämpfen"[56] und seine „innersten Empfindungen und Gefühle so umzumodeln", dass sie mit denen des unparteiischen Zuschauers und „ehrfurchtgebietenden Richters" übereinstimmen. Es ist Smith völlig klar, dass der „Grad von Selbstbilligung" absehen zu können vom „Grad der

Selbstbeherrschung" abhängt.[57] Tugenden wie Stärke, Ruhe, Besonnenheit, Gleichmut, Gerechtigkeit, Klugheit und Weisheit sollten entwickelt und von den eigenen „natürlichen, unbelehrten und undisziplinierten Empfindungen" der Eigenliebe, Habgier, Ruhmsucht und des Ehrgeizes weglenken.[58] Smith zufolge werden nach „schwersten Anstrengungen" der Selbstüberwindung und beständiger Einübung jene Tugenden dazu führen, dass die „Betrachtungsweise des unparteiischen Zuschauers" zur „Gewohnheit" wird. Wie Smith betont, steht er damit der Auffassung der stoischen Philosophie sehr nahe. Wer sich selbst und andere neutral beobachtet, emanzipiert sich von den inneren Launen der Natur und entwickelt eine „völlige Seelenruhe". Er erfährt damit die von jedem anzustrebende „Glückseligkeit".[59]

Adam Smith zufolge setzt also das Sich-Hineinversetzen in einen neutralen Beobachter eine hohe *Selbstreflexionskompetenz* voraus, über die längst nicht jeder von Natur aus verfügt. Als Entscheidungsträger sich selbst und sein Verhalten neutral, sprich: frei von eigenen Emotionen, Vorlieben, Wertvorstellungen und Interessen beobachten und empathisch in die Perspektive eines neutralen Beobachters hineinversetzen zu können, verlangt eine besondere Charakter- und Geistesstärke, die aber entwickelt werden kann. An dieser Stelle erkennt man deutlich die Schnittstelle zwischen der Pflichten- und Tugendethik. Damit man überhaupt seine ethischen Pflichten in konkreten Situationen und Konflikten erfüllen kann, sollte man über bestimmte Tugenden, also über „Handlungsdispositionen" oder „Willensdispositionen"[60] verfügen, die einen ethisch akzeptablen Weg durch den Dschungel äußerer sozialer Zwänge oder innerer affektgebundener Triebfedern weisen.

Selbstreflexionskompetenz und Tugendethik

Welche konkreten Handlungen aber aus einer Disposition, sprich: einem ‚Möglichkeitsraum', erwachsen, hängt von der jeweiligen Situation und Fähigkeit des Handelnden ab und kann deshalb nicht mit konkreten Regeln allein aufgezeigt werden. Diesen „Tatbestand der Überkomplexität" hat Tugendhat zufolge auch schon Adam Smith erkannt: „Was jeweils moralisch richtig ist, schreibt Adam Smith, ist derart diffizil und differenziert, dass wir es unangemessen simplifizieren, wenn wir es unter Regeln zu bringen versuchen. ... Nur derjenige, der ein gutes Augenmaß hat, der gut urteilen kann, kann im Einzelfall erkennen, wann und wie etwa großzügig zu handeln ist."[61]

Große Handlungsspielräume

Im Medienzeitalter könnte man den Ansatz des neutralen Beobachters von Smith auch durch den Tageslichttest („Light-of-the-Day-Test") ergänzen, der von einigen Unternehmensethikern vorgeschlagen wird.[62] Demzufolge sollte man sich vorstellen, wie der Täter von seinen Familienangehörigen, Freunden, Arbeitskollegen, Vorgesetzten beurteilt würde und welche Emotionen dabei entstehen würden. Noch weitergehender wäre die Vorstellung, dass Täter und Tat mit allen Einzelheiten in den Medien diskutiert würden. In der Tat hat sich ja im Emmely-Fall (s. o. Fallbeispiel) gezeigt, dass gerade die öffentliche Empörung über das Gerichtsurteil eine andere Perspektive auf den Fall eröffnet hat und der „Täterin" große Sympathie eintrug.

Tageslichttest

Verbindung zur Güterethik

Bei Pflichtenkollisionen wäre es daher noch zusätzlich sinnvoll, eine Folgenbetrachtung im Sinne der utilitaristischen Ethik anzustellen. Denn gerade bei Pflichtenkollisionen sind die Vergleiche zwischen den Folgen der Einhaltung einer Pflicht und den Folgen für andere sehr hilfreich. So wiegen die Konsequenzen einer Lüge gegenüber einem Verbrecher sicherlich weniger schwer als die Folgen für das Opfer.

Beispiel   **Deutsche Bank und Kirch-Gruppe**

Wie Top-Manager sich für das Thema Lüge und Wahrheit sensibilisieren sollten, zeigt der noch immer aktuelle Fall von Rolf Breuer, dem ehemaligen Chef der Deutschen Bank. Dieser machte am 3. Februar 2002 folgende Aussage in einem Interview in New York im Bloomberg TV auf die Frage des Journalisten, wie es denn einem seiner Kreditnehmer, der Kirch-Gruppe, gehe: „Was man alles darüber hören und lesen kann, ist ja, dass der Finanzsektor nicht bereit ist, auf unveränderter Basis Fremd- und Eigenmittel zur Verfügung zu stellen." Kurz darauf musste die Kirch-Gruppe Insolvenz anmelden, nachdem mehrere Kreditgeber ihre Kredite an die Kirch-Gruppe zurückgezogen hatten.

Umgang mit Wahrheit und Lüge

Die Kirch-Gruppe verklagte daraufhin die Deutsche Bank auf Schadenersatz und erhielt nach jahrelangem Rechtsstreit einen Zahlungsausgleich von über 900 Millionen € zugesprochen. Das Gericht sah es als erwiesen an, dass die Interview-Aussage Breuers eine Welle des Misstrauens gegenüber der Kirch-Gruppe ausgelöst hatte und diese daraufhin in die Insolvenz geriet. Man kann davon ausgehen, dass dieser Satz Breuers der teuerste in der Unternehmensgeschichte sein dürfte. Hätte Breuer deutlicher gelogen und z. B. gesagt, dass alles in Ordnung sei mit seinem Kunden, dann wären die Konsequenzen vielleicht tatsächlich für die Kirch-Gruppe günstiger gewesen.

Das Beispiel zeigt, dass Lüge und Wahrheit gewaltige Auswirkungen in positiver wie negativer Richtung auf den Erfolg eines Unternehmens haben können. Ohne eine utilitaristische Betrachtung der Konsequenzen dürfte die ethische Verantwortung unter ausschließlichem Verweis auf den kategorischen Imperativ zu kurz greifen.

Lügen in der Chefetage

Dennoch bleibt das Thema der Lüge in Unternehmen prinzipiell ein ethisches Problem. Vielfach versuchen Manager mit zweideutigen Aussagen ihre Stakeholder zu ihren Gunsten zu beeinflussen. Mit Sätzen wie „Bei uns ist der Mensch Mittelpunkt!" wird suggeriert, die Würde von Mitarbeitern und Kunden werde geachtet. In Wirklichkeit aber meinen viele damit, dass „der Mensch Mittel ist – Punkt!" Oder: „Wir wertschätzen unsere Mitarbeiter!" suggeriert deren würdevolle Behandlung, meint aber „Wir schätzen deren Wert für uns". Und „Wir stehen voll und ganz hinter Ihnen" suggeriert „volle Unterstützung", meint aber „Totale Kontrolle, indem wir immer über Ihre Schultern schauen". Mehr als sechzig solcher doppeldeutigen Aussagen wurden in „Lügen in der Chefetage"[63] analysiert und entlarvt.

Ein weiterer Schwachpunkt der Kantischen Ethik liegt darin, dass sie nur den Menschen unter ethischen Schutz stellt. Kant begründet dies damit, dass nur der Mensch ein Wesen der Vernunft sei. Nur er habe daher Anspruch auf ethischen Schutz. Nichtmenschliche Lebewesen seien eigentlich nur „Sachen", die zum beliebigen Gebrauch als Mittel für den Menschen zu Verfügung ständen.[64] Kant sieht deshalb nur im vernunftbegabten Menschen die Würde, die ihm auch den ethischen Schutz zugesteht. Deshalb wurzelt seine Ethik auf einem eindeutigen Anthropozentrismus.

Anthropozentrismus

Übung	**Deontologische Ethik – das Dilemma zwischen funktionalem Zwang und ethischer Verantwortung**

Der folgende Fall zeigt ein grundlegendes Problem der Unternehmensethik auf: das Dilemma zwischen funktionaler und ethischer Verantwortung. Gerade der kategorische Imperativ Immanuel Kants kann hier eine Brücke zwischen den beiden Verantwortungsdimensionen bauen. Der folgende Fall beruht auf realen Zusammenhängen, die am 28. Januar 1986 zum Absturz der Challenger-Raumfähre geführt haben. Mit einer ethischen Beurteilung der Situation – etwa unter Rückgriff des kategorischen Imperativs von Kant – hätte das Unglück verhindert und sieben Menschenleben hätten gerettet werden können.

Roger Boisjoly hatte ein Problem. Als Chefingenieur arbeitete er in einem Projektteam der Firma Morton Thiokol, die die soliden Raketenantriebe des Space Shuttle Challenger konstruiert hatte. Einen Tag vor dem geplanten Start der Challenger am 28. Januar 1986 zog eine Kaltfront über das Cape Canaveral, Florida. Boisjoly und seine Kollegen erkannten das Risiko, dass bei einer solchen Außentemperatur die Dichtungsringe der Raketenantriebe spröde werden können, wodurch der Treibstoff vorzeitig austreten und sich entzünden kann.

Verspäteter Start der Challenger

Viele der Ingenieure waren schon seit Längerem über die Qualität der Dichtungsringe besorgt. Boisjoly machte daher in einem Memo das Management der NASA auf das Risiko aufmerksam. Sollten die Dichtungsringe ihre Funktion verlieren, so schrieb er, könnte das „eine Katastrophe der schlimmsten Art hervorrufen – den Verlust von Menschenleben".

Risiko einer Explosion

Eine Nacht vor dem geplanten Start erinnerte sich Boisjoly des Problems und organisierte eine Telefonkonferenz mit Ingenieuren seines Projektteams und Managern der NASA. Die Ingenieure legten noch einmal den Grund dar, weshalb sie den Start am nächsten Tag für gefährlich hielten. Energisch argumentierte Boisjoly für eine Verschiebung des Starts, bis eine Außentemperatur von wenigstens 11° Celsius erreicht sei.

Ingenieure plädieren für Startverschiebung

NASA-Manager
setzen sich durch

Schließlich bemerkte Boisjoly, wie die NASA-Manager die Ingenieure unter Druck setzten, ihre Empfehlungen zu überdenken. Für fünf Minuten unterbrachen die Ingenieure des Zulieferers die Telefonkonferenz und diskutierten die Situation noch einmal unter sich. „Wir haben eine Management-Entscheidung zu treffen", sagte ein anderer Chefingenieur des Projektteams und empfahl dem Vizepräsidenten des Unternehmens: „Es ist Zeit, dass wir den Ingenieurshut abnehmen und den Managerhut aufsetzen." Als Manager hatte der Vizepräsident sich um die Auswirkungen einer Verschiebung des Starts auf Finanzen und Image zu kümmern. Kurz darauf teilten die Ingenieure den NASA-Managern mit, dass der geplante Start zwar nicht unter idealen Bedingungen stattfinden würde, aber durchaus noch akzeptabel sei.

Boisjoly und die anderen Ingenieure ordneten sich widerwillig der Entscheidung von oben unter. Sie unterbreiteten den Fall nicht dem höheren Management der NASA, der Morton Thiokol oder gar der Presse (Whistleblowing). So kam es zu dem pünktlichen Start der Challenger, die kurz nach dem Take-off explodierte und alle Astronauten an Bord in den Tod riss.

Der offizielle Bericht der Präsidenten-Kommission über die Ursache der Katastrophe kam zu dem Schluss, dass genügend Informationen zum Problem mit den Dichtungsringen vor dem Unfall vorhanden waren, um eine Verschiebung des Starts auf unbestimmte Zeit zu rechtfertigen.

Beantworten Sie folgende Fragen zur Übung:

1. Was veranlasste das Management der NASA, die Warnungen der Ingenieure zu ignorieren? Was veranlasste die Ingenieure von Thiokol, ihre Bedenken nicht weiter mit Nachdruck zu artikulieren?

2. Aufgrund welcher Sollensforderungen/Pflichten wurde die Entscheidung für den Start der Challenger trotz Risikos getroffen? In welchem Dilemma befand sich der Lieferant?

3. Welche ethischen Sollensforderungen wurden dabei ignoriert? Analysieren Sie diese Forderungen aus der jeweiligen Sicht der involvierten Stakeholder.

4. Wie würde Ihre Entscheidung jeweils aus Sicht der biblischen Zehn Gebote, der Goldenen Regel oder des kategorischen Imperativs aussehen?

5. Wie hätten die Ingenieure den Start noch verhindern können? Wie hätten die Beteiligten sich besser in die Argumente des anderen hineinversetzen können? Wäre Whistleblowing eine geeignete Lösung gewesen? Welche Folgen hätte das für die Whistleblower haben können?

6. Sehen Sie einen Weg, Ihre persönliche Freiheit bzw. ethische Überzeugung gegen institutionelle Zwänge zu bewahren oder gar durchzusetzen?

> **7.** Waren Sie in Ihrem derzeitigen Arbeitsumfeld schon einmal mit ähnlichen Dilemmata konfrontiert wie dem hier geschilderten? Wenn ja, wie sahen sie aus und wie haben Sie sie gelöst?

5.6 Fazit zu den Gründen für Ethikverlust

Funktionale versus ethische Verantwortung

Was wir aus dem Fall der Challenger lernen: Wenn Mitarbeiter in Unternehmen bloß als Funktionsträger („nur als Mittel zum beliebigen Gebrauche für diesen oder jenen Willen"[65]) und nicht (auch) als autonome Menschen angesehen werden, dann verlieren sie ihre ethische Kompetenz und lassen sich gerade in Krisensituationen, wenn Zeit- und Lösungsdruck das Handeln bestimmen, schnell von funktionalen Zwängen überrollen.

Bei der NASA herrschte offenbar eine funktionale Unternehmenskultur vor, die dem ethischen Wert des Lebens einen geringeren Status einräumte als dem Image der technologischen Kompetenz. Ethische und ökologische Verantwortung dürfen bei wichtigen Entscheidungen nicht ausgeklammert werden. Die vermeintlichen Einsparungen bei schnellen Entscheidungen werden fast immer durch gewaltige Kosten der vernachlässigten Neben-, Rück- und Fernwirkungen um ein Vielfaches übertroffen.

Funktionale Unternehmenskultur

Warum verlieren Entscheider vor allem unter funktionalem Zwang oft ihre ethische Kompetenz? Vor allem Gruppenzwänge und die „Gehorsamsbereitschaft gegenüber Autoritäten", die offenbar die Mehrheit der Menschen evolutionsbiologisch instinktiv mit sich bringt, lassen nur wenig Spielraum für ethisch reflektiertes Handeln.

Gehorsamsbereitschaft gegenüber Autoritäten

Man denke in diesem Zusammenhang an die Experimente des amerikanischen Psychologen Stanley Milgram (1933–1984), bei denen Versuchspersonen dem Ideal der Wissenschaftlichkeit dienten und unter Berufung auf höhere Autoritäten ihre individuelle Moral verrieten und gegen ihr eigenes Gewissen Menschen quälten. Die Probanden wurden per Zeitungsannonce quer durch alle sozialen Schichten und Ausbildungsgrade ausgewählt. Sie sollten einen Teilnehmer des Experiments bestrafen, wenn er bei einem Gedächtnistest versagte, und zwar mit Stromstößen mit wachsender Stromstärke. Das Opfer war ein Schauspieler, der nur zum Schein auf die fiktiven Stromstöße mit Schreien und gekrümmtem Körper reagierte. Die Anzahl der Personen, die bereit waren, sogar tödliche Stromstöße auszuteilen, wuchs mit der optischen und akustischen Distanz zum Opfer. Mit wachsender Entfernung waren bis zu zwei Drittel der Versuchspersonen – unter ihnen Juristen und Theologen – sogar bereit zu töten. Allerdings geschah dies meist erst nach eindringlicher Aufforderung des Versuchsleiters, der zum einen auf die „wissenschaftli-

Vergabe tödlicher Stromstöße – das Milgram-Experiment

Globale Vergleichbarkeit

che Notwendigkeit" des Experiments hinwies und zum anderen bereit war, die Verantwortung dafür zu übernehmen.[66]

Das Experiment, das auch in anderen Ländern wiederholt wurde, zeitigte immer ähnliche Ergebnisse. Offenbar fällt es Menschen mehrheitlich schwer, sich gegen institutionelle und funktionale Zwänge durchzusetzen und eigene ethische Standards aufrechtzuerhalten. Das Experiment, das ursprünglich ergründen wollte, wieso Menschen im Dritten Reich sich aktiv am Holocaust beteiligten, konnte damit zeigen, dass sie unabhängig von ihrer Nationalität unter ähnlichen Umständen wieder ähnlich handeln würden.

Achtzehn Gründe für den Verlust von Ethik

1. Beschränkte Sicht auf das Ganze
2. Funktionalität vor Moralität
3. Kompetenzbeweis in einer Funktion
4. Pflichttreue
5. Psychische Anpassung an eine Autorität
6. Gruppenzwang und Zugehörigkeitsgefühl
7. Peinlichkeit eines Widerspruchs
8. Verantwortungsdiffusion
9. Loyalität gegenüber Autoritäten
10. Gehorsam und Disziplin
11. Distanz zum Opfer
12. Gewöhnung an unethisches Verhalten
13. Der Zweck heiligt die Mittel
14. Rechtfertigung durch Ideologien
15. Sündenbockpsychologie
16. Belohnungs- und Bestrafungssysteme
17. Schattenseite der menschlichen Psyche
18. Sonstige bewusstseinsändernde Einflüsse

Was veranlasst Menschen sich einer oft auch unbekannten Autorität zu beugen, ihre Freiheit und damit auch ethische Verantwortung aufzugeben? Viele Gründe können dafür gefunden werden.[67] Sozial- und Tiefenpsychologen[68] haben besonders nach dem Zweiten Weltkrieg einiges dazu herausgefunden. Der Autor hat „Achtzehn Wege zum Ethikverlust" im Laufe seiner Forschungsarbeiten identifiziert. Nach der Übersicht folgt eine kurze Beschreibung der einzelnen Gründe:

1. Oft verhindert die *beschränkte Sicht auf das Ganze* ethisch reflektiertes Handeln. Wer nicht sämtliche Ursachen und Wirkungen einer Aktivität überblickt, kann sich auch kein Urteil über seinen Beitrag anmaßen. Dies wird dann häufig auch als Argument dafür benutzt, dass man nicht eingegriffen hat. In Unternehmen zeigt sich dies häufig im „Abteilungsegoismus" oder in der „systembedingten Kurzsichtigkeit"[69]. Man ist nur verantwortlich für die Erreichung seiner Ziele und überschaut nicht die sozialen oder ethischen Nebenwirkungen. „Dieselgate" bei Volkswagen ist dafür ein typisches Beispiel. Nach heutigem Stand der Kenntnis sollten Entwickler aus dem mittleren Management das Ziel erreichen, einen Dieselmotor zu bauen, der den Abgasvorschriften in den USA genügt. Nachdem die eigene Technik diese nicht erfüllen konnte, mussten sie auf eine Softwarelösung zur Manipulation der Testverfahren ausweichen. Die Neben-, Rück- und Fernwirkungen konnten sie offenbar nicht überschauen.

2. Auch das Argument, zuerst die *Funktionalität* und *dann erst* die *Moralität* zu beachten, hat sich in vielen Köpfen festgesetzt. Damit einher geht häufig auch das Argument, dass moralisches Verhalten in Unternehmen zunächst nur Geld kostet, und damit die Funktionalität, die ja das Überleben des Unternehmens sicherstellen soll, erheblich bedroht. Funktionale Kosten-Nutzen-Berechnungen wie im Fall Ford Pinto führen häufig dazu, dass z. B. das bewusste In-Kauf-Nehmen von Todesfällen intern akzeptiert, extern aber als ethisch inakzeptabel angesehen werden muss.

3. Ein anderes Moment besteht im *Kompetenzbeweis in einer Funktion*, demzufolge Menschen einem Vorgesetzten beweisen wollen, dass sie eine Aufgabe kompetent und effizient durchführen wollen und können. Sie suchen nach Lob und vermeiden Tadel, um auf diese Weise ihr Selbstbewusstsein zu stärken. Auch hier könnte der VW-Abgasskandal Pate stehen. So spricht einiges dafür, dass die involvierten Entwickler aus Angst vor Tadel ihrer Vorgesetzten, keine eigene kostengünstige VW-Lösung präsentieren zu können, mit ihrer manipulierten Scheinlösung für den schnellen Markteintritt in den USA ihre Kompetenz unter Beweis stellen wollten. Ohne Lösung befürchteten sie womöglich einen Rausschmiss oder zumindest einen strengen Tadel.

4. In diesem Zusammenhang ist auch die *Pflichttreue* ein starkes Motiv für Handeln unter funktionalem Zwang. Adolf Eichmann, der Organisator des Holocaust, hat dies ja eindrücklich während seines Prozesses in Israel zum Ausdruck gebracht: „Ich habe ja nur meine Pflicht erfüllt." So kommt es, dass auch Firmenmitarbeiter häufig die Augen vor unethischen Konsequenzen ihrer Pflichterfüllung verschließen und sich dafür nicht verantwortlich fühlen. Die Bilanzbetrügereien der Firma Enron waren durchaus einem engeren

Kreis von Mitarbeitern bekannt, nur eine Whistleblowerin hatte den Mut, die Machenschaften nach außen zu kommunizieren.

Unter Hinweis auf diese Pflichttreue wird manchmal auch die Ethik von Immanuel Kant kritisiert, weil dieser das „Handeln aus Pflicht" gegenüber dem „Handeln aus Neigung" als einzig ethisch korrektes Verhalten herausgestellt hatte. Dieser Vorwurf beruht auf einem Missverständnis. Denn die ethische Pflicht, wie sie Kant anzielt, besteht ja gerade darin, dem kategorischen Imperativ unbedingte Folge zu leisten. Der aber verbietet es, einen Menschen in irgendeiner Weise funktional zu instrumentalisieren. Eichmann bezog sich nicht auf diese Art von ethischer Pflicht, sondern auf die funktionale Pflicht, eine von oben verordnete Aufgabe strikt zu erfüllen. Ob dabei Menschen geopfert werden oder nicht, interessierte ihn nicht.[70]

Allerdings gilt es zu bedenken, dass auch Eichmann wie viele seiner Mittäter ihr Handeln selbst gegenüber dem kategorischen Imperativ rechtfertigen könnte, indem sie den Juden ihr Menschsein absprechen. Dies war ja der Hebel, mit dem der Nationalsozialismus seine grausamen Taten gerechtfertigt hat. Indem Juden als „Untermenschen" abqualifiziert wurden, musste auch nicht länger auf deren Würde geachtet werden. Da aber der kategorische Imperativ ausdrücklich nur Menschen unter Schutz stellt, kann er leicht dazu missbraucht werden, bestimmte Gruppen davon auszuklammern, indem man ihren Mitgliedern einfach eine Vernunft und damit auch ihr Menschsein abspricht. Denn alle nichtmenschlichen Lebensformen stehen nicht unter seinem ethischen Schutz.

5. *Gruppenzwang und Zugehörigkeitsgefühl* sind weitere Gründe, weshalb Menschen ihre persönliche Ethik hinten anstellen, wenn es darum geht, die Anerkennung der Gruppengenossen nicht zu verlieren. Das Phänomen, das bei Jugendlichen noch häufiger vorkommt, weil sie sich ihrer Authentizität und Individualität im Leben nicht sicher sind, ist leider sehr weit verbreitet. So sorgt es gerade auch in Unternehmen immer wieder für Unfälle, ethisches Fehlverhalten oder Mobbing, wenn etwa das Rauchverbot missachtet, Mitgefühl als verweichlicht verunglimpft und abweichendes Verhalten als Verrat angeprangert wird. Unter Gruppendruck geben nicht wenige ihr selbstverantwortliches Handeln auf.

Dazu ein Beispiel aus dem Zweiten Weltkrieg: Auf Befehl von Reinhard Heydrich wurden normale Polizeibrigaden aufgefordert, dem Sonderkommando beizutreten, das die Aufgabe der Exekution von Juden zu übernehmen hatte. Der Führer einer Berliner Brigade forderte seine Leute auf mitzumachen. Er setzte sie aber nicht unter Druck, sondern sagte, dass er verstünde, wenn sie sich weigerten. Es gebe dann auch keine Konsequenzen. Dennoch nahmen lediglich 10–12 der 500 Polizisten das Angebot einer Freistellung an. Eine Analyse ergab, dass der Gruppendruck die Mehrheit zur Teilnahme bewegte. Hinzu kamen ideologische Äußerungen, dass es sich hierbei um einen Verteidigungskrieg handele, der die arische Rasse vor den subtilen Angriffen der jüdischen Rasse bewahre.[71]

6. Der Zwang, den eine Gruppe auf das Verhalten Einzelner ausüben kann, wirkt umso mehr, je instabiler die Psyche eines einzelnen Menschen ist. Desto größer ist auch seine Beeinflussbarkeit durch Autoritäten. Sie kompensieren ihr mangelndes Selbstbewusstsein oft mit einem vermehrten Anlehnungsbedürfnis *an Autoritäten und Institutionen*, an die sie sich dann *psychisch anpassen*. Die Akzeptanz und Einbettung in eine Art Familienersatz gibt ihnen die fehlende psychische Stabilität zurück. Die Gehorsamsbereitschaft steigt mit der Abhängigkeit von und mit der Bewunderung für den eigenen Vorgesetzten. Man sieht sich als dessen verlängerten Arm oder Erfüllungsgehilfen, schlimmstenfalls als seinen Kettenhund, dem Widerspruch fremd ist.

7. Eng verwandt mit den Punkten 6 und 9 ist die *Peinlichkeit eines Widerspruches*. Es bedarf schon größeren Mutes, gegen den Strom zu schwimmen oder sich gegen eine vorherrschende Stimmung auszusprechen. Sich in der Anonymität der Gruppe zu verstecken, ist wesentlich einfacher. Der fehlende Mut, gegen eine verschworene Gemeinschaft etwa in der Geschäftsleitung aufzubegehren und womöglich vor den anderen als Nestbeschmutzer oder Störenfried unangenehm aufzufallen, verhindert häufig konstruktive Kritik. Dem Autor wurde einmal von einem Oberarzt berichtet, wie ein als sehr autoritär gefürchteter Chefarzt während seiner letzten Herzoperation vor seiner Pensionierung in Anwesenheit mehrerer Ober- und Assistenzärzte einen Kunstfehler machte, der schließlich zum Tode des Patienten führte. Keiner der anwesenden Ärzte traute sich, ihn zu warnen, obwohl sie den Fehler erkannten.

8. *Verantwortungsdiffusion*, also das Abschieben von Verantwortung nach oben oder zur Seite, tritt häufig in anonymen Organisationen oder bei größeren Menschenansammlungen auf. Wie zahlreiche Experimente bewiesen haben, schwindet die Hilfsbereitschaft, etwa bei einem Überfall oder einer Vergewaltigung einzuschreiten, mit der Anzahl der anwesenden Personen. Ebenso diffundiert die Bereitschaft, Verantwortung zu übernehmen, mit der Größe der Organisation, in der die Handelnden nur eine kleine Rolle spielen und nur wenig Überblick über die Abläufe des Ganzen haben. Häufig verschanzen sie sich hinter dem Argument: „Die da oben wissen schon, was sie tun." Dennoch gibt es immer wieder Persönlichkeiten, die trotz ihrer firmenintern niedrigen Position Fehlverhalten einer Organisation etwa über Whistleblowing aufdecken und an die Öffentlichkeit bringen. Die Bilanzfälschungen von Enron und Worldcom wurden so überhaupt erst aufgedeckt.

9. Gerade weil sie ihnen angeblich so viel verdanken, entwickeln sie eine besondere *Loyalität gegenüber Autoritäten*. Man erinnere sich nur an die Selbstmorde nach dem Zusammenbruch des Dritten Reiches, als viele vor allem jüngere Menschen keinen Sinn mehr in ihrem Leben gesehen haben und sich lieber loyal dem Tod des Führers anschlossen, nicht ohne noch viele andere mit sich zu reißen. Solche Bindungen an charismatische Führungskräfte gibt es auch in Unternehmen. Vor allem in Seilschaften, in denen man dem anderen viel verdankt, ist man oft auch bereit mit ihm unterzugehen. Die Abhängigkeiten sind dann so groß, dass auch die Bereitschaft besteht, gemeinsam unethische Handlungsweisen durchzuführen wie z. B. betrügerische Dienstleistungen anzubieten – man denke an Drückerkolonnen im Vertrieb.

10. *Gehorsam und Disziplin* sind weitere Eigenschaften, die zur Aufgabe persönlicher Ethik führen können. Insbesondere wenn in einem langjährigen Erziehungsprozess Gehorsam gegenüber Autoritäten und Disziplin bei der Funktionserfüllung antrainiert wurden, fällt es Menschen schwer, diese einfach aufzugeben und sich gegen die Anordnungen von oben zu stellen.

11. Wie die Ergebnisse der Milgram-Experimente gezeigt haben, fördert auch die *Distanz zum Opfer* unethisches Verhalten. Mit der Entsinnlichung unserer Welt aufgrund moderner Kommunikationsmöglichkeiten wächst die Gefahr, mitleidslos Menschen oder andere Lebewesen für die eigene oder eine vermeintlich gute Sache zu opfern. Die Piloten von Kampfdrohnen, die das Geschehen nur noch über einen kleinen Bildschirm beobachten können, haben in der Regel weniger Skrupel, den tödlichen Knopf zu drücken, als diejenigen, die sich noch im direkten Kampfgeschehen befinden.

12. Auch die *Gewöhnung* an unethische Praktiken wie das Töten oder Foltern von Opfern ist ein wichtiger Grund für Ethikverlust. In der Wiederholung stumpft der menschliche Geist ab und entlastet sich gleichzeitig von Schuldgefühlen. Die Routine gaukelt Normalität vor. Die Ergebnisse der Gewaltforschung etwa bei Soldaten bestätigen diesen Effekt.[72] Wer in Unternehmen daran gewöhnt ist, regelmäßig vor allem des Nachts giftige Abwässer oder Abgase zu entsorgen, wird dies bei längerer Gewöhnung mit immer mehr abnehmendem schlechten Gewissen tun, bis es ihn irgendwann gar nicht mehr mahnt.

13. Schon die Inquisition der katholischen christlichen Kirchen nutzte den Spruch *„der Zweck heiligt die Mittel"*, um unliebsame Gegner oder Störenfriede zu beseitigen. So diente zum Beispiel die Verbrennung einer Hexe, die im Bunde mit dem Teufel steht, angeblich dazu, ihre Seele vom Bösen zu befreien und ihr eine Auffahrt in den Himmel zu ermöglichen. In Wirklichkeit ging es darum, das Monopol der Kirche in Sachen Religion zu bewahren. Weltanschauungsideologien, wie sie in der französischen oder russischen Revolution Verbreitung fanden, opferten jegliche Art von Gegnern, um das vermeintliche Gemeinwohl durchzusetzen. Sektenartig aufgebaute Unternehmenskulturen, bei denen die Mitarbeiter auf den „Krieg" im

Markt eingeschworen werden, führen dann häufig zu unethischem Verhalten gegenüber Kunden oder der Umwelt.

14. *Ideologien,* wie sie etwa der Nationalsozialismus oder Kommunismus vertreten haben, können unethisches Verhalten *rechtfertigen.* Dabei werden häufig das Gemeinwohl, die Partei oder Glaubensgrundsätze über das Wohl des Einzelnen gestellt. Die Parole „Der Einzelne ist nichts, die Allgemeinheit ist alles!" ist Ausgangspunkt vieler Ideologien. Um sie zu verwirklichen, sind Opfer zur Demonstration eigener Stärke, zur Ausgrenzung missliebiger Dritter oder zur Ableitung und Lenkung des Volkszorns durch Erzeugung von Sündenböcken sehr dienlich. Auch hier führen starke Unternehmenskulturen dazu, dass Mitarbeiter etwa in Selbstaufopferung für wenig Geld sehr viel arbeiten. Ihr Stolz bei einer solch „tollen Firma" überhaupt mitwirken zu können, macht sie blind für ihnen angetane Ausbeutung.

15. Die *Sündenbockpsychologie* ist ein weiteres Moment für den Ethikverlust. Der Sündenbock diente im Alten Testament als kollektive Entlastung des ganzen Volkes Israel. Der Hohepriester übertrug mit Handauflegen symbolisch sämtliche Vergehen des Volkes des vergangenen Jahres auf einen Ziegenbock und jagte ihn in die Wüste. Die Psychologie hinter diesem Vorgehen ist die Entlastung der eigenen Schuld und deren Übertragung auf jemand anderen. Dies kann individuell genauso geschehen wie kollektiv. So projiziert man gerne eigene Ängste etwa auf die „Achse des Bösen". Konsequent werden dann z. B. alle fundamentalistischen Moslems 1:1 als potenzielle Terroristen angesehen. Das vereinfacht die eigene psychische Situation, weil man nun nicht mehr selbst Mitverantwortung trägt, sondern diese auf andere abwälzen kann. Man wird die Verantwortung los, kann dergestalt verantwortungs-los den Sündenbock jagen oder gar töten, um die Welt von dem angeblichen Übel zu befreien.

16. Eine große Bedeutung für möglichen Ethikverlust haben auch *Belohnungs- oder Bestrafungssysteme*, die erheblichen Einfluss auf das menschliche Verhalten haben. Diese können *Gier* oder *Angst* bei den Betreffenden auslösen. Wer für sein von Autoritäten gewünschtes Verhalten entsprechend belohnt wird und diese Belohnungen annimmt – sei es durch Zuschreibung von Geld, Privilegien oder Macht – wird leicht blind für die ethischen Folgen. Wem hingegen bei Nichterfüllung Bestrafung – etwa durch Entzug von Privilegien oder schlimmstenfalls durch Mobbing oder gar Folter – droht, wird aus Gründen des Selbstschutzes seine normalerweise gut funktionierende ethische Verantwortung aufgeben. So werden in manchen Firmen bestimmte Mitarbeiter mit „fringe benefits" abhängig und gefügig gemacht, damit sie kritiklos die Machenschaften im Unternehmen mittragen. Der Spielfilm „Die Firma" (The Firm) nach einem Roman von John Grisham spiegelt solche Abhängigkeiten sehr anschaulich wider.

17. Neben allen äußeren Systemzwängen wirkt sich demzufolge auch die eigene *Schattenseite der menschlichen Psyche* bei der Verdrängung ethischer Grundsätze aus. Diese verdrängten oder unterdrückten, also meist unbewussten Triebe, Affekte, Begierden zum Selbsterhalt oder zur vermeintlichen Eigenoptimierung, also die egoistische Verfolgung von Eigeninteressen, machen häufig blind gegenüber den ethischen Forderungen im Umgang mit anderen. Sie machen uns geneigt, uns den äußeren Systemzwängen ohne bewusste Gegenreaktion auszuliefern, vor allem dann, wenn eine Belohnung oder Vermeidung von Strafe mit einhergeht. Dies kommt besonders zum Tragen, wenn der Betreffende über wenig bis gar keine Empathie für die Gefühlslage anderer hat, nur über seine rein kognitiven Fähigkeiten verfügt und dabei seinen unbewussten Prägungen ausgeliefert ist. Solche Persönlichkeiten sind dann im Extremfall der „dunklen Triade" aus *Machiavellismus*, *Narzissmus* oder *Psychopathie* ausgeliefert.[73] Dies ist ein wichtiges Thema, mit dem Unternehmen immer wieder konfrontiert werden. Es wird in ▶ *Kapitel 11* und *12* noch ausführlicher behandelt.

18. Ein weiterer, nicht unbedeutender Grund liegt in der *Einnahme bewusstseinseintrübender Drogen*, zu denen auch Alkohol gehört. Zahlreiche Führungskräfte sind Alkoholiker oder nehmen zur besseren Bewältigung ihres Stresses Psychopharmaka oder Drogen (z. B. Amphetamine, Ritalin, Speed, Kokain, Tranquilizer) ein. Diese trüben ihr Bewusstsein, wappnen aber zugleich gegen schwierige Situationen.[74] Wie der Autor aus erster Hand mehrfach vernommen hat, nehmen Top-Manager hin und wieder spezielle Drogen ein, um emotionale Gleichgültigkeit zu erzeugen, wenn sie sich beispielsweise durch aggressive Vorwürfe von Medienvertretern auf Pressekonferenzen oder Aktionären auf Generalversammlungen bedroht sehen. Auf diese Weise überstehen sie gelassen schwierigste Auftritte, wenn sie ihre Arbeit rechtfertigen müssen. Dass sie in diesem Zustand kaum noch sensibel auf die Wünsche der Aktionäre oder Öffentlichkeit eingehen können, liegt auf der Hand.

Illustrationen zu den einzelnen Punkten können als Poster auf der Website zum Buch unter *www.pearson-studium.de* heruntergeladen werden.

Perspektivenwechsel durch de Bonos „Sechs Denkhüte"

Einsatz unterschiedlicher Denkmethoden

Für eine Ethik, die in funktional bestimmten Organisationen oder Institutionen Eingang finden soll, ist es daher entscheidend, wie man mit diesen Momenten, die zu einem Ethikverlust führen, umgehen soll. In einem ersten Schritt ist es sinnvoll, funktionale Zwänge selbst kritisch zu beleuchten. Im Fall des Challenger-Unglücks wäre dies möglich, indem die beiden Funktionshüte des Ingenieurs und des Managers ergänzt werden mit weiteren Hüten, die zu einer effektiven Lösung eines Problems beitragen könnten. Hierbei wären die „sechs Denkhüte" von Edward de Bono ein guter Ansatz.[75] Ihm zufolge funktioniert unser Gehirn nicht nur nach der technischen oder organisatorischen Vernunft.

Es gibt noch sechs weitere Zugangsweisen, ein Problem zu beurteilen, nämlich über:

- *Sachinformationen* (weißer Hut): Sammle alle möglichen und zugänglichen Sachinformationen, Fakten und Tatsachen zu dem Fall!

- *Gefühle* (roter Hut): Bringe alle Instinktreaktionen, Bauchgefühle, Emotionen und Gefühle, die du mit dem Fall verbindest, zum Ausdruck!

- *Schlechtester Ausgang* (schwarzer Hut): Ziehe alle Möglichkeiten negativer Szenarien, Hindernisse oder Gegenkräfte in Betracht!

- *Bester Ausgang* (gelber Hut): Bedenke alle positiven Resultate, Nutzenmomente und harmonischen Wirkungen!

- *Kreativität* (grüner Hut): Sammle alle Vorschläge, Provokationen, Statements und Untersuchungsergebnisse zu dem Fall, um sie weiterzuspinnen!

- Nachdenken über die *abgelaufenen Prozesse* (blauer Hut): Beobachte, was bisher passiert ist und wie der Fall reflektiert wurde, um neue Erkenntnisse zu gewinnen.

Abbildung 5.1: De Bonos sechs Denkhüte
Quelle: *http://www.personal-development-planet.com/edward-de-bono.html*

Insbesondere in Gruppen sorgen die sechs Hüte dafür, dass unterschiedliche Perspektiven zur Problembetrachtung einfließen und entsprechend vielschichtige Lösungen angedacht werden können. Im Challenger-Fall hätte dies wahrscheinlich auch zu ethischen Überlegungen geführt, sodass die Dominanz der Funktionalität gebrochen worden wäre.

Perspektivenwechsel zur Problemlösung

Ausblick auf
Tugendethik

In einem zweiten Schritt gilt es, überhaupt ethische Kompetenz zu erwerben, sprich: seinen eigenen Charakter im Hinblick auf mehr Ethikfähigkeit umzumodellieren. Die Tugendethik, wie sie Platon und dann vor allem Aristoteles begründet, gibt Anleitung dazu, wie durch Einsicht oder Nachahmung von Vorbildern Charaktereigenschaften eingeübt werden können, die sich gegen die oben genannten Momente von Ethikverlust immunisieren können. Dies soll im nächsten Kapitel ausführlicher abgehandelt werden.

Zusammenfassung

Im Rückblick hat sich gezeigt, dass Moral und Ethik sich aus dem Bedürfnis heraus entwickelt haben, die sozialen Beziehungen in einer Gemeinschaft friedlich und gerecht zu gestalten. In der Menschheitsgeschichte kann man drei Phasen der Moralentwicklung feststellen: In der ersten Phase herrscht die egoistische Sicht des Familienclans vor, dem der Stärkste und Angesehenste vorsteht. Die Moral eines Stammes gilt nur für seine Mitglieder. Sie grenzt alle anderen als potenzielle Feinde aus, die es abzuwehren, zu meiden oder allenfalls durch Heirat zu integrieren gilt. In der zweiten Phase bilden sich staatliche Ordnungen heraus, die hierarchisch strukturiert sind, bei denen der Obere den Unteren schützt und der Untere sich dem Oberen solidarisch unterwirft, indem er die etablierten Konventionen einhält. In der dritten Phase werden allgemeingültige Prinzipien wie etwa der kategorische Imperativ Immanuel Kants aufgestellt, die für alle Menschen gelten sollen. Der Mensch unterwirft sich einem göttlichen oder vernünftigen Prinzip, das für alle gilt. So kommt es etwa in der Aufklärung zu der Entdeckung, dass es die Würde aller Menschen zu schützen gilt. Diese Einsichten, wie die Berücksichtigung der Menschenrechte, finden auch immer mehr Eingang in unternehmerisches Handeln.

Bei genauem Hinschauen sind alle drei Phasen der Moral noch heute in Kollektiven wie bei Individuen präsent. Leicht kann es sein, dass vernünftige Sollensforderungen von Moralprinzipien der anderen Phasen überlagert werden. Es kommt dann zu einem Verlust der universalen Ethik. Die Einsicht, etwa dem kategorischen Imperativ Beachtung zu schenken, wird dann sehr schnell vergessen. Dies hat erhebliche Auswirkungen auf die Anwendung der Ethik auch in Unternehmen. Wie das Fallbeispiel der NASA gezeigt hat, überschreiben funktionale Zwänge sehr schnell ethische Überlegungen mit zum Teil katastrophalen Folgen.

Im nächsten Kapitel kommen Methoden der Tugendethik zur Sprache, die es erlauben, dem drohenden Ethikverlust in funktionalen System entgegenzuwirken.

 Weiterführende Inhalte finden Sie auf der Website *www.pearson-studium.de* unter Online Extras.

Endnoten

1   Vgl. Assmann, 2001, S. 237.
2   Vgl. Assmann, 2001, S. 238.
3   Vgl. Nietzsche, 1997, Aph. 174.
4   Vgl. Schüz, 1996, S. 40.
5   Vgl. Assmann, 2001, S. 238 ff.
6   Ebd. S. 268 f.
7   Vgl. Nestlé, 1998.
8   Jaspers, 1983, S. 19.
9   Dittmer, 1999, S. 193.
10 Das biblische Judentum kennt neben den Zehn Hauptgeboten noch weitere 603 Pflichten, insgesamt: 248 Ge- und 365 Verbote (Joela, 2010).
11 Schüz, 1996, S. 41.
12 So hieß es beispielsweise in den „Principles of Human Rights" bei der Firma Enron: „At Enron, we treat others as we expect to be treated ourselves. We believe in respect for the rights of all individuals and are committed to promoting an environment characterized by dignity and mutual respect for employees, customers, contractors, suppliers, partners, community members and representatives of all levels of Government." (Brewer, 2004, S. 31) Trotz des hier eingeforderten Gegenseitigkeitsprinzips („mutual respect") hat das Topmanagement dieser Firma auf betrügerische Weise zahlreiche Stakeholder finanziell ausgebeutet.
13 Nash, 2012.
14 Vgl. Küng, 2007.
15 Höffe, 2002, S. 118; 2015.
16 Küng, 1990; 1997, S. 150.
17 Vgl. Schüz, 1999, S. 120 ff.
18 Pufendorf, 1948, S. 21.
19 Shaw, 1947, S. 211.
20 Hare, 1963.
21 Kant, 1978, S. 80 f; vgl. Gensler, 1996, S. 93 ff.
22 Zum Verhältnis der Goldenen Regel zum kategorischen Imperativ vgl. Jochen Bojanowski (2014).
23 Kant, 1978, S. 68.
24 Zit. n. Schüz et al., 2007, S. 14.
25 Vgl. Kant, 1978, S. 42.
26 Kant, 1978, S. 79.
27 Kluge, 1975, S. 894.
28 Vgl. Tugendhat, 1993, S. 144.
29 Vgl. Kant, 1978, S. 117 ff.
30 Kant spricht auch von „Eigene Gesetzgebung" (1978, S. 109).
31 Schmundt, 2016, S. 94 ff; vgl. Libet, 2005, S. 57 ff. Zu Libets Haltung zum freien Willen vgl. ebd. S. 159 ff. Die unterschiedlichen Aspekte der Freiheit als Grundproblem jeglicher Ethik diskutiert ausführlich Weischedel (1976, §§ 34–56).
32 Bieri, 2014, S. 32 ff; vgl. zur Antastbarkeit der Menschenwürde Schirach, 2015.
33 Vereinte Nationen, 1948.
34 Vgl. Leipziger, 2010, S. 181 ff.
35 Vgl. ebd. S. 131 ff.
36 Alasdair MacIntyre bezweifelt, dass Kants Ethik wie auch die Menschenrechte rational begründet werden können: „Alle Versuche, stichhaltige Gründe für die Überzeugung zu liefern, dass es solche Rechte *gibt*, sind gescheitert. ... Natur- und Menschenrechte sind demnach Fiktion." (1995, S. 98 f) Sie sind allerdings eine „hilfreiche Fiktion" (Haus, 2014, S. 75), weil sie im Kontext historischer Ereignisse etwa des Zweiten Weltkriegs als sozialer Lernprozess entstanden sind. Als Fiktion können sie ein neues Kapitel in der Geschichte der Menschheit eröffnen – allerdings mit ungewissem Ausgang. Denn noch längst nicht ermöglichen sie jedem Menschen in allen Ländern der UN die gleichen Chancen auf ausreichendes Grundeinkommen, Sozialleistungen, politische Partizipation, Bildung, freie Partnerwahl, Religionszugehörigkeit usw.
37 Godin, 2007; vgl. Jourdier, 2002.
38 DW, 2014.
39 Ausführlicher wird UN Global Compact bei Leipziger (2010, S. 70 ff) vorgestellt und diskutiert.
40 Buchholz et. al., 1994, S. 257 ff.
41 Vgl. Leipziger, 2010, S. 19 f. Deborah Leipziger diskutiert in ihrem „The Corporate Responsibility Code Book" ausführlich die am meisten verbreiteten Richtlinien wie z. B. „The OECD Guidelines for Multinational Enterprises", „ISO 26000", „Social Accountability 8000", „Ethical Trading Initiative", „The Ceres Principles" etc. Herbert Winistörfer et al. bietet ebenfalls eine „Auswahl von [27] freiwilligen Standards" (2012, S. 349 ff).
42 Vgl. z. B. Birbaumer, 2016.
43 Spork, 2010.

44   Kant, 1968c, S. 639.
45   Tugendhat, 1993, S. 149.
46   Smith, 1985, S. 100, vgl. 52, 122, 217.
47   Tugendhat, 1993, S. 299.
48   Vgl. Smith, 1985, S. 122 f; Ulrich, 1997, S. 63 ff.; Sen, 2002.
49   Friedrichsen, 2015, S. 58.
50   Bundesarbeitsgericht, 2010.
51   Smith, 1985, S. 138.
52   Vgl. ebd. S. 156 f.
53   Ebd. S. 151.
54   Vgl. Müller-Neuhof, 2009.
55   Smith, 1985, S. 122 f.
56   Ebd. S. 123.
57   Ebd. S. 218.
58   Vgl. ebd. S. 219 ff.
59   Smith, 1985, S. 221 f.
60   Tugendhat, 1993, S. 230, 233. Auch Tugendhat sieht bei Smiths neutralem Beobachter den Übergang zur Tugendethik: „Der unparteiliche Beobachter billigt das, was aus der Perspektive von irgendeinem wünschenswert ist, und dies braucht eben keineswegs ein Regel-geleitetes Handeln zu sein, sondern es kann ein So-Sein sein, eine Haltung oder Einstellung, also eine Tugend. Natürlich ist auch ein So-Sein im Sinn einer Charaktereigenschaft (z. B. Liebenswürdigkeit, Großzügigkeit, Versöhnlichkeit) immer eine Handlungsdisposition."
61   Tugendhat, 1993, S. 230.
62   Z. B. Fisher/Lovell, 2009, S. 139. Bereits Immanuel Kant hat in seiner Schrift „Zum Ewigen Frieden" die „transzendentale Formel des öffentlichen Rechts" formuliert: „Alle auf das Recht anderer Menschen bezogene Handlungen, deren Maxime sich nicht mit der Publizität verträgt, sind unrecht." (1968b, S. 244 f). Damit zielt er zwar auf politische Entscheidungen ab, die sozusagen immer öffentlich bekannt gemacht und niemals „verheimlicht" werden sollten. Dennoch ist die Formel in angemessenen Grenzen (z. B. zum Schutz der Privatsphäre) durchaus auch auf Individualentscheidungen etwa im Stil des Tageslichttestes anwendbar.
63   Schüz et al., 2007.
64   Kant steht damit ganz in der Tradition des Philosophen René Descartes (1596–1650), der mehr als hundert Jahre vor ihm eine Weltsicht geprägt hat, die noch heute oft vertreten wird. Descartes zufolge ist die Welt in zwei Reiche aufgeteilt, in das Reich der Materie und das Reich des Geistes bzw. des Denkens. Nur der Mensch habe Anteil am Reich des Denkens (res cogitans) und stehe deshalb über der Welt der ausgedehnten Dinge (res extensa). In Tieren und Pflanzen sieht Descartes komplizierte „Maschinen" (1960, S. 45), die der Mensch, wie später auch Kant noch glaubte, „zum beliebigen Gebrauche" nutzen und auch verändern könne (1978, S. 78).
65   Kant, 1978, S. 78.
66   Milgram, 1982.
67   In diesem Zusammenhang sind die bereits erwähnten sozialen und natürlichen Faktoren, die das Wollen und Handeln des Menschen beeinflussen, von großer Bedeutung. Was ein Mensch will, ist das Ergebnis seiner Biologie und Psyche sowie der sozio-kulturellen Einflüsse, denen er im Laufe seiner Sozialisationen ausgesetzt war. Ob in diesem Geflecht von Ursachen freies Entscheiden und Handeln überhaupt noch angenommen werden kann, wird kontrovers diskutiert. Michael Schmidt-Salomon z. B. sieht Willensfreiheit als Illusion an, nicht jedoch die Handlungsfreiheit. Philosophisch sollten aber die Begriffe „Freiheit" und „Bestimmung" eingehender bestimmt werden, bevor man sich auf vergleichende Diskussionen einlässt. Im Rahmen dieses Lehrbuchs wird die Möglichkeit von Freiheit trotz neurophysiologischer Determinierung vorausgesetzt, zumal ja die bereits erwähnten neueren Experimente der Neurophysiologie die Libet-Versuche relativieren.
68   Besonders zu erwähnen: Erich Fromm, 2014.
69   S. G. Harris zit. n. Bate, 1997, S. 109.
70   Vgl. hierzu die Ausführungen von Schmidt-Salomon über den „autoritären Charakter" von Eichmann, der im Sinne von Erich Fromm sich „als bedeutungsloses Rädchen im System" und als ein „von ‚höheren Mächten' gelenkter Automat" ansah. Solche autoritären Charaktere sind eine Mischung aus „sadistischen und masochistischen Bestrebungen", andere zu unterwerfen, sich zugleich aber auch Autoritäten zu unterwerfen, also eine Mischung aus „Willen zur Macht" und „Willen zur Ohnmacht" darstellen. (2015, S. 150 ff; vgl. Fromm, 2014, S. 171 f.) Es liegt auf der Hand, dass solche Verhaltensweisen auch in stark hierarchisch und autoritär geführten Unternehmen vorkommen – nach dem Motto „Nach oben buckeln, nach unten treten!".
71   Welzer, 2013, S. 105, 113.
72   Welzer, 2013; 2014.
73   Paulhus/Williams, 2002, 556 ff; vgl. Furtner/Baldegger, 2013, S. 26 ff.
74   Vgl. Stepputtis, 2012.
75   De Bono, 1989.

Tugendethik – was zu ethischem Handeln befähigt

6

ÜBERBLICK

Lernziele

Der Leser

- begreift die Rolle, die der Charakter eines Menschen in seiner ethischen Haltung spielt,
- versteht den Begriff der Tugend,
- ist in der Lage, Tugenden selbstständig einzuüben,
- erfasst den Unterschied zwischen einer tugendhaften und lasterhaften Unternehmenskultur,
- vermag einen Beitrag zur Entwicklung einer tugendhaften Unternehmenskultur zu leisten.

Ob der Mensch überhaupt zu ethischem Handeln erzogen werden kann, ob also z. B. der Besuch eines Ethikseminars sinnvoll ist, hängt von der Frage nach der Beeinflussbarkeit des Menschen in Richtung ethischen Handelns ab. Die meisten Philosophen gehen davon aus, dass sich der Mensch und mit ihm auch seine Organisationen ethisches Verhalten und Handeln aneignen können. Einer der Begründer der abendländischen Ethik, Aristoteles (384–322 v. Chr.), geht davon aus, dass der menschliche Charakter sich tatsächlich zum Positiven verändern kann, indem der Mensch seine in ihm angelegten Tugenden entwickelt. Erst dadurch sei er befähigt, ethische Verantwortung überhaupt wahrzunehmen.

6.1   Situation und Fähigkeit

Das Können des Menschen bezüglich verantwortlichen Handelns

Inwieweit ein Mensch Verantwortung wahrzunehmen in der Lage ist, hängt wesentlich von seinem Können, sprich: den ihm zur Verfügung stehenden Freiheitsgraden ab. Diese werden ebenso von äußeren Umständen wie von seinen inneren Einstellungen und seinem Charakter bestimmt, also von seiner Situation wie von seinen Fähigkeiten. Der Spielraum für ethisches Können hängt somit von den physischen Gegebenheiten, den vorhandenen sozialen Zwängen sowie von der psychischen und geistigen Verfasstheit des Einzelnen ab. Auch der mögliche Aktionsradius ganzer Unternehmen hängt von dessen Umfeld und branchen- und kulturspezifischen Fähigkeiten ab. Demzufolge ist auch die Fähigkeit zur Übernahme von Verantwortung jeweils verschieden. Nicht alle Menschen/Unternehmen können gleich verantwortungsvoll handeln, eben weil sie unterschiedliche Fähigkeiten mitbringen und in unterschiedlichen Situationen leben.

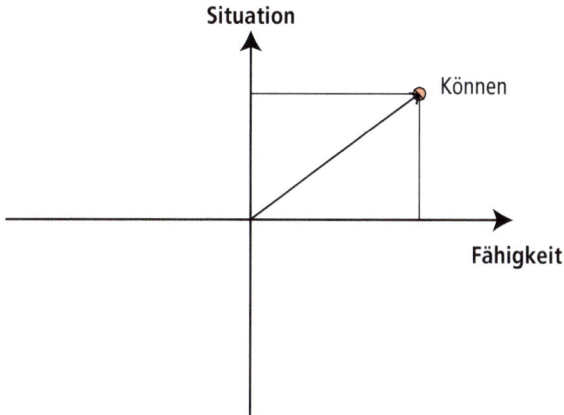

Abbildung 6.1: Das Können zwischen Situation und Fähigkeit

Das Können der Menschen oder Firmen hat unterschiedliche Freiheits- grade zum ethischen Handeln, weil sie einen unterschiedlichen Charak- ter mit unterschiedlichen *Fähigkeiten* haben:

Abhängig von Fähigkeiten

- Nicht jeder hat die Fähigkeit, Hilfstätigkeiten in der Größenordnung in Gang zu setzen, wie das etwa Albert Schweitzer getan hat.

- Der eine hat die innere Stärke als Zwangsarbeiter zu überleben, der andere nicht.

- Die einen haben die moralische Stärke einer Mutter Teresa, die ande- ren fühlen sich primär als Eltern nur für ihre Kinder verantwortlich.

- Ein Versicherer kann mit weniger Aufwand Umweltstandards einhal- ten als ein Chemieunternehmen.

- Je nach Branche sind die einen Firmen angewiesen auf seltene Res- sourcen der Natur, die anderen nicht, weil sie reine Dienstleister sind.

- Die einen Produkte sind ohne negative Nebenwirkungen, die anderen wie z. B. Medikamente mit großen Risiken verbunden.

- Auch umgekehrt im Umgang mit Kunden: Der eine ist leichtgläubig, der andere extrem skeptisch. Soll ich also jenen über den Tisch ziehen und diesen meiden?

Das Können der Menschen oder Firmen hat unterschiedliche Freiheits- grade zum ethischen Handeln, weil sie sich in unterschiedlichen *Situa- tionen* befinden:

Abhängig von Situationen

- Ein Millionär kann mehr spenden als ein armer Schlucker.

- In einer Diktatur ist es schwieriger eigenverantwortlich zu handeln als in einer freiheitlichen Demokratie.

- Je nach Hierarchiestufe vermag ein Manager mehr oder weniger eigene Entscheidungen zu verantworten (Organisations-, Gruppenzwang).

- Die kulturellen Unterschiede von Kunden in Fernost verglichen mit Europa zwingen Unternehmen ihre Produkte daran anzupassen (z. B. kein Schweinefleisch in islamischen Ländern, kein Rind in Indien etc.).

- In Krisensituationen sollten andere Führungsstile zum Einsatz kommen als unter normalen Umständen.

- Ein Middle-Manager hat normalerweise weniger Überblick über die Gesamtsituation eines Unternehmens als ein Top-Manager.

Beeinflussbarkeit durch Tugendethik

Die Verantwortungs- bzw. Ethikfähigkeit des handelnden Subjekts kann, wie gesagt, durch die Tugendethik gestärkt werden. Erst dadurch kann es überhaupt ein glückliches und erfolgreiches Leben führen. Aristoteles ging davon aus, dass Affekte, triebgebundenes Verhalten und Laster das Auskommen miteinander zwar empfindlich stören, dass sie sich aber durch Tugenden unter Kontrolle halten lassen. So kann jeder sein Handeln in unterschiedlichen Graden unter die Führung bestimmter Tugenden wie Mut, Besonnenheit, Gerechtigkeit oder Weisheit stellen und seine innere Haltung und damit auch seinen Charakter stärken. Auch Unternehmen können eine tugend- oder lasterhafte Kultur verwirklichen und damit ethisches Handeln der Belegschaft fördern oder behindern.

6.2 Was sind Tugenden?

Die griechische Wurzel: Arete

Der Begriff der Tugend ist die deutsche Übersetzung des griechischen Wortes *arete* (im Superlativ griechisch: *aristos* = der Beste) und meint eigentlich „Gutsein", das nicht nur Menschen, sondern auch Tieren, Körperorganen und Gegenständen zugeschrieben wird. Platon zufolge verhilft die Arete zum Glück. Bei Aristoteles wird mit dem Begriff der Tugend allgemein die Tauglichkeit oder Tüchtigkeit einer Person, dessen Denken, Handeln und Produkte beschrieben, wenn sie ein gutes Ziel (griechisch: *télos*) treffen.[1] So ist der Mensch tugendhaft, wenn er ein gutes Leben als Familienmitglied, Bürger, Soldat, Handwerker oder Philosoph führt, also seine vielfältigen Rollen (Funktionen) gut, sprich: weise, gerecht, klug, besonnen usw. erfüllt.

Tugenden = Tüchtigkeit, Tauglichkeit, gute Eigenschaft

Der deutsche Tugendbegriff stammt ursprünglich aus dem althochdeutschen „tugan", was so viel wie „Tauglichkeit" und „Brauchbarkeit", aber später auch „Tüchtigkeit", „Kraft", „gute Eigenschaft" meint. So ist ein Gegenstand wie z. B. ein Messer tauglich, wenn es gut schneidet. Oder eine Uhr ist tauglich (tüchtig), wenn sie die genaue Zeit angibt, ansonsten würde sie ihre Funktion nicht erfüllen. Tugenden beziehen sich also nicht nur auf ethische, sondern auch auf funktionale und geistige Fähigkeiten.

Das englische Wort für Tugend lautet *virtue*. Es stammt vom lateinischen *virtus* ab, was wörtlich „Mannhaftigkeit" (von lat. *vir* = Mann) bedeutet, also alle hochgehaltenen Fähigkeiten umfasst, die einen vorbildlichen Mann auszeichnen.[2]

Der Tugendbegriff hat somit ursprünglich nichts mit den negativen Assoziationen zu tun, die er oft in der zweiten Hälfte des zwanzigsten Jahrhunderts auslöste: Der „Tugendbold", der sich mustergültig verhält, der eher passiv an die bürgerliche Ordnung angepasst ist und sich gerade nicht durch eine besondere Kraft auszeichnet, die ihn aus der Normalität zum Vorbild erhebt.[3] Der Tugendhafte findet für anstehende Probleme Lösungen, die möglichst vielen dienlich sind.

Generell sind Tugenden Kräfte im Menschen, die zu zweckgerichteten Verhaltens- und Handlungsweisen führen. Sie sind vergleichbar mit den Muskeln im menschlichen Körper, die bestimmte Bewegungsformen und damit Tugenden der Körperbeherrschung etwa im Sport ermöglichen. Als „Muskeln des Verhaltens" fördern sie gewünschte Verhaltensformen. Tugenden befähigen einen Menschen, bestimmte gewollte Ziele auf möglichst kurzem Weg zu erreichen und Ablenkungen zu vermeiden. Tugenden gibt es also nicht nur im Hinblick auf ethische Ziele, sondern auch für alle anderen Ziele – zum Beispiel solche in der Wirtschaft, Technik, Politik oder Ökologie. Sie bezwecken, das Gute für jeden Bereich zu tun. Beispielsweise können die Tugenden des Fleißes und der Arbeitsamkeit, der Sparsamkeit, Ordnungsliebe usw. dem guten Geschäftsleben dienen und solche des Mitgefühls, Respekts, der Dankbarkeit usw. dem guten Auskommen miteinander.[4]

> Tugenden zielen auf das Gute

Aristoteles ist der Auffassung, dass Tugenden durch Gewöhnung und Übung, aber auch durch Nachahmen von Vorbildern und Einsicht erlangt werden können. Sie führen zu einer inneren Haltung und Stärke, wobei er auch natürliche Anlagen dazu voraussetzt.[5] Ähnlich wie jeder Mensch die gleiche Anzahl Muskeln hat, aber längst nicht alle wie ein Athlet durchtrainiert hat, so sind auch die Tugenden der Anlage nach in jedem vorhanden, müssen aber durch Übung ausgebildet werden, damit sie zum Tragen kommen können.

Bei dieser Haltung handelt es sich um die „Verfassung eines Menschen", das Gute zu tun. Tugenden kann man daher durchaus als „gute Eigenschaften" bezeichnen. Sie werden einer Person als „Verdienst" angerechnet, während ihr Laster oder Untugenden „zum Vorwurf" gemacht werden können, eben weil sie anderen zur Last fallen. Typisch für belastende Verhaltensweisen sind Reaktionen eines Managers, der wegen jeder kleinen Verfehlung seine Mitarbeiter verbal attackiert oder umgekehrt deren Leistungen keines Blickes würdigt.

> Verantwortlichsein für Tugendbildung

Ethische Tugenden bringen den handelnden Menschen dazu, seine Egoismen, Affekte und Triebe zu kontrollieren. Sie erleichtern die richtige Wahl aus einem Spektrum von Verhaltensmöglichkeiten zu treffen, die für die günstigste Bilanz des guten Miteinanderauskommens sorgen.

> Ethische Tugenden

Gemäß Aristoteles ist eine Tugend die goldene Mitte zwischen den Extremen zweier Laster. Hierbei spielen die Affekte (von lateinisch *affectus*: Gefühl, Leidenschaft, Begierde) eine Rolle. Jeder Mensch wird in bestimmten Situationen immer wieder von Gemütserregungen wie Wut, Eifersucht, Neugier, Neid, sinnlicher Lust, Furcht übermannt. Die damit verbundenen Emotionen erfüllen durchaus eine wichtige Funktion für das Überleben. Denn sie lösen eine Kampf- oder Fluchtreaktion aus, manchmal auch eine Lähmung, die der Todesstarre ähnelt. In der zivilisierten Welt sind diese instinktiven Reaktionen meistens nicht mehr angemessen, wenn eine Person permanent im Flucht- oder Kampfmodus agiert. Die damit verbundenen Energien sollten deshalb zu Handlungsentscheidungen umgelenkt werden, die von der menschlichen Vernunft

> Kontrolle des Geistes über die Affekte

kontrolliert werden sollten. Der kluge Mensch erkennt, welche Handlungen dem Glück dienlich sind und welche nicht. Und glücklich ist derjenige, der die Tugenden realisiert.

Damit wird deutlich, dass Tugenden auch deshalb gepflegt werden, weil sie nützlich[6] sind und dem eigenen Glück dienen. Menschen, die sich nicht selbst beherrschen können und ihre Affekte und Begierden ungefiltert zum Ausdruck bringen, haben im Umgang mit anderen größte Schwierigkeiten. Bei der Personalauswahl und -förderung wird daher neben den Fachkenntnissen auch der Charakter des Bewerbers eingeschätzt, inwieweit er sich selbst zu beherrschen weiß, in die Firmenkultur passt, verträglich und kritikfähig ist, überhaupt mit anderen gut auskommt.

Tugend als goldene Mitte zwischen zwei Lastern

Aristoteles hat erkannt, dass es im Umgang mit den Affekten darauf ankommt, weder zu viel noch zu wenig von ihnen zuzulassen. Denn wer z. B. jede sinnliche Lust hemmungslos genießt, wird zügellos, wer sie vollkommen unterdrückt, empfindungslos. Die Tugend der Besonnenheit, Mäßigung oder Selbstbeherrschung[7] wäre die goldene Mitte. Ähnlich beim Affekt der Furcht. Wer vor jeder Gefahr davonläuft, wird feige, wer sich in jede Gefahr stürzt, wird tollkühn. Ein Übermaß ist ebenso wenig lebensförderlich wie ein Mangel. Die goldene Mitte wäre die Tugend der Tapferkeit, die der Furcht den nötigen Raum der Vorsicht, aber auch genügend Freiraum für das Handeln lässt.[8] Nur wer die Mitte zwischen dem Zuviel und Zuwenig eines Affektes trifft, der hat die beste Voraussetzungen für eine glückliche Lebensführung. So gesehen ist die Impulskontrolle der Schlüssel zur Tugendethik.[9] Im Folgenden einige Beispiele:

- *Tapferkeit/Mut* ist die Mitte zwischen Tollkühnheit und Feigheit.
- *Freigiebigkeit* ist die Mitte zwischen Geiz und Verschwendung.
- *Besonnenheit* ist die Mitte zwischen Stumpfsinnigkeit und Zügellosigkeit.
- *Weisheit* ist die Mitte zwischen Dummheit und Überheblichkeit.

Individuelle Ausprägung einer Tugend

Die goldene Mitte reicht aber nicht aus, um zu wissen, inwieweit ein Einzelner in einer bestimmten Situation mit seinen individuellen Fähigkeiten z. B. seinen Mut unter Beweis stellen kann. Der jeweilige Charakter (von griech. *charaktér* = Prägung), der Aristoteles zufolge durch „Gewöhnung"[10] entsteht, bestimmt, wie weit jemand seinen Mut unter Beweis stellen kann. Der erforderliche Mut, einen Überfallenen aus den Händen des Täters zu befreien, hängt vom jeweiligen Können des Befreiers ab. Es dürfte bei einem für solche Einsätze kaum trainierten Menschen viel niedriger ausfallen als bei einem Soldaten, Polizisten oder gar Kampfsportmeister. Letzterer muss seinen Mut anders unter Beweis stellen als jener. Auch ist die jeweilige Ausprägung des Zuviel (Tollkühnheit) oder Zuwenig an Mut (Feigheit) unterschiedlich, wie ▶ Abbildung 6.2 andeutet.

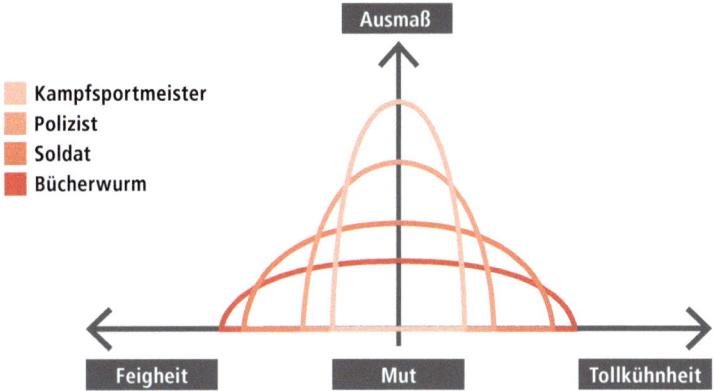

Abbildung 6.2: Ausmaß von Mut gemäß Können
Quelle: in Anlehnung an Schüz, 2013a, S. 44.

Tugenden in Unternehmen

Man kann die situations- und fähigkeitsbedingten Tugenden auch auf Unternehmen übertragen. Der Mut eines Unternehmens, sich etwa ökologisch zu engagieren, hängt in erheblichem Maße auch von der Branche (Situation) ab. Ein Versicherungsunternehmen oder eine Naturschutzorganisation haben es leichter, sich für den Umweltschutz einzusetzen, als ein Kernkraftwerk. Innerhalb einer Branche jedoch unterscheiden sich die Unternehmen in ihrer Fähigkeit darin, ob sie mehr feige oder gar tollkühn agieren oder die goldene Mitte zwischen diesen beiden Extremen treffen. In diesem Fall werden sie als „Best Practice" zum Vorbild für die anderen Unternehmen ihrer Branche. Im Beispiel von Kernkraftwerken in ▶ Abbildung 6.3 ist Kraftwerk A wegen seines fehlenden Mutes, in den Umweltschutz zu investieren, als „feige" einzustufen, während Kraftwerk B wegen der vorhandenen Risiken seinen Betrieb ganz einstellt und somit als „tollkühn" einzustufen ist. Nur Kraftwerk C trifft die goldene Mitte zwischen den beiden Extremen.

Tugendhafte Unternehmen = Best Practice

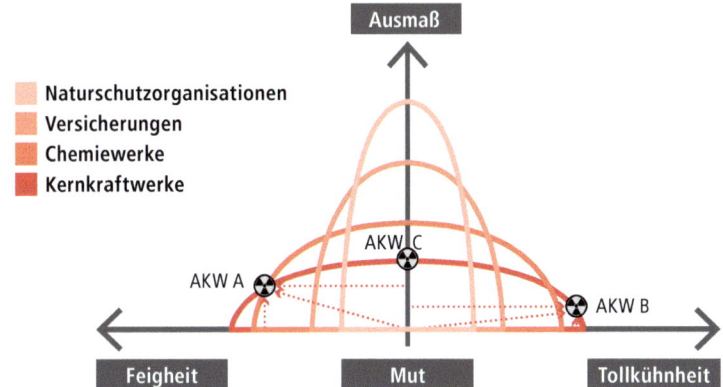

Abbildung 6.3: Mut zur Ökologie in verschiedenen Branchen
Quelle: Schüz, 2013a, S. 44.

Bestimmung der Branchenbesten

Dass gerade für Unternehmen das Treffen der goldenen Mitte immer mehr an Bedeutung gewinnt, sieht man in dem Bemühen vieler Unternehmen, am Markt als „Best Practice" wahrgenommen zu werden. Ratingagenturen wie RobecoSAM oder Oekom zielen ja darauf ab, die Besten einer Branche zu bestimmen, um sie etwa – wie dies Erstere tut – für die Aufnahme in den Dow Jones Sustainability Index zu empfehlen. Letzterer gibt an, wo ein Unternehmen im Vergleich zur Konkurrenz in den Bereichen ökonomischer, sozialer und ökologischer Verantwortung steht, wie das Beispiel in ▶ Abbildung 6.4 zeigt.

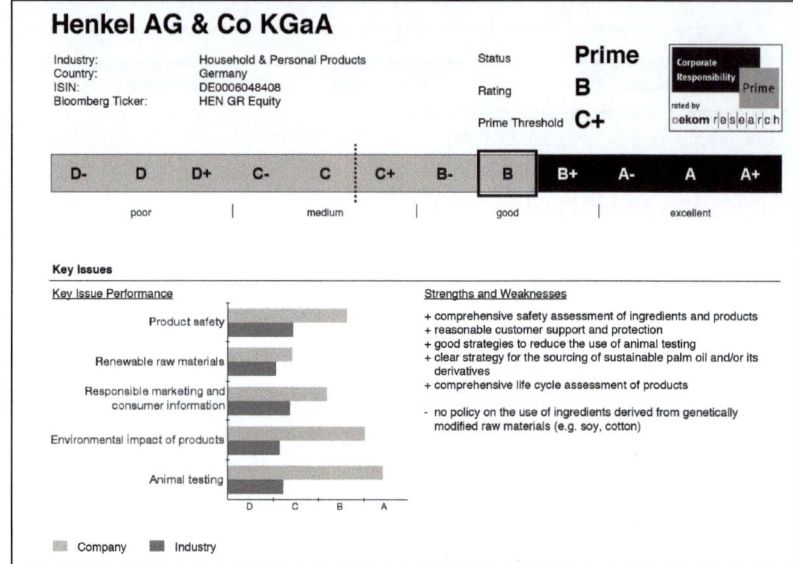

Abbildung 6.4: Oekom-Rating von Henkel AG & Co KGaA
Quelle: *http://www.oekom-research.com/index.php?content=corporate-rating*

Exkurs: Global Reporting Initiative

Um überhaupt eine Vergleichbarkeit von Firmenaktivitäten zur nachhaltigen Unternehmensverantwortung sicherzustellen, wurde 1997 in Boston die „Global Reporting Initiative" (GRI) ins Leben gerufen, um eine verbindliche Struktur für eine nachhaltige Berichterstattung von Organisationen aller Art zur Verfügung zu stellen. Bereits 93 % der 250 größten Firmen der Welt berichten über ihre ökonomischen, sozialen und ökologischen Aktivitäten und Ergebnisse nach den Vorgaben von GRI.[11] Inzwischen wurde die vierte Version (G4) entwickelt, die folgende Themenbereiche zum Inhalt der Berichterstattung vorschlägt:

Ökonomische Aspekte	Ökologische Aspekte	Soziale Aspekte
Ökonomische Leistung	Material	Menschenwürdige Arbeitspraktiken ■ Arbeitseinsatz ■ Verhältnis zum Auftraggeber ■ Gesundheit und Sicherheit ■ Training und Ausbildung ■ Diversität und Chancengleicheit ■ Gleiche Entlohung für Mann und Frau ■ Lieferantenbeurteilung nach Beschäftigungspraktiken ■ Beschwerdemanagement für Arbeitspraktiken
Marktpräsenz	Energie	Menschenrechte ■ Investment ■ Diskriminierungsverbot ■ Vereinigungs- und Versammlungsfreiheit ■ Kinderarbeit ■ Zwangsarbeit ■ Sicherheitspraktiken ■ Rechte der indigenen Bevölkerung ■ Evaluierung ■ Menschenrechtssituation beim Lieferanten ■ Beschwerdemanagement bezüglich Menschenrechte
Indirekter Markteinfluss	Wasser	Gesellschaft ■ Örtliche Gemeinden ■ Korruptionsbekämpfung ■ Öffentliche Ordnung ■ Wettbewerbswidriges Verhalten ■ Compliance ■ Lieferantenbeurteilung bezüglich Gesellschaftseinfluss ■ Beschwerdemanagement bezüglich Gesellschaftseinflüsse
Beschaffungspraktiken	Biodiversität	Produktverantwortung ■ Sicherheit und Gesundheit der Kunden ■ Kennzeichnung der Produkte und Dienstleistungen ■ Marketing-Kommunikation ■ Datenschutz und Privatsphäre des Kunden ■ Compliance
	Emissionen	
	Abwasser und Abfall	
	Produkte und Dienstleistungen	
	Compliance	
	Transport	

Tabelle 6.1: Kategorien und Themen für Berichterstattung gemäß GRI
Quelle: übersetzt aus GRI, 2016, S. 9.

Ökonomische Aspekte	Ökologische Aspekte	Soziale Aspekte
	Allgemein	
	Ökologische Liefe-rantenbeurteilung	
	Umweltbeschwer-den	
	Beschwerdemanage-mentverfahren	

Tabelle 7.1: Kategorien und Themen für Berichterstattung gemäß GRI *(Forts.)*
Quelle: übersetzt aus GRI, 2016, S. 9.

Die standardisierte Berichterstattung ermöglicht Stakeholdern, die Leistungen einer Firma in Bezug auf nachhaltige Verantwortung mit anderen zu vergleichen sowie Verbesserungen und Verringerung von Schwachpunkten im Laufe der Zeit festzustellen. Dies erhöht die Vergleichbarkeit, Genauigkeit, Entwicklung, Klarheit und Zuverlässigkeit der Berichterstattung von Organisationen und erleichtert damit auch, die innerhalb einer Branche am besten praktizierende Unternehmung zu identifizieren.

Psychologische Typen mit unterschiedlichen Tugendprofilen

Neben den erworbenen Fähigkeiten, die man einüben oder an die man sich gewöhnen kann, unterscheidet Aristoteles noch verschiedene Charaktertypen: den Theoretiker (Kopfmensch), Praktiker (Herzmensch) und Genießer (Bauchmensch). Diese zeigen bestimmte angeborene Grundneigungen eines Menschen auf, die allerdings selten in Reinform auftreten und ein ganzes Leben hindurch bestehen bleiben. Sie schließen sich auch nicht aus. Die Typen zeigen nur gewisse Dominanzen an, aber auch, was ein Mensch primär von der Welt und seinen Mitmenschen erwartet und wie er auf sie zugeht.

C. G. Jungs Typologie und MBTI

Heute ist die Typologie Carl Gustav Jungs sehr verbreitet. Über den sogenannten MBTI-Test (nach Myers-Briggs) hat sie Eingang in die Wirtschaftswelt gefunden. Millionen Führungskräfte haben diesen Test weltweit bereits durchgeführt und so eine Einschätzung ihres psychologischen Typs im Vergleich zu anderen gewonnen. Das Ergebnis zeigt ihnen an, ob sie mehr Denk-, Fühl-, Intuitions- oder Wahrnehmungstyp mit extra- oder introvertiertem Verhalten sind. Jeder dieser Typen hat bestimmte Stärken, aber auch Schwächen im Lösen von Problemen, deshalb ist es von Vorteil, gerade bei Teamarbeit auf eine gesunde Mischung der Typen zu achten. Sie können sich dann im Idealfall wechselseitig ergänzen.[12]

Je nach Typ unterschiedliche Tugendprofile

Verschiedene Typen bilden unterschiedliche Kombinationen von Tugenden aus. Mit der differenzierten Analyse von Typen werden somit auch verschiedene Tugendprofile identifiziert. Der Theoretiker beispielsweise wird womöglich eher Tugenden wie Ehrlichkeit, Ausdauer, Weisheit, Weitsicht und Idealismus entwickeln, während der Praktiker mehr

Tugenden wie Beharrlichkeit, Entschlossenheit, Mut, Flexibilität, Hingabe und Verantwortlichkeit und der Genießer vielleicht Tugenden wie Begeisterung, Selbstdisziplin, Mäßigung und Freude entwickeln wird.

6.3 Trainingsprogramm zur Tugendbildung

Wie schon Aristoteles feststellte, lassen sich Tugenden „einüben", heute würde man „trainieren" sagen. Wenn man sie als Muskeln des Verhaltens ansieht, so kann man davon ausgehen, dass sie zwar im Ansatz vorhanden, aber wie die Muskeln im Körper erst durch permanenten Einsatz entwickelt werden müssen. Im Unterschied zu sozialen Werten, die erst im Rahmen einer Gesellschaft entstehen, gehen viele davon aus, dass Tugenden angeboren sind und so lange brachliegen, wie man sie nicht benutzt.

Einübbarkeit der Tugenden

Tugenden können durch immer ähnliche Handlungsweisen erworben werden, sodass man sich daran gewöhnt und sie so zur Gewohnheit werden. Durch diesen aktiven Beitrag hat es der Mensch also selbst in der Hand, sprich: ist er „verantwortlich" dafür, ob er ein tugendhaftes Verhalten und Handeln entwickelt oder nicht.[13] Um sie trainieren zu können, sollte man allerdings zuerst wissen, welche Tugenden man bisher überhaupt identifiziert hat und was sie bewirken.

Gewohnheit

Es gibt zahlreiche Versuche, „Tugendsysteme", also Zusammenstellungen von Tugenden, sogenannte Tugendkataloge zu erstellen.[14] Platon kennt vier Kardinaltugenden, während sein Schüler Aristoteles, bereits über 50 beschrieben hat. In der heutigen Zeit hat zum Beispiel Silvia Schlager, die in Wien eine „Werteakademie" gegründet hat und erfolgreich verschiedene Trainingsprogramme für die Wirtschaft anbietet, einen Katalog von 80 verschiedenen „Handlungswerten" aufgestellt.

Tugendsysteme

80 „Handlungswerte" (Tugenden) nach Silvia Schlager (Eutonia Wertemanagement)			
Achtsamkeit	Fairness	Hoffnung	Pflichtgefühl
Altruismus	Fleiß	Humor	Respekt
Akzeptanz	Flexibilität	Idealismus	Rücksichtnahme
Anständigkeit	Freiheit	Inspiration	Sanftmut
Aufrichtigkeit	Freude	Integrität	Selbstdisziplin
Ausgeglichenheit	Frieden	Intuition	Solidarität
Authentizität	Geben	Klugheit	Sparsamkeit
Begeisterung	Geduld	Lebendigkeit	Standfestigkeit
Beharrlichkeit	Gelassenheit	Leichtigkeit	Teilen
Bescheidenheit	Genauigkeit	Liebe	Toleranz
Besonnenheit	Gerechtigkeit	Liebenswürdigkeit	Unabhängigkeit
Beständigkeit	Gewissenhaftigkeit	Loslassen	Unbestechlichkeit

Tabelle 6.2: Tugendkatalog („Handlungswerte") von Eutonia Wertemanagement
Quelle: nach Silvia Schlager, 2007, S. 191.

80 „Handlungswerte" (Tugenden) nach Silvia Schlager (Eutonia Wertemanagement)			
Dankbarkeit	Gewaltlosigkeit	Loyalität	Unparteilichkeit
Demut	Glaube	Mäßigung	Verantwortlichkeit
Ehrlichkeit	Glaubwürdigkeit	Mitgefühl	Verlässlichkeit
Einfühlungsvermögen	Großzügigkeit	Mut	Vertrauen
Einsatzbereitschaft	Güte	Nächstenliebe	Verzeihen
Enthaltsamkeit	Harmonie	Offenheit	Weisheit
Entscheidungskraft	Hilfsbereitschaft	Ordnung	Weitsicht
Entschlossenheit	Hingabe	Partnerschaftlichkeit	Würde

Tabelle 6.2: Tugendkatalog („Handlungswerte") von Eutonia Wertemanagement *(Forts.)*
Quelle: nach Silvia Schlager, 2007, S. 191.

Trainingsprogramm von Silvia Schlager

Schlager hat nun als Grundlage ihres Trainingsprogramms zu jedem ihrer Handlungswerte Ratingskalen von 0 bis 100 % hinzugefügt, sodass man die Ausprägung derselben individuell, abteilungsweise oder gar unternehmensweit feststellen kann. Dies kann in Form einer Selbst- oder Fremdeinschätzung geschehen. Das Ergebnis dient dazu, einmal grob einzuschätzen, welche Handlungswerte bzw. Tugenden stark oder kaum ausgeprägt sind. Dadurch werden bestimmte Tugendprofile deutlich. Man kann auch sagen, dass mittels solcher Skalen der Charakter, also die Prägung bzw. das Profil, eines Menschen oder eines Unternehmens nachgezeichnet und gezielt weiterentwickelt werden kann.

Abbildung 6.5: Ratingskalen zur Charakterisierung von Individuen und Unternehmen
Quelle: Silvia Schlager, 2007, S. 138.

Die Abbildung „Ratingskalen" finden Sie auf der Website *www.pearson-studium.de* unter Online Extras.

Silvia Schlager definiert jeden dieser Handlungswerte und illustriert konkrete Lebenssituationen, in denen die Tugend fehlt. Zudem hat sie jede Definition ihrer Handlungswerte auf Spielkarten drucken lassen. „Integrität", die in vielen Unternehmen[15] immer mehr als wichtigste Tugend Mitarbeitern ans Herz gelegt wird, ist für sie „die Fähigkeit, absolut vertrauenswürdig zu handeln und unbescholten sowie unbestechlich zu bleiben. Je mehr Integrität gelebt wird, desto sicherer kann man sich sein, dass eine Person auch wirklich zu dem steht, was sie sagt, und desto klarer wird echte Charakterstärke erkennbar."[16]

Wie Silvia Schlager hat auch das international aufgestellte „The Virtues Project™" aus Kanada Tugenden definiert und als Grundlage zur Verfeinerung wichtiger „Charaktereigenschaften" auf ansprechend gestalteten „Tugendkarten" abgebildet. Das Projekt führt sogar 100 Tugenden mit Handlungsanweisungen und Zitaten aus der Weltliteratur auf.

Das Tugendprojekt

100 Tugendkarten zum Nachdenken von Popov et al. (The Virtues Project™)

Achtsamkeit	Fleiß	Liebe	Stärke
Akzeptanz	Flexibilität	Loslösung	Staunen
Anerkennung	Freude	Loyalität	Taktgefühl
Aufmerksamkeit	Freundlichkeit	Mäßigung	Toleranz
Aufrichtigkeit	Friedfertigkeit	Menschlichkeit	Treue
Ausdauer	Fröhlichkeit	Mitgefühl	Unabhängigkeit
Barmherzigkeit	Fürsorglichkeit	Mut	Verantwortlichkeit
Begeisterung	Gebetshaltung	Offenheit	Verantwortung
Beharrlichkeit	Geduld	Opferbereitschaft	Verbindlichkeit
Belastbarkeit	Gelassenheit	Optimismus	Vergebung
Bescheidenheit	Gerechtigkeit	Ordnung	Verlässlichkeit
Dankbarkeit	Gewissheit	Rechtschaffenheit	Verstehen
Demut	Glaube	Redlichkeit	Vertrauen
Dienstbarkeit	Gnade & Anmut	Reinheit	Vertrauenswürdigkeit
Durchhaltevermögen	Großzügigkeit	Reinlichkeit	Vortrefflichkeit
Ehre	Güte	Respekt	Wahrhaftigkeit
Ehrerbietung	Hilfsbereitschaft	Rücksichtnahme	Wahrnehmungsvermögen
Ehrfurcht	Hingabe	Sanftmut	Weisheit
Ehrlichkeit	Hoffnung	Schlichtheit	Wertschätzung
Einfühlungsvermögen	Höflichkeit	Schönheit	Wohltätigkeit
Einheit	Idealismus	Seelenadel	Würde
Einsicht	Initiative	Seelenstärke	Zielstrebigkeit
Enthusiasmus	Integrität	Selbstbewusstsein	Zufriedenheit
Entschlossenheit	Kreativität	Selbstdisziplin	Zusammenarbeit
Fairness	Langmut	Standhaftigkeit	Zuversicht

Tabelle 6.3: Tugendkatalog von The Virtues Project™
Quelle: nach Popov et al., 2006.

Tugend der Integrität

Die Tugend der Integrität wird folgendermaßen dargestellt:

Integrität

Integrität ist die Haltung, den eigenen Idealen treu zu bleiben und seinen innersten Wertvorstellungen gemäß zu leben. Unsere Handlungen decken sich mit unseren Worten. Ein integrer Mensch strebt danach, sein Leben wahrhaftig zu führen und sich für das als richtig Erkannte einzusetzen. Wir übernehmen Verantwortung und achten stets auf das Wohlergehen der Menschheit. Wir nehmen die Herausforderung an, unter allen Umständen nach höchsten Prinzipien zu handeln. Unser Gewissen wirkt dabei wie ein Kompass, der uns auf dem Weg der Tugenden führt. Integrität hilft uns, unser wahres Wesen zu erkennen und zum Ausdruck zu bringen.

The Virtues Project™

„Lass deine Taten sein wie deine Worte und deine Worte wie dein Herz."
JOHANN CASPAR LAVATER

Sich in Integrität üben

Ich lebe meine Ideale.
Ich bleibe meinen guten Charaktereigenschaften treu.
Ich achte auf das Wohlergehen der Menschheit.
Ich habe Weitsicht und schätze die Folgen meines Tuns ab.
Ich strebe danach, das Richtige zu tun.
Ich folge der inneren Stimme meines Herzens.

Ich bin dankbar für die Haltung der Integrität. Sie hilft mir, mir selbst treu zu bleiben.

© Virtues Project Austria

Abbildung 6.6: Vorder- und Rückseite der Tugendkarte „Integrität"
Quelle: Popov et al., 2006.

Solche Tugendkarten lassen sich nun auf unterschiedlichste Weise anwenden. Sie dienen der Sensibilisierung und Bewusstmachung von bestimmten Verhaltensweisen, die in verschiedenen Situationen und Zielsetzungen eingesetzt werden können.

Anwendungs-
möglichkeiten

Man kann beispielsweise eine beliebige Karte auswählen und zur „Tugend des Tages, der Woche, des Monats" erklären. Diese Karte dient dann gewissermaßen als Suchmuster dafür, seinen Geist auf Situationen zu lenken, in denen solche Tugenden gefragt sind. Das kann zum Beispiel während eines Meetings sein, in dem verschiedene Handlungspartner unterschiedliche Positionen vertreten. So kann zum Beispiel die Anwendung der Tugenden „Vertrauenswürdigkeit" oder „Respekt" starre Fronten aufbrechen.

Spiegelneuronen

Dabei sollte man auch die neueren Erkenntnisse der Neurophysiologie berücksichtigen. Ihr zufolge hat das Gehirn die Fähigkeit, wahrgenommenes Verhalten zu spiegeln. Giacomo Rizzolatti entdeckte 1992 diese sogenannten Spiegelneuronen bereits bei Hirnscans von Makaken beim Gefüttertwerden und beim Beobachten durch einen Artgenossen. 2010 wurde das Phänomen schließlich auch bei Menschen festgestellt.[17] Auf den Menschen übertragen bedeutet dies zum Beispiel, dass der Beobachter etwa eines Tänzers ähnliche Hirnaktivitäten aufweist wie dieser. Wir brauchen uns also nicht zu wundern, dass unsere Mitmenschen um uns herum ähnliche Verhaltensweisen, wie wir sie selbst haben, widerspiegeln. Vieles spricht dafür, dass sogar das Erlernen der Muttersprache, eine Höchstleistung der Nachahmung, auf dem Phänomen der Spiegelneuronen basiert.[18]

Kann mit dem Phänomen der Spiegelneuronen auch das Einfühlungsvermögen, die Empathie, erklärt werden? Das behauptet zumindest Jeremy Rifkin in seinem Buch „The Empathic Civilization". Für ihn sind Spiegelneuronen Empathieneuronen *(empathy neurons)*[19]. Daraus folge, dass der Mensch eben nicht primär ein böses, egoistisches und nur auf Selbstinteresse ausgerichtetes Wesen ist, sondern im Gegenteil von Natur aus empathisch ist. Möglicherweise seien „Aggression, Gewalt, egoistisches Verhalten, Habgier" sogar „sekundäre Triebe".[20] Die meisten Fachleute lehnen die Identifikation der Spiegelneuronen mit dem Mitgefühl ab. Ihrer Meinung nach werden die gespiegelten Verhaltensmuster erst in einem zweiten Schritt emotional beurteilt. Sie können durchaus auch „Gegenempathie", also Gefühle der Rache, Konkurrenz oder Genugtuung auslösen. „Je nachdem, wie Betrachter eine Beziehung wahrnehmen, fällt ihre Reaktion auf die Schmerzen eines anderen empathisch, neutral oder sogar gegenempathisch aus."[21] So ist Empathie durchaus kein Reflex. Sie kann „ein- und ausgeschaltet werden", z. B. durch „Kindchenschema, gutes Aussehen, Verwandtschaft, Freundschaft, Ähnlichkeit und gemeinschaftliche Solidarität."[22] Die Chance einer mitfühlenden Reaktion steigt also, je „gemeinschaftlicher" die Beziehung zum anderen ist.[23]

Spiegelung von Empathie?

Vielleicht kann man in der Existenz der Spiegelneuronen einen physiologischen Grund für die Goldene Regel sehen, der zufolge man den anderen so behandeln soll, wie man gerne selbst behandelt werden möchte. Indem ich entsprechend handle, spiegelt sich mein Verhalten in der neuronalen Struktur des Anderen, und es mag sein, dass er dann unbewusst ebenso handelt wie ich. So verstärken sich Verhaltensmuster – seien sie als gut oder auch als böse angesehen. Weil in diesem Sinne das Gehirn die Umwelt widerspiegelt, schließt der Neurophysiologe Niels Birbaumer:

Bezug zur Goldenen Regel?

> „Wer den ganzen Tag über mit bösartigen Menschen zu tun hat, wird am Ende ein Gehirn haben, das wesentlich auf Bösartigkeit gepolt ist. Wer hingegen den ganzen Tag von kommunikativen und netten Menschen umgeben ist, dessen Gehirn wird am Ende auf freundliche Interaktion geeicht sein."[24]

So bewahrheitet sich die alte Weisheit von Euripides, „Der Mensch ist wie sein Umgang", oder wie Johann Wolfgang von Goethe es formulierte: „Sage mir, mit wem du umgehst, so sage ich dir, wer du bist".[25]

6.4 Bedeutung der Unternehmenskultur

Typen von
Unternehmens-
kulturen

Die Entdeckung der 80er-Jahre des vorigen Jahrhunderts, dass auch Unternehmen eine für sie typische Kultur aufweisen und je nachdem unterschiedliche Verhaltens- bzw. Handlungsmuster in Bezug auf ihre Umwelt zeigen, hat eine ganze Generation von Forschern dazu inspiriert herauszufinden, welche Typen von Unternehmenskulturen für welche Organisationsformen am ehesten anzutreffen sind. Eine grobe Einteilung nahmen z. B. John Kotter und James Heskett vor, indem sie Unternehmenskulturen als „offen für Umwelteinflüsse" *(adaptive corporate cultures)* oder als „unempfindlich für Umwelteinflüsse" *(non-adaptive corporate cultures)* einteilten.[26]

Branchenvergleich
vornehmen

Wie oben bereits ausgeführt, prägen und verändern Tugenden das Verhalten auch in Firmen. Sie lassen mehr oder weniger zu, wie stark Laster sich dort ausprägen können. Je nachdem befähigt die Firmenkultur dann den einzelnen Mitarbeiter, mehr Verantwortung zu übernehmen. Der Spielraum dafür ist von Branche zu Branche unterschiedlich. Ein Kernkraftwerk muss mit größeren Folgelasten rechnen als ein Versicherungsunternehmen. Jenes muss einen sicheren Betrieb sowie eine fachgerechte Entsorgung der noch lange strahlenden Abfälle gewährleisten. Demgegenüber produziert ein Versicherer lediglich Papier und belastet den CO_2-Haushalt durch Dienstreisen der Mitarbeiter oder die Beheizung der Büros. Die Tugendethik wird daher nicht von vornherein Branchen ausschließen, sondern unter Hinweis auf die Besten die weniger Guten zu mehr ethischer Verantwortung ermutigen (Orientierung an der Best-Practice).

Unternehmenskultur
prägt
Verantwortungs-
bewusstsein

Wie Verantwortung wahrgenommen wird, hängt wesentlich von der Qualität der Führung oder Leadership ab. Darüber hinaus spielen die Organisation, die Gruppendynamik, Individuen und Kultur des Unternehmens eine wichtige Rolle (s. LOGIK-Schema[27] ▶Abbildung 6.7). Die Unternehmenskultur (z. B. misstrauens- oder vertrauensbasiert) prägt den Charakter der Leadership (z. B. autoritär oder kooperativ), der Organisation (z. B. bürokratisch oder selbstorganisierend), der Gruppendynamik (z. B. unterdrückend oder offen) sowie der Individuen (z. B. angepasst oder selbstbestimmt). Sind die Mitarbeitenden bloße Befehlsempfänger oder tragen sie hohe Eigenverantwortung? Im letzteren Fall werden sie Probleme schneller erkennen und Lösungen selbstständig anstreben. Die Tugendethik des Aristoteles eignet sich hervorragend dazu, in diesen Bereichen das Verantwortungsbewusstsein zu stärken. Die beiden folgenden Grafiken (▶Abbildung 6.7 und ▶Abbildung 6.8) haben einige Aspekte von tugendhaften bzw. lasterhaften LOGIK-Schemata in Unternehmen aufgelistet. Sie können als Hintergrundfolie dienen, um die Tauglichkeit bzw. Untauglichkeit eines Unternehmens im Hinblick auf die Übernahme von Verantwortung zu erfassen.

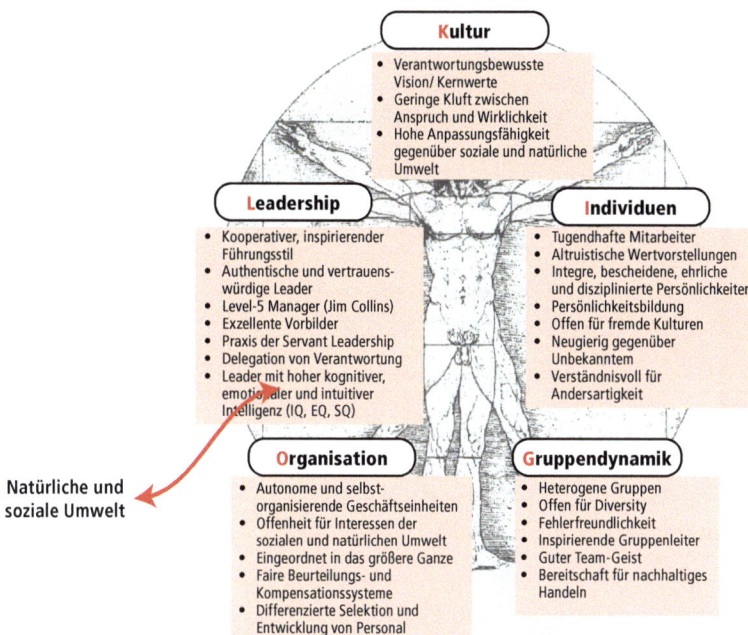

Abbildung 6.7: Tugendhaftes Unternehmen gemäß LOGIK-Schema
Quelle: vgl. Schüz, 1999, S. 186.

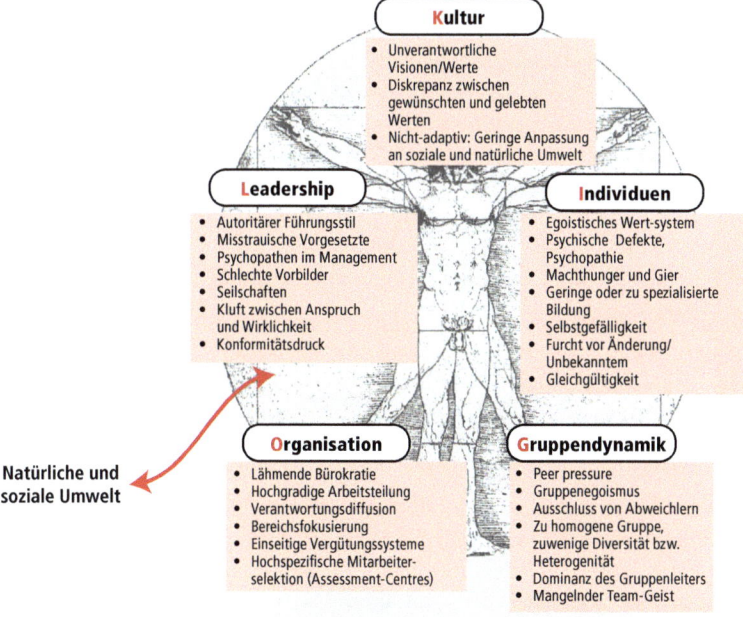

Abbildung 6.8: Lasterhaftes Unternehmen gemäß LOGIK-Schema

Mithilfe der vorigen Ausführungen können wichtige Aspekte der Tugenden einer Organisation in folgenden Schritten analysiert und weiterentwickelt werden:

1. Identifizieren Sie Ihre persönliche und berufliche Vision sowie die dazugehörigen Tugenden und Prinzipen. Füllen Sie dazu die Ratingskalen von Silvia Schlager aus (siehe ▶Abbildung 6.5).

2. Beleuchten Sie die vorhandenen Tugenden bzw. Laster in Ihrem Unternehmen oder Ihrem Team (gemäß LOGIK-Schema). Wie wirken sich diese auf die Beziehung zu Ihren externen wie internen Kunden bzw. Lieferanten im Handel aus?

3. Wo sehen Sie Verbesserungsbedarf?

4. Welche Vision könnten Sie sich für Ihren Bereich vorstellen?

5. Mit welchen Tugenden tragen Sie bereits zur Realisierung dieser Visionen bei und welche fehlen Ihnen noch (persönliche versus unternehmerische Tugenden)?

6.5 Tugendethik als Ergänzung zur Pflichtenethik

Die bisherigen Ausführungen zur Tugendethik haben gezeigt, dass sie erheblich zur Stärkung des Verantwortungsbewusstseins und Befähigung zum verantwortlichen Handeln von Individuen wie Organisationen beiträgt. Sie ist nicht als Alternative zur Pflichtenethik zu verstehen, sondern gemäß unserem methodologischen Prinzip des Perspektivenwechsels als Ergänzung. Während Letztere die Maßstäbe und Rahmenbedingungen, also die Instanzen für verantwortliche Praxis über Werte, Prinzipien, Verhaltenscodes, Normen und Standards[28] definiert, stärkt jene dem handelnden Subjekt den Rücken, eigenverantwortlich situative Probleme zu lösen und dabei die hochgehaltenen Normen im Alltag zu leben. Aktuell werden die beiden Perspektiven unter den Stichworten *Compliance* und *Integrity* diskutiert. Die beiden folgenden Firmenbeispiele zeigen das damit verbundene Spannungsfeld auf.

6.5.1 Kulturwandel bei Levi Strauss

Mangelnde Selbstverantwortung ohne Tugendethik

Die Firma Levi's hatte ursprünglich ein auf *Compliance* basiertes Ethik-Management. Wie der damalige CEO und Miteigentümer von Levi's, Robert Haas, 1994 im Rückblick festhielt, galt es dabei, bei jeder unternehmerischen Aktivität die geltenden Gesetze und firmeninternen Regeln *(code of business ethics)* zu befolgen (englisch: *to comply with*). Die firmeneigene Ethikkommission legte fest, was z. B. bei Einstellung von Personal, Reisen, Bewirtung, Spenden, Geschenken, überhaupt bei

Interessenkonflikten zu beachten ist. Dies führte, wie Haas betonte, zu einer „langen und schwergewichtigen Liste von Do's and Don'ts", die die Belegschaft einzuhalten hatte. Manchmal musste sie wochenlang auf Vorgaben für ihre ungelösten Probleme warten, bis die Kommission eine neue Vorschrift entwickelt hatte. Das erzeugte ein Verhalten, das von Angst vor Sanktionen getrieben war und zu einer Misstrauenskultur führte.[29]

Haas lernte, dass ethisches Verhalten in einer Organisation nicht über abschreckende Maßnahmen erzwungen werden kann. Auch ließen sich nicht alle Eventualitäten, die in der Zukunft eintreten könnten, im Ethikkatalog abbilden. Nachdem die Frustration des Personals über die damit verbundene lähmende Bürokratie und Diffusion ihrer Verantwortung überhandnahm, schaffte das Top-Management das Regelwerk kurzerhand ab. Zusammen mit allen Führungskräften entwickelte Haas eine neue Vision auf der Basis eines werteorientierten Programms *(values-oriented program)*. Es sollte das Compliance-Programm ersetzen. Sechs ethische Werte, in unserer Terminologie: Tugenden, sollten von nun an die Unternehmenskultur bestimmen: Aufrichtigkeit, Einhalten von Versprechen, Fairness, Respekt gegenüber anderen, Mitgefühl und Integrität. Später wurden diese auf vier Tugenden reduziert, die auch heute noch bei Levi's Gültigkeit beanspruchen: Empathie, Originalität, Integrität und Mut.[30]

Dabei ist Levi's davon überzeugt, dass die Prinzipien, auf denen das Geschäftsgebaren beruhe, den Gewinn befördere und durch „unsere Werte" (Tugenden) dem Unternehmen ein „Wettbewerbsvorteil" entstehe:

Corporate Virtues bei Levi's

- Durch „Empathie" gewinne Levi's eine besondere Sensibilität für die „Welt um sie herum". „Wir hören und antworten auf die Bedürfnisse unserer Kunden, Mitarbeiter und anderer Stakeholder".

- Durch „Originalität" würde der „Pioniergeist", der 1873 mit den ersten Bluejeans begonnen hat, alle Aspekte des Levi's-Geschäfts durchdringen, und zwar durch „innovative Produkte und Praktiken".

- Durch „Integrität" würde „das Richtige" durch Mitarbeiter, Marke und Unternehmen gegenüber der gesamten Gesellschaft getan. „Ethisches Handeln und soziale Verantwortung" charakterisiere ihre „Art, Geschäfte zu machen".

- Durch „Mut" könne Levi's „Größe" beweisen. Mut sei der Wille, die Wahrheit zu sprechen und die „Hierarchie" des Managements, die „bisherige Praxis" und „Konventionen" herauszufordern. Er bedeute das Einstehen für die eigenen Überzeugungen und Handeln gemäß den eigenen Glaubensgrundsätzen.

Die einzelnen Abteilungen sollten nun eigenverantwortlich die Tugenden in der jeweiligen Geschäftspolitik zur Anwendung bringen. Sie sollten ihre Geschäftsstrategien und -entscheidungen darauf aufbauen und auf die Interessen der internen und externen Stakeholder ausrichten. Wie die Einkaufsabteilung von Levi's dies umsetzte, gibt folgendes Fallbeispiel wieder.

Abteilungsspezifische Umsetzung

Fallstudie

Corporate Virtues bei Levi's Einkaufsabteilung

Die Einkäufer bei Levi's hatten den Auftrag, ihre Geschäftspolitik gemäß den unternehmensweit zugrunde gelegten Tugenden „Empathie – Sich in andere hineinversetzen können!", „Originalität – Authentisch und innovativ sein!", „Integrität – Die richtigen Dinge tun" und „Mut – Sich für die Unternehmenswerte einsetzen!" auszurichten. Wie würden Sie als Einkäufer bei Levi's den Einsatz von Kinderarbeit bei einem Lieferanten beurteilen? Was würden Sie tun, um sie in Zukunft zu unterbinden?

Zunächst gilt es, sich empathisch in die Lage der Lieferanten, deren Personal und die kritischen Konsumenten (vgl. LOHAS) hineinzuversetzen. Die Empathie verlangt von den Einkäufern das Dilemma der Lieferanten bezüglich Kinderarbeit zu erfassen. Einerseits zwingt die wirtschaftliche Not viele Arbeiterfamilien, auch ihre Kinder arbeiten zu lassen. Andererseits lehnen dies Konsumenten und internationale Prinzipien wie UN Global Compact ab. Um einen gangbaren Weg zwischen diesen widerstreitenden Positionen zu finden, benötigt man Mut und Originalität.

Zu Beginn der 90er-Jahre des vergangenen Jahrhunderts entwickelte eine Gruppe von 15 Mitarbeitern innerhalb von neun Monaten neue umfangreiche Einkaufsrichtlinien (vgl. die neuen „Terms of Engagement"[31]). Ihnen zufolge sollen Lieferanten sicherstellen, dass Kinder ihrer Arbeiter eine Schule besuchen, solange sie noch nicht das Alter von 15 Jahren erreicht haben, während die Firma das dazu nötige Grundeinkommen der betroffenen Familien sicherstellt. Levi's kontrolliert diese Vorgaben sehr strikt und verfolgt in vielerlei Hinsicht eine „Zero-Tolerance"-Politik bei der Ahndung von Vergehen.

Um die Richtlinien zur Anwendung zu bringen, mussten zunächst bei 700 Lieferanten Vor-Ort-Audits durchgeführt werden. Dabei zeigte sich, dass damals sowohl in der Türkei als auch in Bangladesh Kinderarbeit eingesetzt wurde. Nach einem intensiven Dialog stimmten die betroffenen Lieferanten zu, den Kindern weiterhin ihr bisheriges Gehalt zu zahlen, während sie Vollzeit die Schule besuchten. Im Gegenzug zahlte Levi's die Schulgebühren, -bücher und -uniformen. Nach Ende ihrer Schulpflicht wurde ihnen eine Wiederanstellung angeboten.[32]

Die strengen Einkaufsrichtlinien gelten noch heute und wurden 2013 sogar noch detaillierter ausgearbeitet. Dabei kommen fünf verschiedene Beurteilungsmethoden zum Tragen: Vor-Ort-Inspektionen, Interviews mit dem Management, Befragung der Arbeiter, Sammeln von Informationen aus externen Quellen und Überprüfung vorhandener Unterlagen. Jedes Ergebnis wird daraufhin überprüft, ob es eine nicht akzeptable Verletzung der Einkaufsrichtlinien *(Zero Tolerance Violation – ZTV)* darstellt, eine sofortige Korrektur *(Immediate Action Item – IA)* oder eine kontinuierliche Verbesserungsmaßnahme *(Continuous Improvement Item – CI)* verlangt.[33]

Aufgaben:

1. Vergleichen Sie die Einkaufsrichtlinien mit denen anderer Firmen der Textilbranche.

2. Untersuchen Sie die Ratings von Levi's im Vergleich mit anderen Textilfirmen aus der Sicht von Agenturen wie Oekom, RobecoSAM, As-You-Sow und andere.

3. Levi's hatte unter ihrem Chairman Robert D. Haas mehrfach Umsatzeinbrüche trotz seiner hohen ethischen Standards zu verzeichnen.[34] Worauf führen Sie diese zurück? Welche Dimension der Verantwortung wurde vernachlässigt? Wie entwickelt sich Levi's aus ökonomischer Sicht heute?

4. Welche Maßnahmen hat Levi's ergriffen, um ihrer ökologischen Verantwortung heute gerecht zu werden? Analysieren Sie dazu das umfangreiche „Sustainability Guidebook" von Levi Strauss & Co.[35]

Integrität versus Compliance

Levi's lehrte, dass Compliance-Regeln Mitarbeiter entmündigen und bei ihnen eine Kultur des Misstrauens auslösen können. Anstatt Vorschriften blind zu befolgen, sollten Mitarbeiter dazu befähigt werden, ethisch zu handeln. Denn gerade Entscheidungen bei ethischen Dilemmata machen eigenverantwortliches Handeln notwendig. Durch Dialoge lassen sich Mitarbeiter sensibilisieren, ethische Dilemmata selbstständig zu lösen. Dazu müssen sie aber die Tugend der Integrität entwickeln.

Entmündigung oder Eigenverantwortung

Deshalb gehen immer mehr Firmen dazu über, ihren Compliance-Ansatz durch einen „Integrity-Ansatz"[36] zu ergänzen. Integrität wäre demnach eine Tugend, die dazu befähigt, für das einzutreten, was jeder in einer gegebenen Situation für richtig und gut hält, dabei die eigenen Ideale hochzuhalten und gemäß den innersten Wertvorstellungen zu leben. Vereinbarungen und Versprechen werden aus Einsicht eingehalten und nicht aus Angst vor Sanktionen. Während der Compliance-getriebene Akteur mit seinem Auto an der roten Ampel stehen bleibt, weil eine ordentliche Geldbuße droht, hält der integre Fahrer an, weil er die Notwendigkeit für einen sicheren Verkehrsfluss einsieht. Lynn Paine hat bereits 1994 die beiden Ansätze gegenübergestellt (siehe ▶Tabelle 6.4).

Integrität als Verfolgung akzeptierter Ideale

	Compliance	Integrität
Ethos	Einhalten der von außen auferlegten Regeln und Gesetze (Fremdbindung)	Selbststeuerung gemäß akzeptierter Werte und Normen (Selbstbindung)
Ethikansatz	Pflichtenethik, deontologisch	Tugendethik, axiologisch
Ziel	Verhinderung kriminellen Handelns	Ermöglichung eigenverantwortlichen Handelns
Methoden	■ Erziehung, ■ Management, ■ Führen durch Vorschriften und Anordnungen, ■ Erzwingung von Transparenz, ■ Beurteilung der Konformität, ■ Instanzen zur Kontrolle, ■ Sanktionen	■ Bildung, ■ Leadership, ■ Führen durch Vorbild und Werte, ■ Überzeugung zur Berechenbarkeit, ■ Beurteilung der Vertrauenswürdigkeit, ■ Instanzen zur Sensibilisierung ■ Belohnungen
Motive für Verhalten	Vermeiden von Strafen und Verfolgung von Eigeninteressen	Erzielen von Tauschgerechtigkeit, Wahrnehmung gegenseitiger Interessen, glückliches Leben
Größte Reichweite	Autonomes Handeln nach universalen Prinzipien (kategorischer Imperativ) Einhalten der Menschenrechte	Sinnvolles Handeln gemäß Situation und Fähigkeit, Abwägen aller Interessen, Einordnen ins größere Ganze („Erkenne Dich selbst!")

Tabelle 6.4: Unterschiedliche Ethik-Strategien: Compliance und Integrität
Quelle: in Anlehnung an Paine, 1994, S. 176 f.

Komplementarität von Compliance und Integrität

Es sollte deutlich geworden sein, dass beide Ansätze keine Alternativen darstellen, sondern sich wechselseitig ergänzen. Ohne Regeln läuft Integrität ins Leere und ohne Integrität werden Regelwerke zu einem starren Korsett. Die Tugendethik stärkt den Charakter einer Organisation und gibt ihr die nötige Flexibilität auf konkrete Herausforderungen situativ und gemäß vorhandener Ressourcen und Fähigkeiten optimal zu lösen. Unterschiede bei der Implementierung von Compliance bzw. Integrität gibt ▶Tabelle 6.5 wieder.

	Implementierung von Compliance	Implementierung von Integrität
Normen	Rechtliche Rahmenordnung, Verhaltenskodizes	Firmenphilosophie, Vision, Auftrag, ethische Normen
Organisatorische Einheiten	Rechtliche und ethische Compliance-Abteilung, Anwälte	Top-Management, Ausbildungs-, Kommunikations- und Human Capital-Abteilung, externe Coaches
Aktivitäten	■ Entwicklung von Compliance-Standards ■ Trainingsprogramme ■ Kommunikation ■ Schaffung von Transparenz aller Geldflüsse ■ Überwachung ■ Verfolgung und Sanktionierung von Fehlverhalten ■ Audits	■ Gemeinsame Entwicklung und Formulierung von Firmenwerten (Corporate Values/Virtues) ■ Bildungs- und Beratungsprogramme zur Entwicklung von tugendhaftem Verhalten ■ Dialoge auf Augenhöhe ■ Coaching-Angebote unter Zusicherung der Anonymität durch Ombudsmann ■ Belohnung von besonders integrem Verhalten, Herausheben von Vorbildern ■ Problemlösungsangebote unter Einsatz aller Ethikansätze (z. B. Verwendung von SCR-Checkliste, siehe ▶ *Abschnitt 8.3*) ■ Unternehmensweite Förderung von eigenverantwortlichem Handeln

Tabelle 6.5: Implementierung von Compliance und Integrität in die Organisation
Quelle: in Anlehnung an Paine, 1994, S. 176 f.

6.5.2 Compliance und Integrität bei Daimler

Die von Haas bei Levi's gemachten Erfahrungen bezüglich einer Compliance-basierten Unternehmensethik wurden auch bei ABB und Daimler gemacht. Nach Korruptionsvorwürfen musste Daimler unter dem Druck von US-amerikanischen Behörden ein eigenes Vorstandsressort „Compliance" gründen. Louis Freeh, ehemaliger Chef der amerikanischen Bundespolizei FBI, sollte die Fortschritte überwachen. Seine Berichte darüber fielen jedoch verheerend aus. Die Compliance-Abteilung verärgerte die Belegschaft mit einem „Wust an Bürokratie" mit mehr als 1.800 Vorschriften. Nachdem zahlreiche Manager wegen größerer oder kleinerer Vergehen ihre Posten aufgeben mussten, machte sich eine „Kultur des Misstrauens" breit. Jeder wollte sich absichern, anstatt unternehmerisch und eigenständig zu agieren.[37]

Daimler unter US-Aufsicht

Eine Lösung zeichnete sich erst 2011 mit der Neubesetzung des umbenannten Ressorts „Integrität und Recht" mit der Ex-Bundesverfassungsrichterin Christine Hohmann-Dennhardt ab. Zunächst reduzierte sie das Regelwerk auf 700 Vorschriften, deren Anzahl wiederum auf etwa 40–50 Vorschriften pro Arbeitseinheit verkleinert wurde. Zugleich wurden Sanktionen nach der Verhältnismäßigkeit der Vorfälle verhängt. Bei Einsicht des Vergehens wurde dem Mitarbeiter Gelegenheit zur Besserung

Reduktion des Regelwerks durch „Integrität"

gegeben, was vorher nicht der Fall war. Ungerechtfertigte Denunziationen wurden durch genaue Prüfung des Sachverhalts abgebaut. Dabei stellte sich heraus, dass 50 % der Verdachtsmeldungen zu Unrecht gemacht wurden. Auch die Einrichtung eines neutralen Ombudsmannes reduzierte das Denunziantentum. Korruptionsrisiken wurden abgebaut, indem in besonders gefährdeten Ländern Regierungsgeschäfte nicht mehr über eine dritte Partei abgewickelt werden. Ausbildungsprogramme weckten bei den Mitarbeitern Verständnis für das Regelwerk. Unverständiges Befolgen sollte dadurch abgebaut werden.[38] Generell kann davon ausgegangen werden, dass durch Trainingsprogramme das Verständnis der Mitarbeiter für inakzeptable Handlungsweisen und dadurch auch ihre Eigenverantwortung gestärkt wird. Nicht mehr die Angst vor Bestrafung bei Regelbruch, sondern die Integrität aus innerer Einsicht leitet das Handeln.

Übung **Tugendethik – das Dilemma eines Middle-Managers**

Junge Middle-Manager müssen besonders häufig moralische Dilemmata aushalten, besonders, wenn sie ihre persönlichen Wertvorstellungen noch nicht in Einklang mit den offiziellen Werten ihrer Firma bringen können. Im folgenden Beispiel sind die Namen der Protagonisten frei erfunden.

Situation des Middle-Managers

Der 35-jährige Manager, Peter Adario, leitete die Marketingabteilung der Sayer MicroWorld, eines Vertriebspartners für Computerhersteller, insbesondere für IBM. Er ist verheiratet und hat drei Kinder. Die meiste Zeit seiner bisherigen Karriere verbrachte er als erfolgreicher Verkäufer und Filialleiter. Die jetzige Position nahm er wegen der Management-Herausforderung gern an. Drei Senior-Manager berichteten an Adario, der insgesamt mehr als 50 Mitarbeiter führte. Er selbst berichtete an einen der vier Vizepräsidenten des Unternehmens.

Der Konflikt

Adarios Konflikt entstand bei einer Auseinandersetzung, die eine seiner Senior-Managerinnen, Lisa Walters, mit einer Mitarbeiterin, Kathryn McNeal hatte. Diese war 37 Jahre alt und arbeitete seit vier Monaten bei Sayer MicroWorld. Sie war als Produktmanagerin verantwortlich für den Vertrieb der IBM-Produkte. Denn sie hatte in ihrer früheren Anstellung mehr als acht Jahre bei IBM gearbeitet. Sie und ihre zwei Assistentinnen machten einen Umsatz von mehr als 40 Millionen US-$ pro Monat. McNeil arbeitete für Lisa Walters, eine Single-Frau Ende zwanzig, die länger arbeitete als die meisten ihrer Kollegen, niemals Mittagspausen machte und selten das Büro vor 20 Uhr verließ. Sie lebte für das Geschäft, was für ihren Vorgesetzten nicht immer angenehm war, ja was ihn sogar manchmal irritierte. Dennoch schätzte er ihre Zuverlässigkeit und Professionalität. Er konnte auf sie jederzeit auch unter den schwierigsten Umständen zählen. Zwei Jahre zuvor, als eine Senior-Manager-Position frei wurde, empfahl Adario sie für den Posten. Ihre Arbeitsergebnisse waren seither exzellent.

Lisa Walters wollte nun Kathryn McNeal entlassen, weil ihre Ergebnisse hinter den Zielvereinbarungen und den Ergebnissen der anderen Mitarbeiter zurückblieben. Denn McNeal war eine hingebungsvolle Mutter, voller Sorge für ihren 6-jährigen Sohn, den sie ohne Vater alleine großziehen musste. Walters war überzeugt, dass die Verantwortung für das Kind McNeal Probleme bei der Arbeit bereiten würde. Walters wurde immer frustrierter und ungeduldiger mit der Situation.

Adario glaubte, dass sich der Konflikt in den Monaten zuvor verschärft hatte. 10–12 Stunden Arbeitszeit pro Tag waren bei allen Mitarbeitern der Firma üblich – die meisten Ende zwanzig und unverheiratet. Die finanzielle Situation bei Sayer war angespannt, da das Unternehmen noch Schulden zu zahlen hatte wegen einer kürzlich vollzogenen Akquisition einer anderen Firma.

Eines Morgens fand Adario auf seinem Schreibtisch einen handgeschriebenen Zettel von Walters auf seinem Stapel unerledigter Papiere. Es war ihre zweite Notiz nach mehreren Wochen. In beiden beschwerte sie sich über die Arbeitszeit von McNeal, die zwar mit 60 Stunden pro Woche hoch, aber immer noch niedriger als die aller anderen Mitarbeiter der Marketing-Abteilung war. So war Adario zunächst nicht abgeneigt, McNeal tatsächlich zu ersetzen.

Andererseits kamen ihm Bedenken. Denn Sayer's Top-Manager hatten bei mehreren Gelegenheiten zum Ausdruck gebracht, dass sie in Zukunft gerne familienfreundliche Arbeitsplätze anbieten wollten. Im Hauptquartier gab es bereits eine Projektgruppe, um Wege dahin zu prüfen. Adario sah in McNeals Fall eine Chance etwas in diese Richtung tun zu können. Dabei sah er sich nicht als Pionier oder Reformer, sondern er war davon überzeugt, dass Menschen bessere Leistungen bringen, wenn ihr Privatleben im Lot ist.

Diese Überzeugung wurde von Adarios eigenen Erfahrungen und Wertvorstellungen verstärkt. Denn wie McNeal konnte er seine eigenen Kinder nur selten sehen. Seine Frau hatte ihren Job als Buchhalterin nach der Geburt ihres zweiten Kindes bei zwei verschiedenen Arbeitgebern aufgeben müssen wegen der unflexiblen Arbeitszeiten. Zudem hatte er zu Hause einen Nachbarn, dessen Selbstbewusstsein nach seiner Entlassung aus einer früheren Firma sehr gelitten hatte, obwohl er bald wieder eine neue Stelle gefunden hatte. Und überhaupt fand er es nach längerem Nachdenken schlichtweg falsch, eine Person zu entlassen, die sehr hart arbeitete.

Dennoch war Adario hin- und hergerissen, denn es häuften sich Beschwerden über McNeals Leistungen, die gegenüber denen der anderen abfielen. Das Problem wurde mit der zweiten Notiz Walters immer drängender. Adario suchte deshalb eine kreative Lösung des Problems, die für alle Seiten akzeptabel wäre. Er erinnerte sich an eine Fallstudie während seines Studiums über den Tylenolfall bei Johnson & Johnson. Der damalige CEO, James Burke, initiierte einen 100-Mio-US-$-Rückruf der Schlaftabletten, nachdem einige von ihnen

Problemstellung

Das Dilemma

Empathie

Umgang mit Wertkonflikten

offenbar vergiftet worden waren und sieben Todesfälle verursacht hatten. Obwohl er keine Veranlassung dazu hatte, handelte er aufgrund des Firmencredos seines Unternehmens, demzufolge die Kunden und deren Gesundheit an erster Stelle zu stehen haben. Adario bewunderte Burkes Entscheidung und hoffte mit einer familienfreundlichen Lösung für McNeal den Managern seiner Abteilung, vielleicht sogar der ganzen Firma, eine Lehre zu erteilen: dass Manager häufig schwierige Wertkonflikte lösen müssen, dass die Lösung nicht mit dem Holzhammer durchgesetzt werden kann, dass man auf dem Weg zu einem familienfreundlichen Arbeitsplatz ungewöhnliche Schritte einleiten muss.

Halbdurchdachter Lösungsaufschub

Adario schickte Walters und McNeal eine E-Mail und lud sie zu einem Meeting innerhalb der nächsten beiden Tage ein. Er plante, mit den beiden eine neue Vereinbarung zu treffen. Dieser zufolge hätte McNeal ihre Arbeiten rechtzeitig zu erledigen – egal wie und wo, selbst am Wochenende. Die IBM-Aufträge waren zu wichtig für die Abteilung. Er wollte vorschlagen, dass McNeal durchaus Arbeiten auch mit nach Hause nehmen und von dort via Telekommunikation erledigen könnte. Gleichzeitig hoffte er, die Missstimmung zwischen Walters und McNeal wieder harmonisieren zu können. Mit diesem Plan wollte Adario die persönlichen Bedürfnisse McNeals mit denen des Unternehmens in Einklang bringen. Zudem wollte er seine Ideen nicht einfach den Mitarbeitern aufdrängen, sondern sie diese selbst entwickeln lassen. Damit hätte er eine vorbildliche Lösung für ein drängendes Problem in der Firma gefunden und zugleich proklamierte Werte endlich mit Leben erfüllt. Er war stolz auf diese Lösung und teilte dies auch seiner Frau mit.

Umgehung des Middle-Managers

Nachdem er allerdings von einer Dienstreise zurückgekehrt war, wurde ihm mitgeteilt, dass McNeal entlassen worden sei. Walters hatte während seiner Abwesenheit mit einigen anderen Managern über den Fall gesprochen. Ein Vizepräsident der Firma bot ihr seine Hilfe an und entließ McNeal. Als McNeal an diesem Tag in ihr Büro kam, wurde sie bereits von den beiden Managern erwartet. Sie händigten ihr das Kündigungsschreiben wegen Diskrepanzen mit dem Management aus. Man gestand ihr noch den Lohn von weiteren zwei Wochen zu und bat sie, sofort ihr Büro zu räumen.[39]

Diskutieren und präsentieren Sie den Fall unter Berücksichtigung der folgenden Fragen:

1. Worin bestand das ethische Dilemma von Adario?

2. Welche Botschaft vermittelte Ihrer Meinung nach die Entlassung McNeals bei der Belegschaft von Sayers? Wie wirkt sich der Sachverhalt auf die Arbeitsmoral aus?

3. Welche Folgen hat die Entlassung McNeals für das Unternehmen?

4. Welche Tugenden/Werte werden bei Sayers hochgehalten und welche werden gelebt?

5. Was hatte Adario als Manager falsch gemacht? Ist seine Position im Unternehmen gefährdet und wenn ja, warum? Wie hätte er taktisch vorgehen sollen, um seinen Plan zu verwirklichen? Wie lässt sich Adarios Plan ökonomisch begründen?

6. Was hätte Adario beachten müssen, um seiner unternehmerischen Verantwortung besser gerecht zu werden? Welche Tugenden hat er zuvor entwickelt *(strength virtues)* und welche hätte er des Weiteren noch entwickeln müssen *(challenge virtues)*?

7. Beleuchten Sie das Können (Situation und Fähigkeit), Wollen (Folgenbetrachtung) und Sollen (Stakeholderanalyse) von Adario mit denen des Unternehmens. Überlegen Sie, wie die Verantwortungsprofile beider in Deckung gebracht werden können. Inwiefern ist bei der Lösungsfindung Kreativität gefordert?

8. Worin besteht das typische Dilemma eines Middle-Managers?

9. Was lernen Sie aus dem Fall insbesondere für die Anwendung der Ethik in der unternehmerischen Praxis?

10. Sehen Sie in dem Fall Aspekte von Compliance und Integrity? Wenn ja, wie stehen sie miteinander in Konflikt? Wie lässt sich das Dilemma lösen?

6.6 Fazit zum Dilemma von Middle-Managern

Vorbildfunktion

Das obige Fallbeispiel lehrt, dass es häufig eine Diskrepanz zwischen gelebter und gewünschter Unternehmenskultur gibt. Ob mehr Tugenden oder Laster in einem Unternehmen tatsächlich gelebt werden, hängt stark vom Vorbild und konkreten Verhalten der Top-Manager ab. Diese eröffnen oder schließen mit ihrem eigenen Verhalten die Spielräume für tugend- bzw. lasterhaftes Verhalten ihrer Middle-Manager. Je nach Charakter und vorherrschender (Angst-)kultur geben diese den Druck, den sie von oben verspüren, eins zu eins weiter oder filtern ihn nach unten ab. Ein guter Middle-Manager schützt seine Mitarbeiter vor unbotmäßigen Forderungen der Geschäftsleitung. Schwache Persönlichkeiten in dieser Position neigen dazu, den Druck von oben ungefiltert weiterzuleiten, ja sogar zu verstärken.

Filterfunktion der Middle-Manager

Außerdem zeigt das Beispiel, dass Middle-Manager ihre Ideen mit „praktischer Klugheit" (Aristoteles) umsetzen sollten. Sie sollten ihr Können gemäß ihren vorhandenen Fähigkeiten und der Situation richtig einschätzen und im Falle fehlender Freiheitsgrade, diese durch Allianzen mit solchen Persönlichkeiten im Unternehmen kompensieren, mit

Beitrag zum Wohle des Ganzen teilen

denen sie ihre Wunschvorstellungen zum Wohle des Ganzen teilen und gegebenenfalls auch umsetzen können. So hätte Adario seine Ideen wesentlich besser durchsetzen können, wenn er sich mit demjenigen aus dem Top-Management verbündet hätte, der die Initiative zu einer familienfreundlicheren Unternehmenskultur ins Leben gerufen hatte. Ihm einen konkreten Fall an die Hand zu geben, mit dem er sich nicht nur als Initiator, sondern auch als Realisator hätte unter Beweis stellen können, wäre für alle von Vorteil gewesen. Durch Alleingänge vor allem im Middle-Management werden in Organisationen nur selten größere Kulturänderungen durchgesetzt.

Freiheit und Selbststeuerung

Kluge Selbsteinschätzung

Wie Tugendethik konkret umgesetzt werden kann, hängt somit von einer klugen Selbsteinschätzung bezüglich Fähigkeiten, Macht und Situationen ab. Selbstüber- und -unterschätzung gilt es dabei zu vermeiden. Tugendethik kann nur situativ angewandt werden. Sie wird deshalb oft auch „situative Ethik" oder „Situationsethik" genannt, weil Tugenden im konkreten Handeln niemals abstrakt bleiben, sondern immer nur im Hinblick auf innere und äußere Umstände wirksam werden können. Diese bestimmen nämlich die Freiheitsgrade, die ein Einzelner, aber auch ein Unternehmen für die Entfaltung seines Handelns hat.

Freiheitsgrade ausschöpfen

Die amerikanische Philosophin Martha C. Nussbaum hat in ihrem einschlägigen Buch „Creating Capabilities – The Human Development Approach" die damit verbundene Problematik herausgearbeitet. Die Einflussmöglichkeiten („capabilities") des Menschen sind zunächst durch äußere Umstände (Kulturen, politische oder religiöse Systeme, klimatische Verhältnisse usw.) wie durch innere Verhaltensmuster (Triebe, Begierden, Temperamente usw.) begrenzt. Nussbaum ist nun der Auffassung, dass alle Menschen die gleiche Grundfähigkeit haben, sich über diese Begrenzungen hinaus entfalten zu können und zu sollen. Das macht gerade ihre Würde aus, und die gilt es daher als unantastbar z. B. durch ökonomische und politische Institutionen zu schützen. Nussbaum identifiziert zehn „Freiheitsgrade"[40] *(central capabilities)*, die das Können eines Menschen ausmachen: eine angemessene Lebensspanne, körperliche Gesundheit und Integrität, verfeinerte Sinnesorgane, zu denen auch Imagination, Verstand und Vernunft zählen, Gefühle, Spieltrieb, Einstellung zu anderen Lebensformen, politische Mitsprache, materielle Güter.[41]

Realisierung von Gütern durch Tugenden

All diese Güter sind allerdings dem Menschen nur potenziell gegeben. Er muss etwas dafür tun, dass sie sich einstellen. Wer gewisse Regeln zum Erhalt seiner Gesundheit nicht einhält – wie z. B. Giftstoffe zu meiden – wird kaum die gewünschte Lebensspanne oder körperliche Integrität realisieren. Solche Güter müssen also durch entsprechenden Lebensvollzug erworben werden. Die Einübung von Tugenden leistet einen wesentlichen Beitrag. Damit werden Freiheitsgrade erworben, sich von den inneren wie äußeren Zwängen zu emanzipieren, ihnen nicht blind ausgeliefert zu sein, sondern aktiv gestaltend ihnen in Würde zu begegnen.

Diese Gesetzmäßigkeiten gelten nicht nur für die Entwicklung menschlicher Individuen, sondern auch für die Lebensspanne eines Unternehmens. Indem es die nötigen Rahmenbedingungen schafft, intern die Stärken seiner Mitarbeiter zu heben, zugleich deren Schwächen zu kompensieren sowie extern die Opportunitäten der sozialen und natürlichen Umwelt wahrzunehmen, den Bedrohungen aber auszuweichen, legt es strategisch den Grundstein für künftigen Erfolg, der ein „gutes Auskommen mit allen Stakeholdern" erlaubt.

Strategische Bedeutung

Zusammenfassung

Tugenden sind Eigenschaften im Menschen, die ein gewünschtes Verhalten und Handeln um eines Guten willen hervorbringen. Sie stärken das Verantwortungsbewusstsein von Individuen wie von Organisationen. Sie stellen ein Kraftfeld dar, das eine gewünschte Richtung des Verhaltens und Handelns gegen innere wie äußere Widerstände einleitet. Sie eröffnen Freiheitsgrade und Wahlmöglichkeiten, das Potenzial eines Menschen wie eines Unternehmens voll und ganz zu heben und ihre Zukunft aktiv zu gestalten. Die Entwicklung und Formulierung einer lebensdienlichen Vision ist dafür sehr hilfreich. Denn ohne sie können die Tugenden ins Leere laufen, womöglich nur kurzfristigen Interessen auf Kosten anderer dienen. Ethische Tugenden wie Gerechtigkeit, Respekt und Einfühlungsvermögen befähigen einen Menschen oder ein Unternehmen dazu, besser mit anderen auszukommen. Dadurch fördern sie auch Konsequenzen des Tun und Lassens, die dem Wohl des Ganzen dienen.

Zum individuellen Einüben in tugendhaftes Handeln ist Selbstreflexion eine wichtige Voraussetzung. Denn nur derjenige, der sein eigenes Verhalten und Handeln und deren Wirkung auf andere wie ein neutraler Dritter kritisch beobachten kann, vermag Verbesserungen des eigenen Verhaltens einzuleiten. Ziel der Tugendethik ist, das gute Auskommen eines Menschen oder Unternehmens mit seiner sozialen Umwelt kontinuierlich und situativ zu optimieren:

1. *Selbstbeobachtung* – Welches Verhalten man an sich bzw. im Unternehmen feststellen kann: Welche eigenen Verhaltensmuster im Umgang mit anderen sind erkennbar?

2. *Folgenanalyse* – Welche Wirkungen des eigenen Verhaltens man auf andere auch im Dialog feststellt: Welche Konsequenzen erwachsen daraus für andere?

3. *Selbsttransformation* – Welche Tugenden man zur Verbesserung der Situation entwickeln sollte: Wie können die Beziehungen zu anderen optimiert werden?

 Weiterführende Inhalte finden Sie auf der Website *www.pearson-studium.de* unter Online Extras.

Endnoten

1 Stemmer, 1998, S. 1538.
2 Vgl. Kluge, 1975, S. 795.
3 Vgl. Bollnow, 1958, S. 12.
4 Ebd. S. 26.
5 Stemmer, 1998, S. 1539.
6 Insbesondere Max Weber verweist unter Rückgriff auf Benjamin Franklin auf die *Nützlichkeit der Tugenden*, wenn z. B. Ehrlichkeit, Pünktlichkeit, Fleiß und Mäßigkeit „Kredit" bringen. (1986, S. 34)
7 George Henrik von Wright bezeichnet die Tugend der Selbstbeherrschung (*self-control*, griechisch: *sophrosyne*) auch als *master virtue*, weil sie ihrem Wesen nach in allen anderen Tugenden vorkommt. Denn jede Tugend beabsichtigt, die eigenen Handlungsweisen zu mäßigen. (1972, S. 149)
8 Vgl. Stemmer, 1998, S. 1539.
9 Vgl. De Waal, 2015, S. 2014.
10 Bröcker, 1974, S. 31.
11 GRI, 2016.
12 Einführung in den Myers-Briggs Typen Indikator (MBTI) bietet Bents/Blank (1992); eine Charakterisierung von Organisationen auf der Basis des MBTI liefert Bridges (1998).
13 Vgl. Bollnow, 1958, S. 22 f.
14 Ebd. S. 24 f.
15 So z. B. bei ABB, Daimler, Siemens
16 Schlager, 2007, S. 60.
17 Mukamel et. al., 2010.
18 Vgl. Rifkin, 2009, S. 96 ff.
19 Ebd. S. 14.
20 Ebd. S. 18.
21 Pinker, 2011, S. 856.
22 Ebd. S. 876.
23 Ebd. S. 861.
24 Birbaumer, 2016, S. 95.
25 Büchmann, 1972, S. 504 f.
26 Kotter/Heskett, 1992, S. 44 ff; vgl. z. B. Quinn et al. zit. nach Boddy, 2008, S. 42 ff; Quinn et al., 2003; Cameron/Quinn, 2011; Trompenaars/Hampden-Turner, 2000.
27 Schüz, 1999, S. 185 ff.
28 Vgl. Leipziger, 2010, S. 38.
29 Haas, 1998, S. 216.
30 Wie überhaupt Organisationen ethischer gestaltet werden können, diskutiert Collins (2012).
31 Levi Strauss, 2013.
32 Haas, 1998, S. 218.
33 Levi Strauss, 2013, S. 1.
34 Vgl. Schoenenberger, 2000, S. 167 f.
35 Levi Strauss, 2013. Zu ethischen und ökologischen Problemen der Textilindustrie vgl. Burckhardt, 2014.
36 Vgl. Paine, 1994, S. 111; Renz et al., 2015.
37 Freitag/Noé, 2011.
38 Köster/Otte, 2012.
39 Nach Badaracco, 1997, S. 15 ff, 85 ff.
40 Der englische Terminus *capabilities* ist nicht einfach ins Deutsche zu übersetzen. „Fähigkeit" greift womöglich zu kurz. Da Nussbaum vor allem die „Freiheit", also die Möglichkeit, wählen zu können (*opportunity to select, freedom to choose*, 2011, S. 25), ins Zentrum stellt, passen die Begriffe „Freiheitsgrad" oder „Einflussmöglichkeit" besser als die häufig gebrauchte Übersetzung „Fähigkeit". Übrigens bezieht Nussbaum auch „nichtmenschliche Lebewesen" in ihre Überlegungen mit ein, schreibt sie ihnen doch als „sentient individuals" eine Würde zu (vgl. S. 35, 165), die sich womöglich nur in der Zahl der Freiheitsgrade vom Menschen unterscheidet.
41 Nussbaum, 2011, S. 33 f.

Zusammenschau – traditionelle Ethik in der Praxis

7

ÜBERBLICK

Lernziele

Der Leser

- schult seine Methoden- und Sozialkompetenz anhand ethischer Dilemmata,
- wendet dabei die drei traditionellen Ethikansätze an,
- erkennt die Schwierigkeit, in solchen Fällen Gutes ohne schlechte Nebenwirkungen zu tun,
- baut selbstgerechtes Verhalten ab und relativiert sein vermeintlich „gutes Gewissen".

Problemstellung: Anwendung der Ethikansätze

In den vergangenen Kapiteln haben wir die drei wichtigsten Ansätze der ethischen Verantwortung kennengelernt. Erstens wurden mithilfe der utilitaristischen Ethik Maßstäbe zur Beurteilung der *Konsequenzen* eines Handelns vorgestellt. Zweitens wurden mithilfe der deontologischen Ethik Sollensforderungen diskutiert, die unbedingt einzuhalten sind. Drittens wurde gezeigt, wie mithilfe der Tugendethik die Selbststeuerungskräfte eines Individuums oder Unternehmens und damit deren Befähigung zur Verantwortung gestärkt werden können.

Rolle des Gewissens

Inwieweit helfen uns diese Ansätze, mit „gutem Gewissen" konkrete ethische Probleme zu lösen? Wir werden sehen, dass jeder der drei Ansätze zu unterschiedlichen Lösungen führt, die letztlich jeder für sich persönlich zu verantworten hat. Doch vor welcher Instanz? Wenn nicht vor dem Gesetz, so doch letztlich vor dem eigenen Gewissen. Was allerdings ein „gutes Gewissen" ausmacht, auch darüber gibt es unterschiedliche Auffassungen. Die einen sagen, es sei ein Resultat der Sozialisation (= „autoritäres Gewissen"), also von gesellschaftlichen Wertvorstellungen über Erziehung, Schule, Freundschaften und Beruf geprägt. Die anderen sagen, dass es im Menschen selbst angelegt ist (= „autonomes Gewissen"), also in der Vernunft, im (kollektiven) Unbewussten verankert oder gar von einer übernatürlichen Instanz inspiriert ist.[1] Die Hirnforschung hat, wie wir noch sehen werden, hierzu einiges an Erkenntnissen beigetragen.

7.1 Ethische Entscheidungsfindung bei Dilemmata

Das Trolley-Dilemma

Die folgenden Gedankenexperimente sollen dem Leser die Schwierigkeiten bei der Lösung ethischer Dilemmata aufzeigen. Das berühmte Trolley-Problem wurde von Philippa Foot erstmals 1967 vorgestellt[2] – in Weiterführung der ursprünglichen Fassung von Hans Welzel, der 1951 das Dilemma als „Weichenstellerbeispiel" folgendermaßen beschrieb: Ein Weichensteller bemerkt, wie ein Güterzug auf einen vollbesetzten

Personenzug aufzufahren droht. Rechtzeitig kann er den Zug auf ein Nebengleis umleiten. Allerdings fährt dabei der Zug in eine Gruppe von Gleisarbeitern, die alle zu Tode kommen.[3] Foot wandelt die Situation nun folgendermaßen um: Eine Straßenbahn (engl. *trolley*) droht führerlos fünf Personen zu überrollen. Sie könnte durch Umstellung einer Weiche noch rechtzeitig auf ein Nebengleis umgeleitet werden, wo sie allerdings eine andere Person töten würde. Wie beurteilen Sie die Situation: Ist es Ihrer Meinung nach erlaubt, verboten oder verpflichtend, die Weiche zu stellen, um die Straßenbahn umzuleiten?

Abbildung 7.1: Trolley-Dilemma Fall 1
Quelle: Magdalena Steiner, 2016.

Je nach Antwort haben Sie mehr oder weniger bewusst einen der drei Ethikansätze angewandt. Als Utilitarist sehen Sie die Rettung der fünf auf Kosten des einen als geboten an, während Sie als Deontologe die Tötung des Einen zugunsten der fünf anderen strikt ablehnen, weil dies Kants kategorischem Imperativ widerspricht. Kein Mensch darf ohne sein Einverständnis „bloß als Mittel" gebraucht werden, selbst wenn es einem guten Zweck wie der Rettung anderer dient. Als Tugendethiker wägen Sie die Situation ab, ob Sie beispielsweise den Mut haben, Schuld am Tod des Einen auf sich zu laden, um andere aus Liebe, Empathie und Hilfsbereitschaft zu retten, wohlwissend, dass diese auch dem anderen zukommen müssten, oder auch nicht. In diesem Fall könnten Sie sich zurückhalten, weil Sie der Meinung sind, man könne nicht fünf gegen einen aufrechnen, zumal Sie gar nicht wissen können, ob dieser Eine in der Zukunft einmal durch einen mutigen Einsatz vielen anderen Menschen das Leben retten oder aus ihm später einmal ein berühmter Künstler, Forscher oder Unternehmer werden könnte. Zugegebenermaßen bleibt in solchen Situationen keine Zeit für rationale Überlegungen, welche Entscheidung die goldene Mitte zweier Extreme trifft. Der Tugendethiker folgt dann womöglich seiner gut ausgebildeten Intuition und handelt aus der Situation heraus – so oder so.

> *Unterschiedliche Antworten je nach Ethikansatz*

Im „Harvard Moral Sense Test" (*www.moralsensetest.com*) kann der Leser ähnliche Dilemma-Situationen online beurteilen und sein Ergebnis mit dem aller anderen Teilnehmer vergleichen. Wie das Gesamtergebnis zeigt, entscheidet sich die Mehrheit aller Teilnehmer, die jeweils vorgeschlagene Lösung, bei der meist auf Kosten eines Lebens anderes Leben gerettet wird, weder als geboten noch als verboten anzusehen, wohl aber als ethisch erlaubt.

> *Harvard Moral Sense Test*

Einbezug
Unbeteiligter

Judith Jarvis Thomson ergänzte das Trolley-Problem mit folgender Variante (Fall B): Auf einer Brücke über die Straßenbahngleise sieht ein unbeteiligter Beobachter die führerlose Straßenbahn auf die fünf Gleisarbeiter zurasen. Er weiß, dass sie nur noch durch ein schweres Hindernis gestoppt werden kann. Zufällig steht vor ihm auf der Brücke ein sehr dicker, schwergewichtiger Mann. Angenommen sein Körper könne die Bahn stoppen oder wenigstens zum Entgleisen bringen. Darf der Beobachter diesen nun von der Brücke stoßen, um die Straßenbahn abzubremsen und die fünf zu retten? Wie würden Sie agieren?[4]

Abbildung 7.2: Trolley-Dilemma Fall 2
Quelle: Magdalena Steiner, 2016.

Online-Umfrage zum
Trolley-Problem

In einer an der Harvard University durchgeführten Online-Umfrage haben von 5.000 Probanden aus 120 Ländern unabhängig ihrer Ethnie, Religion, Altersgruppe, Bildung, Geschlechtszugehörigkeit im Fall B nur 17 % die aktive Tötung des dicken Mannes als ethisch erlaubt angesehen, während im ersten Fall A 85 % die Erlaubnis gaben zur Rettung der fünf den Trolley umzuleiten und den Nebeneffekt der Tötung eines anderen hinzunehmen.[5]

Prinzip der
Doppelwirkung

Die Autoren der Umfrage führen das Resultat darauf zurück, dass die meisten Probanden bewusst oder unbewusst das „Prinzip der Doppelwirkung" (engl. *Doctrine of Double Effect*) anwandten. Es wurde erstmals im 13. Jahrhundert von Thomas v. Aquin formuliert: In Notwehr könne es vorkommen, dass man einen Aggressor tötet, um sein oder eines anderen Leben zu retten – vorausgesetzt, man hat den Nebeneffekt nicht beabsichtigt: „Nichts hindert eine Handlung daran, zwei Wirkungen zu haben, von denen eine mit Absicht, die andere außerhalb der Absicht erfolgt ist."[6] Dieses Prinzip wird bis heute als ethisch anerkannt, solange folgende vier Bedingungen erfüllt sind:

1. Die Handlung selbst soll an sich ethisch gut oder wenigstens neutral sein;

2. Der Handelnde *beabsichtigt* nur die gute Wirkung der Handlung und nicht die schlechte Nebenwirkung;

3. Die gute Wirkung darf nicht mit üblen Mitteln erzielt werden, wobei die schlechte Wirkung entweder nur eine Folge der guten ist oder sich unmittelbar als Folge aus der guten ergibt.

4. Das absehbare Übel muss aus schwerwiegendem Grund erlaubt sein.[7]

Ergänzt wird noch, dass die schlechte Wirkung durchaus bewusst zugelassen, also „indirekt gewollt" werden kann, wenn es keine Alternativhandlung ohne üble Nebenwirkungen gibt. Außerdem sollte der „schwerwiegende Grund" in Punkt 4 tatsächlich die gute Wirkung als wünschenswert belegen können, wie überhaupt bei der Entscheidung viele Faktoren abgewogen und verglichen werden sollten, bevor sie getroffen wird.[8] Prinzipiell gilt es zu unterscheiden zwischen „beabsichtigten Mitteln" und „vorausgesehenen Nebenwirkungen".

Auf Fall A angewandt ist gemäß dem Prinzip der Doppelwirkung der Tod des einen als schlechte, zwar unbeabsichtigte, aber vorausgesehene Nebenwirkung in Kauf zu nehmen, wobei die Rettung der fünf als gute Wirkung nicht mit üblen Mitteln (Umstellen einer Weiche) erzielt wurde. Im Fall B hingegen sind mehrere Bedingungen nicht erfüllt: Der gute Effekt wird mit „üblen Mitteln" (aktive Tötung eines Menschen) absichtlich provoziert nach dem Prinzip: „Der Zweck heiligt die Mittel". Die üble Wirkung ist keine Folge der guten Wirkung, sondern Ursache derselben, was Punkt 3 widerspricht, also ethisch nicht akzeptabel ist.

Generell lassen sich mit dem Prinzip der Doppelwirkung Situationen wie folgt beurteilen:

- Es verbietet die Tötung eines Patienten, um ihn von Schmerzen zu befreien (direkte Euthanasie), erlaubt aber die Verabreichung erforderlicher Schmerzmittel, die der Patient nicht überlebt (indirekte Sterbehilfe).

- Es verbietet die Tötung eines potenziellen Angreifers aus dem Hinterhalt, um einem Angriff zuvorzukommen, erlaubt hingegen die Tötung eines unmittelbar lebensbedrohlichen Angreifers (Notwehr).

- Es verbietet die Bombardierung der Zivilbevölkerung, um einen Krieg zu beenden, erlaubt aber die Bombardierung einer militärischen Anlage eines kriegerischen Aggressors, um weitere Angriffe zu verhindern, wenngleich dabei zufällig in der Nähe befindliche Zivilisten zu Tode kommen.[9]

- Es verbietet den Abschuss eines Passagierflugzeuges, das von Terroristen entführt wurde und womöglich auf einen Ort voll mit Menschen zum Absturz gebracht werden könnte.[10]

Das Prinzip der Doppelwirkung legitimiert also *nicht* das erwähnte Prinzip „Der Zweck heiligt die Mittel". Schon Paulus hatte im Neuen Testament diese Regel infrage gestellt: „Sollen wir das Schlechte tun, um zum Guten zu gelangen?" Er verneinte dies deutlich.[11] Trotzdem fanden unter diesem Motto ganze Völkermorde statt, die Hexenverbrennungen während der Inquisition (1250–1750),[12] der Holocaust, Stalins Säuberungen, Maos Kulturrevolution, der Abwurf der ersten Atombomben auf Hiroshima und Nagasaki, die Vertreibung von Ureinwohnern zwecks Abholzung von Regenwäldern zur Weidelandgewinnung, die Ausbeutung von

Unterschied zu „Der Zweck heiligt die Mittel."

Arbeitskräften zur Gewinnmaximierung, die Vergiftung von Patienten zur Testung von Arzneimitteln oder die Nichtbeachtung von Sicherheitsstandards zur Kostensenkung, nur um einige zu nennen. Der Zweck soll solche Mittel zur Bekämpfung des Bösen, Bedrohlichen, Unerwünschten oder die Erlangung von Gütern rechtfertigen.

Hirnphysiologische Erkenntnisse

Bedeutung emotional-intuitiver Impulse

Probanden wurden während ihrer Entscheidung beim Straßenbahn-Dilemma auch Hirnscans mithilfe der „funktionellen Magnetresonanztomografie" (fMRT) unterzogen. Dabei wurde festgestellt, dass nicht nur aufgrund kognitiv-rationaler, sondern auch emotional-intuitiver Impulse entschieden wird. Für die Forscher war dies anhand der Hirnscans ersichtlich, die die entsprechenden Hirnareale als aktiviert anzeigten. Moralische Entscheidungen werden demzufolge eher durchaus kognitiv getroffen, wenn es sich um unpersönliche Situationen handelt. Dann werden abstrakte Regeln wie das utilitaristische Kalkül „Rette die Mehrheit" („Save The Most") oder die deontologische Pflicht „Lege keine Hand an" („Do Not Touch") beachtet. Handelt es sich hingegen um persönliche Situationen, in denen ein Akteur von Angesicht zu Angesicht auf einen anderen direkt und absichtsvoll einwirken soll, also im Sinne von „Ich verletze dich" („Me Hurt You"), dann bestimmen Emotionen die Entscheidung mit.[13]

Emotion und Intuition

Im letzten Fall wählen die Akteure intuitiv, ob sie sich für eine der beiden kognitiven Alternativen entscheiden, gar nicht agieren oder gar zu völlig neuen Methoden greifen, z. B. die Selbstaufopferung ins Spiel bringen. Es spricht einiges dafür, dass der emotionale Einfluss auf moralische Entscheidungen durch die Tugendethik beeinflusst werden kann. Diese hat ja schon bei Aristoteles die Funktion, Affekte und Emotionen auf die goldene Mitte zwischen zwei Extremen zu lenken. Dazu bedarf es mehr als rationaler Überlegungen. Die Tugendethik fordert den *ganzen* Menschen heraus, sich auch seinen Emotionen oder unbewussten Anteilen seiner Psyche zu stellen, diese anzuschauen und in gewünschte Bahnen zu lenken. Dabei werden automatische Verhaltenstendenzen in bewusst gewählte Handlungen transformiert. Diese basieren dann eher auf Intuitionen als auf blinden Reiz-Reaktionsmustern.

Funktion der Tugendethik und ihre hirnphysiologische Korrespondenz

Die neurophysiologischen Erkenntnisse könnten ein Hinweis darauf sein, dass die drei traditionellen Ethikansätze ihre Entsprechungen in der menschlichen Biologie aufweisen. Die emotionsbasierte Tugendethik wäre dann eine Klammer für die mehr kognitionsbasierte utilitaristische *und* deontologische Ethik. Diese These findet Unterstützung durch die Neurowissenschaften, die unterschiedliche Schaltkreise im Gehirn für bestimmte Affekte wie das „Wutsystem" oder „Angstsystem", „System für Wollen und Sehnsucht" identifiziert haben. Die damit verbundenen Emotionen und Verhaltensimpulse werden in der Orbitalrinde über den Augen verarbeitet und moduliert zu den „emotionalen Strukturen zurückgesandt", gleichzeitig aber auch zur Großhirnrinde, die „kühle Abwägungen" vornimmt und so die „Kontrolle über unser Verhalten" ausübt. Wird die Orbitalrinde entfernt, wie z. B. beim berühmt gewordenen Fall des Phineas Gage, bei dem sie aufgrund eines schweren Unfalls geschädigt wurde, so fehlen Selbstbeherrschung und Gewalthemmung:

> *„Enthemmt, sozial unangepasst, Neigung zur Fehlinterpretation der Stimmungen anderer, impulsiv, ohne Aufmerksamkeit für die Folgen des eigenen Handelns, verantwortungslos im Alltagsleben, ohne Einsicht in die Schwere der Störung und Neigung zu Initiativlosigkeit."*[14]

Vielleicht könnte man in dieser neurophysiologischen Erkenntnis einen Hinweis sehen, dass tugendethische Entscheidungen mit Aktivierungen der Orbitalrinde korrespondieren.

Tugenden als Brücke zwischen Emotion und Kognition

Kants Diktum, dass ethisches Handeln niemals aus emotionsgesteuerter Neigung, sondern immer nur aus vernunftgeleiteter Pflicht erfolgen soll, wird in gewisser Weise widerlegt. Völlig emotionsfreie Entscheidungen führen in den Dilemma-Situationen entweder zur eiskalten Nutzenmaximierung, wie sie auch Psychopathen zugeschrieben wird[15], oder, wie in unserem Fallbeispiel zum rigorosen Handlungsverbot, selbst wenn damit das Leben anderer auf dem Spiel steht. Mit den Emotionen kommt die situative Abwägung ins Spiel. Tugenden wie Menschenliebe und Einfühlungsvermögen, aber auch Gelassenheit und Achtsamkeit lenken die Emotionen in bestimmte Bahnen, d. h. verbinden Neigungen mit Folgenbetrachtungen und Pflichtbewusstsein zu einem ganzheitlich ethischen Menschentypus.

Balance zwischen Pflicht und Neigung

Wie im Unterschied dazu der einseitige Pflichtenethiker mit seinen Mitmenschen gut auskommt, überzeichnen Friedrich Schiller und Johann Wolfgang von Goethe auf ironische Weise in einem gemeinsamen Gedicht:

Emotionsfreie Pflichtenethik

> *„Gerne dien ich den Freunden, doch tu ich es leider mit Neigung, / Und so wurmt es mir oft, dass ich nicht tugendhaft bin. /... Da ist kein anderer Rat, du mußt suchen, sie zu verachten, / Und mit Abscheu alsdann tun, wie die Pflicht dir gebeut."*[16]

Für Schiller ist diese Haltung eines Ethikers, der ungeachtet seiner Gefühle rigoros seine Pflichten erfüllt, inakzeptabel. Sein Ideal entspricht einem Menschen, dessen Vernunft ähnlich wie bei Platons Seelenwagen (siehe ▶ *Abschnitt 3.2*) Fühlen und Wollen lenkt, aber nicht unterdrückt. In seinen Tugenden harmonieren Pflicht *und* Neigung.

Selbsterkenntnis und Ethik

> *„Der Mensch darf nicht nur, sondern soll Lust und Pflicht in Verbindung bringen; er soll seiner Vernunft mit Freuden gehorchen ..., um sie mit seinem höhern Selbst zu vereinbaren."*[17]

Schiller deutet in seiner Schrift „Über Anmut und Würde" von 1798 an, was erst im 20. Jahrhundert der Tiefenpsychologe Carl Gustav Jung mit seiner Unterscheidung von Ich und Selbst systematisch herausgearbeitet hat: Der seiner selbst bewusste, „individuierte" Mensch kennt seine Schwächen und lebt sie nicht auf Kosten anderer aus. Er ist weder Spielball seiner Begierden noch folgt er blind gesellschaftlichen Regeln. Mithilfe seiner Intuition trifft er Entscheidungen, die der konkreten Situation gerecht werden und dann oft auch sinnvoll dem Wohl des Ganzen dienen.[18] Für Schiller jedenfalls ist ein Mensch, der Pflicht und Trieb, Vernunft und Sinnlichkeit, Freiheit und Naturnotwendigkeit, Willen und Affekt harmonisch vereint, eine „schöne Seele".

Hinweis auf Responsible Leadership

Dass diese Einsicht einer ganzheitlich gereiften Persönlichkeit nicht nur für die Ethik allgemein, sondern auch für die Qualität einer verantwortungsvollen Leadership in Unternehmen von großer Relevanz ist, wird später noch eingehender begründet werden (siehe ▶ *Kapitel 12*). An dieser Stelle halten wir fest, dass in konkreten Situationen nur eine einzige ethische Theorie höchst selten zur Lösung von Dilemmata beitragen kann. Die Kunst der Abwägung von Alternativen verlangt Weitblick und Einfühlungsvermögen, Flexibilität und Kreativität, Durchhaltevermögen und Zuverlässigkeit, Solidarität und Gerechtigkeitssinn[19], alles Tugenden, die in ihrer Anwendung nicht simuliert werden können, sondern im Charakter des Handelnden bereits entwickelt sein müssen. Defizitäre Persönlichkeiten hingegen werden Schwierigkeiten haben, ethische Dilemmata zufriedenstellend zu lösen. Sie neigen zu unausgewogenen oder ungerechten Entscheidungen, die zum Vertrauensverlust eines Großteils der Stakeholder führen können.

Nur selten dürfen wir den Anspruch erheben, vollumfänglich dem Ideal Schillers oder Jungs zu entsprechen. Selbst der geschulte Ethiker bringt Defizite mit. Deshalb sollte er, wenn es die Zeit zulässt, schwerwiegende Entscheidungen nicht alleine treffen, sondern immer im *Dialog* mit möglichst unterschiedlichen Persönlichkeiten erarbeiten. Dies trifft insbesondere bei strategisch wichtigen Entscheidungen in Unternehmen zu. Wie solche unter Einsatz eines Fragenkatalogs nachhaltig verantwortet werden können, wird später noch ausführlicher dargelegt. Die Fragen rufen die wichtigsten Prinzipien der drei ethischen Ansätze in Erinnerung, sodass der Dialog nicht beliebig wird und ins Leere läuft.

Diskussion **Aktualität des Trolley-Problems**

Reflektieren oder diskutieren Sie mit Bekannten den folgenden abgeänderten Fall des Trolley-Problems unter Rückgriff auf Güter-, Pflichten- und Tugendethik. Der führerlose Trolley droht die fünf Gleisarbeiter zu töten. Er kann nur durch ein Hindernis aufgehalten werden. Ein Beobachter steht an einem Stellwerk und kann einen schwergewichtigen Mann oben auf der Zuschauerbrücke durch Öffnen einer Falltür noch rechtzeitig auf die Gleise direkt vor den Trolley befördern und so die fünf retten.

Abbildung 7.3: Trolley-Dilemma Fall 3
Quelle: Magdalena Steiner, 2016.

■ Würden Sie die Falltür über dem Stellwerk öffnen oder nicht? Berücksichtigen Sie dabei das Prinzip vom doppelten Effekt.

Dass solche Gedankenexperimente keineswegs abstrakt sind und am realen Leben vorbeigehen, zeigt das Eisenbahnunglück von Dürrenast bei Thun in der Schweiz am 17. Mai 2006. Bei einem Dienstzug, der mit drei Mitarbeitern besetzt war, versagten die Bremsen. Er drohte mit fast 100 km/h in den Bahnhof von Thun zu rasen, dessen Gleise alle belegt waren. Zahlreiche Menschenleben wären bedroht gewesen. Die Fahrdienstleiter prüften alle Alternativen, wie der Zug noch zu stoppen wäre. Dafür blieben ihnen nur wenige Minuten Zeit. Sie entschieden sich schließlich, den Zug auf ein Nebengleis umzulenken, auf dem im Abstand von 500 m zwei Bauwagengruppen standen. Dadurch sollte der Zug mit wenig Schaden zum Anhalten gebracht werden. Sie wussten allerdings nicht, dass der erste Wagen mit Schrott beladen war. Elf Arbeiter auf dem Gleis konnten sich vor dem Aufprall noch retten. Die Schwere des Aufpralls tötete jedoch die drei Personen auf dem Unfallzug.[20]

Auch zeigt sich die Aktualität des Trolley-Problems bei der Programmierung der Software von bewaffneten Drohnen, Pflegerobotern und autonomen Automobilen, wie sie bereits im „Google Car" oder bei PKWs von Tesla eingesetzt wird. Die Programmierer müssen diffizile Verkehrssituationen voraussehen und damit verbundene Dilemmata lösen, z. B. folgender Art:

■ Auf einer engen Steilküstenstraße treffen zwei selbstfahrende Autos aufeinander und können nicht mehr rechtzeitig gestoppt werden. Wenn ein Auto ausweicht, stürzt es die Klippen hinunter und das andere ist gerettet. Wenn beide aufeinanderprallen drohen alle Insassen umzukommen. Nach welchen Kriterien soll das Ausweichmanöver erfolgen?

■ Wegen Marderbissen an den Bremsschläuchen versagen plötzlich die Bremsen des vollautomatischen Wagens. Die Programmierung muss entscheiden, ob der Wagen ein Kind oder einen Greis überfährt.

Zugunglück von Dürrenast

Autonome Fahrzeuge

- Ein Kind läuft auf die Straße. Entweder es wird überfahren oder das vollautomatische Fahrzeug kracht in den Gegenverkehr – vielleicht sogar mit mehreren Toten.[21]

- Ein selbstfahrendes Auto registriert den Anhänger eines Sattelschleppers, der gerade eine Straße überquert, als harmloses Straßenschild und fährt ungebremst unter ihn hindurch und tötet den Insassen.[22]

Solche Probleme werden in der Maschinen- oder Roboterethik[23] diskutiert (siehe z. B. *http://moralmachine.mit.edu*). Wie soll die Software programmiert werden, damit in solchen Fällen der geringstmögliche Schaden entsteht? Nach welchen ethischen Prinzipien? Nach utilitaristischem Kalkül hätte im ersten Fall der Greis weniger zu verlieren als das Kind, das sein Leben noch vor sich hat, im zweiten Fall müsste der Insasse geopfert werden. Was wenn bei einem drohenden Zusammenstoß zweier autonomer Autos in einem ein älterer Multimilliardär und Chairman eines erfolgreichen Großunternehmens sitzt, im anderen aber eine junge Frau aus sozial schwachen Verhältnissen mit geringen Aufstiegschancen? Wie würde dann ein utilitaristisch programmierter Algorithmus entscheiden? Programmierer sprechen auch von Kostenfunktionen, mit denen widerstreitende Interessen verrechnet werden, um den Unfall mit den geringsten Kosten zu designen. Das wäre aber mit all den Risiken verbunden, die wir schon bei den Kosten-Nutzen-Berechnungen im Fall des Ford Pinto (siehe ▶ *Abschnitt 4.3*) diskutiert hatten. Was passiert, wenn die Software von Hackern manipuliert und das Auto als Tötungsmaschine missbraucht wird?[24]

Sollte man überhaupt den Entwicklern verbieten, in ihren Algorithmen Menschenleben utilitaristisch abzuwägen? Ethikansätze wie die von Kant würden generell verbieten, Menschenleben zu verrechnen. Wie sollten diese dann bei der Programmierung berücksichtigt werden? Welche Priorität hat etwa der Schutz des Insassen? Wieweit sollte dem Zufall Raum gegeben werden, wenn mehrere Autos im selben Unfall mit unbeteiligten Fußgängern involviert sind? Sollte womöglich ein Zufallsgenerator dann die Entscheidung treffen?[25] Inwieweit sollte der Algorithmus das Prinzip der doppelten Wirkung oder die Schuldfrage der Unfallbeteiligten mitberücksichtigen, wenn etwa der Fußgänger das Rotlicht missachtet hat oder der Wagen auf den Gehsteig fährt? Mit der utilitaristischen Ethik alleine lassen sich jedenfalls solche ethischen Herausforderungen kaum klären.

Der deutsche Verkehrsminister Alexander Dobrindt hat vor Einführung der Technologie selbstfahrender Autos eine Ethikkommission für vollautomatisch fahrende Fahrzeuge ins Leben gerufen. Sie soll Regeln für Algorithmen in riskanten Situationen entwickeln. Er forderte dabei die Einhaltung zweier Prinzipien: „Sachschaden geht immer vor Personenschaden" und es darf „keine Klassifizierung von Personen geben, etwa nach Größe oder Alter". Eine Abwägung zwischen zwei Unfallopfern, ob etwa ein Kind einem Rentner vorzuziehen sei, soll es nicht geben dürfen.[26]

Jedenfalls sind die ethischen Probleme, die mit der intelligenten Digitalisierung und Automatisierung innerhalb der sogenannten Industrie 4.0 verbunden sind, noch lange nicht gelöst. Sie zu ignorieren, ist mit großen sozialen Risiken verbunden.[27]

7.2 Nutzen der traditionellen Ethik

Immer wieder wird die Frage gestellt, welchen Wert die Ethik angesichts solch diffiziler, schwer lösbarer Problemstellungen überhaupt hat, vor allem wenn sie selbst unterschiedliche, sich teilweise widersprechende Ansätze für moralische Entscheidungen liefert. Wenn wir den moralischen Zustand der Welt von heute betrachten, muss dann die abendländische Ethik seit ihrem Entstehen vor 2500 Jahren als gescheitert angesehen werden? Hat sich durch sie die Menschheit überhaupt gebessert? Oder wäre der Zustand der Menschheit ohne Ethik oder Moral gar besser, wie Michael Schmidt-Salomon in seinem Buch „Jenseits von Gut und Böse" behauptet?[28]

Wirksamkeit von Ethik

Neueste Untersuchungen scheinen dies zu widerlegen. So verkündete Anfang 2016 Max Roser, Ökonom an der Universität Oxford, dass im Vergleich zu früher die Lebensbedingungen immer besser geworden seien: „Die Armut zum Beispiel hat weltweit massiv abgenommen."[29] Seine Zahlen, Daten und Analysen scheinen das auf seiner Website „Our World in Data" (*ourworldindata.org*) zu belegen. Verglichen mit dem Jahr 1800 haben Lebenserwartung, allgemeiner Gesundheitszustand, Toleranz gegenüber Minoritäten, Bildungsstandard, Gewaltlosigkeit und politische Freiheit weltweit um ein Vielfaches zugenommen, während Kindersterblichkeit, extreme Armut und autokratische Regierungssysteme erheblich abgenommen haben.[30]

Zustand der gegenwärtigen Welt

Auch in der Nachkriegszeit haben statistisch gesehen Todesfälle aus kriegerischen Auseinandersetzungen drastisch abgenommen.[31] Den Trend bestätigt auch Steven Pinker: „Heute dürften wir in der friedlichsten Epoche leben, seit unsere Spezies existiert."[32] In seiner mehr als zwölfhundertseitigen Studie rollt er die gesamte Geschichte der Menschheit – von der Urzeit bis heute – unter dem Gesichtspunkt der Gewalt neu auf. Und er kommt zu dem Schluss, dass die Gewalt über lange Zeiträume immer weiter zurückgegangen ist.

Friedlichste Epoche?

Pinker sieht vier „psychologische Fähigkeiten" – also in klassischer Terminologie Tugenden –, die den Menschen von Gewalt abhalten: „Empathie", „Selbstbeherrschung", „Moral und Tabu", „Vernunft". Die ersten drei waren schon lange in der Menschheitsgeschichte wirksam. Sie wurden zunächst nur innerhalb von Gruppierungen wirksam, in denen hierarchische, familiäre, emotionale, kognitive, religiöse oder kulturelle Abhängigkeitsverhältnisse bestanden, d. h. sie führten immer wieder auch zu Ausgrenzungen oder gar Ausmerzungen derjenigen, die nicht dazugehörten. Im Laufe der Menschheitsentwicklung haben sich allerdings die Bezugsgruppen kontinuierlich erweitert.[33]

Friedensfördernde Tugenden

Besondere Bedeutung der Vernunft

Hierzu hat, wie Pinker an vielen Beispielen belegt, spätestens mit Beginn der Aufklärung der Siegeszug der Vernunft beigetragen. Durch sie lernten immer mehr Menschen, von ihrer konkreten Lebenswelt zu abstrahieren, d. h. vom Konkreten aufs Allgemeine zu schließen. So wurden z. B. moralische Rechte und Pflichten auf die ganze Menschheit ausgedehnt und die Ermordung eines beliebigen Menschen auch außerhalb der eigenen Bezugsgruppe tabuisiert oder die „Interessen einer immer weiter wachsenden Zahl von anderen" respektiert.[34] Man könnte also Pinkers umfangreichen Studien zufolge den Vorwurf, die Welt habe sich gerade durch Ethik nicht gebessert, sondern sogar verschlechtert, als empirisch widerlegt ansehen.

Ganzheitliches Konzept der Ethik

Die empirisch belegbaren Gründe, die Pinker für diese Entwicklung anführt, lassen sich bei genauerem Hinsehen auch im hier vorgestellten Konzept der ethischen Verantwortung wiederfinden. Denn zum einen befähigen Empathie und Selbstbeherrschung den Menschen, die Konsequenzen seines Handelns altruistisch auf alle anderen zu reflektieren und zu optimieren, zugleich auch vor der ganzen Menschheit vernünftig zu rechtfertigen. Er bestätigt also implizit, dass die traditionellen Ethikansätze sich wechselseitig ergänzen sollten, anstatt sich gegenseitig zu bekämpfen. Dann können sie tatsächlich den Trend zum Besseren auch in der Zukunft beschleunigen helfen.

Zusammenfassung

Ethisches Handeln führt selten zu eindeutig guten Ergebnissen. Gerade in Dilemma-Situationen wird das Gute auf Kosten von Opfern erzielt. Rationale Lösungen wie das Nutzenkalkül der Utilitaristen oder der kategorische Imperativ nach Kant führen häufig zu entgegengesetzten Lösungsansätzen. Die Tugendethik wägt dann gemäß Situation und Fähigkeit der handelnden Person ab und gewinnt dadurch vielleicht neue, kreative, bisher noch nicht ins Auge gefallene Handlungsalternativen. Dieser dreifache ethische Ansatz findet hirnphysiologische Entsprechungen. Emotionale und rationale Impulse werden von einer Zentrale in der sogenannten Orbitalrinde ausgewertet und das Ergebnis als Handlungsimpuls entweder dem Emotionalzentrum oder der kognitiven Hirnrinde zur Weiterverarbeitung zugeleitet.

Die grundsätzliche Frage, ob die Ethik überhaupt etwas Positives in der Menschheitsgeschichte bewirkt hat, konnten wir vor allem anhand der umfangreichen Studie von Steven Pinker bejahen. Ihm zufolge war die Gewalt in der Menschheitsgeschichte noch nie so wenig verbreitet wie heute. Er führt das vor allem auf die Weiterverbreitung der Vernunft anhand der immer globaler werdenden Schulbildung zurück. Vernünftige Menschen können von ihrer persönlichen Perspektive abstrahieren und die Sicht der Allgemeinheit einnehmen. Sie sind in der Lage, allgemeine Gesetzmäßigkeiten im

Spezialfall zu erkennen. Dadurch lernen sie nicht nur mit dem Nachbarn und erweiterten Familen- und Freundeskreis, Clan oder ihren Landsleuten gut auszukommen, sondern die Perspektive der ganzen Menschheit zu übernehmen. Kulturübergreifendes Einfühlungsvermögen, reflektierende Selbstbeherrschung und altruistisches Nutzenkalkül unterstützen sie dabei.

Weiterführende Inhalte finden Sie auf der Website *www.pearson-studium.de* unter Online Extras.

Endnoten

1 Reiner, 1974, S. 590 f; Fischer-Fabian, 1999.
2 Foot, 2009, S. 23 ff ; Edmonds (2015) diskutiert das Trolley-Problem aus unterschiedlichsten Perspektiven.
3 Welzel, 1951, S. 51.
4 Thomson, 1976; 1985.
5 Hauser et al., 2007, S. 6, 16; vgl. Cathcart (2013), der das Trolley-Dilemma interdisziplinär ausleuchtet.
6 Aquin, 1897, S. 64; vgl. Mangan, 1949, S. 56.
7 Mangan, 1949, S. 43; vgl. Ricken, 2013, S. 304.
8 Kuhse, 1994, S. 101; vgl. Connell, 1967.
9 Neidhart, 2013, Kap. 4. Eine ähnliche Situation wird in dem 2015 erschienen Spielfilm „Eye in the Sky", basierend auf einem Drehbuch von Guy Hibbert, ausführlich durchgespielt. Mithilfe einer bewaffneten Drohne könnte ein Selbstmordattentat mit möglicherweise Hunderten Toten verhindert werden, allerdings besteht ein hohes Risiko, dass dabei ein Kind, das in der Nähe Brot verkauft, tödlich getroffen werden kann.
10 Gigerenzer, 2008, S. 217. Das Verfassungsgericht der Bundesrepublik Deutschland hat im Februar 2006 die Tötung unschuldiger Bürger zur Abwehr eines terroristischen Anschlags unter Verweis auf den im Grundgesetz verankerten Schutz des Lebens und der Menschenwürde explizit verboten, während das russische Parlament dem zustimmte (ebd.).
11 Paulus im Römerbrief 3, 8. Die Regel ist wohl sehr alt. In der Formulierung „Finis sanctificat media" wird sie Seneca nachgesagt. Machiavelli sieht den Spruch als Rechtfertigungsgrund der Mächtigen für ihre Gräueltaten. Der Jesuit Peter Roh weist die weit verbreitete Ansicht, die Regel sei der „oberste Grundsatz der Jesuiten-Moral" als „schändliche Lehre" zurück. Im Gegenteil seien mit dem „alten Lied ‚Der Zweck heiligt die Mittel'"schon die ersten Christen totgeschlagen worden. (Roh, 1869, S. 3)
12 Wensierski/Franke/Schwarz, 1998; Neidhart, 2013; Tschaiker, 1992.
13 Lanteri et al., 2008, S. 801; vgl. Greene et al., 2001; 2004.
14 Pinker, 2011, S. 747.
15 Kevin Dutton (2013) zufolge können gefühllose Psychopathen „bessere finanzielle Entscheidungen treffen" als normale Menschen. Man findet überdurchschnittlich viele Vertreter dieses Typus deshalb auch unter Börsenmaklern, CEOs oder Spitzenanwälten. (S. 134 f; vgl. Babiak/ Hare, 2007, S. 97 f; Städeli, 2011).
16 Schiller, 1993a, Nr. 388, S. 300 f.
17 Schiller, 1993b, S. 464 f.
18 Vgl. Jung, 1935, S. 187 f: „Je mehr man sich aber durch Selbsterkenntnis und dementsprechendes Handeln seiner selbst bewusst wird, desto mehr … entsteht ein Bewußtsein, das nicht mehr in einer kleinlichen und persönlich empfindlichen Ich-Welt befangen ist, sondern auch an einer weiteren Welt, am Objekt, teilnimmt. … Dieses weitere Bewusstsein ist nicht mehr jener empfindliche, egoistische Knäuel von persönlichen Wünschen, Befürchtungen, Hoffnungen und Ambitionen …, sondern es ist eine mit dem Objekt der Welt verknüpfte Beziehungsfunktion, welche das Individuum in eine unbedingte, verpflichtende unauflösbare Gemeinschaft mit der Welt versetzt. Die auf dieser Stufe entstehenden Verwicklungen sind nicht mehr egoistische Wunschkonflikte, sondern Schwierigkeiten, die sowohl mich wie den anderen angehen. … Hier können wir es nun erleben, dass das Unbewusste Inhalte produziert, die nicht bloß für den betreffenden einzelnen, sondern auch für die anderen, ja sogar für viele und vielleicht für alle gültig sind." Jung zufolge gibt es Situationen, in denen man „sich nicht mehr an die Paragraphen eines vorgegebenen Moralgesetzes halten kann". Dann kann es sein, dass man gemäß seiner „allerpersönlichsten Ethik" in „schöpferischer Freiheit" Entscheidungen trifft, die nach „landläufigen Moralparagraphen und den Hütern des Gesetzes" zu verurteilen wären, aber der Situation gerechter sind. (1958, S. 502 f)

19 Vgl. Lauxmann, 2014, S. 189.
20 Baumann/Zeder, 2007.
21 Dobrindt, 2016.
22 So kürzlich geschehen bei einem vollautomatischen Tesla (Salden, 2016, S. 70).
23 Hierin im deutschsprachigen Raum führend: Oliver Bendel, 2016a, b; vgl. Bendels Beiträge auf seiner Website *maschinenethik.net*.
24 Braucke et al., 2016, S. 19.
25 Ebd. S. 19.
26 Dobrindt, 2016.
27 Vgl. Dworschak, 2016; Kolmar/Booms, 2016.
28 Schmidt-Salomon, 2015, S. 10.
29 Schmundt, 2016, S. 104.
30 Roser, 2016.
31 Mingels, 2016, S. 50.
32 Pinker, 2011, S. 11.
33 Ebd. S. 269.
34 Vgl. ebd. S. 993 f.

Anwendung im strategischen Management und Einsatz der SCR-Checkliste

8

ÜBERBLICK

8.1 Strategische Planung und nachhaltige Verantwortung

Strategische Herausforderung

Überlebensstrategien aller Lebensformen

Alle Lebensformen antworten auf die Herausforderungen der Umwelt, um zu überleben. Der Mensch überlebt, indem er die Natur kultiviert. Für deren strategische Ausbeutung sorgen technologischer und wissenschaftlicher Fortschritt ebenso wie ökonomische Effizienz. Inzwischen sind die damit verbundenen Risiken unübersehbar. Sie übersteigen oft die Chancen.

Maßstäbe für nachhaltig verantwortliche Strategien?

Zahllose Probleme, Übel und Katastrophen, wie sie in diesem Buch immer wieder analysiert wurden, haben nicht nur die Öffentlichkeit sensibilisiert, sondern auch die mitverantwortlichen Manager und Unternehmer. Sie haben erkannt, dass sie ihren Wettbewerbsvorteil nicht auf Kosten der Stakeholder und letztlich auch nicht auf Kosten der Natur sowie künftiger Generationen erwirtschaften können. Sie berücksichtigen daher immer mehr Aspekte der Unternehmensverantwortung, indem sie bei ihrer strategischen Planung Ziele zum guten Auskommen mit ihren Stakeholdern und zum Schutz der Natur formulieren. Sie verpflichten sich, z. B. die Prinzipien von UN Global Compact zu berücksichtigen und die sozialen und natürlichen Auswirkungen ihrer Aktivitäten etwa nach den Vorgaben der Global Reporting Initiative (GRI) öffentlich zu rechtfertigen. Bei der Entwicklung ihrer Strategien fehlt ihnen jedoch oft ein Maßstab, nach dem sie ihre Optionen gemäß nachhaltiger Verantwortung bewerten können. Eine Checkliste kann diese Lücke füllen. Mit ihrer Hilfe können Führungskräfte ihre strategischen Optionen, die sie z. B. mit einer SWOT-TOWS-Analyse gewonnen haben, im Hinblick auf ihre nachhaltige Verantwortbarkeit vergleichen. Auf diese Weise kann bereits bei der strategischen Planung nachhaltige Verantwortung integriert und das Risiko unverantwortlichen Handelns beträchtlich gemindert werden.

Der Zweck von Geschäfts- und Unternehmensstrategien ist, am Markt Wettbewerbsvorteile zu erhalten, um so langfristig erfolgreicher und profitabler zu werden. Wie kann man solche Strategien entwickeln? Dafür gibt es viele verschiedene Methoden, Konzepte und Modelle[1], auf die hier im Einzelnen nur andeutungsweise eingegangen werden kann. Uns interessiert, wie strategische Optionen so nachhaltig verantwortbar ausgewählt werden, dass sie nicht nur Shareholder Value erzielen, sondern auch den berechtigten Ansprüchen aller anderen Stakeholder sowie dem Erhalt der Natur genügen, also dem Selbst-, Mit- und Gesamterhalt dienen. Denn erst dann, wenn sie diese Bedingungen erfüllen, sind sie als offene soziale Systeme langfristig lebensfähig (siehe ▶ *Abschnitt 2.4*). Zum besseren Verständnis der Funktion einer Strategie im Kontext der Unternehmensverantwortung greifen wir auf die systemische Betrachtungsweise eines Unternehmens zurück.

Zweck nachhaltiger Unternehmensstrategien

Systemische Betrachtung eines Unternehmens

Wie biologische Systeme tauschen auch Unternehmen mit ihrer Umwelt Materie, Energie und Informationen aus. Sie verwenden begrenzte Ressourcen wie Material, Menschen und Wissen (Input), um sie zu wertvollen Produkten und Dienstleistungen (Output) zu transformieren. Dieser Wertschöpfungsprozess ist so lange profitabel, wie er ein Einkommen generiert, das die Kosten übersteigt. Allerdings bedrohen eine Reihe von Risiken die Wertschöpfung. Denn zum einen kann der Output unerwünschte Neben-, Rück- und Fernwirkungen nach sich ziehen. Diese können in Form von Feedbackschleifen etwa durch Stakeholderbeschwerden über den Input das Unternehmen massiv unter Druck setzen.

Wertschöpfungsprozess von sozialen Systemen

Wie bereits erwähnt (siehe ▶ *Abschnitt 6.4*), haben John Kotter und James Heskett systematisch Kulturen und den Erfolg von Unternehmen miteinander verglichen. Sie entdeckten, dass sie unterschiedlich auf Bedürfnisse und Änderungen in der Umwelt reagieren. Die einen sind sehr anpassungsfähig (*adaptive*), ihre Strategien und Geschäftspraktiken antworten nachhaltig auf veränderte Märkte und reagieren sensibler auf neue Gelegenheiten bzw. Bedrohungen. Die anderen passen sich kaum an (*non-adaptive*). Sie ignorieren alle Signale aus der Umwelt und konzentrieren sich auf die Bewahrung ihres Status. Wenn überhaupt, so reagieren sie auf Beschwerden über unsoziales oder unökologisches Verhalten höchstens irritiert. Oftmals akzeptieren ihre Input-Filter nur solches Feedback, das ihre Wahrnehmung bestätigt ("Selbstbestätigungsfeedback"[2]). Sie reagieren auf ökonomische Kennzahlen, sind reaktiv, risikoavers und auf ihre Bürokratie fokussiert.[3] Oftmals können sie nur dann nachhaltig gute Resultate liefern, wenn ihr Wettbewerbsvorteil auf einer Monopol- bzw. Oligopolsituation oder gar betrügerischen Aktivitäten gründet.

Unterschiedlich anpassungsfähige Unternehmenskulturen

Man kann sagen, dass die Unternehmenskultur als die Summe ihrer Tugenden (*Corporate Virtues*) bzw. -laster (*Corporate Vices*) die Wahrnehmungsfilter eines Unternehmens für den Informationsaustausch mit

Input-Output-Filter

seiner Umwelt öffnet oder schließt. Es kann sich dadurch als „anpassungsfähig" oder weniger anpassungsfähig erweisen.[4] So kann es sein, dass bestimmte von der Außenwelt eingehende Informationen etwa zu bestehenden Mängeln bei den Produkten (Reklamation) oder zu besseren Konkurrenzprodukten aufgrund der omnipräsenten Selbstgefälligkeit („Wir sind die Besten …") schlichtweg ignoriert werden – mit der Konsequenz, dass die Produktqualität keine Verbesserung erfährt und der Kundenstamm nach und nach wegbricht.

Unternehmen als offenes System ▶Abbildung 8.1 stellt das Unternehmen als ein offenes System dar, dass schrittweise Werte schafft vom Input bis zum Output, also die Wertschöpfungskette eines Unternehmens repräsentiert. Eine attraktive Vision und gut formulierte Mission kann alle Anstrengungen der Mitarbeiter in eine Richtung lenken, während die Strategie die Schritte zu ihrer Realisierung definiert sowie die Struktur und Prozesse der Organisation festlegt. Ziel dabei ist, das Organisationsverhalten auf einen möglichst effizienten und effektiven Output zu lenken.

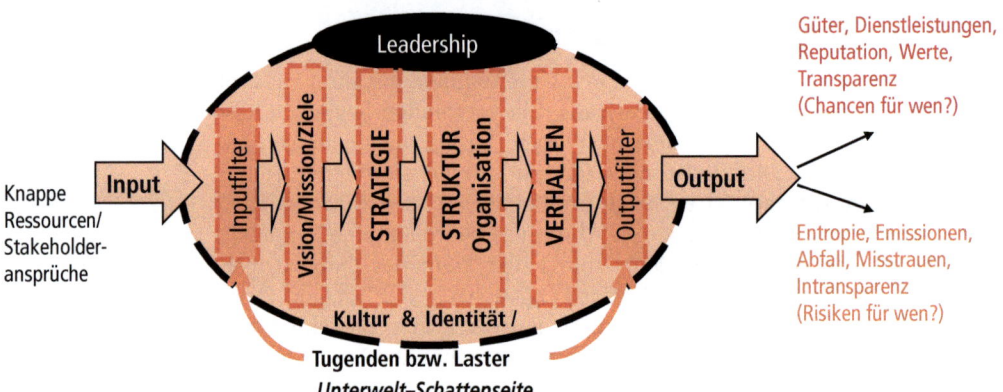

Abbildung 8.1: Unternehmen als offenes System
Quelle: abgeleitet von Rieckmann (2000, S. 76).

Rolle der Vision Die Vision bzw. Mission eines Unternehmens beschreibt dessen Beitrag für eine gewünschte Zukunft. Sie formuliert den umfassenden Sinn, dem die Strategie und alle Aktivitäten der Organisation zu dienen haben. Sie deutet oftmals auch die grundlegenden Wertvorstellungen im Umgang mit Stakeholdern an. Wenn allerdings ihr Anspruch nicht gelebt wird, ist die Empörung in der Öffentlichkeit umso größer. So hatte die Firma Tepco noch im September 2010 ihre neue „Vision 2020" publiziert. Darin verpflichtete sie sich unter anderem zur „Wertschätzung von sozialem Vertrauen" *(value social trust)* und zur „Maximierung von menschlichem und technologischem Potenzial (*maximize human and technological potential*) sowie zur Lieferung von kostengünstigem und ökofreundlichem Strom" *(deliver … low-cost, eco-friendly electricity)*.[5] Sechs Monate später bewies die Katastrophe von Fukushima das Gegenteil, nachdem die marode Sicherheitspolitik der Firma offenbar wurde.

Schritte einer systemischen Strategieentwicklung

Nachdem also die Vision ins Auge gefasst wurde, ist ein strukturierter Prozess der Strategieentwicklung empfehlenswert. Um strategische Optionen zu identifizieren, sollte zunächst die Richtung festgelegt werden, wie sie etwa die sogenannte Ansoff-Matrix vorgibt, ob bisherige Märkte mit den gleichen Produkten weiter durchdrungen, Produkte oder Märkte weiter entwickelt werden sollen oder beides, also diversifiziert werden soll.[6] Sodann sollte eine SWOT-TOWS-Analyse die jeweiligen strategischen Empfehlungen herausarbeiten. Zur Umsetzung dieser Empfehlungen können dann strategische Methoden wie organisches Wachstum, Fusionen oder Akquisitionen sowie strategische Allianzen zum Einsatz kommen.[7] Jede Entscheidung, die mit diesen Schritten einhergeht, ist nachhaltig zu verantworten.

Tools

Von besonderer Bedeutung ist die Analyse der *externen Einflussfaktoren*, die von der Branchenumwelt (Mikrodimension) sowie der globalen Umwelt (Makrodimension) ausgehen. Erstere wird durch die fünf Kräfte des Marktes (Michael Porters „Five Forces") beschrieben: Ersatzprodukte, Markteintrittsbarrieren, Verhandlungsmacht der Kunden und Lieferanten sowie Wettbewerber. Letztere umfassen die politische, makroökonomische, soziokulturelle, technologische, ökologische und legale Umwelt (abgekürzt mit: PESTEL).[8] Sie alle können *Bedrohungen (threats)*, aber auch *günstige Gelegenheiten (opportunities)* für neue Geschäftsaktivitäten darstellen. Die Firma Tepco hat offensichtlich bei der Planung des Kernkraftwerks von Fukushima besonders die ökologische Dimension vernachlässigt, nachdem sie der Empfehlung einer vorliegenden Risikostudie, einen 30 Meter hohen Wellenbrecher als Schutz vor Tsunamis vor der Küste zu verbauen, ignorierte und aus Kostengründen nur eine 6 Meter hohe Stahlwand installierte. Die Tsunamiwelle, die zur Katastrophe von 2011 führte, hatte eine Höhe von 32 Meter und wäre durch einen entsprechend hohen Wellenbrecher aufgehalten worden.[9]

Externe Einflüsse

Die *internen Einflussfaktoren* zeigen sich im Vergleich zu den Wettbewerbern als *Stärken (strengths)* oder *Schwächen (weaknesses)*. Dabei beeinflussen die gelebten Tugenden und Laster in einem Unternehmen dessen Fähigkeit, profitabel und zugleich nachhaltig verantwortlich zu wirtschaften. Die Explosionen in dem Kernkraftwerk der Firma Tepco in Fukushima sind ein Resultat einer schwachen Unternehmenskultur, die in Laster wie Korruption gegenüber Sicherheitsbehörden und Ignoranz gegenüber üblichen Sicherheitsstandards wurzelte.

Interne Einflüsse

Michael Porters Darstellung der Wertschöpfungskette erlaubt, die Stärken und Schwächen eines Unternehmens noch differenzierter an den einzelnen Funktionsbereichen festzumachen. So unterscheidet er die primären und die sekundären Aktivitäten eines Unternehmens. Die Bereiche der Eingangslogistik, Produktionsprozesse, Ausgangslogistik und Kundendienst tragen direkt zur Wertschöpfung bei, während Human Capital Management, Forschung und Entwicklung sowie Finanzen eher eine Supportfunktion haben.[10] Nun kann jeder dieser Bereiche seine nachhaltige Verantwortung mehr oder weniger gut wahrnehmen und dabei den Wertschöpfungsprozess hemmen oder fördern. ▶ Abbildung 8.2 zeigt, wie bei-

Wertschöpfungskette nach Michael Porter

spielsweise die Gesundheitsthematik in den einzelnen Funktionsbereichen verankert sein kann.[11]

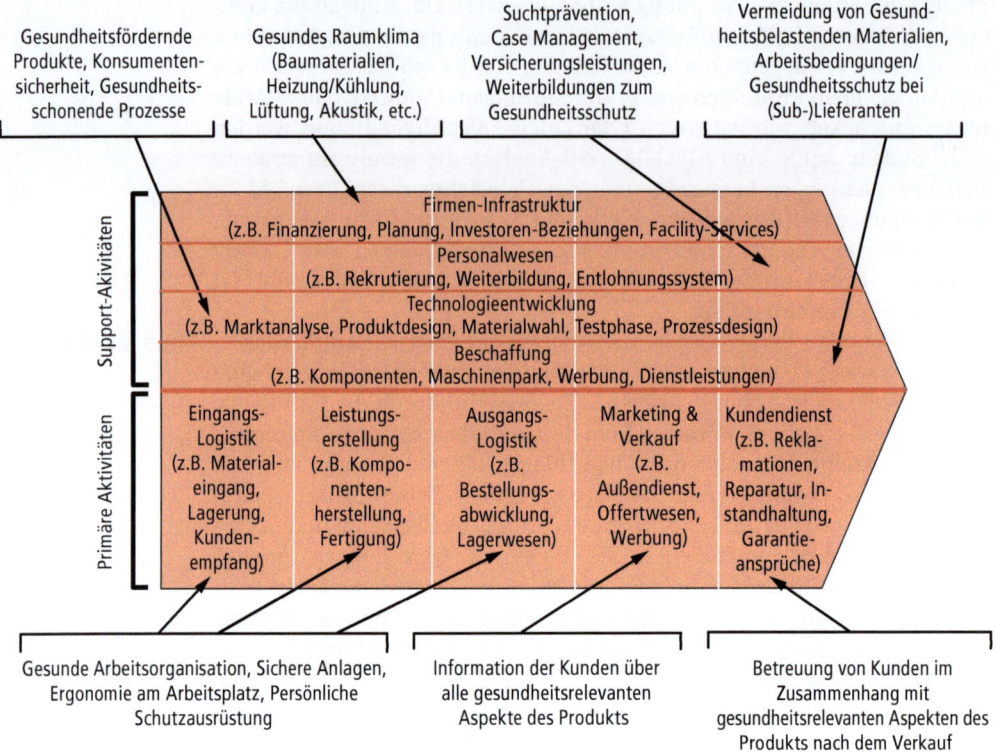

Abbildung 8.2: Wertschöpfungskette mit gesundheitsrelevanten Themen
Quelle: Winistörfer et al. (2012, S. 8) in Anlehnung an Porter/Kramer, 2006, S. 85.

Ob diese Themen gefördert oder eher unterdrückt werden, wird auch
von den gelebten Tugenden oder Lastern im Unternehmen mit geprägt.
Die Wertschöpfungskette sollte daher um die Eingangs- und Ausgangsfil-
ter ergänzt werden. Je nachdem welche Tugenden bzw. Laster in dem
Unternehmen vorherrschen, antwortet das Unternehmen unterschiedlich
auf die Feedbacks der Umwelt. So werden auch die einzelnen Themen,
die für eine nachhaltige Unternehmensverantwortung (SCR) relevant
sind, unterschiedlich wahrgenommen und intern verarbeitet. Wenn beispielsweise die Forschungs- und Entwicklungsabteilung einer Firma,
wie bei VW geschehen, der Öffentlichkeit gegenüber unwahre Auskunft
(Laster) über die Umweltfreundlichkeit ihrer Produkte erteilt, so wird
dies nach Aufdeckung des Betrugs Schadenersatzzahlungen nach sich
ziehen und sich negativ auf die Gewinnmarge auswirken. Diese Konsequenz wäre mit echtem Mut zu einer ökologischen Produktionsweise
(Tugend) in Kooperation mit Behörden, Umweltschutzgruppierungen
und externen Forschungseinrichtungen möglicherweise im Vorfeld verhindert worden.

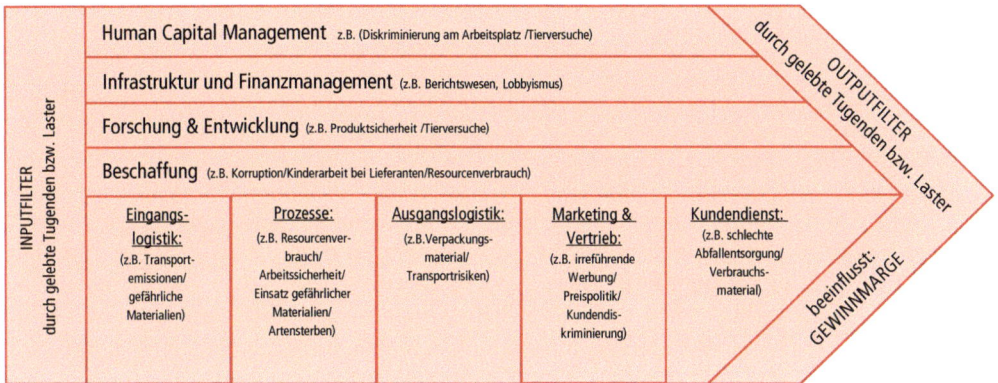

Abbildung 8.3: Wertschöpfungskette einer Firma mit Kulturfilter aus Tugenden bzw. Lastern
Quelle: nach Schüz, 2014, S. 262, in Abwandlung von Porter, 2006, S. 85.

Die externen wie internen Einflussfaktoren gilt es nun zu kombinieren, indem die Frage beantwortet wird: „Wie weit erlauben die Stärken und Schwächen des Unternehmens die günstigen Gelegenheiten wahrzunehmen und die Bedrohungen abzuwehren bzw. in günstige Gelegenheiten umzuwandeln?" Mit der SWOT-Analyse (Akürzung von: Strengths, Weaknesses, Opportunities, Threats) wird zunächst ein Inventar der einzelnen Faktoren erstellt.[12] Aus den verschiedenen Kombinationsmöglichkeiten der TOWS-Matrix lassen sich Defensiv-, Präventions-, Entwicklungs- und Offensivstrategien ableiten.[13]

SWOT-TOWS-Matrix

Interne Faktoren	**Externe Faktoren** **Opportunities/** **Günstige Gelegenheiten** O1 ... O2 ... O3	**Threats/** **Bedrohungen** T1 ... T2 ... T3 ... ...
Strengths/ **Stärken** S1 ... S2 ... S3	**SO-Strategien** Defensivstrategien	**ST-Strategien** Präventionsstrategien
Weaknesses/ **Schwächen** W1 ... W2 ... W 3... ...	**WO-Strategien** Entwicklungsstragien	**WT-Strategien** Offensivstrategien

Tabelle 8.1: TOWS-Matrix
Quelle: in Anlehnung an Weihrich (1982) und Büchler (2014, S. 81).

All diese strategischen Optionen sollten daraufhin geprüft werden, inwieweit ihre jeweiligen Konsequenzen nachhaltig verantwortbar sind.

8.2   Unternehmensverantwortung als strategischer Prozess

Verantwortungs-prozess als Feedbackschleife

Die Verantwortung von Unternehmen besteht nun darin, dass sie alle Konsequenzen (Output als Haupt-, Neben-, Rück- und Fernwirkungen) ihrer Aktivitäten gegenüber allen davon Betroffenen (Stakeholdern) verantworten, ihnen also Rede und Antwort stehen. Diese Konsequenzen werden über die Reaktionen der Stakeholder (Lob, Tadel, Boykott, Strafanzeige etc.) in Form von kybernetischen Feedbackschleifen über den Input wieder an das Unternehmen zurückgegeben. Je nach Offenheit des Input-Filters werden diese Reaktionen berücksichtigt oder nicht. Die In- bzw. Outputfilter legen fest, inwieweit ein Unternehmen seine Verantwortung gegenüber den Stakeholdern wahrnimmt oder nicht.

Die Struktur der dreifachen Unternehmensverantwortung (mit ökonomischer, sozialer, ökologischer Dimension) kann als Feedbackprozess folgendermaßen skizziert werden:

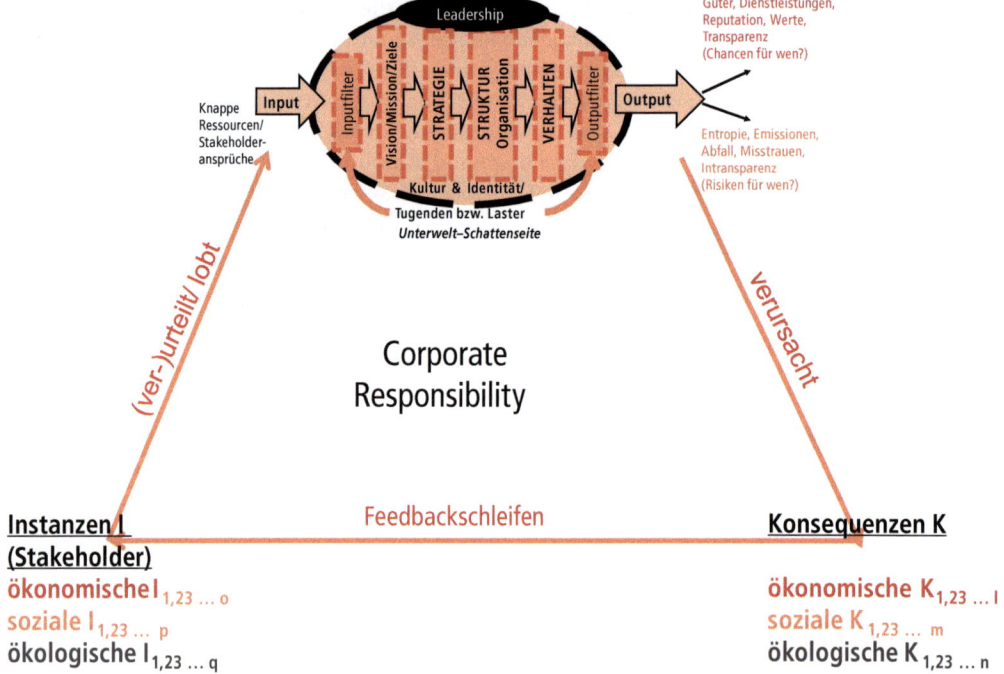

Abbildung 8.4: Feedbackschleifen der Unternehmensverantwortung

Tugenden und Laster als Filter

Die gelebte Kultur eines Unternehmens fungiert dabei als Filter, wie die Konsequenzen der eigenen Aktivitäten (Output) überhaupt wahrgenommen und welche Stakeholderansprüche überhaupt gehört werden. Die im Unternehmen etablierten Tugenden (*Corporate Virtues*) und Laster (*Corporate Vices*) sorgen für eine spezifische Wahrnehmung der Umwelt. Zum Beispiel ignoriert das Laster der Gier die Bedürfnisse von Kunden oder anderer Stakeholder und provoziert somit deren Widerstand. Deshalb haben rein profitorientierte Unternehmen oft nur eine einseitige Sicht auf ihre Umwelt und verfolgen entsprechend kurzsichtige Strategien. Im Gegenzug dazu gewinnen Tugenden der Vertrauenswürdigkeit, Offenheit oder Integrität viel leichter das Vertrauen der Stakeholder und führen zu besseren Beziehungen zu diesen. Unternehmen mit Integrität schaffen leichter Werte für jeden. Während profitmaximierende Unternehmen hauptsächlich ökonomische Leistungsindikatoren wie Aktienkurse oder Kreditwürdigkeit wahrnehmen, ziehen solche mit Integrität auch soziale und ökologische Indikatoren in Betracht – wie zum Beispiel Reklamationen oder schwindende natürliche Ressourcen.

Je nach Offenheit dieser Filter werden die Feedbackschleifen aus der Umwelt unterschiedlich aufgenommen und intern weiterverarbeitet, indem ein Unternehmen z. B.

- narzisstisch nur solche Feedbacks wahrnimmt, die das eigene Vorgehen bestätigen (Selbstbestätigungsfeedback, s. o.)[14];
- technisch nur auf Reklamationen bezüglich der Qualität der ausgelieferten Produkte und Dienstleistungen etwa mit Verbesserungen reagiert (Qualitätsfeedback);
- ethisch auf das Feedback von Stakeholderansprüchen antwortet (Stakeholderfeedback);
- ästhetisch die Signale eines gestörten Naturhaushalts aufnimmt und Maßnahmen zu seinem Schutz ergreift (Ökofeedback);
- pronoetisch, also vorsorglich (von griech. *pronoeo* = für jemanden Sorge tragen), die Bedürfnisse künftiger Generationen mit berücksichtigt (virtuelles Feedback).

Halten wir also fest, dass die in einem Unternehmen gelebten Tugenden und Laster die Verantwortungsfähigkeit eines Unternehmens wesentlich beeinflussen. Denn sie bestimmen, welche Konsequenzen überhaupt erkannt und welche Instanzen beachtet werden.

Je machtvoller ein Stakeholder allerdings auftreten kann, desto eher kann er eine Antwort erzwingen – durch Streiks, Boykotts oder Gerichtsprozesse etc. Das ist für das Unternehmen, das darauf gar nicht eingestellt ist, ein schmerzvoller und kostspieliger Prozess. Die erzwungene Antwort wird dann von der jeweiligen Instanz beurteilt, ob sein Handeln als gut oder böse, richtig oder falsch, schön oder hässlich, angenehm oder unangenehm, nützlich oder schädlich, gesund oder ungesund, edel oder gemein, gesetzeskonform oder kriminell eingeschätzt wird. Prinzipiell hängt es vom Urteil der Instanzen ab, ob ein Unternehmen gelobt oder getadelt wird. Von den Machtmitteln der Instanz hängt es dann ab, ob im Falle einer Verurteilung Sanktionen gegen das Unternehmen ausgesprochen werden können.

Machtmittel der Instanzen

Im folgenden Abschnitt wird nun eine Checkliste auf der Basis der nachhaltigen Unternehmensverantwortung vorgestellt. Mit ihrer Hilfe können die bisher vorgestellten Ethikansätze sowie die ökonomische und ökologische Dimension der nachhaltigen Verantwortung ziemlich umfassend auf konkrete Problemstellungen angewendet werden. Insbesondere Dilemmata können auf diese Weise leichter gelöst werden.

Lösung von Dilemmata

8.3 Einsatz der SCR-Checkliste zur Strategiefindung

Als Entscheidungshilfe für ethisches Handeln empfehlen manche Autoren Checklisten.[15] Der hier vorgeschlagene Fragenkatalog[16], ob eine unternehmerische Handlung oder Entscheidung nachhaltig verantwortbar ist, bezieht sich auf die Dimensionen der nachhaltigen Unternehmensverantwortung (*Sustainable Corporate Responsibility* = SCR), wie sie in ▶*Kapitel 2.6* eingeführt wurde. Die Checkliste repräsentiert die ökonomische, ökologische und soziale Dimension. In jeder Dimension werden wichtige Aspekte der Verantwortung abgefragt und mit einem Faktor gewichtet, der sich aus der Scope-Sustainability-Matrix in ▶Tabelle 8.3 ableiten lässt. Der Faktor deutet an, wie groß die räumliche und zeitliche Reichweite der Verantwortung eingeschätzt wird. Die Fragen zur sozialen Dimension sind ausführlicher auf die einzelnen Ethikansätze abgestimmt, als dies bei den beiden anderen Dimensionen der Fall ist.

Im ersten Schritt gilt es, die geplante problematische Handlung zu identifizieren, wie z. B.: (A) „Soll ich meine Landwirtschaft auf gentechnisch verändertes Saatgut umstellen?" oder (B) „Soll ich meine Landwirtschaft auf biologischen Anbau umstellen?" Zweitens sollte geprüft werden, ob diese Handlungen nach den folgenden Kriterien der SCR akzeptabel bzw. inakzeptabel oder neutral (= 0) ist. Überwiegt die Akzeptabilität (+ > −), so dürfte sie nachhaltig verantwortbar sein, im umgekehrten Fall (− > +) eher nicht.

Kriterien für Annahme (ja = +) oder Ablehnung (nein = −) einer Handlung gemäß Sustainable Corporate Responsibility (SCR)	+/ 0/ −	Faktor aus Scope-Sustainability-Matrix* (A)/(B)
I. Ökonomische Dimension – funktionale Verantwortung		
1. Effizienz: Sind die nötigen Ressourcen bzw. Mittel zur effizienten Verwirklichung der Handlung vorhanden, sprich: tue ich die Dinge richtig?		/
2. Tausch-Prinzip: Gebe ich mit der Aktion mindestens so viel wie ich nehme?		/
3. Effektivität: Ist die Aktion profitabel, sprich: tue ich die richtigen Dinge?		/
II. Ökologische Dimension – ästhetische Verantwortung		
1. Selbstreflexion: Erzeugt die Handlung über alle meine Sinne Wohlbefinden?		/
2. Sinnreflexion/Cradle-to-Cradle-Test: Können die Abfälle meiner Handlung wieder sinnvoll in den Naturkreislauf integriert werden?		/
3. Ganzheitsreflexion: Respektiert die Handlung die Bedürfnisse des größeren Ganzen?		/

Tabelle 8.2: SCR-Checkliste
Quelle: In Abwandlung von Schüz, 2013a, S. 52.

Kriterien für Annahme (ja = +) oder Ablehnung (nein = –) einer Handlung gemäß Sustainable Corporate Responsibility (SCR)	+/ 0/ –	Faktor aus Scope-Sustainability-Matrix* (A)/(B)
III. Soziale Dimension – ethische Verantwortung		
1. Tugendethik – Durchschnittswert aus a und b:		/
a. Tageslichttest: Würde ich mich gut (+) oder schlecht (–) fühlen, wenn andere (Freunde, Familie, Kollegen, Öffentlichkeit) von meiner Handlung/Entscheidung wüssten?		/
b. Tugendmitte: Könnte die Handlung als tugendhaft (goldene Mitte zwischen zwei Lastern) angesehen und so zum Vorbild oder gar zur Best Practice erhoben werden?		/
2. Utilitaristische Ethik – Durchschnittswert aus a und b:		/
a. Folgenbetrachtung**):** Sind die Folgen meiner Handlung für alle betroffenen Stakeholder eher nützlich (+) oder eher schädlich (–)?		/
b. Stakeholder-Diskurstest: Wurde eine fiktive oder reale Debatte über die geplante Handlung mit den wichtigsten Stakeholdern auf faire und durchsichtige Weise durchgeführt?		/
3. Deontologische Ethik – Durchschnittswert a und b:		/
a. Konformität: Ist die Handlung mit Gesetzen bzw. etablierten Unternehmensleitbildern konform?		/
b. Universalisierbarkeits- und Würdetest (kategorischer Imperativ): Kann die Handlung zum universalen Prinzip erhoben werden bzw. verletzt sie die Würde von Betroffenen?		/
Anzahl +: ____/____ Anzahl –: ____/____ **Ergebnis: Handlungen verantwortbar gemäß SCR?**		**(A): Ja:** ☐ **Nein:** ☐ **(B): Ja:** ☐ **Nein:** ☐

Tabelle 8.2: SCR-Checkliste
Quelle: In Abwandlung von Schüz, 2013a, S. 52.

*) Der Faktor ergibt sich gemäß Scope-Sustainability-Matrix, also aus Reichweite (Scope) und Nachhaltigkeit (Sustainability) der angestrebten Unternehmensverantwortung gemäß ▶ Tabelle 8.3.
Für die Annahme bzw. Ablehnung einer Handlung spricht also erheblich mehr (z. B. Faktor 9), wenn diese eine große Reichweite hat und sich langfristig auswirkt.
**) Eine utilitaristische Folgenbetrachtung kann nach dem Schema in ▶ Tabelle 8.4 grob vorgenommen werden.

Nachhaltigkeit (Sustainability) Reichweite (Scope)	kurzfristig 1	mittelfristig 2	langfristig 3
klein 1	1	2	3
mittel 2	2	4	6
groß 3	3	6	9

Tabelle 8.3: Scope-Sustainability-Matrix
Quelle: Schüz, 2013a, S. 52.

Betroffene Stakeholder	Nützliche Folgen	Schädliche Folgen
Politiker		
Unternehmen		
Mitarbeiter		
Kunden		
Konkurrenten		
Mitarbeiter des Konkurrenten		
…	…	…
…	…	…
Grob-Bilanz: **Die Handlung (A)/(B) erzeugt für alle Betroffenen den größten Nutzen (ankreuzen!).**	nützt insgesamt: (A):___x + / (B):___x – wobei noch eine Gewichtung der jeweiligen Folgen vorgenommen werden müsste	schadet insgesamt: (A):___x – / (B):___x – wobei noch eine Gewichtung der jeweiligen Folgen vorgenommen werden müsste

Tabelle 8.4: Utilitaristische Folgenbetrachtung

Die Vergabe von Plus- und Minuspunkten wird von Beurteiler zu Beurteiler unterschiedlich ausfallen. Da in den meisten Fällen die Entscheidungen nicht einsam getroffen werden, ist es sinnvoll, die Tabelle von allen Entscheidungsträgern zunächst unabhängig ausfüllen zu lassen, um anschließend die Einzelergebnisse miteinander zu vergleichen und zu diskutieren. Der Nutzen der Tabelle besteht vor allem in der Sensibilisierung für die Neben-, Rück- und Fernwirkungen einer Handlung sowie für deren mögliche Beurteilung durch verschiedene Instanzen.

Der Anwender der Tabelle sollte sich darüber im Klaren sein, dass die Verneinung bestimmter Fragen automatisch zur Ablehnung der Handlung führen kann, wenn er bestimmte Pflichtenkataloge wie z. B. den UN Global Compact für absolut bindend hält. Da dort korrupte Handlungsweisen verworfen werden, führt z. B. die Frage, ob in einem bestimmten Fall Schmiergelder gezahlt werden sollten, automatisch zur Ablehnung. Die Checkliste hilft vor allem bei Dilemma-Situationen weiter, in denen sowohl die Ablehnung als auch die Akzeptanz einer Handlung als verantwortlich angesehen werden kann.

| Übung | **Nachhaltig verantwortliche Strategieentwicklung der Lurch AG** |

Die traditionsreiche deutsche Lurch AG produzierte erfolgreich unterschiedlichste Reinigungsmittel – vor allem für Schuhe – seit mehr als 80 Jahren. Obwohl die Firma bis vor Kurzem ein hohes Ansehen genoss, geriet sie kürzlich in eine schwere Krise. Schon seit einigen Jahren verkaufte Lurch Schuhspray, das möglicherweise schwere Gesundheitsprobleme erzeugt. Besonders nach Gebrauch in geschlossenen Räumen klagten immer wieder Konsumenten über Atemnot, Schwindel, Hautausschläge, starke Kopfschmerzen und Übelkeit, die in manchen Fällen mehrere Tage anhielten.

Dr. Spreemann, der Vorstandsvorsitzende der Lurch AG, gibt gegenüber seinem persönlichen Strategieberater, Herrn Dr. Pestel, zu, dass Vorstand und Management anfänglich den eingehenden Beschwerden keine Bedeutung beigemessen hatten. Sie haben die Situation zwar in Vorstandssitzungen diskutiert, aber keine weiteren Maßnahmen eingeleitet, selbst dann nicht, als auch der Betriebsarzt ihnen gesundheitliche Probleme von Mitarbeitern der Produktionsabteilung gemeldet hatte. Die erfolgreiche Vermarktung des Produkts sollte nicht unnötig behindert werden.

Die Redaktion einer Wirtschaftszeitung hat offenbar von einem Mitarbeiter der Lurch AG inzwischen Insider-Informationen über die Verschleierungsversuche der Kadermitglieder erhalten und recherchiert bereits in der Sache. Auch gingen Strafanzeigen bei der Polizei ein, und die Staatsanwaltschaft hat die Ermittlungen aufgenommen. Konsumentenschutzorganisationen, Gesundheitsämter und Ärzte warnen öffentlich vor dem Einsatz des Sprays zumindest in geschlossenen Räumen. Deshalb hat auch der größte Discounter im deutschsprachigen Raum angekündigt, die riskanten Produkte aus seinem Sortiment zu nehmen.

Mitarbeiter der Lurch AG erhalten permanent Anfragen von besorgten Kunden, denen sie keine zufriedenstellenden Antworten geben können. Sie geben deshalb die Fragen an den Vorstand weiter und bitten ihn um Aufklärung der gesamten Belegschaft über die tatsächlichen Risiken des Ledersprays. Außerdem kursiert das Gerücht, dass die Lurch AG von einem US-amerikanischen Großkonzern übernommen werden soll, nachdem der Aktienkurs starke Einbrüche zu verzeichnen hatte. Bei dieser Gelegenheit haben Großaktionäre der Lurch AG ihre Loyalität zum Ausdruck gebracht und die Absicht geäußert, die Firma gegen die unfreundliche Übernahme zu verteidigen.

Bei den Vorgesprächen erwähnte Spreemann gegenüber seinem Bera-ter nebenbei die Abteilung Ecoclean unter der Leitung von Dr. Essigrein, in der auf rein pflanzlicher Basis eine neue Produktlinie entwickelt worden war. Dr. Essigrein sei aber sehr introvertiert und wegen seines vermeintlich „eigenbrötlerischen" und „spinnösen" Wesens bei seinen Kollegen wenig beliebt. Spreemann selbst hält seine Ideen für wenig praxisfähig, die von ihm entwickelten Produkte für kaum absetzbar. Der Abteilung sei deshalb vor Kurzem das Budget gekürzt worden, man habe sogar überlegt, sie ganz aufzulösen. Zufäl-lig kannte Dr. Pestel einen Mitarbeiter dieser Abteilung, der unter dem schlechten Image der Abteilung im Unternehmen sehr litt, trotz der hohen Marktchancen, die er in den neu entwickelten Produkten sieht.

Dr. Spreemann beauftragt nun Dr. Pestel, Vorschläge für die Restruk-turierung der Lurch AG zu unterbreiten. Er soll strategische Optionen entwickeln, die die gegenwärtige Krise bewältigen und das Unterneh-men wieder zum nachhaltigen Erfolg führen.

1. Entwickeln Sie schrittweise eine nachhaltig verantwortliche Gesamtstrategie der neuen Lurch AG. Verwenden Sie dabei die Arbeitsformulare, die unter *www.pearson-studium.de* herunter-geladen werden können.

2. Formulieren Sie eine Vision und einen entsprechenden Auftrag (*Formular 9.1*).

3. Analysieren Sie nun Porters fünf Kräfte und die relevanten Um-welteinflüsse nach PESTEL. Fokussieren Sie dabei auf solche Einflüsse, die für die Lurch AG relevant sind und einen Bezug zur nachhaltigen Verantwortung haben (*Formular 9.2*).

4. Arbeiten Sie die Stärken und Schwächen der Lurch AG heraus, die relevant für nachhaltige Verantwortung sind (*Formular 9.3*).

5. Verwenden Sie die Ergebnisse, um eine SWOT-TOWS-Analyse zu erstellen. Beschränken Sie sich dabei jeweils auf die drei Ihrer Meinung nach wichtigsten Einflussfaktoren (*Formular 9.4*).

6. Priorisieren Sie die strategischen Optionen gemäß dem Können der Lurch AG, das von der gelebten Kultur, den vorhandenen Ressourcen und der Umweltsituation abhängt.

7. Wählen Sie zwei Optionen aus, denen Sie die größten Erfolgsaus-sichten geben, und überprüfen Sie anhand der SCR-Checkliste, inwieweit sie nachhaltig verantwortbar sind (*Formular 9.5*).

Zusammenfassung

Unternehmensstrategien sind Mittel, um sich am Markt erfolgreich zu behaupten. Sie sollten nachhaltig verantwortbar sein und dabei zur Erreichung der Unternehmensziele sowie zur Realisierung der Unternehmensvision beitragen. Die Strategie ist die Grundlage der Struktur und Prozesse, die das organisationale Verhalten in eine bestimmte Richtung lenken sollen. Unternehmen können dabei als offene Systeme angesehen werden, deren Output gewünschte und unerwünschte Konsequenzen erzeugt, die von den betroffenen Stakeholdern unterschiedlich wahrgenommen werden und entsprechend an das Unternehmen in Form von Input wieder zurückgemeldet werden. Die gelebte Kultur des Unternehmens prägt mit, inwieweit das eingehende Feedback wahrgenommen oder unterdrückt wird. Sie wirkt wie ein Input- oder Outputfilter. Je offener ein Unternehmen die Reaktionen der Umwelt wahrnimmt, desto verantwortungsbewusster gestaltet es seine Aktivitäten. Die SCR-Checkliste hilft Führungskräften, ihre Entscheidungen gemäß den unterschiedlichen Dimensionen der nachhaltigen Verantwortung (*Sustainable Corporate Responsibility* – SCR) besser einzuschätzen und mit anderen Optionen zu vergleichen.

Im nächsten Teil sollen nun aktuelle Herausforderungen der Ethik untersucht werden, und zwar wieder anhand der Struktur der Verantwortung: Zunächst sollen die Konsequenzen des Handelns auch für künftige Generationen bedacht werden. Sodann soll die Beschränkung der Pflichtenethik auf den Menschen zugunsten aller Lebewesen aufgehoben werden. In einem dritten Schritt sollen die Tiefendimensionen der menschlichen Psyche miteinbezogen werden.

Komplementäre Zusammenschau Teil II

Die bisherigen Ausführungen haben gezeigt, dass die Unternehmensverantwortung mehrere Dimensionen berücksichtigen sollte, wenn sie nicht viele Konsequenzen des Handelns (Neben-, Rück- und Fernwirkungen) sowie anspruchsberechtigte Instanzen (Stakeholder) ignorieren will. Die Reduktion der Unternehmensverantwortung auf die Sicherstellung der Profitabilität, wie sie vornehmlich in den 90er-Jahren des vorigen Jahrhunderts mit der Shareholder-Value-Ideologie gefordert und gefördert wurde, hat sicher zu Beginn des 21. Jahrhunderts einen wesentlichen Teil zu der noch heute anhaltenden Weltwirtschaftskrise beigetragen.

Bisher haben wir vor allem die soziale Dimension der Unternehmensverantwortung beleuchtet. Deren Ziel ist das gute Auskommen mit allen Stakeholdern. Der Weg dahin wurde mithilfe der drei klassischen Ansätze der Ethik eingeschlagen:

- der utilitaristischen Güterethik, deren Ziel die Sicherstellung nützlicher Güter für alle Betroffenen ist,

- der deontologischen Pflichtenethik, deren Ziel die Beachtung von allseits anerkannten Sollensforderungen ist, und schließlich

- der situativen Tugendethik, deren Ziel die Stärkung des menschlichen Charakters in Richtung Befähigung zur Ethik ist.

Die hier vorgestellte ethische Unternehmensverantwortung macht deutlich, dass die verschiedenen Ethikansätze sich nicht wie Alternativen ausschließen, sondern im Gegenteil sogar notwendig ergänzen. Zwar geht es ihnen allen um das gute Miteinanderauskommen. Jedoch verwirklichen sie dies auf unterschiedliche Weise. Der eine untersucht die *Folgen* des Handelns im Hinblick auf seine Nützlichkeit (Utility). Der andere prüft, ob das Handeln mit den Maßstäben bzw. *Instanzen* der Ethik übereinstimmt (Compliance). Der dritte arbeitet heraus, inwieweit das handelnde *Subjekt* überhaupt über den nötigen Charakter und die Befähigung zum ethischen Handeln, also über genügend Integrität verfügt (Integrity). Mit der Vernachlässigung auch nur eines Aspekts riskiert man, dass die gewählte Entscheidung zu kurz greift und der Komplexität der Neben-, Rück- und Fernwirkungen von Geschäftsaktivitäten nicht gerecht wird und dadurch das gute Auskommen mit den Stakeholdern gefährdet wird.

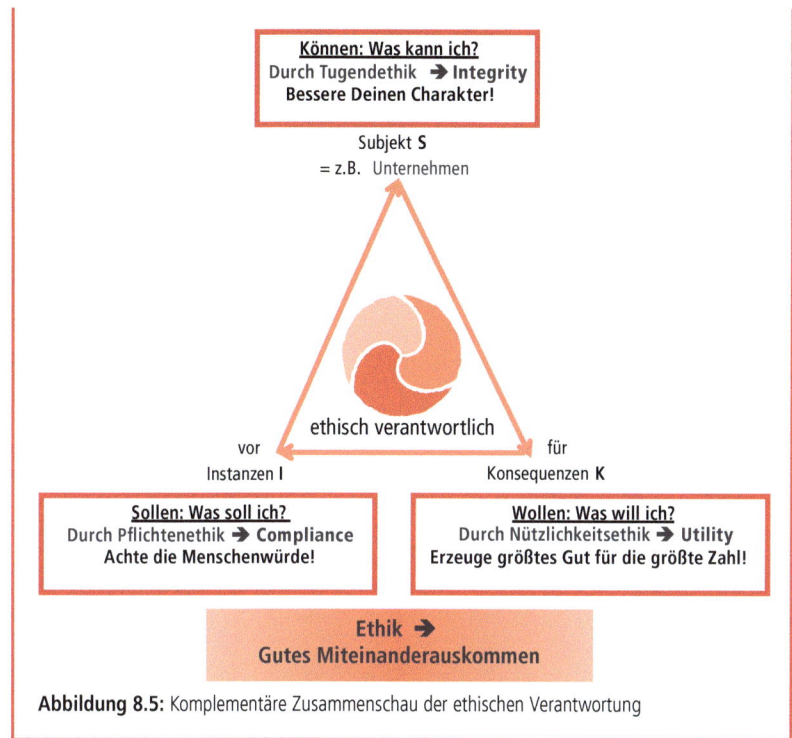

Abbildung 8.5: Komplementäre Zusammenschau der ethischen Verantwortung

Weiterführende Inhalte finden Sie auf der Website *www.pearson-studium.de* unter Online Extras.

Endnoten

1 Einen besonders praxisorientierten Einblick, wie man Strategien entwickelt, umsetzt und optimiert, bietet Büchler, 2014.

2 Rieckmann, 2000, S. 70. Heijo Rieckmann unterscheidet noch das Qualitäts- und Verantwortungsfeedack. Ersteres reagiert auf Reklamationen bezüglich der Qualität der Produkte und Dienstleistungen technisch mit Verbesserungen der Qualität. Letzteres reagiert verantwortlich bezüglich Reklamationen aus der sozialen und ökologischen Umwelt.

3 Kotter/Heskett, 1992, S. 44; vgl. 51.

4 Kotter/Heskett untersuchten systematisch Unternehmensentwicklungen in Abhängigkeit davon, ob sie mehr „adaptive" oder „non-adaptive" waren (1992, S. 51).

5 Tepco, 2010.

6 Büchler, 2014, S. 117 nach Ansoff, 1988, S. 109.

7 Vgl. Johnson et al., 2005, S. 340, 354 ff, 359.

8 Vgl. Büchler, 2014, S. 47 ff.

9 Redaktion, 2012.

10 Die Wertschöpfungskette wurde detaillierter von Michael Porter dargestellt (1985, S. 36–47).

11 Vgl. Porter/Kramer, 2006, S. 85.

12 Büchler, 2014, S. 79 ff. Die Grundidee der SWOT-Analyse scheint aus dem Militärbereich und fernöstlichen Kampfsport erwachsen zu sein. Hier gilt es, die Bedrohung eines Gegners in einen Vorteil zu verwandeln. (Yoffie/Kwak, 2001)

13 Weihrich, 1982.

14 Vgl. Rieckmann, 2000, S. 70.

15 Vgl. Collins, 2012, S. 189.

16 Nach dem Vorbild von Fisher/Lovell, 2009, S. 139 f.

TEIL III

Neuere Ethikansätze in Unternehmen

Intergenerative Ethik – Berücksichtigung künftiger Generationen

9

ÜBERBLICK

Lernziele

Der Leser

- sieht die Notwendigkeit einer nachhaltigen, sprich: intergenerativen Ethik ein,

- kennt die Schwierigkeiten, die Konsequenzen seines Handelns auch gegenüber zukünftigen Generationen zu verantworten,

- weiß, wie die Bedürfnisse künftiger Generationen schon heute berücksichtigt werden können,

- kennt einige Regeln für die Gewinnung der Solidarität von Mitstreitern.

9.1 Klimaschutz – ein Beispiel für Zukunftsethik

Ergebnis von COP21, der Klimakonferenz 2015 von Paris

Beteiligung von 195 Staaten

Am 12.12.2015 haben in Paris 195 Staaten einen völkerrechtlich verbindlichen Beschluss zur globalen Energiewende gefasst. Er soll den von der Menschheit selbst verschuldeten Prozess der Erderwärmung abbremsen. In kaum erwartbarer Einmütigkeit haben auf der COP21, der 21. „Conference of the Parties", auch Staaten zugestimmt, die erhebliche Nachteile davon zu erwarten haben, wie z. B. die erdölexportierenden Länder oder das auf Kohleverbrennung fokussierte Indien. Die Weltgemeinschaft hat zum Klimaschutz das Ende von Kohle, Öl und Gas bis Mitte des 21. Jahrhunderts beschlossen und das Ende aller Treibhausgase von 2060–80 an. Zugleich wurde ein Solidaritätspaket mit jährlichen Zahlungen über 100 Milliarden US-Dollar von 2020–25 zur Klimafinanzierung für ärmere Länder zugesichert. Was das Abkommen, das am 22. April 2016 in New York von den Staatschefs unterzeichnet und damit endgültig abgesegnet werden sollte, so einmalig macht, ist seine Langfristigkeit und die Solidarität fast aller Länder dieser Erde. Es ist das Resultat einer neuen ethischen Verantwortung, die die negativen Folgen heutigen Handelns auf zukünftige Generationen nicht nur reflektiert, sondern auch mit großem Aufwand zu korrigieren versucht.[1]

Historischer Rückblick

Der Pariser Konferenz waren zahlreiche andere vorausgegangen. Den Startschuss gab die Konferenz der Vereinten Nationen über Umwelt und Entwicklung („United Nations Conference on Environment und Development, UCED"), auch als „Erdgipfel" oder „Rio-Konferenz" bezeichnet. Sie fand vom 3. bis 14. Juni 1992 in Rio de Janeiro statt. Anschließend wurde die „Kommission für Nachhaltige Entwicklung" (Commission on Sustainable Development, CSD) gegründet, innerhalb derer sich auch das „World Business Council for Sustainable Development, WBCSD" gebildet hat. Dieses wird von Unternehmensvorständen geführt und versteht sich als Vermittler einer Nachhaltigkeitsphilosophie, der zufolge wirtschaftliches Handeln „im Einklang mit den begrenzten Ressourcen der Erde" steht und zugleich ein „gutes Leben" für alle auch in ferner Zukunft ermöglichen soll. In seiner „Vision 2050" sollen dabei „Bildung, Gesundheit, Mobilität, grundlegende Güter wie Nahrung, Wasser, Energie und Wohnraum sowie Konsumgüter für alle zugänglich und leistbar" sein.[2] Seither haben sich zwar immer mehr Wirtschaftsunternehmen verpflichtet, zur Umsetzung dieser Ideen beizutragen, doch im Hinblick auf den Klimaschutz wurde nur wenig erreicht. Von 1990 bis 2012 hatte sich der Ausstoß von Treibhausgasen um 55 % auf 35 Milliarden Tonnen gesteigert. Und dies, obwohl das Kyoto-Protokoll, das auf der COP3 im Dezember 1997 in Japan beschlossen wurde und 2005 in Kraft trat, für diesen Zeitraum eine Reduktion von 5 % vorsah. Grund war, dass die größten Treibhausemittenten, die USA, Indien und China, das Protokoll nicht unterzeichnet hatten – zum Schutz ihrer Industrien.[3]

Zusammenfassung der wichtigsten Ergebnisse von Paris

1. Drei langfristige Ziele:

– Begrenzung der Erwärmung auf deutlich unter 2 °C und Anstrengungen, um eine Begrenzung auf 1,5 °C zu erreichen.

– Erhöhung der Fähigkeit zur Anpassung an den Klimawandel (Resilienz).

– Umlenken aller Finanzströme, um sie mit diesen Klimazielen kompatibel zu machen.

2. Gemeinsames Emissionsziel:

– Globales Ziel von Netto-Null-Treibhausgasemissionen in der zweiten Hälfte des Jahrhunderts, was auch eine globale Dekarbonisierung bis Mitte des Jahrhunderts bedeutet.

3. Nationale Klimaziele:

– Verbindliche Verpflichtung aller Staaten, ihre Ziele einzureichen und Maßnahmen zu ergreifen, um die Ziele zu erreichen.

– Nachschärfungsrunden alle fünf Jahre, beginnend 2018.

4. Kapazitätsaufbau:

– Neuer Mechanismus zum Aufbau von Kapazitäten in Entwicklungsländern.

5. Finanzierung:

– Fortsetzung der Klimafinanzierung durch Industrieländer mit 100 Milliarden US-Dollar jährlich von 2020–25 plus freiwilliger Ergänzung durch Schwellenländer. Danach Festlegung eines neuen, weitergehenden Ziels unter Berücksichtigung des Beitrags der Schwellenländer.

– Regelmäßige Finanzierungsberichte und -zusagen der Geber alle zwei Jahre.

6. Klimawandelbedingte Schäden und Verluste:
   – Anerkennung als eigenes Thema.

7. Berichte
   – Verbessertes einheitliches Berichtswesen.[4]

Was hat dazu geführt, dass in Paris nun anscheinend ein Durchbruch im Klimaschutz erreicht wurde? Wieso haben sich – anders als in Kyoto und auf den vielen nachfolgenden Konferenzen – diesmal fast alle Staaten dieser Welt trotz ihrer unterschiedlichsten Interessen einigen können? Wie kommt es, dass offenbar neben staatlichen Institutionen und NGOs auch die Wirtschaft hinter den Beschlüssen steht?

Das Versprechen von COP21

Unmittelbar nach der Konferenz wurde „Das Versprechen" (The Pledge) ins Leben gerufen. Jede Organisation, die die Beschlüsse von COP21 aktiv mittragen will, kann sich hier eintragen. Inzwischen (Mitte Januar 2016) haben mehr als 1.000 Organisationen das Versprechen gegeben:

> „As cities, regions, businesses, investors, civil society groups, trade unions and other signatories, coming from every sector of society and every corner of the world, we realize that dangerous climate change threatens our ability and the ability of future generations to live and thrive in a peaceful and prosperous world. We also realize that taking strong action to reduce emissions can not only reduce the risks of climate change but also deliver better growth and sustainable development.
>
> As a result, we the undersigned, affirm our strong commitment to a safe and stable climate in which temperature rise is limited to under 2 degrees Celsius.
>
> In support of this, we welcome the adoption of a new, universal climate agreement at COP21 in Paris, which is a critical step on the path to solving climate change. We pledge our support to ensuring that the level of ambition set by the agreement is met or exceeded.
>
> We will do this by taking concrete steps now, and without waiting for the entry into force of the agreement in 2020, both individually and cooperatively, to reduce greenhouse gas emissions to a safe level and build resilience against those changes already occurring.
>
> We will look back at this moment as our turning point, when the transition to a low-emission and climate resilient economy became inevitable, irreversible and irresistible. We must, we can and, together, we will solve climate change."[5]

Bereits zwei Tage nach Unterzeichnung am 14. Dezember 2015 haben allein aus Deutschland 34 Großunternehmen ihre Unterstützung bei der Umsetzung des Abkommens in einer gemeinsamen Erklärung zugesichert: „Unsere Unternehmen übernehmen Verantwortung. Wir werden unseren Beitrag dazu leisten, den globalen Temperaturanstieg auf weniger als 2 °C zu begrenzen. Wir verpflichten uns, die beginnende globale Trendwende als Vorreiter voranzubringen."[6]

Paris macht die Klimawende unabkehrbar

Unterstützt durch:				
	Stiftung|2	B.A.U.M.	GERMANWATCH	
Unterzeichnet von:				
50herz	Adidas Group	AIDA	Aldi Süd	ALLNATURA
BAUFRITZ	Commerzbank	DAIKIN	Dussmann Group	ebm pabst
elobau	EnBw	entega	EWE	FUCHS
Gegenbauer	Lebensbaum	LR Facility Services	METRO GROUP	MVV Energie
otto Group	puma	REWE	Ritter Sport	ROCKWOOL
SCHÜCO	Schwäbisch-Hall Stiftung	Stabilo	Stadtwerke München	SWM
swt Stadtwerke Tübingen	Trianel	Unilever	VAUDE	VELUX

Tabelle 9.1: Erklärung zum Klimaabkommen in Paris

Einsichten für eine Zukunftsethik

Die differenzierte Analyse der Klimakonferenz von Paris durch Axel Bojanowski und vier weitere Journalisten vermittelt wichtige Einsichten, die auch für eine Zukunftsethik verallgemeinerbar sind. Wie es scheint, hat eine neue Verhandlungsstrategie der UN-Klimadiplomaten zum Erfolg von COP21 geführt. Bis zuletzt war er fraglich. Welche Methoden wurden angewandt, um das gute Auskommen aller Teilnehmer miteinander und zugleich eine erfolgreiche, nützliche Einigung zu erzielen?

Neue Verhandlungsstrategie

Ein erster Schritt war wohl, die unterschiedlichen Interessen und Positionen, also die verschiedenen Allianzen zu identifizieren. Demnach konnten die Länder in acht Gruppen aufgeteilt werden: Die „Allianz der kleinen Inselstaaten *(AOSIS)*", die hohen Einsatz für den Klimaschutz gefordert haben, aber als gering entwickelt gelten; die *EU* mit dem gleichen Ziel; die „Umbrella Group", Industrienationen mit hohem Schadstoffausstoß, bislang der größte Bremsklotz der Verhandlungen; die „Gleichgesinnten Entwicklungsländer *(LMDC)*", ebenfalls für geringen Klimaschutz; die „Lateinamerikanischen und karibischen Staaten *(AILAC)*", die sich als „Brücke zwischen dem reichen Norden und dem armen Süden" verstehen; die „G77", die ehemals 77, heute 134 Entwicklungsländer, die früher als „Dritte Welt" bezeichnet wurden, sowie die „Geringstentwickelten Länder *(LDC)*" und die „Environment Integrity Group *(EIG)*" mit so unterschiedlichen Staaten wie Mexiko, Liechten-

Stakeholder identifizieren

stein, Monaco, Südkorea und der Schweiz, die offenbar nirgendwo sonst dazugehören" wollten.[7]

Interessenlagen ausloten

Zweitens wurden die Interessenlagen ausgelotet. Die Positionen einzelner Gruppen waren zum Teil diametral entgegengesetzt. Die EU wollte z. B. „keine Kompensationszahlungen", „keinen kostenlosen Transfer von Klimatechnologie", überhaupt „keine Geldgeschenke für willige Länder" verteilen. Umgekehrt kämpften die Entwicklungsländer für eine „finanzielle Kompensation für Klimaschäden", „Überlassung von Technologiepatenten für den Umstieg auf erneuerbare Energien" und „erhebliche finanzielle Zuwendungen".

Vertrauen auch informell bilden

Drittens wurden vertrauensbildende Maßnahmen eingeleitet. Viele der konträren Positionen konnten vor allem durch Überzeugungsarbeit in kleineren Gruppen zwischen den Verhandlungen, informell auf Spaziergängen oder in Kantinen und Kaffeerunden aufgeweicht werden, wodurch wohl vor allem Verständnis für die Positionen der anderen geweckt und Vertrauen zwischen den Parteien gebildet werden konnte.

Respektvoll miteinander umgehen

Viertens hat man gute Umgangsformen etabliert. In zahlreichen Vorverhandlungen wurde jeder Satz, jedes Wort und jeder Buchstabe der Vertragsentwürfe auseinandergenommen, infrage gestellt, schließlich akzeptiert oder wieder verworfen. Jeder der Delegierten argumentierte mit größtmöglicher Freundlichkeit entsprechend der geforderten Verhandlungsetikette. Jeder Beitrag wurde mit höflichen Begrüßungs- und Dankesworten eingeleitet etwa im Stil des Vertreters des Inselstaats Tuvalu:

> *„Sehr geehrte Kovorsitzende, liebe Kollegen, die Allianz der Kleinen Inselstaaten möchte sich zunächst bei den Kovorsitzenden bedanken für ihre fantastische Arbeit in den vergangenen Tagen. Ich schließe mich darüber hinaus dem Votum meines Vorredners an, des Gentleman aus Äthiopien, der für die Gruppe der G 77 sprach, und möchte Folgendes hinzufügen ..."*[8]

Gleichberechtigung und Autonomie leben

Fünftens wurden alle Teilnehmer als gleichberechtigt angesehen. Geduldig wurden Verfahrensfragen debattiert, die kulturellen Eigenheiten und persönliche Bedürfnisse der Delegierten respektiert. Vor allem aber wurde die seit Kyoto üblich gewordene Bevormundung der Staaten abgebaut. Auf der Klimakonferenz in Lima kam man wohl zur Einsicht, einer „demokratischeren Logik" folgen zu sollen: Anstatt wie in Kyoto vereinbarte Emissionsziele von oben *(top down)* zu verordnen, wurden sie von den Ländern selbst eingebracht. Auch wenn die Vorschläge der einzelnen Länder teilweise um Monate verspätet eintrafen, gingen vier Wochen vor der Konferenz Absichtserklärungen (INDC = *Intended Nationally Determined Contributions*) von 156 Ländern ein. Mit deren Realisierung könnte erstmals der bisherige 4-Grad-Temparaturanstiegskurs der Weltgemeinschaft auf 2,7 Grad reduziert werden.[9] Tatsächlich wurde während der Konferenz sogar das 2-Grad-Ziel unterboten. Der eingeschlagene Kurs der Anerkennung der Autonomie aller Länder hat somit erheblich zu dem wichtigen Verhandlungserfolg beigetragen – dem nun ein Erfolg in Bezug auf die Realisierung der vereinbarten Ziele folgen muss.

Sechstens wurden Mitstreiter außerhalb der Politik – NGOs und Wirtschaftsunternehmen – gewonnen. Nach Auffassung der Autoren hätte kurz vor Beginn der Konferenz eine Nachricht des Allianz-Konzerns die Entwicklung positiv verstärkt. Dieser erklärte, in Zukunft keine Kohlegeschäfte mehr zu finanzieren, auch nicht mehr in Firmen zu investieren, die „mehr als 30 Prozent ihrer Energie aus Kohle gewinnen". Überhaupt spiele die Versicherungswirtschaft eine immer größere Rolle im Kampf für den Klimaschutz. Die Münchener Rück, die ebenfalls mit der Allianz, Swiss Re, Zurich-Group und anderen „Das Versprechen" zur Einhaltung des Paris-Abkommens gegeben hat, bietet bereits Versicherungslösungen für Dürrefolgen in Afrika an. Diese Gruppe von Versicherern hat bereits die CO_2-Neutralität erreicht und strebt noch „weitere ambitionierte Ziele für unseren Umgang mit der Umwelt" an:

Mitstreiter gewinnen – Beispiel Versicherungswirtschaft

> Die Münchener Rück sieht sich als „Teil einer fortschrittlichen, weltweiten Bewegung von Organisationen, die vereint im Bemühen der Regierungen dazu beitragen, den Anstieg der anthropogen verursachten globalen Erwärmung auf unter 2 Grad C zu begrenzen. Die Transformation hin zu einer emissionsarmen und klimaverträglichen Wirtschaftsweise ist unvermeidlich, unumkehrbar und unaufhaltsam. Durch gemeinsames Handeln werden wir die Herausforderungen aus dem Klimawandel meistern."[10]

Siebtens wurden frühzeitig institutionell Betroffene eingebunden. In diesem Zusammenhang ist erwähnenswert, dass die Versicherungswirtschaft und dort insbesondere die großen Rückversicherer wohl der erste Industriezweig war, der bereits in den 80er-Jahren des letzten Jahrhunderts vor den Folgen des Klimawandels warnte, weil er von den ersten Auswirkungen direkt betroffen war. Der Hurrican Andrew im Jahr 1992, mit dem bis dahin größten versicherten Gesamtschaden von 27 Milliarden US-Dollar, war wie ein Weckruf. Die Kumulierung von Sturmschäden zeigte immer mehr die Dringlichkeit einer genaueren Erforschung der Ursachen auf und fand diese zum großen Teil im vermehrten Ausstoß von Treibhausgasen.[11]

Aus Betroffenheit handeln

Achtens wurden geduldig die mächtigsten Parteien dafür gewonnen, als Vorbilder zu fungieren. Dazu war jahrelange Überzeugungsarbeit auf zahllosen Konferenzen erforderlich – nach dem Motto: „Steter Tropfen höhlt den Stein!". Die Mehrheit der Länder lehnte bis kurz vor der Konferenz einen aktiven Beitrag zur Reduktion der Treibhausgase mit dem nachvollziehbaren Argument ab, dass die größten Treibhausgasproduzenten[12] – allen voran die USA – am wenigsten bereit seien, in Vorleistung zu gehen. Erst eine Reihe von Vorkonferenzen allein noch im Jahr 2015, vor allem aber der G7-Gipfel auf Schloss Elmau in Bayern – brachten den Durchbruch. Denn dort versprachen die Länderchefs auf Drängen der deutschen Kanzlerin Angela Merkel die „Dekarbonisierung", was bedeutet, dass sie „innerhalb des Jahrhunderts den weltweiten Ausstoß von Kohlendioxid auf null" zu senken gedenken. Verschiedene Delegationschefs der COP21 versicherten später, dass „Elmau das gesamte Spiel verändert" habe.[13]

Die Stärksten zu Vorbildern gewinnen

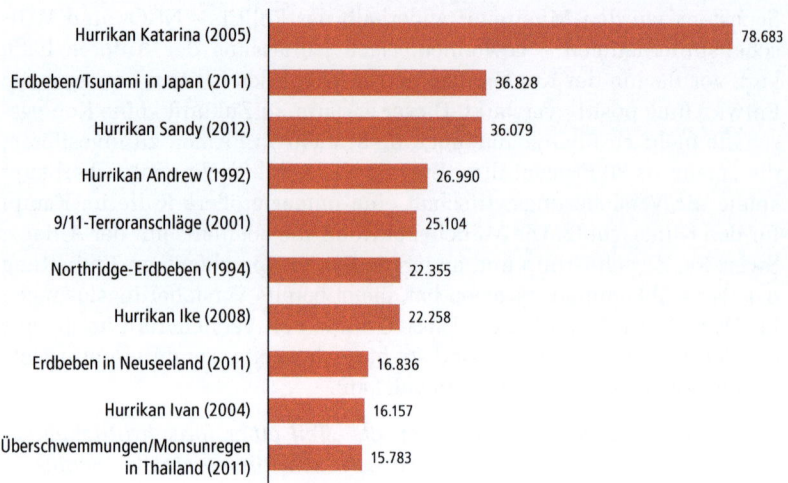

Abbildung 9.1: Die zehn größten versicherten Schäden seit 1992
Quelle: Statista, 2016, http://de.statista.com/statistik/daten/studie/152586/umfrage/schadenssummen-der-teuersten-versicherungsschaeden-seit-1970

World Economic Forum	UN World Conference on Desaster Reduction	G7 Climate Insurance Conference	UN Sustainable Energy for All Forum	G7-Summit	Climate Change Conference	UN Summit to adopt the post-2015 development agenda	UNFCCC's COP21
Davos 21–24 January	Sendal 16–17 March	Berlin 7 May	New York 17–22 May	Elmau 7–7 June	Bonn 1–11 June	New York 25–27 September	Paris 30 November – 11 December

Tabelle 9.2: Vorverhandlungen zu COP21 im Jahr 2015

Brücken bauen Neuntens wurden auf zahlreichen informellen und persönlichen Begegnungen der Delegierten erfolgreich Brücken der Verständigung zwischen den Parteien gebaut, sodass man sich dort auf halbem Wege treffen konnte.

Fazit Zusammenfassend kann man festhalten: Mit COP21 wurde ein Meilenstein auch in der Geschichte der Ethik erreicht: Erstmals ist es 195 Ländern gelungen, Brücken zueinander zu bauen und sich aufeinander zuzubewegen. Damit wurde auf großer Bühne ein Beleg dafür erbracht, dass die Menschheit globale Verantwortung auch für die weitere Zukunft übernehmen und für Tauschgerechtigkeit zwischen den einzelnen Ländern sorgen kann. Das gute Auskommen mit allen Verhandlungspartnern und damit das Ergebnis wurde erfolgreich befördert. Dass dabei ethische Tugenden wie Empathie, Selbstbeherrschung und Gerechtigkeit zum Tragen kamen, die Pflicht übernommen wurde, das gute Überleben der Menschheit zu sichern sowie utilitaristisch auf der Basis eines vernunftbasierten Diskurses den Nutzen für alle zu optimieren, kann wohl kaum bestritten werden.

Diese neun Schritte kann man zusammenfassend als ein wichtiges Fundament zur Umsetzung einer Zukunftsethik ableiten. Bevor wir deren Prinzipien näher herausarbeiten können, gilt es sie philosophisch zu begründen.

9.2 Philosophische Begründung für eine intergenerative Ethik

Umgang mit irreversiblen Risiken für künftige Generationen

Globale Erwärmung ist nur eines der Themen für eine Zukunftsethik. Artensterben, Regenwaldzerstörung, radioaktiver Müll, gentechnisch veränderte Organismen (GMO), versiegende Rohstoffquellen, Verschmutzung der Weltmeere, Bevölkerungswachstum, wachsende Armutsschere oder die Folgen von kriegerischen Auseinandersetzungen sind ebenfalls anthropogene, also von Menschen verursachte Risiken. Die meisten von ihnen sind für Jahrhunderte unumkehrbar, wenn nicht gar irreversibel. Sie wirken sich noch auf viele künftige Generationen negativ aus. Moderne Wissenschaft und Technik haben die Grundlagen dafür geschaffen. Wirtschaftsunternehmen produzieren Güter, die zur Verbreitung solcher Risiken beitragen.

Anthropogene Risiken

Kann und soll die Menschheit diese selbst erzeugten Risiken überhaupt noch verantworten? Wenn ja, wie? Erinnern wir uns kurz an die Struktur der Verantwortung, die wir im Eingangskapitel dieses Buches vorgestellt haben. Handelndes Subjekt ist die Menschheit, weil sie sich ja von der natürlichen Evolution emanzipiert und die Natur kulturell nach ihren eigenen Zweckvorgaben umgebaut hat. Die Konsequenzen zeigen sich nicht nur in der Gegenwart als irreversible Schäden im Naturhaushalt, sondern wirken sich auch auf künftige Generationen aus – im Falle von Plutoniumabfällen zum Beispiel mehr als tausend Generationen! Demzufolge werden künftige Generationen als Instanz auftreten und uns auch nachträglich zur Rechenschaft ziehen.

Verantwortung für irreversible Konsequenzen

Wenn wir davon ausgehen, dass auch unsere eigenen Nachkommen, Enkel und Urenkel, unter den irreversiblen Schäden zu leiden haben und uns diese zum Vorwurf machen werden, dürfte den meisten[14] von uns die Frage nach einer Zukunfts- oder Nachhaltigkeitsethik, also einer Ethik, die das gute Auskommen mit zukünftigen Generationen thematisiert, nicht gleichgültig sein. Denn die Mehrheit der Menschen hat von Natur aus mit dem Bedürfnis nach Fortpflanzung auch die selbstlose Vor- und Fürsorge gegenüber dem eigenen Nachwuchs angelegt. Wer Kinder zeugt, übernimmt größtenteils auch die Verantwortung für ihre Aufzucht, die Gedeihen, Erwachsenwerden und Glück umfasst.

Gutes Auskommen mit künftigen Generationen?

Der Philosoph Hans Jonas (1903–1993) hat wohl als Erster eine intergenerative Ethik (von lateinisch: *inter generationes* = zwischen den Generationen) begründet, also eine solche, die sich um ein gutes Miteinanderauskommen zwischen den Generationen sorgt. Er sieht gerade in der Verantwortung gegenüber den eigenen Nachkommen „die einzige von der Natur gelieferte Klasse völlig selbstlosen Verhaltens", den „Ursprung der Idee der Verantwortung überhaupt", ja den „Archetyp alles verantwortlichen Handelns, der zum Glück keiner Deduktion aus einem Prinzip bedarf, sondern uns ... von der Natur mächtig eingepflanzt ist".[15] Ohne diesen Trieb zur Verantwortung wäre die Menschheit wahrscheinlich schon ausgestorben. Ergibt sich aus der Pflicht gegenüber den Kin-

Verantwortungstrieb für eigene Nachkommen

dern automatisch eine solche gegenüber späteren Geschlechtern? Als direkte Urheber scheinen wir nur für den eigenen Nachwuchs verantwortlich zu sein. Dies beinhaltet jedoch auch die Sorge um dessen Befähigung, selbst wiederum Kinder verantwortlich großziehen zu können und darin ein geglücktes Leben zu empfinden. Elterliche Verantwortung betrifft also nicht nur das Glück der nächsten, sondern auch das der darauffolgenden Generationen.[16]

Nachhaltigkeitsdenken in der Antike

Langfristiges Planen schon in der Antike — Aber nicht nur in Bezug auf die eigene Nachkommenschaft hat sich die Menschheit mit den zukünftigen Auswirkungen ihres Handelns auseinandergesetzt. Die Menschheit verstand es wohl schon seit Jahrtausenden, die Natur – etwa im Acker-, Berg- und Städtebau, bei Abholzungen und Aufforstungen, Entwässerung von Mooren, bei großen Architekturprojekten und Güterproduktionen – kulturell – umzugestalten und damit langfristig zu verplanen.

Umweltschäden in der Antike — Die negativen Folgen des Ressourcenverbrauchs machten sich dabei schon in der Antike bemerkbar, wurden aber nur selten thematisiert. So gab es bereits bei den alten Griechen Waldsterben, Verwüstungen durch Kriege, irreversible Ausbeutung von Ressourcen etwa von Edelmetallen und Holz, Brandrodungen für Landwirtschaft und Städtebau. In der Millionenstadt Rom litten die Bewohner bereits vor zweitausend Jahren an Bevölkerungsdichte, Lärm und Smog[17], betrauerten Autoren ausgestorbene Tierarten wie Löwen und Nilpferde, die für Arena-Darbietungen übermäßig eingesetzt wurden, litten im ganzen Reich Menschen an Bleivergiftungen durch Wasserleitungen.[18]

Seltene ethische Reflexion langfristiger Schäden — Nur vereinzelt haben Philosophen, Dichter und Historiker diese Entwicklungen angeprangert. Der griechische Philosoph Platon beklagte schon im 4. Jh. v. Chr. die Bodenerosion in den Bergen von Attika: „Übriggeblieben sind nun … gleichsam nur die Knochen eines erkrankten Körpers, nachdem ringsum fortgeflossen ist, was vom Boden fett und weich war."[19] Seneca, der römische Philosoph, betrauerte die ungehemmte Nutzung natürlicher Ressourcen: „Was für ein Ende soll die Ausbeutung der Erde in all den künftigen Jahrhunderten noch finden? Bis wohin soll unsere Habgier noch vordringen?" Und angesichts der Verstädterung im römischen Reich beklagt er: „Wie lange noch, dann gibt es keinen See mehr, in den nicht die Giebel eurer Villen schauen! Keinen Fluss, dessen Ufer nicht eure Landsitze umkränzen! Überall, wo die Meeresküste zu einer Bucht einschwingt, werdet ihr Fundamente legen zu einem weiteren Palastbau!"[20] Solche bewussten Überlegungen zu irreversiblen Folgen des menschlichen Umbaus der Natur waren in der Antike allerdings noch die Ausnahme.

Gelassener Pessimismus — Dem stand ein „gelassener Pessimismus"[21] entgegen. Der antike Mensch fügte sich schicksalsergeben in den von Göttern oder Naturkräften geordneten Kosmos ein. Von Risikokalkül und Verantwortung im neuzeitlichen Sinne, also von langfristig ausgerichtetem Denken und Handeln war er noch weit entfernt. Gefährdungen und Schicksalsschlägen begegnete er mit religiösen Riten, um die Götter wieder günstig zu stimmen, bzw. mit tugendhaftem Lebensvollzug, um sich in die allgemeine Ordnung einzufügen.[22]

9.3 Kritik an der zukunftsvergessenen traditionellen Ethik

Erst mit der neuzeitlichen Aufklärung emanzipierte sich der Mensch von einer göttlichen Ordnung und Vorsehung. Er entdeckte, dass er die Zukunft etwa mithilfe der Wahrscheinlichkeitstheorie berechnen sowie die Chancen und Risiken seines Handelns beeinflussen kann.[23] Die utilitaristische Güterethik kalkulierte dabei die guten und schlechten Auswirkungen für alle Betroffenen gemäß ihrer Formel des „größtmöglichen Gutes der größten Zahl". Dabei bezog sie sich auf Nutzen und Schäden für die gegenwärtigen Generationen. Die Ethik der Neuzeit blieb mehr oder weniger zukunftsvergessen.

Zukunftsvergessenheit neuzeitlicher Ethik

Gründe für nachhaltige Ethik

Erst in den 60er- und 70er-Jahren des vorigen Jahrhunderts begannen vereinzelte Autoren, die irreversiblen Folgen menschlicher Aktivitäten auf künftige Generationen näher zu beleuchten. Acht Jahre vor der Definition des Nachhaltigkeitsbegriffs durch die Brundtland-Kommission publizierte Hans Jonas 1979 sein Buch „Das Prinzip Verantwortung", mit dem er, wie gesagt, seine intergenerative Ethik begründete.

Hans Jonas – Begründer einer intergenerativen Ethik

Jonas geht davon aus, „dass die veränderte Natur menschlichen Handelns auch eine Änderung der Ethik erforderlich macht".[24] Je mehr Machtmittel die Menschheit hat, desto weiter reicht auch ihre Verantwortung. Denn gerade mit den Konsequenzen seines Tuns hat der Mensch „kausale Macht"[25], für deren Wirkungen er aber verschiedenen Instanzen gegenüber Rede und Antwort stehen muss. Wenn nun die Konsequenzen neuer Technologien wie etwa radioaktiver Müll, Artensterben, Klimawandel nicht nur räumlich, sondern auch zeitlich weit reichen, so müsse eben auch die Verantwortung für solche zukünftigen Folgen übernommen werden.

Mit den Machtmitteln wachsende Verantwortung

Nun ist aber Jonas zufolge die traditionelle Ethik gegenwartsbezogen und zugleich „anthropozentrisch", d. h. auf das Umfeld des Menschen bezogen. Sie hat es mit dem „Hier und Jetzt" zu tun. Sie bezieht sich auf den „unmittelbaren Umkreis der Handlung". Weitreichende, langdauernde Neben-, Rück- und Fernwirkungen werden mehr oder weniger außer Acht gelassen: „Der lange Lauf der Folgen war dem Zufall, dem Schicksal oder der Vorsehung anheimgestellt." Alle bisherigen Imperative, angefangen vom Gebot der Nächstenliebe über die Goldene Regel bis hin zum kategorischen Imperativ, seien auf „Zeitgenossen" bezogen. Ihr „Zukunftshorizont" war auf deren „voraussichtliche Lebensspanne" beschränkt.[26] „Niemand wurde verantwortlich gehalten für die unbeabsichtigten späteren Wirkungen seines gut-gewollten, wohl-überlegten und wohl-ausgeführten Akts."[27]

Präferenz der Gegenwart

Weitreichende Folgen
für die Zukunft

Jonas zufolge beleuchtete bisherige Verantwortung die Konsequenzen des Handelns im Nahhorizont ohne Rücksicht auf die langfristigen Folgen, die häufig im Dunkeln bleiben. Mit den neuen Methoden der Wissenschaft, Technik und Ökonomie gewinnt menschliches Handeln derart an Macht, dass es irreversible Konsequenzen zeitigt, die die Grundlagen allen Lebens zerstören können. Ein Atomkrieg kann die Menschheit innerhalb weniger Stunden irreversibel auslöschen. Der radioaktive Abfall aus der atomaren Energietechnik kann noch Jahrtausende lang Leben und Gesundheit von Generationen gefährden. Die Gentechnik hat das Potenzial, den Menschen und andere Lebensformen irreversibel so zu verändern, dass sie sogar ihre Identität verlieren. Der anthropogene Klimawandel kann die Lebensbedingungen auf dem Planeten Erde so verschlechtern, dass der Fortbestand der Menschheit bedroht ist. Die wachsende Überbevölkerung kann zu weiterer irreversibler Vernichtung von Rohstoffreserven etwa zur Nahrungs- und Energiebeschaffung führen. Bei all diesen „apokalyptischen"[28] Konsequenzen gibt es keine Gewinner. Jeder ist Betroffener. Die irreversiblen Folgen betreffen also die ganze Menschheit, deren Existenz durch ihre eigenen Machtmittel bedroht wird.

Diese Szenarien unterscheiden sich von solchen, bei denen die Existenz der Menschheit durch Naturkatastrophen wie Meteoriteneinschlag, Vulkanausbrüche oder andere Katastrophen bedroht ist. Solche liegen aber nicht in der Verantwortung des Menschen. Da ist die sogenannte „höhere Gewalt" im Spiel, für die man deshalb nicht verantwortlich ist, deren gefährliche Konsequenzen man allenfalls voraussehen und eventuell durch Vorsorge mindern kann, schlimmstenfalls einfach erdulden muss.

9.4   Bejahung des Fortbestands der Menschheit

Sorge um künftige Generationen

Seinsollen der
Menschheit?

Die fundamentale Frage, die Jonas nun stellt, lautet: „Soll denn die Menschheit auch in Zukunft sein?" Und konsequent weitergefragt: Weshalb soll die Menschheit überhaupt überleben, wenn sie doch als das bedrohlichste Übel für die Natur angesehen werden kann? Wäre es für die Natur nicht besser, die Menschheit verabschiedet sich von der Evolution? Können wir, wie Jonas fragt, „das Glück gegenwärtiger und nächstfolgender Generationen mit dem Unglück oder der Nichtexistenz späterer Generationen" oder umgekehrt „das Glück späterer Generationen mit dem Unglück und teilweise sogar der Vertilgung gegenwärtiger" erkaufen?[29]

Diskussion	**Dezimierung der Menschheit aus ethischen Gründen?**

Dan Brown hat in seinem Roman „Inferno" die Einschränkung des Glücks gegenwärtiger Generationen zugunsten künftiger Generationen zur Diskussion gestellt. Dort hat ein genialer Wissenschaftler ein auf das menschliche Genom wirkendes Gas entwickelt, das beim Einatmen nach dem Zufallsprinzip ein Drittel der Menschheit unfruchtbar macht. Diese Reduktion ist erforderlich, um der lebensbedrohlichen Überbevölkerung Herr zu werden. Durch das Zufallsprinzip wird kein Mensch bevorzugt oder benachteiligt. Der Wissenschaftler hält sein Konzept für absolut lebensfreundlich und ethisch. Im Roman wird er dennoch von der Weltgesundheitsorganisation gejagt und schließlich im letzten Moment gestellt. Bis fast zum Schluss lässt Dan Brown offen, wer der beiden Parteien das Gute und das Böse vertritt. Beide Seiten können gute Argumente für ihre Position verbuchen.

Die Leser sollten sich nun selbst fragen, ob sie bereit wären die zufallsbedingte, aber von Menschenhand ausgelöste Sterilisation für sich zu akzeptieren oder nicht. In meinen Seminaren herrschte fast immer die einhellige Meinung vor, dass ein solches Verfahren unethisch sei. Denn hier erhebe sich ein einzelner Mensch, es könnte auch eine Organisation sein, über andere, spiele Schicksal und beherrsche den weiteren Lebensweg von Milliarden von Menschen. Intuitiv löst also der Gedanke, dass ein anderer über das eigene Leben bestimmt, Widerwillen aus.

■ Wie würden Sie entscheiden? Können Sie Gründe für Ihre Entscheidung angeben? Diskutieren Sie die Problematik mit Ihren Kommilitonen.

Jonas selbst gibt zu, dass der Weiterbestand der Menschheit als ethische Forderung „letztlich nur metaphysisch" begründet werden kann. Warum räumen wir unserem Dasein sowie dem Sein im Ganzen einen Vorrang über das Nichts ein? Jonas gibt eine scheinbar logisch zirkuläre Antwort darauf: Weil das Sein sich dadurch auszeichnet, dass in ihm ein „Anspruch" auf sich selbst angelegt ist. Das Sein ist nicht einfach nur da, sondern es beansprucht zugleich seinen Fortbestand. Dieser Zirkel ist aber nicht fehlerhaft, sondern fruchtbar. Denn das Sein ist seit dem Urknall unaufhaltsam mit dem Anspruch auf sich selbst im Werden, d. h. in ständiger Bewegung und Veränderung auf Fortbestand oder Erhalt seiner selbst begriffen.[30]

Der Fortbestand des Seins im Werden

In die Sprache der modernen Physik übersetzt: Das Sein entwickelt sich seit dem Urknall (Big Bang) evolutionär. Im Anfang entstand das sichtbare Universum aufgrund eines Ungleichgewichts (Asymmetrie) zwischen Materie und Antimaterie zugunsten der Ersteren, sonst hätten beide sich im Gleichgewicht gegenseitig ausgelöscht. Durch dieses Ungleichgewicht entsteht Bewegung, bei der die Energieverhältnisse

Physikalisches Sein

durch Bildung von immer neuen Formen optimiert werden angesichts der immer wieder einsetzenden Zerfallsprozesse.[31]

Streben nach Selbsterhalt in allen Lebensformen

Auf den Menschen heruntergebrochen: Jeder psychisch gesunde Mensch will existieren und hat daher auch einen Anspruch auf seine Existenz. Mit dem Anspruch ist der Wille zum Leben gegeben, der nach Gütern strebt und Übel meidet. So gesehen beansprucht jedes Lebewesen nicht nur irgendeinen Seinszustand, sondern einen besonderen Seinszustand, den es als zuträglich wertschätzt. Zugleich meidet es damit einen solchen, den es als abträglich empfindet. So gesehen strebt das Sein immer zugleich auch ein Sollen von Gütern oder Verhältnissen an, die eine Stabilisierung oder Verbesserung seiner Zustände ermöglichen.[32] Und das Fundamentalgut, das jede Lebensform anstrebt, könnte man als Selbsterhalt bezeichnen.

Vorrang des Seins vor dem Nichts

Selbst wenn es Lebensformen gibt, die in ihrer Existenz das Nichts dem Sein vorziehen und sich dadurch mehr oder weniger freiwillig aus der Evolution verabschieden, so entziehen sie sich jeglichem Sollen und verzichten zugleich auch auf ethischen Schutz. Eine Ethik des Nichts macht keinen Sinn, da mit dem Tod die Reflexion des guten Miteinanderauskommens sinnlos geworden ist.

Leben will seinen Fortbestand

Man könnte die Argumentation von Jonas auch so ausdrücken: Alles was existiert, ist seit dem Urknall in ständiger Bewegung begriffen, um in Auseinandersetzungen mit seiner Umwelt seine eigenen Energiezustände zu optimieren und bei geänderten Umweltkonstellationen immer wieder neu zu justieren. Sein und Sollen sind also in der Evolution fundamental miteinander verknüpft. So muss jede Lebensform ihre Existenzmöglichkeiten ausloten. Dieses Prinzip setzt sich auch beim Menschen fort, der allerdings nicht mehr fest in eine ökologische Nische eingebunden ist, sondern diese sich erst schaffen und damit auch verantworten muss.

Selbstbejahung des Seins als Fundament des Lebens

Hans Jonas überbrückt die Kluft zwischen Sein und Sollen mit dem Begriff des Zwecks oder Ziels. Indem jede Lebensform nach Gütern strebt und Übel meidet, verfolgt sie Zwecke, die ihr Überleben sichern.

> *„In der Fähigkeit, überhaupt Zwecke zu haben, können wir ein Gut-an-sich sehen, von dem intuitiv gewiss ist, dass es aller Zwecklosigkeit des Seins unendlich überlegen ist. Wer im Sein keinen Zweck sehen kann, der wählt das Nicht-Sein oder das Nichts. In der Zielstrebigkeit als solcher … können wir eine grundsätzliche Selbstbejahung des Seins sehen, die es **absolut** als das Bessere gegenüber dem Nichtsein setzt. In jedem Zweck erklärt sich das Sein für sich selbst und gegen das Nichts.“*[33]

Imperative einer Zukunftsethik

Ins Zentrum seiner „Zukunftsethik" rückt Jonas nun folgende Imperative: *„Handle so, dass die Wirkungen deiner Handlung verträglich sind mit der Permanenz echten menschlichen Lebens auf Erden."* Und negativ ausgedrückt: *„Handle so, dass die Wirkungen deiner Handlung nicht zerstörerisch sind für die künftige Möglichkeit solchen Lebens."* Oder wieder positiv: *„Schließe in deine gegenwärtige Wahl die zukünftige Integrität des Menschen als Mit-Gegenstand deines Wollens ein."*[34] Damit sollen wir solche Konsequenzen unseres Handelns vermeiden, die den Fortbestand der Menschheit negativ beeinflussen können. Die Echtheit und Integrität der Menschheit soll ge- und bewahrt bleiben. Darunter versteht Jonas eine Menschheit, die ihr Wissen um und ihre Fähigkeit zur Verantwortung behält.[35] Und diese umfasst auch die Freiheit, so oder anders handeln zu können. Eine Menschheit, der diese Fähigkeit zur autonomen Selbstreflexion etwa durch gentechnische Optimierungen genommen würde, verliert ihre Würde und verdient gar nicht mehr als solche bezeichnet zu werden.

Damit wird deutlich, dass Jonas an Immanuel Kant anschließt, der ja ebenfalls die Bewahrung der Würde des Menschen, der zufolge dieser niemals bloß als Mittel gebraucht werden darf, kategorisch eingefordert hatte. Er ergänzt aber den Kant'schen Ansatz um die Dimension der Zeit. Wir sollen *heute* schon dafür sorgen, dass die Würde des Menschen *auch in Zukunft*, also wenn man so will, *nachhaltig* bewahrt wird. Damit ergibt sich noch ein wichtiger Unterschied zu Kant: Wir sollen heute die *Wirkungen* unseres Handelns auf zukünftige Generationen verantworten, ob sie nämlich *nützlich* oder *schädlich* für die Bewahrung der menschlichen Würde sind.[36] Während Kants Ethik sich nur darum kümmert, dass das ethische Handeln mit dem „guten Willen" universal übereinstimmt und die Folgen dabei außer Acht lässt, ist für Jonas die Analyse der Konsequenzen entscheidend. Die ethische Pflicht ist für ihn demzufolge, das heutige Handeln *utilitaristisch* für künftige Generationen als nützlich oder schädlich zu bewerten. So gesehen macht es Sinn, die Ethik von Jonas eher der utilitaristischen Güterethik zuzuordnen, die das Gut einer würdigen Menschheit auch für die Zukunft als nützlich anstrebt, als sie der deontologischen Pflichtenethik zuzurechnen.

Menschliche Würde als größtes in der Zukunft zu bewahrendes Gut

Philosophischer Exkurs: Zum Vorwurf des „naturalistischen Fehlschlusses"

George Edward Moore (1873–1953) hat in seinen „Principia Ethica" von 1903 Ansätze ähnlich denen von Jonas pauschal als „naturalistischen Fehlschluss" abgetan. Aus Existenzformen in der Natur ließen sich keine Normen der Ethik ableiten, aus dem Ist kein Sollen. So kritisiert er an der Ethik von Herbert Spencer (1820–1903), dass sie ihr Fundament, was als Gut und Böse anzusehen sei, aus der Evolutionstheorie seines Zeitgenossen Charles Darwin (1809–1882) bezieht. Spencer sieht in der Evolution des Lebens, auch in derjenigen der Menschheit, eine stetige Höherentwicklung zum Besseren. So definiert er als „gut die Handlungen, die uns selbst oder anderen im Leben förderlich sind, und schlecht diejenigen, die direkt oder indirekt zum Tod, im einzelnen oder allgemeinen, tendieren"[37]. Demnach präferiert Spencer wie Jonas das Sein vor dem Nichts. Leben *soll* sein, das ergibt sich schon allein aus seiner bloßen Existenz.

Moore vermag an der bloßen Existenzforderung noch keinen naturalistischen Fehlschluss festzumachen. Eher schon an Sollensforderungen über das „Wie" der Existenz. Wie soll das Leben gelebt werden, damit es das gute Miteinanderauskommen fördert? Hier kritisiert Moore an Spencer zurecht, wenn dieser an der empirischen Feststellung, dass alles Leben nach Optimierung von Lust und Vermeidung von Unlust strebt, auch ein Sollen zur Steigerung von Lust festmacht.[38] Ähnlich argumentiert er, dass in der Natur alle Lebensformen nach Gesundheit streben. Daraus nun abzuleiten, dass Gesundheit gut und Krankheit auch in ethischer Hinsicht schlecht ist, käme einem naturalistischen Fehlschluss gleich. Gewissermaßen würde dann die Ethik auf eine Naturwissenschaft, etwa die Medizin reduziert werden.[39] Konsequent begründet Spencer dann auch den Sozialdarwinismus, demzufolge der Kampf ums Dasein zum Überleben „des am besten Angepassten" („Survival of the Fittest") führt. Moore warnt davor, aus solchen biologischen Kenntnissen eine Ethik abzuleiten. Dann könne es sein, dass ein krankes Genie als schlecht angesehen und nicht weiter gefördert werden würde.[40] Zu welch erschreckenden Entwicklungen solche Be- bzw. Entwertungen führen können, kennen wir aus der jüngeren deutschen Geschichte.

Was Moore mit seinem Vorwurf des naturalistischen Fehlschlusses nicht berücksichtigt, ist, dass Ethik nicht das Verhalten und Handeln von einzelnen Lebensformen beeinflusst, sondern immer auf *Beziehungen* zwischen ihnen ausgerichtet ist. Die Beziehungen zwischen den einzelnen Lebensformen sollen geregelt und optimiert werden und nicht das Befinden des Einzelnen. Angesichts des machtvollen Strebens und Wollens in jeder einzelnen Lebensform, Güter zu deren eigenen Gunsten auf Kosten anderer zu maximieren, soll die Ethik feststellen, wie eine gerechte Verteilung herbeizuführen ist. Dies ist nur möglich, indem dem Wollen der Einzelnen jeweils die Sollensforderungen der anderen entgegengestellt werden.

Dieses Sollen ergibt sich aus der Existenzforderung des Seins selbst. Im Werden des Seins entstehen Auseinandersetzungen einzelner Lebensformen – etwa im Sinne von Thomas Hobbes' „Krieg aller gegen alle", der nur durch die „Macht" eines staatlichen Souveräns, des „Leviathans", eingeschränkt werden kann.[41] Aus dem Faktum der naturgegebenen gegenseitigen Übervorteilung im Daseinskampf ergeben sich dann gerade Sollensforderungen der Ethik. Diese ist zwar immer auch „kontrafaktisch" in dem Sinne, dass sie sich gegen die faktische Ungerechtigkeit in der Verteilung der Güter richtet, gehört aber doch als Streben zum besseren Miteinanderauskommen zum Sein selbst, ja ist damit geradezu konstitutiv für die Evolution des Seins. Diese wäre ohne das Spannungsfeld zwischen gewünscht und unerwünscht sowie zwischen gesollt und nicht gesollt gar nicht möglich.

Dies sei an einem Beispiel aus der Wirtschaftswelt verdeutlicht. Indem jeder sein Eigeninteresse verfolgt, ergibt sich auch ein Kampf um Tauschgerechtigkeit. Dieser schränkt eine exzessive Gewinnmaximierung durch Sollensforderungen der benachteiligten Stakeholder ein. Ein ausbeuterisches Wirtschaftssystem entwickelt sich so zu einem sozial- und naturverträglicheren Wirtschaften weiter.

Interessant ist in diesem Zusammenhang auch das Phänomen der „normativen Kraft des Faktischen", das der Rechtsphilosoph Georg Jellinek (1851–1911) erstmals formuliert hat. Aus tatsächlichen Gewohnheiten, die sich im Laufe einer Gemeinschaft entwickelt haben – z. B. nicht mehr in geschlossenen Räumen zu rauchen – entsteht die Norm für alle Entsprechendes zu tun. So entwickelt sich das Sollen gerade auch aus dem Sein, dadurch nämlich, dass es bestimmte Mängel zu überwinden sucht.

Die Annahme einer Spaltung der Welt in zwei Sphären, in Natur und Vernunft oder Materie und Werte, Sein und Sollen, wie sie bereits von René Descartes festgeschrieben und vor allem in der Aufklärung weitergedacht wurde, ist nicht weniger Metaphysik als die naturalistische Identifikation von Sein und Sollen. Es ist das Spannungsfeld zwischen Sein und Sollen, das Entwicklung überhaupt erst möglich macht. So sind es gerade die in der Kybernetik beschriebenen Feedback- und Rückkoppelungsprozesse, die permanent zwischen Ist- und Sollzuständen, zwischen Bedürfnissen und deren Befriedigung nicht nur den Prozess der natürlichen Evolution, sondern auch das gute Miteinanderauskommen sozialer Prozesse antreiben.[42]

> **Zusammenfassung**
>
> Der Vorwurf des naturalistischen Fehlschlusses verliert seine Grundlage, wenn man von einer evolutionären Sicht des Seins ausgeht, also die Zeitlichkeit bzw. das Werden des Seins mit einbezieht. Entwicklung bedeutet ständiges Ausloten optimaler Energiezustände, also ein Streben nach gesollten oder gewünschten Zuständen, die sich auf Zustände in der Zukunft beziehen. Außerdem können diese aufgrund sich ständig ändernder Umweltbedingungen immer nur vorübergehend erreicht werden. In Erinnerung an die einstmals „guten" Zustände trachten Sollensforderungen nach einer Wiederherstellung. Werte als verkürzte Vorstellungen von gesollten Seinszuständen spiegeln daher Möglichkeiten und Wirklichkeiten des Seins wider.[43]

9.5 Gutes Auskommen für künftige Generationen

Gutes Überleben als Grundforderung der Zukunftsethik

Eine Ethik, die sich mit der Zukunft der Menschheit beschäftigt, hat also zunächst für deren Fortbestand zu sorgen. Für Jonas ist dies das „erste Gebot".[44] Eine „Ethik des Überlebens"[45] hat aber darüber hinaus ein zweites Gebot zum Ziel, dass nämlich Menschen „gut leben"[46]. Die „Zukunftsethik"[47] von Jonas intendiert „bestmögliches Sein"[48], also nicht nur ein „gutes Auskommen" im materiellen Sinne, sondern auch „Glückseligkeit". Die „Universalität des Glückseligkeitsziels"[49], derzufolge alle Menschen nach Glück streben, haben schon die Philosophen der Antike festgestellt. Einen Beweis dafür könnte man durch die Umkehrung des Prinzips anstellen: Gibt es Menschen, die bewusst nach Unglück streben? Eine Bejahung dürfte schwerfallen. Denn auch der Selbstmörder versucht ja mit seiner Tat einem Unglück auszuweichen. Und der Masochist sucht ja gerade im Schmerz ein Gefühlt der Lust, in dem er das Fundament seines Glücks sieht.

Glücksstreben auch für künftige Generationen

Wir können also wie für die traditionelle Ethik auch für die Zukunftsethik feststellen, dass sie nicht nur das nackte Überleben, sondern auch das Glück zukünftiger Generationen befördern will. Sie ist damit primär eine utilitaristische Ethik, die das Nutzenkalkül nicht auf gegenwärtige Generationen beschränkt, sondern auch künftige Generationen einbezieht.

Bewahrung des Wesens der Menschheit

Jonas geht dabei weniger vom Nutzen als vielmehr von der „Gefährdung" aus, die gegenwärtiges Handeln für den Fortbestand künftiger Generationen bedeuten kann. Ihm geht es um eine „Ethik der Erhaltung, der Bewahrung, der Verhütung", eine „Ethik des Überlebens".[50] Diese solle dafür sorgen, dass die „Art" der Menschheit erhalten bleibt. Den Versuch, die Menschheit über Utopien, aber damit zugleich auch über die Utopie einer Technikgläubigkeit zu verbessern, lehnt er hingegen ab.[51] Stattdessen möchte er „dem galoppierenden Vorwärts" des Fortschrittswahns „Zügel anlegen"[52] etwa dahingehend, dass die Menschheit sich nicht durch Gentechnik ihrer Würde und damit auch Ethikfähigkeit beraubt.

Unheilsprophezeiungen ernst nehmen

Nun stellt sich aber die Frage, welche Güter anzustreben und welche Übel zu meiden sind, um die Integrität der Menschheit auch der fernen Zukunft zu bewahren. Hans Jonas schlägt dafür eine Methode vor, die er *Heuristik der Furcht* nennt. Unter Heuristik versteht man ein Suchmuster, das mit begrenztem Wissen die Findung von Schlussfolgerungen oder praktikablen Lösungen erlaubt. In diesem Sinne ist es viel schwieriger zu definieren, was wir tun sollen, um die Integrität der künftigen Menschheit zu erhalten. Leichter hingegen ist es zu bestimmen, was zu vermeiden ist, nämlich das, was uns Furcht einflößt. Deshalb schlägt Jonas vor, der „Unheilsprophezeiung mehr Gehör zu geben als der Heilsprophezeiung".[53] Denn es ist viel wahrscheinlicher, ein Ziel zu verfehlen als es zu treffen. Wenn also eine neue, noch nicht ausgetestete Technologie ein Gut oder ein Heil verspricht, ist es viel wahrscheinlicher, dass es das Ziel verfehlt und dabei sogar Übel, sprich: unerwünschte Nebenwirkungen erzeugt. Daraus leitet Jonas „die erste Pflicht der Zukunftsethik" ab, nämlich die „Beschaffung der Vorstellung von den Fernwirkungen".[54] Dabei gilt es, die negativen Prognosen ernster zu nehmen als die positiven, frei nach dem Motto: „In dubio pro malo" – im Zweifel gib der schlimmen Voraussage den Vorrang.[55]

> Vorrang der Unheilsprophezeiung

Wendet man diese Regel etwa auf das Restrisiko eines SuperGAUs (= größter anzunehmender Unfall) in der Nuklearindustrie an, so hätte man es im Sinne von Jonas als „dasjenige Risiko, das uns den Rest gibt" (nach der Definition des Versicherungsunternehmers Hans Gerling) angesehen und gerade nicht als ein zu akzeptierendes Risiko mit sehr geringer Wahrscheinlichkeit mit allerdings extrem großer Schadenhöhe. Wie man in Tschernobyl und Fukushima gesehen hat, gaben die dortigen Katastrophen in der Tat nicht nur ganzen Lebensräumen den Rest, sondern auch in vielen Ländern der Nuklearenergie selbst.

> Vermeidung von Restrisiken

Nano- und Gentechnologie bieten ein ebenso weites Feld für die Heuristik der Furcht. Wenn man bedenkt, dass der Einsatz von *Nanopartikeln* in unzähligen Materialien auch den menschlichen Körper schon längst kontaminiert hat, ohne dass die Langzeitfolgen auch nur im Ansatz geprüft worden wären, sollte uns dies das Fürchten lehren. Vergleichbar wäre dies mit dem Einsatz von *Asbest*, dessen irreversible Risiken für die Gesundheit erst nach Jahrzehnten der Überprüfung zu einem generellen Verbot führten. Tausende von Menschenleben hätten gerettet werden können, hätte man schon vor Jahrzehnten das Prinzip von Jonas „in dubio pro malo" angewandt und die Anwendung von Asbest viel früher eingestellt. Die absehbare Langzeitwirkung der Gentechnik auf künftige Generationen etwa beim *Human Engineering* dürfte noch mehr

> Beispiele für Unheilsprophezeiungen

Furcht erregen. Denn es handelt sich hierbei um nicht weniger als um die fundamentale Veränderung des Menschen als Menschen. Das mag genau zu dem führen, wovor Jonas warnt: dass der Mensch sein Selbstbestimmungsrecht und seine Würde verliert, indem man ihn als Idealmodell nach willkürlichen Vorstellungen in einem Forschungslabor herstellt und durch Klonierung vervielfältigt. Dieser Menschenklon mag dann aggressionsfrei dem Pflichtenheft politischer Institutionen genügen oder mit bestellten Tugenden ausgestattet dem Wunschkatalog von Eltern entsprechen[56] – ob er hingegen frei und selbstbestimmt denken und handeln kann, steht dahin.

Im Zweifel für Moratorium

Moratorium menschheitsgefährdender Technologien

Zur „zweiten Pflicht" der Zukunftsethik erhebt Jonas die „Aufbietung" eines „angemessenen Gefühls" angesichts der befürchteten Entwicklungen und des „vorgestellte[n] Geschick[s] künftiger Menschen".[57] Demnach sollten wir uns heute schon geradezu empathisch in die zukünftige Lage einer Menschheit hineinversetzen können, deren „Existenz und Wesen"[58] aufgrund heutiger Technologien insgesamt auf dem Spiel steht. Wenn also etwa Atom- oder Gentechnik das Überleben der Menschheit insgesamt bedrohen, sei ihr Einsatz nicht mehr gerechtfertigt. Deshalb sollte ein „Moratorium" (von lateinisch *mora* = Aufschub, Verzögerung) ihren weiteren Einsatz so lange aufschieben, bis die Restrisiken geklärt seien.

Kritische Würdigung

Hans Jonas kommt das Verdienst zu, das Schicksal künftiger Generationen in die Verantwortung der heutigen Menschheit genommen zu haben. Seine Methode der „Heuristik der Furcht" warnt uns vor den Verführungen von Heilsversprechungen neuer Technologien oder Produkte. Indem wir die damit verbundenen Risiken für den Fortbestand und die Integrität der Menschheit ernst nehmen, vermeiden wir, dass wir heute Restrisiken akzeptieren, die morgen der Menschheit den Rest geben.

Bei aller appellativen Kraft, die Jonas zum Schutze künftiger Generationen mit seiner Zukunftsethik vermittelt, stellt sich gerade für Wirtschaftsunternehmen die Frage, inwieweit sie Forschungen zu und Entwicklung von Produkten zurückhalten sollen, in die sie bereits große Investitionen getätigt haben und die gerade für die Lösung von Gegenwartsproblemen wie Hunger, Epidemien, Klimawandel, versiegende Rohstoffe vielversprechend scheinen, obschon sie mit – allerdings menschheitsbedrohlichen – Restrisiken verbunden sind. Es bleibt die Frage offen, inwieweit die gegenwärtige Menschheit Einschränkungen in Kauf nehmen soll, damit die Lebenschancen künftiger, also noch nicht existenter Generationen gewahrt bleiben. Wie kann also das Nachhaltigkeitspostulat der Brundtland-Kommission, der zufolge gegenwärtige Generationen ihre Bedürfnisse keinesfalls auf Kosten zukünftiger befriedigen sollen, nicht nur im Allgemeinen, sondern auch konkret umgesetzt werden? Der im nächsten Abschnitt vorgestellte Ansatz von Dieter Birnbacher bietet dafür weitere Anhaltspunkte.

9.6 Vertiefung der Zukunftsethik

Hans Jonas hat die Notwendigkeit einer Zukunftsethik zunächst deontologisch als Pflicht zum guten Fortbestand der Menschheit bis weit in die Zukunft hinein begründet. Daraus leitet er die Forderung ab, alle diese Pflicht verletzenden Risiken zu identifizieren, um sie vermeiden zu können. Indem Jonas den drohenden Übeln einen Vorrang vor den verheißenen Gütern einräumt, vertritt er auch eine Art „negativen Utilitarismus"[59] Anstatt wie der „positive Utilitarismus" das Gute mehrheitlich zu maximieren, soll jener das Leid, wenn nicht vermeiden, so doch mehrheitlich mindern.

Utilitaristische Zukunftsethik

Dieter Birnbacher hat die Problematik 1988 in seinem Buch „Verantwortung für zukünftige Generationen" aufgegriffen, für die konkrete Umsetzung verschiedene Methoden diskutiert und dabei eine *utilitaristische Zukunftsethik* begründet. Ausgangspunkt ist seine Kritik an der „Zukunftsvergessenheit" der industriellen Welt, obwohl gerade durch sie die Existenz der Gattung Mensch durch atomare, biologische und chemische Technologien nicht nur in der Gegenwart, sondern auch in der näheren und ferneren Zukunft bedroht ist. Mit Wissen um die Langzeitrisiken menschlicher Handlungen oder Unterlassungen erweitert sich entsprechend die Verantwortung des Menschen. Die guten und schlechten Konsequenzen sind nicht nur kurzfristig, sondern auch langfristig zu bedenken, indem sie für künftige Generationen mitbedacht werden.

Birnbacher greift dabei auf das Generationenkonzept von Martin P. Golding zurück, demzufolge es sich bei „zukünftigen Generationen" um „Ungeborene" handelt, für die man also Verantwortung zu übernehmen hat. Birnbacher erweitert das Konzept um die bereits lebenden nächsten Generationen. Je nachdem in welcher Lebensperiode man sich befindet, trägt man dann auch Verantwortung für die Generation der bereits lebenden Kinder oder gar Kindeskinder (Enkel). Das eröffnet den Vorteil, dass man „eine gewisse Chance" einer „Rückmeldung über Erfolg und Misserfolg der Vorsorge" hat.[60]

Generation \ Periode	I	II	III	IV	V	VI	...
1	Eltern	Kinder	Enkel				
2		Eltern	Kinder	Enkel			
3	Geborene		Eltern	Kinder	Enkel		
4	Generationen			Eltern	Kinder	Enkel	
5					Eltern	Kinder	...
...						Eltern	...
...		Zukünftige Generationen		Ungeborene Generationen			...

Abbildung 9.2: Generationenfolge in verschiedenen Lebensperioden
Quelle: nach Birnbacher, 1988, S. 24.

Dilemma zwischen Gegenwarts- und Zukunftspräferenz

Es stellt sich nun die Frage, welche Güter es für wen zu maximieren bzw. welche Übel es mit welchen ethischen Regeln zu minimieren gilt, um das gute Auskommen nicht nur innerhalb der gegenwärtigen, sondern auch in zukünftigen Generationen sicherzustellen. Unterschiedliche Auffassungen darüber entstehen schon daraus, ob ich den Nutzen für die gegenwärtigen Generationen höher bewerten soll als den der zukünftigen („Gegenwartspräferenz") oder umgekehrt den der zukünftigen höher als den der gegenwärtigen („Zukunftspräferenz"). Auch die „Ego-Präferenz", die den Nutzen und Schaden für sich und die eigene Nachkommenschaft höher bewertet als für andere gilt es zu bedenken.[61]

Absehung eigener Vor- und Nachteile Auf unser Verantwortungsmodell übertragen, besteht also das Problem, inwieweit ein Akteur die Reichweite seiner Verantwortung über den Egoismus hinaus zu allen Menschen sowie mit Blick auf deren zeitliche Erstreckung als gering (beschränkt auf die gegenwärtige Generation), mittel (beschränkt auf die geborenen nächsten Generationen) oder weit (auch die ungeborenen Generationen berücksichtigend) akzeptiert.

Typen von Utilitaristen

Wie ein Entscheidungsträger letztlich die Reichweite und Nachhaltigkeit seiner Verantwortung einschätzt, hängt wesentlich von seiner emotionalen und rationalen Grundbefindlichkeit ab. Birnbacher untersucht ausführlich nur den rationalen Aspekt, und zwar den rationalen Egoisten (R. E.), den rationalen Kollektivisten (R. K.) und den rationalen Universalisten (R. U.).

Rationaler Egoist ■ Der rationale Egoist berücksichtigt Nutzen und Schaden anderer in Gegenwart und Zukunft nur dann, wenn er selbst davon betroffen ist. So könnte er dafür sorgen, dass er seinen Kindern oder Kindeskindern ein gesundes Unternehmen vererbt, damit er nicht mit deren Versorgungsansprüchen konfrontiert wird oder damit er daraus eine Altersversorgung beziehen kann. Jedenfalls wird er für eine angemessene Verteilung des Nutzens während seiner Lebenszeit sorgen. Sein Modell der Nutzenmaximierung erfährt dann eine Unsicherheit, wenn er, wie Birnbacher betont, „metaphysische Zukunftsaussichten" in Betracht zieht, wenn er etwa an ein Weiterleben nach dem Tode und im Zuge dessen an ein jüngstes Gericht glaubt. Dann könnte es nämlich sein, dass sein lebenslang gepflegter Egoismus auf Kosten anderer erhebliche Sanktionen erfährt, die seinen optimal erlangten Nutzen zu Lebzeiten mit einem Mal wieder zunichtemachen.[62]

Rationaler Kollektivist ■ Der rationale Kollektivist maximiert den Nutzen bzw. minimiert den Schaden für ein bestimmtes Kollektiv, dem er sich zugehörig fühlt. Dies kann seine Familie, Firma, Partei, Nation, Glaubensgemeinschaft, Rasse oder auch im weitesten Sinne die Menschheit sein. Er achtet auf den Nutzen für die gesamte Lebenszeit des Kollektivs und nicht nur für die Zeit seiner Mitgliedschaft. So hat er die „langfristige Nutzen-Kosten-Bilanz im Auge" und berücksichtigt auch Chancen und Risiken, die in ferner Zukunft eintreten können. Als weitsichtiger Unternehmer könnte er z. B. Durststrecken in der Gegenwart in Kauf nehmen, um den „return on investment" in der ferneren Zukunft umso größer werden zu lassen.[63]

■ Der rationale Universalist nimmt gewissermaßen die Position eines „idealen Beobachters" im Sinne von Adam Smith (siehe ▶ *Abschnitt 5.5*) ein. Unter Einbeziehung allen verfügbaren Wissens bewertet dieser unparteiisch und perspektivenübergreifend zukünftigen wie gegenwärtigen Nutzen und Schaden für alle Betroffenen gleich. Ziel ist für ihn die „Maximierung des in der gesamten zukünftigen Welt verwirklichten Guten". Dabei gilt es, das zu tun, „was im Hinblick auf die Gesamtheit aller zukünftigen Generationen gesehen die größtmögliche Differenz von Glück (Lust) und Leiden (Unlust) verwirklicht."[64]

Rationaler Universalist

Von diesen drei Grundeinstellungen (siehe die drei Reichweiten der nachhaltigen Verantwortung, ▶ *Abschnitt 2.5*) favorisiert Birnbacher für seine Zukunftsethik den R. U., da allein er die von Eigeninteressen befreite Position ist, die einer allgemeingültigen Ethik würdig ist.

Birnbacher gibt zu, dass es keinen *zwingenden* Grund gibt, von zwei möglichen Zukünften die bessere zu verwirklichen und dabei auch noch von einer Bevorzugung der Eigeninteressen abzusehen. Dennoch sei es *plausibel*, dass man eine bessere der schlechteren vorziehe, wenn man „überhaupt zur Verwirklichung einer bestimmten Zukunft beitragen will".[65] Dass Zukunftsorientierung sogar ein menschliches Bedürfnis darstellt, hat, wie wir bereits gesehen haben, schon Hans Jonas vorausgesetzt. Allein im Fortpflanzungswillen und in der damit einhergehenden weitschauenden Vor- und selbstlosen Fürsorge für den Nachwuchs sah er den „Ursprung der Idee der Verantwortung".[66] Diese strebt, wenn nicht nach Verbesserung, so doch wenigstens nach Erhalt der erlangten Lebensbedingungen auch für die Zukunft der nachkommenden Generationen.

Vorrang der besseren Zukunft

Risikokalkül und Wertvorstellungen

Wie wissen wir aber, welche Entscheidungen heute für die Zukunft gut oder gar besser sind? Man kann hierbei auf Erkenntnisse der Risikoforschung verweisen. Diese berechnet ja das *Risiko* R, mit einer Handlung einen Schaden zu erleiden bzw. einen Verlust zu erwirtschaften, mit der Eintrittswahrscheinlichkeit p, einer Schadengrösse S, also mit der Formel $R = p \times S$. Umgekehrt berechnet sie mit der Komplementärgröße *Chance* C, mit einer Handlung einen Nutzen bzw. Gewinn zu erlangen, mit der Eintrittswahrscheinlichkeit p einer Nutzengröße N ($C = p \times N$). Die Wahrscheinlichkeit, bei einem Würfelspiel, seinen Geldeinsatz mit einer Sechs zu vervielfachen, ist bei einem einzigen Wurf 1/6, hingegen, seinen Einsatz zu verlieren, 5/6. Wie hoch nun das Risiko einer Handlung ist, hängt aber nicht nur von der Wahrscheinlichkeit eines Schadens, sondern im erheblichen Maß von der Schadenhöhe ab. Und die ist alles andere als eindeutig. Denn was für den einen als nicht akzeptabler Schaden gilt, mag für den anderen sogar nützlich erscheinen. So ist das Abbrennen eines Hauses für den Eigentümer nicht unbedingt ein Scha-

Wertbezug von Schaden bzw. Nutzen

den. Es kann für ihn sogar nützlich sein, wenn er aufgrund seiner Versicherungspolice ein neues errichten kann. Auch ist es für die Feuerwehr nützlich, wenn sie durch ihren Einsatz ihre Existenzberechtigung unter Beweis stellen kann. Was der eine als Risiko ansieht, kann für einen anderen somit eine Chance sein.[67]

Unfreiwillige Übernahme von Risiken durch künftige Generationen

Was als Risiko bzw. Chance angesehen wird, hängt also wesentlich von den Wertvorstellungen des Betroffenen ab.[68] Auch Birnbacher sieht diesen Zusammenhang der unterschiedlichen Bewertung von Schäden, allerdings nur in dem einen, von der Risikoforschung empirisch festgestellten Zusammenhang, dass wir Risiken, die wir freiwillig eingehen oder selbst verursachen, eher akzeptieren als solche, die uns durch Aktivitäten anderer auferlegt werden.[69] So kommt er für seine Zukunftsethik zu der wichtigen Einsicht: „Schäden oder Gefahren, die zukünftigen Generationen von früheren Generationen auferlegt werden, wiegen deshalb schwerer als Schäden und Gefahren, die diese selbst eingehen."[70] Daraus folgt, dass der R. U. darauf bedacht ist, keine Handlungen zuzulassen, die spätere Generationen als unzumutbar riskant einstufen. Demzufolge entscheidet sich der R. U. für solche Handlungsalternativen, die über alle Generationen hinweg den größten Nutzen und den geringsten Schaden verursachen.

Ungenauigkeit von Risikoprognosen

Risikoprognosen sind dann am genauesten, wenn die Vergangenheit eine genügende Anzahl von vergleichbaren Schadensereignissen geliefert hat. So kann man die Zahl der Verkehrstoten anhand von Statistiken der vergangenen Jahre ziemlich genau in der Zukunft prognostizieren, solange die Rahmenbedingungen gleich bleiben.

Dies ist aber gerade bei innovativen Technologien und Produkten kaum gegeben. Hier ist die Ungewissheit über Schadenfolgen sehr hoch. Wir wissen nicht, ob und wie sich tödliche Plutoniumabfälle noch nach 500 Generationen in Schach halten lassen, insbesondere, wenn das dazu erforderliche Wissen über Kernphysik womöglich verloren gegangen ist, weil es dazu keinerlei berufliche Betätigung und damit auch Ausbildung mehr gibt. Ebenso wenig überschauen wir heute die Langzeitfolgen von gentechnisch veränderten Organismen. In solchen Fällen sieht Birnbacher nur die Aufforderung, „keine irreversiblen Gefahren zu schaffen, durch die dann lebende bewusstseinsbegabte Wesen geschädigt werden könnten".[71] Der R. U. wird dann seine Entscheidungen über Handlungsalternativen folgendermaßen treffen: Je ungewisser und katastrophaler das Schadensausmaß eines langfristigen Risikos ist, desto weniger sollte es späteren Generationen zugemutet werden. Stattdessen sollte die Entscheidung so lange aufgeschoben werden (Moratorium), bis die Risiken überschaubar geworden sind.[72]

Risiko als Bedrohung von Werten

Ein weiteres Problem, das Birnbacher nicht eingehender thematisiert, ist der oben angedeutete Wertbeziehungscharakter von Risiken. Denn welche Handlungs- oder Ereignisfolge als schädlich oder nützlich angesehen wird, hängt stark von den Wertvorstellungen der Betroffenen ab. Risiken werden dort gesehen, wo Werte bedroht sind. Die Beurteilung bzw. Abwägung des Risikos, ob es für den Handelnden bei der Zielverwirklichung noch tragbar ist oder nicht, ist selbst wertgebunden. Denn

Risiko ist die „kalkulierte Bedrohung eines Wertes *für* jemanden durch Handlungen oder Sachverhalte".[73] So ist das Risiko eines Waldbrandes zum einen durch den Wert gegeben, den der Wald für den Menschen oder das Ökosystem hat, zum anderen aber auch durch die Eigenschaft, dass sein Holz brennbar ist.

Die unterschiedlichen Wertvorstellungen von Stakeholdern führen demzufolge zu unterschiedlichen Wahrnehmungen von Risiken. So wird der Betreiber eines Kernkraftwerkes das Risiko seiner Anlage anders einschätzen als die Anwohner in der Nähe. Ersterer beruft sich vielleicht auf die „objektiven" Ergebnisse wissenschaftlicher und ingenieurtechnischer Risikoanalysen, denen zufolge ein GAU (ein größter anzunehmender Unfall) nur einmal in hunderttausend Jahren vorkommt. Das ökonomische Risiko, dass der Anwohner eine Bürgerinitiative startet, um den Weiterbetrieb wegen erhöhter Krebsraten in der Umgebung gerichtlich zu stoppen, mag für ihn viel größer sein. Eine adäquate Beurteilung und Bewältigung von Risiken muss also neben der Sachanalyse immer mit einer Wertanalyse der betroffenen Bereiche einhergehen. Welche Werte werden mit einer bestimmten Entscheidung verfolgt? Inwieweit bedrohen die Handlungsfolgen die Werte anderer Stakeholder? Und noch schwieriger zu beantworten: Wie ändern sich die Wertvorstellungen und damit auch die Risikowahrnehmung der Stakeholder späterer Generationen?

Vielfalt der Risikowahrnehmung durch Stakeholder

Grundsätzliche Problematik der utilitaristischen Zukunftsethik

Gerade die Problematik einer Projektion heutiger Wertvorstellungen auf künftige Generationen macht die Schwierigkeit einer utilitaristischen Zukunftsethik deutlich. Während wir heute das Rauchen als gesundheitsschädlich verbieten, war dies noch vor wenigen Jahrzehnten völlig anders. Noch in den 20er-Jahren des letzten Jahrhunderts wurde das Rauchen als beruhigend und gesundheitsförderlich beworben. Der Einsatz von Asbest, einem Naturprodukt, wurde jahrzehntelang wegen seiner Sacheigenschaft, nicht brennbar und gut verarbeitbar zu sein, als hervorragendes Baumaterial geschätzt. Sein Nutzen wurde deshalb wesentlich höher eingestuft als seine schon vor 100 Jahren festgestellte Gesundheitsschädlichkeit. Und woher wissen wir, dass die heute immer mehr wegen ihrer Nützlichkeit eingesetzte Nanotechnologie auch von späteren Generationen noch positiv eingeschätzt wird? Wie können wir davon ausgehen, dass der heute noch allseits akzeptierte Fleischkonsum nicht schon in zwei oder drei Generationen als unökologisch geächtet sein wird? Tatsache ist, dass die Problematik differierender Wertvorstellungen für die Risikoeinschätzung nicht nur intragenerativ, also innerhalb einer Generation, relevant ist, sondern auch intergenerativ besteht.

Wertewandel in der Risikowahrnehmung

Um die unterschiedlichen Interessenlagen überhaupt identifizieren zu können, bedarf es also einer offenen Risikokommunikation, die die Logik und Wertemuster aller Betroffenen gleichberechtigt einbezieht. Der Dialog mit künftigen, noch ungeborenen Stakeholdern kann dabei nur virtuell vollzogen werden. Ihre Interessen können heute allenfalls

Virtueller Risikodialog

durch die Beteiligung von heute lebenden Stakeholdern stellvertretend in einem Diskurs gewahrt werden. Sie sollten sich in die Lage künftiger Stakeholder hineinversetzen und deren Wertvorstellungen empathisch verteidigen.

Praxisnormen einer Zukunftsethik

Pronoetik

In Anwendung seiner idealtypischen Zukunftsethik stellt Birnbacher einen Katalog von „Praxisnormen" vor, die einen goldenen Mittelweg zwischen Gegenwarts- und Zukunftsverantwortung weisen sollen. Diese Praxisnormen werden im vorliegenden Lehrbuch als Prinzipien einer neuen Disziplin zusammengefasst, die der Autor als *Pronoetik* (von griech. *pronoeo* = für jemanden Sorge tragen) bezeichnet (siehe ▶ *Abschnitt 8.2*). Als Methode dienen z. B. geführte Imaginierungs- und Visualisierungsübungen, in denen man sich in die Situation künftiger Generationen gleichsam meditativ hineinversetzt und Vertreter derselben imaginär zu Wort kommen lässt, wie vielversprechende Versuche an der ESADE Business School der Ramon Llull Universität in Barcelona zeigen.[74]

Zugleich sollten verschiedene Ziele zum Schutz künftiger Generationen schon heute anvisiert werden. Denn wer nur die Probleme der Gegenwart ohne Rücksicht auf die Zukunft oder umgekehrt nur solche der Zukunft ohne Rücksicht auf die Gegenwart lösen möchte, dem wird es kaum gelingen, ein gutes Miteinanderauskommen aller Betroffenen zu erzeugen. Birnbachers Praxisnormen zielen auf:

- die „kollektive Selbsterhaltung" der Menschheit und höheren Tiere;
- die Vermeidung von Gefährdungen zukünftiger menschenwürdiger Existenz;
- die Sensibilisierung („Wachsamkeit") für irreversible Risiken;
- den Erhalt („Bebauen und Bewahren") natürlicher und kultureller Ressourcen;
- die Unterstützung anderer („Subsidiarität") bei der Verfolgung zukunftsfähiger Ziele;
- die Erziehung nachfolgender Generationen zu diesen Praxisnormen;[75]
- außerdem sollten die Rechte künftiger Generationen schon heute berücksichtigt werden.[76]

Übung	Intergenerative Ethik – das Risiko der „Grünen Revolution" für künftige Generationen

Mit der wachsenden Weltbevölkerung stellt sich in der Gegenwart wie in naher und ferner Zukunft das Problem der Ernährung. Noch immer haben nach der Welt-Hungerstatistik „World Food Programme" 795 Millionen Menschen auf der Welt nicht genug zu essen. Gemäß dieser Institution der Vereinten Nationen sei damit trotz wachsender Bevölkerung die Zahl der Hungernden seit 1990 um 216 Millionen zurückgegangen. Doch dieser positive Trend ist gefährdet, weil die Weltbevölkerung weiter wächst (bis 2050 von 7 auf 9 Milliarden), weil immer mehr Fleisch konsumiert wird und Ernten zu Tierfutter sowie zu Biotreibstoffen verarbeitet werden. Man schätzt daher, dass bis 2030 weltweit 50 % mehr Nahrungsmittel produziert werden müssen, um alle Menschen ernähren zu können.[77]

Kann das Problem mit einer Fortsetzung der sogenannten „grünen Revolution" gelöst werden? Unter diesem Begriff, der von William Gaud Ende der 1960er-Jahre geprägt wurde, verstand man industrielle Anbaumethoden unter Einsatz verbesserter Dünge- und Pflanzenschutzmittel sowie Getreide- und Reissorten.[78] Die Konsequenzen der Grünen Revolution für verschiedene Stakeholder sind umstritten. Die einen sehen darin eine Ursache für den Rückgang des Hungers insgesamt, die anderen verweisen auf große Folgeschäden wie Auslaugung der Böden, wachsende Resistenzen von Schädlingen durch Pestizideinsatz und in dessen Verbund auch Vergiftung der Böden und Nahrungsmittel, Ausbeutung und Verseuchung von Grundwasservorräten, soziale Folgelasten für Kleinbauern und Wiederverknappung von Lebensmitteln durch nicht eingehaltene Versprechen der Gentechnik.

Die folgende Fallstudie behandelt die Problematik der Letzteren ausführlicher. Sie gibt größtenteils die Darstellung Ulrike Brendels wieder, einer auf Gentechnik spezialisierten Greenpeace-Campaignerin.[79] Ihr zufolge basieren 99 Prozent der weltweit kommerziell angebauten Gen-Pflanzen auf zwei Gen-Konstrukten. Zum einen entwickelte die Gen-Industrie die sogenannten Herbizid-resistenten (HR) Pflanzen wie Soja, Raps, Mais und Baumwolle, die gegen bestimmte Pflanzenvernichtungsmittel immun sind. Zum anderen vermarktet sie sogenannte Bt-Pflanzen wie Mais und Baumwolle, welchen das Bacillus Thuringiensis (Bt) eingebaut wurde. Dadurch produzieren die Pflanzen ein Gift, das auf bestimmte Insekten wie z. B. den Maiszünsler oder den Baumwollkapselbohrer tödlich wirkt.

Diese HR- und Bt-Pflanzen benötigen ein stabiles Klima und eine aufwendige Pflege wie Bewässerung und Düngung. In Indien hatte dies bereits fatale Folgen, nachdem im März 2002 die indische Regierung den Anbau von genmanipulierter Bt-Baumwolle der Saatgutfirma Mahyco in Kooperation mit dem US-Gentechnik-Konzern Monsanto genehmigt hatte. Für das genmanipulierte Saatgut mussten die Bauern den fünffachen Preis bezahlen. Doch dies brachte nicht den gewünschten Ernteerfolg. Die Gen-Baumwolle litt unter starkem Befall des Baumwollkapselbohrers. Zudem war sie äußerst anfällig für die Kräuselkrankheit und Wurzelfäule. Aufgrund der großen Trockenheit erlitt die Bt-Baumwolle größeren Schaden als die herkömmlichen Baumwollsorten. Trotz der hohen Investitionen hatten die Bauern erheblich größere Verluste als die Landwirte mit dem traditionellen Saatgut. Die Aussicht, bei den Bt-Pflanzen weniger Pestizide ausbringen zu können, erwies sich als Trugschluss.

Die indischen Bauern waren nicht in der Lage, die geforderte aufwendige Pflege und regelmäßige Bewässerung zu leisten. Die künstliche Bewässerung führt zudem vielerorts zu Trinkwasserverknappung und zur Versteppung sowie Versalzung der Böden. Traditionell werden in Indien nur ca. 40 Prozent der angebauten Baumwolle künstlich bewässert. Die empfindlichen Bt-Pflanzen hätten dort ohne ständige Bewässerung keine Chance, stabile Erträge zu erzielen. In diesem Zusammenhang verweist Brendel auch auf den Aralsee in Usbekistan. Dieser habe aufgrund der intensiven Bewässerung der Bt-Pflanzen ein Drittel seiner ursprünglichen Größe eingebüßt.

Die Bt-Pflanzen geben ihr Gift monatelang kontinuierlich an Tiere und die Umwelt ab. Dadurch entstehen resistente Schädlinge. Die gewünschte Wirkung wird damit hinfällig. Das wiederum zwingt die Bauern, noch schädlichere Pestizide einzusetzen.

Monsanto vertreibt auch gentechnisch veränderte Sojabohnen, die ebenfalls resistent gegen das von Monsanto hergestellte Herbizid Roundup™ sind. Die sogenannten Roundup-Ready™-Sojabohnen brachten der Firma bisher 5 Milliarden US-$ Gewinn. Allein in Argentinien wurde seit 1996 über die Hälfte des Ackerlandes mit den neuen Pflanzen kultiviert. Das gegen das Herbizid resistente Saatgut sollte die Ernteerträge von Soja erhöhen. Denn nun konnte das Pflanzenschutzmittel bedenkenlos eingesetzt werden, ohne die Pflanzen zu zerstören.

Doch wie verantwortungsvoll war Monsanto in diesem Fall? Betrachtet man die Interessen einiger Stakeholder, so hat Monsanto sicherlich gegenüber den Aktionären mit exorbitanten Gewinnen die Verantwortung wahrgenommen. Auch die Interessen der Kunden, vornehmlich Großgrundbesitzer, blieben zunächst gewahrt. Denn nur sie konnten sich das teure Produkt leisten. Hingegen mussten etwa 160.000 Kleinbauern im Gegenzug ihre Betriebe aufgeben. Sie sind bereits in die Städte geflüchtet und erhalten dort Armenspeisung auf Sojabasis. Doch mit der Sojapflanze sind inzwischen auch die Großgrundbesitzer nicht mehr glücklich. Abgesehen davon, dass die Pflanzen von immer schlechterer Qualität sind als ihre unmanipulierten Vorgänger, müssen die Bauern nämlich heute längst zusätzlich noch andere Gifte spritzen, weil sich immer mehr Pflanzen ausbreiten, die gegen Glyphosat resistent sind. Die Monokulturen haben die bestehenden landwirtschaftlichen Strukturen zerstört. Fast alle traditionellen Getreidearten und Produktionsmethoden sind verloren gegangen.

Auch für die Volkswirtschaft Argentiniens hat sich der Soja-Anbau nicht gelohnt. Früher konnte die argentinische Landwirtschaft das Vielfache des Landesbedarfs an Getreide, Gemüse, Milch und Fleisch exportieren, die dem Land heute fehlen.

Die indische Bürgerrechtlerin Vadana Shiva kämpft mit Nichtregierungsorganisationen wie Brot für die Welt, Misereor oder Greenpeace gegen die global operierende Gentech-Industrie, die, wie sie sagt, „mit allen Mitteln die Welt von ihren gentechnisch veränderten Pflanzen abhängig" machen will. Bauern, die einmal umgestiegen seien, müssten die kommerziellen, häufig mit Lizenzgebühren belegten Sorten fortan immer wieder kaufen. Denn das gentechnisch veränderte Saatgut ist unfähig zur Fortpflanzung.[80]

In Indien nahmen sich in den letzten zehn Jahren schätzungsweise 200.000 Kleinbauern das Leben. Verschiedene Veröffentlichungen, auch Fernsehbeiträge, behaupten, die Selbstmorde seien aufgrund mangelhafter Erträge des gentechnisch veränderten Saatguts erfolgt. Aus Scham, Leid und Not der daraus folgenden Überschuldung hätten sie sich das Leben genommen.[81]

Firmen wie Monsanto werben ihre Kunden mit humanitären Absichten und bieten ihnen zum Einstieg ihre Technologie umsonst an. So hieß es auf einer früheren Homepage von Monsanto noch: „Dieses Teilen ist langfristig in unserem Interesse, weil diese Bauern künftig zufriedene Kunden werden könnten."[82]

1. Recherchieren Sie noch weitere Kritikpunkte an Monsanto, etwa die Strategie zur Patentierung von Tieren und Pflanzen sowie des Einsatzes von Glyphosat, dem krebserregende Wirkung nachgesagt wird.

2. Recherchieren Sie den Fall auch anhand von Quellen der Befürworter gentechnisch veränderten Saatguts in der Landwirtschaft. Stellen Sie die Argumente der Befürworter und Gegner gegenüber.

3. Identifizieren Sie alle Stakeholder, deren Interessen mit dem gentechnisch veränderten Saatgut von Monsanto berührt sind. Welche Werte vertreten sie? Welche Werte werden durch das Saatgut bedroht? Untersuchen Sie auch die Argumente von weltweiten Protestbewegungen gegen Monsanto.

4. Wägen Sie jeweils die Chancen und Risiken für die einzelnen Stakeholder ab.

5. Welche Machtmittel haben die Stakeholder und Monsanto in der Hand, um ihre Interessen zu verteidigen?

6. Untersuchen Sie die Folgen der „Grünen Revolution" für künftige Generationen. Wird hier das Nachhaltigkeitspostulat des Brundtland-Berichts eingehalten? Wie würden der R.E., R.K. und R.U. reagieren?

7. Mit welcher Argumentation wäre das Vorgehen von Monsanto ethisch zu verurteilen?

8. Gibt es Möglichkeiten für Monsanto die verursachten Schäden wiedergutzumachen? Wenn ja, wie könnte die Wiedergutmachung konkret aussehen?

9. Hans Jonas hat einmal gefordert, Technologien, deren Folgen unbekannt seien bzw. nicht begrenzt werden könnten, in einem Moratorium nach seinem Prinzip „in dubio pro malo" auszusetzen (i. S. von: „Im Zweifel das üble Szenario" ernster zu nehmen als ein gutes Szenario). Halten Sie seine Forderung für praktikabel?

10. Wenn Sie Führungskraft von Monsanto wären, wie würden Sie hier argumentieren? Wie würden Sie strategisch ihre Geschäftspolitik neu ausrichten, wenn Sie die ethischen Prinzipien einer Zukunftsethik berücksichtigen, wie sie aus COP21, von Jonas und Birnbacher abgeleitet wurden?

9.7   Fazit zum Einsatz gentechnisch veränderter Organismen

Langzeitschäden und Epigenetik

Eine Nachhaltigkeits- oder Zukunftsethik, die intergenerativ die Folgen heutiger Aktivitäten für künftige Generationen in Betracht zieht, sollte vor allem das Schadenpotenzial irreversibler Risiken beleuchten. Die Übung hat gezeigt, dass die Gentechnik langfristig riskante Auswirkungen haben kann, wobei die künstlich eingeleiteten Veränderungen im Erbgut eines Organismus in einer unabsehbaren Generationenfolge weitergegeben werden. Dabei zeigt sich oft erst einige Generationen später, ob der versprochene Nutzen aufgrund von schädlichen Neben-, Rück- und Fernwirkungen eher gegenteilig ist. Die Vorstellung, dass mithilfe der Gentechnik vermeintliche Fehler im Erbgut behoben oder gewünschte Eigenschaften induziert werden können, hat sich als falsch erwiesen. Wie gerade die neueren Forschungsergebnisse der Epigenetik beweisen, erfüllen Gene viele Funktionen, die je nach Umweltsituation aktiviert oder stillgelegt werden können.[83] Auch ist die Zuschreibung von „Fehlern" in der Genstruktur problematisch. Denn was in einer bestimmten Umwelt ein Fehler ist, kann in einem anderen Kontext ein enormer Überlebensvorteil sein. So ist das spezielle Gen für Adipositas (Fettleibigkeit) in einer Überflussgesellschaft sicherlich ein Fehler, in Zeiten von Hungersnöten hingegen von Nutzen. Diese Zusammenhänge haben Biologen dazu veranlasst, neben Mutation und Selektion noch das Prinzip der „Fehlerfreundlichkeit" als Motor der Evolution zu postulieren.[84] Dadurch verkehren sich Versprechungen zur Gentechnik oft in ihr Gegenteil.

Vorsorgliche Zurückhaltung

Aufgrund des Nichtwissenkönnens der Auswirkungen der Gentechnik auf künftige Generationen stellt sich die Frage nach dem Umgang mit ihr. Gemäß dem Jonas'schen „Prinzip der Heuristik der Furcht" sollte man den Unheilsprophezeiungen mehr Gehör schenken als den Heilsprophezeiungen. Denn deren Versprechungen können leicht unerfüllt bleiben, während die befürchteten Restrisiken ganzen Lebensbereichen den Rest geben können. Auch sollte das Nachhaltigkeitspostulat der Brundtland-Kommission Berücksichtigung finden. Die Befriedigung heutiger Bedürfnisse sollte nicht die Lebenschancen künftiger Generationen einschränken. Konsequent weiter gedacht spricht Einiges für das Diktum von Hans Jonas, bei irreversiblen Risiken den Einsatz einer Technologie über ein Moratorium bis zur Klärung zu verzögern.

Zusammenfassung

Die Klimakonferenz von Paris Ende 2015, COP21, bewies, dass eine globale Einigung von 195 Ländern mit unterschiedlichsten Ansprüchen möglich ist. Zugleich hat sie gezeigt, wie ethisches Handeln im Hinblick auf künftige Generationen implementiert werden kann. Nachdem an den vorangegangenen Konferenzen die bisherigen Verhandlungsstrategien immer wieder zum Scheitern verurteilt waren, bewährte sich nun eine Strategie des guten Miteinanderauskommens mit folgenden Schritten: (1) Identifizieren der involvierten Stakeholder, hier: aller beteiligten Länder, (2) Erfassen der jeweiligen Interessen und Ansprüche, (3) Bilden von Vertrauen durch informelle Treffen, (4) Respektieren der Minderheiten, (5) Anerkennen der gleichberechtigten Anliegen aller, (6) Gewinnen mächtiger Parteien als Vorbilder, (7) Einbeziehen von Mitstreitern aus Wirtschaft und Gesellschaft, (8) Erzeugen von Betroffenheit, (9) Bauen von Brücken über die Parteigrenzen hinweg.

Eine nachhaltige Ethik identifiziert die irreversiblen Risiken gegenwärtiger Aktivitäten für künftige Generationen. Die intergenerative Ethik von Hans Jonas begründete die Fürsorge für künftige Generationen im Streben nach Selbsterhalt in allen Lebensformen. Leben will sich selbst erhalten und dabei immer wieder optimieren. Deshalb soll auch die Menschheit in Zukunft als Menschheit gut leben können – so lautet sein Imperativ. Daher sollte der Einsatz von Risikotechnologien, die das Überleben der Menschheit ernsthaft bedrohen, so lange geprüft werden, bis alle lebensbedrohlichen Neben-, Rück- und Fernwirkungen ziemlich sicher ausgeschlossen werden können.

Dieter Birnbacher hat in seiner „Verantwortung für zukünftige Generationen" die Möglichkeiten eines Risikokalküls genauer analysiert. Er verfolgt eine utilitaristische Zukunftsethik, die aus heutigen Aktivitäten mehr Nutzen als Schaden für künftige Generationen sicherstellt. Folgende Praxisnormen sollten dabei eingehalten werden: (1) Streben nach Selbsterhalt für Menschheit und höhere Tiere, (2) Sicherstellung einer menschenwürdigen Existenz in der Zukunft, (3) Sensibilität für irreversible Risiken, (4) Erhalt natürlicher und kultureller Ressourcen, (5) Gemeinsame Anstrengung zur Erreichung zukunftsfähiger Ziele, (6) Erziehung nachfolgender Generationen zur Einhaltung dieser Praxisnormen.

 Weiterführende Inhalte finden Sie auf der Website *www.pearson-studium.de* unter Online Extras.

Endnoten

1   Bals et al., 2016, S. 1.
2   WBCSD, 2010.
3   Bojanowski et al., 2015, S. 67.
4   Bals et al., 2016.
5   Paris, 2015.
6   Ebd. S. 14.
7   Bojanowski et. al., 2015, S. 66 ff.
8   Ebd. S. 68.
9   Ebd. S. 82, vgl. 72.
10 MunichRe, 2016; vgl. Bojanowski et. al., 2015, S. 82, vgl. 70.
11 In den 90er-Jahren zeichneten sich insbesondere die SwissRe und MunichRe sowie der Gerling-Konzern mit ihren Bemühungen um eine vertiefte Wahrnehmung des Klimawandels aus. Letzterer hat z. B. in seiner Gerling Akademie und dem dazugehörenden Verlag einschlägige Publikationen vorangetrieben (z. B. Gerling/Schmidheiny, 1996; Leggett, 1996; Gelbspan, 1998).
12 Allein die USA, China und Indien sind für 50 % der Treibhausgase verantwortlich. Australien, Kanada, Russland und Japan gehören ebenfalls zur Spitzengruppe der Emittenten.
13 Bojanowski et al., 2015, S. 79.
14 Dass es Menschen gibt, denen der Fortbestand der Menschheit gleichgültig ist, widerspricht nicht den folgenden Überlegungen. Ethik hat, wie schon mehrfach erwähnt, immer eine kontrafaktische Komponente. Das Faktum, dass viele Menschen rein egoistisch handeln und nach machtvoller Durchsetzung ihrer eigenen Interessen streben, ist ja gerade Anlass für ethische Überlegungen: Wie kann man das Faktum des Egoismus soweit zähmen, dass gutes Auskommen miteinander überhaupt erst möglich wird? Oder in unserem Fall: Wie kann man die Ignoranz gegenüber den Belangen künftiger Generationen – wenigstens ein Stück weit – aufweichen?
15 Jonas, 1980, S. 85. Es ist allerdings fraglich, ob das Bedürfnis nach Fürsorge für den eigenen Nachwuchs tatsächlich allen Menschen gleich stark eingepflanzt ist. Die Unterschiede dürften sogar ziemlich groß sein, schon allein zwischen den Geschlechtern und auch bedingt durch die unterschiedlichsten psychischen Verfassungen. Es gibt genügend Beispiele von Menschen, die keinerlei Fürsorge für ihren eigenen Nachwuchs zeigen.
16 Vgl. Jonas, 1980, S. 86.
17 Weeber, 1990, S. 96ff, 120 f.
18 Ebd. S. 146 ff, 169 ff.
19 Platon, 1990a, Kritias, 111b.
20 Zit. n. Weeber 1990, S. 11.
21 Hennecke, 1990, S. 201.
22 Vgl. Schüz, 1990a, S. 222 ff; auch Birnbacher, 1988, S. 9 f.
23 Vgl. Schüz, 1999, S. 98 f.
24 Jonas, 1980, S. 15.
25 Ebd. S. 172.
26 Ebd. S. 22 f.
27 Ebd. S. 25.
28 Ebd. S. 95, vgl. die Beschreibungen der „Toleranzgrenzen der Natur" (ebd. S. 329 ff).
29 Ebd. S. 35.
30 Vgl. ebd. S. 100.
31 Vgl. Schüz, 2012a, S. 223 f.
32 George Edward Moore hat 1903 „naturalistischen Aussagen", dass mit dem Sein ein Sollen verbunden sei, in seinem Werk „Principia Ethica" als „naturalistischen Fehlschluss" abgetan. Damit wird der vorhandenen Natur ein implizit enthaltenes Sollen abgesprochen. (1996, S. 41 ff, 75 ff).
33 Jonas, 1980, S. 154 f.
34 Ebd. S. 36.
35 Vgl. Werner, 2003, S. 43.
36 Vgl. Jonas, 1980, S. 37.
37 Herbert Spencer zit. n. Moore, 1996, S. 91.
38 Moore, 1996, S. 92 f.
39 Vgl. ebd. S. 80 f.
40 Ebd. S. 81.
41 Hobbes, 1992, S. 115.
42 Ernst Tugendhat kritisiert in seinen „Vorlesungen über Ethik" den naturalistischen Fehlschluss auf andere Weise. Zwar gehört für ihn das Sollen zum Sein. Denn Sollensforderungen bleiben nicht abstrakt, sondern werden über konkrete Sanktionen, also über das Sein

wirksam. Jedoch sieht er den naturalistischen Fehlschluss woanders, dass nämlich „aus dem Sein ... kein Wollen" folge. Er begründet dies damit, dass aus „irgendetwas ... wie es ist ... nie zwingend folgen [kann], dass ich das und das will. Es hängt von mir ab, ob ich es will. Das Wollen kann für den Wollenden selbst nie ein vorgefundener, empirischer Tatbestand sein (ein Sein)." (Tugendhat, 1993, S. 95 f.). Diese Schlussfolgerung Tugendhats ist angesichts seiner vorherigen Argumentation ziemlich befremdlich. Denn was für das Sollen gilt, trifft auch auf das Wollen zu, zumal man ja das Sollen auch als das Wollen der anderen ansehen kann. Wenn deren Sanktionen als dem Sein zugehörig angesehen werden, dann auch deren Wollen, aus dem ja die Sanktionen resultieren. Außerdem ist das Wollen im Menschen eine Seinsbefindlichkeit, zumindest im Willen zum Leben, der jeden Menschen, ja alle Lebensformen überhaupt überleben lässt. Ohne ihn gäbe es kein Streben nach überlebenswichtigen Gütern, also auch kein Werden im Sein. Einen anderen Ansatz zu einer Kritik am naturalistischen Fehlschluss wählt Koslowski (1988, S. 110).

43 Vgl. Schüz, 1999, S. 42–54.
44 Ebd. S. 186.
45 Ebd. S. 250.
46 Ebd. S. 186.
47 Ebd. S. 64.
48 Ebd. S. 222.
49 Ebd. S. 146.
50 Ebd. S. 249 f.
51 Ebd. S. 286.
52 Ebd. S. 388.
53 Jonas, 1980, S. 70.
54 Ebd. S. 64.
55 Jonas, 1985, S. 67, vgl. 1980, S. 63 f.
56 Vgl. Dries, 2012, S. 195 ff.
57 Jonas, 1980, S. 65. Wie solche empathischen Visualisierungen der Konsequenzen heutiger Entscheidungen auf künftige Generationen vorgenommen werden können, beschreiben Honey-Rosés et al. (2013).
58 Ebd. S. 81.
59 Vgl. Birnbacher, 1988, S. 64; Fricke (2002, S. 13) sieht den negativen Utilitarismus schon bei Karl Popper (1992, I, S. 289 f) begründet.
60 Birnbacher, 1988, S. 26; vgl. Golding, 1972.
61 Vgl. Birnbacher, 1988, S. 29.
62 Birnbacher, 1988, S. 35 ff.
63 Birnbacher, 1988, S. 48 ff.
64 Birnbacher begründet hiermit einen „intergenerationellen Nutzensummenutilitarismus" (1988, S. 103). Er verweist dabei auf Henry Sidgwick, der den Nutzensummenutilitarismus (NSU) vom „Durchschnittsnutzenutilitarismus" (DNU) unterschied (Sidgwick, 1907, S. 415 f.) . Ersterer berechnet die Gesamtsumme des Nutzens für ein Kollektiv. Verdoppelt sich die Zahl der Individuen bei gleichem Pro-Kopf-Nutzen, so verdoppelt sich auch der Gesamtnutzen. Dasselbe Ergebnis erzielt man mit einer Verdopplung des Pro-Kopf-Nutzens bei gleichbleibender Zahl. Beim NSU sind also Quantität und Qualität des Nutzens austauschbar. Konsequenterweise kann man dann mit der Vermehrung der Anzahl von Menschen den Gesamtnutzen erhöhen. Anders beim DNU: Mit wachsender Anzahl von Menschen und gleichbleibendem Pro-Kopf-Nutzen ändert sich der Durchschnittsnutzen nicht (Birnbacher, 1988, S. 62) . Da es aber Birnbacher darauf ankommt, einen möglichst langen Zukunftshorizont, also eine möglichst große Zahl an künftigen Generationen miteinzubeziehen, ist der NSU dem DNU vorzuziehen. Denn Letzterer würde den gleichen Durchschnittsnutzen bei großer wie bei kleiner Generationenfolge erhalten. Dass Birnbacher damit eine Ungleichverteilung des Nutzens innerhalb wie zwischen den Generationen in Kauf nimmt, also das Prinzip der Gerechtigkeit in seine Theorie nicht integriert, ist ja der Hauptkritikpunkt von John Rawls gegenüber utilitaristischen Theorien (2014, S. 44 ff.). Überhaupt bleibt das Schicksal einzelner Menschen oder Minderheiten im NSU auf der Strecke (Veith, 2006, S. 100), solange die Mehrheit mehr Nutzen als Schaden hat.
65 Ebd. S. 103.
66 Jonas, 1980, S. 85.
67 Vgl. Schüz, 1999, S. 106 ff.
68 Vgl. Schüz, 1990, S. 230 ff; ders. 1999, S. 107 ff.
69 Vgl. z. B. Jungermann/Slovic 1993, S. 190.
70 Birnbacher, 1988, S. 151.
71 Birnbacher, 1988, S. 157.
72 Ebd. S. 155.
73 Schüz, 1999, S. 107.
74 Honey-Rosés et al., 2013, S. 678, (s. Endnote 57).
75 Vgl. Birnbacher, 1988, S. 202–240.
76 Vgl. Patridge, 1980; 1990.
77 World Food Programme, 2016.

78 Patel et al., 2009, S. 1.
79 Brendel, 2005, S. 42 ff.
80 Bethge, 2004, S. 180; vgl. Schüz, 2005.
81 Z. B. Beitrag im ARD (2013). Den dort getätigten Aussagen, die Gentechnik sei Ursache der Selbstmorde, widersprechen z. B. Kathage/Qaim (2012) oder Gruère/Sengupta (2011). Erstere weisen bei 533 indischen Kleinbauern innerhalb von sechs Jahren eine Ertragssteigerung von bis zu 50 % durch Einsatz von Bt-resistenter Baumwolle nach. Letztere sehen keinen Zusammenhang zwischen den Suiziden und dem Einsatz von Bt-Baumwolle.
82 Zit. n. Bethge, 2004, S. 182. Vgl. Lappé/Bailey, 1998, S. 71 ff.
83 Vgl. Spork, 2010.
84 Weizsäcker, E.-U., 1999, S. 110 ff.

Biozentrische Ethik – Ehrfurcht vor dem Leben?

10

Lernziele

Der Leser

- kennt Gründe für eine biozentrische, also eine auf alle Lebensformen bezogene Ethik,
- versteht und vollzieht den Ansatz der biozentrischen Ethik Albert Schweitzers nach,
- berücksichtigt die biozentrische Ethik bei unternehmerischen Entscheidungen.

10.1   Bedrohung von Lebensformen

Ausbeutung natürlicher Ressourcen

Unternehmerische Aktivitäten können irreversible Schäden an der natürlichen Umwelt anrichten. Die illegale, jedoch von den jeweiligen Regierungen nicht verhinderte systematische Brandrodung von Regenwäldern in Indonesien oder Brasilien zur Weideland- oder Palmölgewinnung zerstört nicht nur unwiderruflich jahrhundertealten Baumbestand, sondern zugleich auch zahllose Arten von Lebensformen aller Größenordnungen. In Südchile wurden sogar viertausend Jahre alte Wälder gerodet, weil Japaner deren Holz für luxuriöse Essstäbchen besonders schätzen. Der Versuch, seltene Arten wie z. B. Wale unter Schutz zu stellen, wird trotz Verbot von vielen Ländern unterwandert. Es geht aber nicht nur um den Schutz seltener Tiere und Pflanzen, sondern auch darum, wie Tiere überhaupt behandelt werden. Massentötungen von Rindern oder Geflügel bei Ausbruch von Seuchen wie Rinderwahn (BSE) und Vogelgrippe, schmerzvolle Versuche an Tieren zur Austestung von Medikamenten und Kosmetika oder die artfremde Massenhaltung, qualvolle Transporte und ebensolche Schlachtungen von Tieren zur Fleischgewinnung sind Alltag.

Radikale Tierschützer

Warum sollten Unternehmen sich überhaupt um solche Themen kümmern? Dafür gibt es eine Reihe von Gründen. Zunächst gibt es immer Kunden, die aufgrund ihres Mitgefühls für die Kreatur eine gute Behandlung von Tieren etwa von ihrem Fleischproduzenten einfordern. Sodann gibt es immer mehr NGOs, die es sich zur Aufgabe gemacht haben, Tiere von ihren Peinigern zu befreien und für deren Schutz zu sorgen. Die „Animal Liberation Front" (ALF) ist eine lose Vereinigung von Mitgliedern militanter Tierbefreiungsbewegungen, eine radikalere Form der Tierrechtsbewegung. Diese geht davon aus, dass Tier und Mensch gleich behandelt werden sollten. Jene versuchen mithilfe von Sabotage, Brandanschlägen, nächtlichen Überfällen auf Labors, Zuchtbetriebe oder Tierfarmen, die betroffenen Tiere zu befreien oder ihre Halter einzuschüchtern. Jagdanlagen wie Hochsitze, Schlachthöfe, Metzgereien, Pelztierfarmen gehören zu ihren Zielen. Auch heimliche Filmaufnahmen etwa – wie kürzlich geschehen – bei Zuchtbetrieben der Wiesenhofgruppe und Weiterleitung an Fernsehanstalten gehören zu ihrem Kampfrepertoire.

Dass bei solchen Aktionen häufig neben Sachbeschädigungen auch lebensbedrohliche Verletzungen von vermeintlichen oder wirklichen Tierschädigern in Kauf genommen werden, ist ethisch gesehen mehr als fragwürdig. Zudem greifen solche unüberlegten Befreiungsaktionen etwa von Marderhunden oder Nerzen schädigend in die Fauna und Flora ein, wenn diese nun heimische Singvögel oder Lurche über die Maßen dezimieren. Dennoch stellt sich die Frage nach Gründen dafür, auch Tiere und Pflanzen unter ethischen Schutz zu stellen.

10.2 Verhältnis des Menschen zu anderen Lebensformen

Das Verhältnis des Menschen zum Tier hat sich im Laufe der Geschichte immer wieder gewandelt. Es gibt Belege, dass noch im Mittelalter Tiere als Rechtssubjekte ähnlich behandelt wurden wie der Mensch. Tiere konnten angeklagt, vor Gericht zur Verantwortung gezogen und dort verurteilt werden. Wie der Philosoph Justin Smith von der Université Paris Diderot herausgefunden hat, wurden ab dem 9. bis in das 17. Jahrhundert hinein Hunde, Schweine, Rinder, Ratten und sogar Heuschrecken und Maikäfer für Vergehen wie Mord, Blasphemie oder Erntevernichtung vor Gericht gestellt.[1]

Grundsätzlich kann man davon ausgehen, dass das Verhältnis des Menschen zur Tierwelt schon immer kontrovers angesehen wurde. Zwei Positionen kann man deutlich unterscheiden, wobei jede der beiden Positionen sich selbst wiederum in viele unterschiedliche Auffassungen verzweigt:

Zwei widerstreitende Paradigmen zu Materie und Geist

1. Die *dualistische* Position, derzufolge die Welt in zwei Sphären geteilt ist, nämlich in eine *Zweiheit* von *Geist und Materie*. Da der Geist sich ausschließlich im Menschen manifestiert, hat er gegenüber allen anderen Lebensformen eine Sonderstellung.

2. Die *monistische* Position, die von der prinzipiellen *Einheit aller Lebensformen* ausgeht. Deren Vielfalt wird als Ausdifferenzierung der einen Substanz im Laufe der Evolutionsgeschichte anerkannt.

Die dualistische Auffassung, der zufolge der Mensch eine Sonderstellung in der Natur beansprucht, lässt sich bereits bei Aristoteles finden. Dieser unterscheidet die unbelebte von der belebten Natur, was mit beseelt und unbeseelt gleichzusetzen ist.[2] In der belebten Natur wird der Mensch aufgrund seines Denkvermögens zur Krone der Schöpfung, weil alles, was aus Vernunft geschieht, Aristoteles zufolge „richtig" ist. Denn das Denken, die Vernunft, „gehört zu dem Gebiet, wo es keinen Irrtum" gibt.[3] Im christlichen Mittelalter steht der Mensch ebenfalls an oberster Stelle der Schöpfung, was sich schon aus dem göttlichen Dominium-Terrae-Auftrag im Alten Testament ergibt, demzufolge der Mensch sich die „Erde untertan" (Gen. 1, 28) zu machen habe. Dieser Auftrag wird auch mit der „Gottebenbildlichkeit"[4] des Menschen untermauert, die trotz des Sündenfalls im Menschen potenziell bestehen bleibt.

Dualistische Auffassung als Herrschaftsanspruch

Descartes' Methode zur Ausnutzung der Natur

Erst in der Neuzeit wird die Sonderstellung nicht mehr religiös, wohl aber rational begründet. Den Auftakt bildet Francis Bacon (1561–1626), demzufolge mithilfe der Wissenschaften Macht über die Natur gewonnen werden soll. Das Vorhandene und die Kräfte der Natur sollen nicht mehr sich selbst überlassen werden, sondern „zu unserem Vortheile" angewendet und „zu einem neuen höhern Zweck" verwendet werden.[5] Wenige Jahrzehnte später verkündete René Descartes (1596–1650), dass die mathematische Vernunft die Menschen zu „Herren und Eigentümern der Natur erheben" und ihnen dabei eine „unendliche Zahl von Kunstgriffen" zusichern könne.[6] Die Methoden, die Descartes seinem Forschungsprogramm zugrunde gelegt hat, bilden die Grundlage, auf der auch heute noch die Naturwissenschaften beruhen, ja aufgrund derer auch die Industrialisierung möglich wurde. Es handelt sich dabei vor allem um die Methode der *Analyse*, die alles in seine einfachsten Bestandteile zerlegt, die Methode der *Synthese*, die diese wieder zusammensetzt und in eine bestimmte Ordnung bringt, sowie die Methode des *Quantifizierens*, die alles auf Zahlenwerte zurückführt.[7]

Nichtmenschliches Leben als Automaten

Descartes begründete sein Programm damit, dass der Mensch im Unterschied zu allen anderen Lebewesen nicht nur von einer materiellen Substanz *(res extensa)* bestimmt wird, sondern auch über eine denkende Substanz *(res cogitans)* verfügt. Mit der Vernunft erhält er eine Sonderstellung, die es ihm erlaubt, alle anderen Lebensformen als „seelenlose Automaten" anzusehen – vergleichbar mit mechanischen Uhren. Möglicherweise hat Descartes diese Vorstellung von dem spanischen Arzt Gomez Pereira (1500–1567) entlehnt. Auch dieser sprach Tieren und Pflanzen Gefühl, Denkvermögen, überhaupt eine Seele ab und sah sie nur als Maschinen an.[8]

Aufruf zu Vivisektionen

Viele kritisierten schon zu Lebzeiten Descartes, dass seine Lehre die Leiden vieler Tiere vergrößere, ja überhaupt eine „todbringende und mörderische" Doktrin sei.[9] So hatte Descartes seine Leser aufgefordert, seine Thesen zum Kreislaufsystem der Tiere über Vivisektion, also Aufschneiden bei lebendigem Leib zu überprüfen.[10] Es dauerte nicht lange, da wurde berichtet, wie Cartesianer Tiere quälten, zur Vivisektion an allen vier Pfoten auf Brettern nagelten und sich über diejenigen lustig machten, die darüber Mitleid empfanden. Tiere wären doch nichts anderes als Uhren und ihre Schreie das Geräusch einer kleinen Feder, die durch die Schläge in Bewegung versetzt worden seien. Sie beriefen sich auf die Ansicht von Descartes, dass nur Wesen mit Verstand Schmerzen empfinden könnten.[11]

Kants dualistische Ethik

In genau dieser dualistischen Tradition steht auch Immanuel Kant. Indem er nur dem Menschen Vernunft einräumt und dadurch würdevoll über die Natur erhebt, unterstellt er ihn dem ethischen Schutz des kategorischen Imperativs.[12] Seine Haltung gegenüber Tieren ist jedoch differenzierter als die von Descartes. Denn immerhin ruft er dazu auf, Tiere gut zu behandeln. Sonst drohe der Mensch bei schlechter Behandlung von Tieren zu verrohen und folglich auch Mitmenschen gegenüber entsprechend aufzutreten.[13]

Obwohl die heutigen Naturwissenschaften größtenteils das mechanistische Denken überwunden haben, ist das cartesische Programm der Ausnutzung natürlicher Ressourcen zum beliebigen Gebrauch immer noch weit verbreitete Praxis in Forschung, Technik und Wirtschaft. Schon längst werden nicht nur Mineralien, fossile Brennstoffe, Pflanzen und Tiere, sondern auch der Mensch selbst als Objekt des Machens technisch oder ökonomisch ausgenutzt. Der Handel mit menschlichen Organen, Ei-, Samen- und Stammzellen, überhaupt die Vermarktung und Patentierung von Genmaterial des menschlichen Körpers[14], die Versuche am menschlichen Erbgut – etwa zur Herstellung von Ersatzorganen – sind nur einige wenige Beispiele dafür, wie zumindest Teile des menschlichen Körpers zum bloßen Mittel degradiert werden.

Aktualität des cartesischen Programms

Der *Monismus* zeigt sich (a) als purer Materialismus oder auch (b) als reiner Idealismus. Jenem zufolge lassen sich alle Lebensformen als Ausdruck komplexer physiko-chemischer Prozesse erklären. Julien Offray de la Mettrie (1709–1751)[15], der den Menschen als Maschine aufgefasst hat, und später Jakob Moleschott (1822–1893)[16] sind Vertreter dieser Richtung. Für den Idealismus steht exemplarisch George Berkeley (1685–1753), demzufolge alles Sein aus Wahrnehmen und Wahrgenommenwerden besteht, also reiner Geist ist.

Monismus als Materialismus oder Idealismus

Die dritte Richtung wurde von Bertrand Russell (1872–1970) (c) als „neutraler Monismus" bezeichnet. Dieser hebt den Unterschied zwischen Geist und Materie auf, indem beide auf etwas ihnen Vorausgehendes oder sie Umgreifendes zurückgeführt werden. Als Repräsentanten nennt er William James (1842–1910).[17] Russell selbst hängt – wie im Übrigen auch einige moderne Physiker wie Niels Bohr (1885–1962) oder Carl Friedrich v. Weizsäcker (1912–2007) – dieser Richtung an. Materie, so wie wir sie wahrnehmen, ist ein Konstrukt unserer Wahrnehmung, eine „bequeme Methode, Ereignisse in Bündel zusammenzufassen"[18]. C. F. v. Weizsäcker drückt es sinngemäß so aus: Was immer ein Subjekt als materielles Objekt wahrnimmt, entsteht erst im Zusammenspiel von Erkennen und Erkanntwerden. Es ist also das Produkt eines Ereignisses, bei dem zwei Energiezustände miteinander in Resonanz treten. Dabei werden Informationen erzeugt, die das Subjekt als eine bestimmte Form erkennt. Subjekt und Objekt bedingen sich also wechselseitig, sind komplementär zueinander. Alles, was erscheint, ist demnach geistig *und* materiell.[19]

Monismus jenseits von Materie und Geist

Was heißt das nun konkret für das Verhältnis von Mensch und Natur? Der Mensch kann die Natur erkennen, weil er Teil von ihr ist und sie ihn hervorgebracht hat. Zugleich aber erkennt er in ihr auch sich selbst. Konsequent gedacht gibt es eine kontinuierliche „Reihe, die das Atom mit dem Menschen verbindet".[20] Eine Sonderstellung des Menschen in der Natur ist nicht mehr begründbar. Diese Schlussfolgerung hatte auch schon Charles Darwin (1809–1882) mit seiner Evolutionstheorie gezogen. Mit ihm hatten damals auch andere Forscher wie etwa 1884 George John Romanes die „speziesübergreifende Kontinuität des Bewusstseins"[21] oder noch früher 1877 Ludwig Büchner die „großartige Einheit der Gesammt-Natur [sic!]" erkannt. Letzterer folgerte aus dem hochkomple-

Die Einheit von Mensch und Natur

xen Verhalten von Ameisen, Wespen, Spinnen und Käfern, dass ein eigenes „geistige[s] Princip, mag man es Vernunft, Verstand, Seele oder Instinkt nennen, die ganze organische Stufenleiter, wenn auch in den mannichfaltigsten [sic!] Abstufungen und Abänderungen, von Unten bis Oben und Oben bis Unten durchdringt."[22]

Exkurs: Moralisches Verhalten im Tierreich?

Neuere Untersuchungen der tierischen Verhaltensforschung (Ethologie) zeigen, dass auch Tiere Regeln des guten Miteinanderauskommens haben und etwa über einen Gerechtigkeitssinn verfügen. Der Primatenforscher Frans de Waal geht davon aus, dass Schimpansen und Bonobos in der Lage sind, die Folgen ihres Verhaltens absehen und ihre Triebe und Instinkte durch eine Art moralische Impulskontrolle steuern zu können.[23] Zusammen mit Sarah Bosnan machte er bei Kapuzineräffchen einen Sinn für Gerechtigkeit aus. Wenn zwei Affen für die gleiche Leistung unterschiedlich begehrenswerte Belohnungen – z. B. Gurke und Traube – erhalten, wies der Gurkenempfänger beleidigt den Preis als zu geringwertig zurück.[24] Zu ähnlichen Ergebnissen kamen Ethologen aus Wien. Wenn zwei Hunde für gleiche Leistungen unterschiedlich belohnt werden, verweigert der benachteiligte schon nach kurzer Zeit die Zusammenarbeit. Sie besitzen also so etwas wie ein Gefühl für Tauschgerechtigkeit und Fairness.[25] Auch konnten Primatologen um Christophe Boesch im Laufe ihrer 27 Jahre andauernden Beobachtungen 18 Fälle von Adoptionen verwaister Schimpansenkinder durch Mitglieder fremder Sippen dokumentieren.[26] Ratten erbringen Hilfeleistungen, ohne einen sichtbaren Vorteil davon zu beziehen. Wenn sie vor der Wahl stehen, einen Artgenossen aus einem Käfig zu befreien oder ein Stück Schokolade in einem anderen Käfig zu holen, so entscheiden sie sich für Ersteres.[27]

Solche Forschungsergebnisse legen nahe, dass Tiere Empathie empfinden und kooperieren können, also über die Fähigkeit verfügen, Bedürfnisse von Artgenossen zu verstehen und mit ihren eigenen zu synchronisieren. Sie verstehen es, buchstäblich an einem Strang zu ziehen, um Artgenossen zu retten, genauso fürsorglich miteinander umzugehen wie sie sich in anderen Situationen auch gegenseitig bekämpfen.

Ethische
Implikationen

Solche Einsichten, die später auch aus der Evolutionstheorie und den Ergebnissen der Quantenphysik abgeleitet wurden, haben auch ethische Implikationen. So kann man, wie Hans Jonas, daraus schlussfolgern, dass sich „in allen Lebensformen" etwas zeigt, „was jenseits menschlicher Einwirkungsmöglichkeiten entstanden" ist und sich „in seiner Unverfügbarkeit als heilig" erweist.[28] Und wenn es eine evolutionäre Kontinuität gibt, so kann man auch eine „Kontinuität des Bewusstseins und der Leidensfähigkeit"[29] annehmen. Konsequent fordert dann Henry Salt (1851–1939) bereits 1892 neben Vegetarismus auch Tierrechte ein.[30] Paola

Cavalieri (geb. 1950) und Peter Singer (geb. 1946) forderten zusammen mit 34 anderen Autoren 1993 eine Ausweitung der Menschenrechte auf alle ähnlich wie der Mensch empfindungsfähigen Lebewesen, nämlich die „großen Menschenaffen" („Great Ape Projekt")[31].

Singer geht sogar noch weiter, indem er die Leidensfähigkeit als Kriterium für die Gleichbehandlung von Mensch und Tier annimmt. „Schmerz und Leiden sind schlecht und sollten vermieden oder vermindert werden, ohne Ansehen der Rasse, des Geschlechts oder der Gattung des leidenden Wesens."[32] Kriterium für ethische Gleichbehandlung ist nicht die Gottähnlichkeit, Sprache, Vernunft oder Gattung, sondern die Leidensfähigkeit. Singer formuliert also eine *pathozentrische Ethik* (von griech. *pathos* = Leid). Er steht somit utilitaristischen Ethikern nahe wie z. B. Jeremy Bentham, der die zu seiner Zeit noch übliche Degradierung von Tieren zu Sachen infrage stellte, weil sie leidensfähig sind[33], oder John Stewart Mill, der bei seinem Glückskalkül noch weiter geht und sogar die „gesamte fühlende Natur"[34] einbezieht.

Leidensfähigkeit als Kriterium für ethische Gleichbehandlung

Doch woher wissen wir, wie sehr andere Lebewesen leiden? Wie können wir diese mit der menschlichen Leidensfähigkeit vergleichen? Singer geht davon aus, dass das Schmerzempfinden von Wirbeltieren auf einem Nervensystem basiert, über das auch der Mensch verfügt. „Die anatomische Parallele macht es wahrscheinlich, dass die Fähigkeit der Tiere, Gefühle zu empfinden, der unseren entspricht." Folgerichtig spricht Singer Pflanzen eine solche Empfindungsfähigkeit ab. „Wir können bei ihnen kein Verhalten beobachten, das auf Schmerzen hindeutet." [35]

Leidensfähigkeit auf Wirbeltiere beschränkt?

Singers Behauptung, dass Schmerzreaktionen nur bei Vorhandensein eines „zentral organisierten Nervensystems" möglich sind, stellen neuere Forschungen zumindest infrage. Pflanzenforschern vom Max-Planck-Institut für Chemische Ökologie in Jena zufolge reagieren Pflanzen sehr differenziert auf Gefahren durch Aussendung biochemischer Duft- oder Bitterstoffe. Sie sollen Insekten anlocken, um gefährliche Schädlinge zu fressen, oder Fressfeinde abhalten, ihre Früchte zu genießen. Über hundert „Duftvokabeln" haben die Forscher identifiziert, mit denen Pflanzen auch untereinander kommunizieren, um sich beispielsweise vor drohenden Gefahren zu warnen. Sobald ein Schädling angreift, ändern die Gene der Pflanzen ihre Aktivitäten. Auf Attacken hin produzieren sie hormonähnliche Substanzen, die bis in ihr Wurzelwerk hinein sich im ganzen Pflanzengefäß verbreiten. Diese Phytohormone ähneln den „schmerzauslösenden Gewebshormonen" des Menschen. Wie die Forscher ihre Messergebnisse interpretieren, empfinden die Pflanzen so etwas wie Schmerzen, ja „schreien" unter Umständen sogar. Jedenfalls verfügen sie über ein großes Spektrum an unterschiedlichen Abwehrreaktionen.[36]

Das geheime Leben der Pflanzen

Exkurs: Schutz der Würde von Pflanzen

Gemäß Präambel der Schweizer Bundesverfassung trägt der Bund „Verantwortung gegenüber der Schöpfung". Die Artikel 73 und 74 schreiben „Nachhaltigkeit" und „Umweltschutz" fest. Dabei streben Bund und Kantone „ein auf Dauer ausgewogenes Verhältnis zwischen der Natur und ihrer Erneuerungsfähigkeit einerseits und ihrer Beanspruchung durch den Menschen andererseits an."[37] In Artikel 120 trägt der Bund „der Würde der Kreatur sowie der Sicherheit von Mensch, Tier und Umwelt Rechnung und schützt die genetische Vielfalt der Tier- und Pflanzenarten".[38]

Die „Eidgenössische Ethikkommission für die Biotechnologie im Außerhumanbereich" (EKAH), bestehend aus Philosophen, Ethikern, Biologen, und Medizinern, hat 2008 in einem Bericht die Bedeutung der „Würde einer Pflanze" konkretisiert. Dabei geht es auch um die Frage, ob eine individuelle Pflanze einen Eigenwert hat, also einen „Wert ... *um seiner selbst willen*". Eine klare Mehrheit der EKAH vertritt diese Auffassung. Mit Pflanzen soll „vorsichtig und rücksichtsvoll" umgegangen, ihre „Nutzung und Ausnutzung" begrenzt werden.[39] Diese Forderung erinnert an Kants zweite Formulierung des kategorischen Imperativs, demzufolge Menschen „niemals bloß als Mittel gebraucht werden" sollen. Wie weit Pflanzen instrumentalisiert werden dürfen, hängt von ihrer Empfindungsfähigkeit ab, wie sie etwa der Sentientismus (von lateinisch *sentire* = fühlen, empfinden) unterstellt. Die Mehrheit der Kommissionsmitglieder schloss zumindest nicht aus, „dass Pflanzen empfindungsfähig sind und dass dies moralisch relevant ist".[40] Konsequent forderte die EKAH, die vollständige Instrumentalisierung von Pflanzen etwa bei der Störung ihrer „Entwicklungsfähigkeit" sowie Arterhaltung „moralisch rechtfertigungspflichtig" zu machen. Eine „willkürliche Schädigung" im Umgang mit Pflanzen – wie z. B. „das Köpfen von Wildblumen am Wegrand ohne vernünftigen Grund" – wurde von der EKAH einstimmig für „moralisch unzulässig" gehalten. Eine Mehrheit der Mitglieder hält genetische Veränderung von Pflanzen für akzeptabel, solange „Eigenständigkeit, d. h. Fortpflanzungsfähigkeit und Anpassungsfähigkeit gewährleistet sind".[41]

Pflanzliche Leidensfähigkeit

Das Leben der Pflanzen zeigt sich also – wie wahrscheinlich in allen Lebensformen – als ein *Streben nach Gütern* (= Vorteile wie Stoffwechsel, Überleben, Wohlbefinden) und *Meiden von Übeln* (= Nachteile wie Energiemangel, Tod, Leiden). Allein, dass ein Streben und Meiden überhaupt beobachtbar ist, legt nahe, dass auch den Pflanzen so etwas wie Leiden nicht einfach abgesprochen werden darf, zumal die Forschung in dieser Hinsicht erst am Anfang steht. Singers Postulat, alle leidensfähigen Kreaturen unter ethischen Schutz zu stellen, sollte mit Blick auf diese Entwicklungen auch auf Pflanzen ausgeweitet werden, selbst wenn ein letzter Beweis ihrer Leidensfähigkeit vielleicht niemals gegeben werden kann.

Neben der modernen Physik legt also auch die Biologie eine prinzipielle Verbundenheit aller Lebensformen nahe. Aufgrund dieser Einheit des Wirklichen wirkt alles auf alles und zurück. Menschliches Handeln ist hiervon nicht ausgeschlossen. Es macht also durchaus Sinn nicht nur die ethische Frage zu stellen, *ob* der Mensch auch Verantwortung für nichtmenschliche Lebensformen hat, sondern auch zu fragen, *wie* er besser mit ihnen auskommen kann:

Forderung nach einer biozentrischen Ethik

> „*Wer eine befriedigende moderne Ethik der menschlichen Beziehungen aufstellen will, muss vor allem die notwendigen Begrenzungen der menschlichen Macht über die außermenschliche Umwelt und die wünschenswerten Einschränkungen der Macht der Menschen über einander klar erkennen.*"[42]

Eine Ethik, die diese Forderung Bertrand Russells nach einem Schutz der außermenschlichen Natur erfüllt, hat wohl als Erster Albert Schweitzer (1875–1965) sehr gut begründet und ausgearbeitet. Sein Prinzip der „Ehrfurcht vor dem Leben" soll im Folgenden näher vorgestellt werden, zumal es auch im Wirtschaftsleben anwendbar ist.

10.3   Ethik der Ehrfurcht vor dem Leben

Albert Schweitzer, Friedensnobelpreisträger, Philosoph, Theologe, Musiker und Tropenmediziner, hat sich schon als 24-Jähriger in seiner philosophischen Doktorarbeit mit der Begründung der Ethik bei Immanuel Kant befasst.[43] Dessen dualistische Philosophie sieht den Menschen in einer Zwitterrolle. Er ist einerseits ein körperliches Naturwesen, dessen Verhalten von seiner Triebstruktur streng kausal determiniert ist. Als solches kann er keine ethischen Entscheidungen treffen, die Freiheit voraussetzen. Frei ist er nur als Vernunftwesen. Wie kann der Mensch die notwendigen Abläufe der Natur mit seinem vernünftigen, also freien Handeln beeinflussen? Schweitzers Untersuchung belegt, dass Kant das Freiheitsproblem erkenntnistheoretisch nicht zufriedenstellend lösen konnte und deshalb auf andere Begründungsmethoden wie etwa die des Postulates zurückgreifen musste. Somit ist Kants eigenes Vorgehen bei der Begründung der Ethik ein Beleg für die von Schweitzer immer wieder gesehene Schwierigkeit, Ethik erkenntnismäßig oder weltanschaulich fundieren zu können.[44]

Unverträglichkeit von Freiheit und Naturnotwendigkeit

Schweitzer überwindet in seinen umfangreichen Werken zur Ethik das dualistische Problem, wie die zwei qualitativ völlig unterschiedlichen Sphären von Geist und Natur aufeinander wirken können, indem er auf einen monistischen Ansatz zurückgreift. Dieser sieht in allem, was ist, einen Ausdruck von Leben. Und alles Leben zeichnet sich durch den gleichen Willen zum Leben aus. Schweitzer sieht in jedem Leben das folgende Prinzip als „unmittelbarste", „umfassendste Tatsache" und als sicheren Ausgangspunkt aller „wahren Philosophie" walten: „*Ich bin*

Der Wille zum Leben

Leben das leben will, inmitten von Leben das leben will."[45] Mit dieser Aussage unterstreicht Schweitzer die oben herausgearbeitete Einheit alles Lebendigen, die selbst in der „wundervollen Zeichnung der Schneeflocke" zum Ausdruck kommt: „Die Flocke ... – das bist du. Überall, wo du Leben siehst – das bist du!"[46]

Abbildung 10.1: Albert Schweitzer in seinem Spital in Lambarene, Gabun
Quelle: *https://duntonj.wordpress.com/2012/03/06/albertschweitzer/*

Ehrfurcht vor dem Leben

Diese Auffassung von der Einheit des Lebens, die auch schon im Buddhismus oder Jainismus vertreten wird, führt Schweitzer konsequent zu der Sollensforderung, dass allem Leben mit der gleichen Ehrfurcht zu begegnen sei. Sein Appell der *Ehrfurcht vor dem Leben* fordert also anders als Kants kategorischer Imperativ, der nur den Menschen als Selbstzweck ansieht, *allen* Lebensformen eine Würde, also einen Selbstzweck zuzuerkennen. Somit dürfen sie niemals bloß als Mittel gebraucht werden.

Ökologische Bedeutung

Demzufolge hat kein Mensch das Recht, irgendein anderes Lebewesen als wertvoller oder weniger wertvoll zu erachten. Denn, wie Schweitzer schon in den 1920er-Jahren schreibt: „Wer von uns weiß, was das andere Lebewesen an sich und im Weltganzen für eine Bedeutung hat?"[47] Mit dieser Aussage erweist sich Schweitzer seiner Zeit weit voraus. Er zeigt sich als ein ökologischer Denker zu einer Zeit, als das Thema noch gar keinen Eingang in die Wissenschaft gefunden hatte. Denn gerade die Ökologie hat ja später herausgefunden, dass nur das Zusammenspiel aller Lebewesen überhaupt unsere Biosphäre zusammenhält. Werden nur wenige Elemente daraus vernichtet, besteht die Gefahr eines Zusammenbruchs des Ganzen. Denn jedes Element hängt eng mit jedem anderen Element zusammen. So ist es nur zu konsequent, wenn Schweitzer jede Wertunterscheidung zwischen einzelnen Lebensformen zurückweist. Dies liefe sonst darauf hinaus, unter Umständen „Arten von Insekten oder primitive Völker" willkürlich als wertlos zu erachten und entsprechend zu behandeln.[48] Deshalb besteht Ethik für ihn darin, „dass ich die Nötigung erlebe, allem Willen zum Leben die gleiche Ehrfurcht vor dem Leben entgegenzubringen wie dem eigenen."[49]

Man kann in Schweitzers Ansatz eine Erweiterung von Kants deontologischer Ethik sehen. „Statt es nur mit Pflichten des Menschen gegen den Menschen und die Gesellschaft zu tun zu haben", erweitert seine Ethik die Pflicht zu einen „rechten Verhalten zu allem Lebendigen".[50] Diese Pflicht manifestiert sich dann bei Schweitzer in dem allgemeinen und „denknotwendigen" Prinzip der „Ehrfurcht vor dem Leben", die im Unterschied zu den kompromissbereiten „relativen Ethiken" eine „absolute Ethik"[51] begründet. Interessanterweise hat Schweitzer aus diesem Prinzip keinen kategorischen Imperativ abgeleitet, der die Menschheit allgemein und notwendig verpflichten würde. Da sich ein solcher Imperativ angesichts der „Einheit des Wirklichen" heute aber weltanschaulich besser begründen lässt, hat der Autor an anderer Stelle einen solchen Versuch zur Untermauerung von Schweitzers Ethik unternommen. Er integriert auch den zukunftsethischen Ansatz von Hans Jonas:

„Handle so, dass Du jede Lebensform niemals bloß als Mittel gebrauchst, sondern immer zugleich auch als Zweck an sich ansiehst, d. h. ihre Würde achtest, und ihren Fortbestand zu sichern trachtest."[52]

Schweitzer ist sich voll und ganz bewusst, dass die vollständige Umsetzung seines Prinzips häufig an den harten Fakten des Lebens scheitern muss. Denn Leben ist nicht nur Allverbundenheit, sondern auch „Kampf ums Dasein". Ein Lebewesen lebt auf Kosten eines anderen. Diesem Kreislauf ist auch der Mensch unterworfen. So ist der Begriff „Ehrfurcht" gut gewählt. Denn er bringt zweierlei zum Ausdruck: Zum einen das *Ehren* des Lebens in seiner Vielfalt, die im gleichen Lebenswillen wurzelt. Zum anderen die *Furcht* vor dem Leben, das ständig anderes Leben bedroht.[53] Für Schweitzer kommt hierin eine „Selbstentzweiung des Lebens" zum Ausdruck, die erst dem Menschen voll und ganz bewusst wird. Er kann nun diesen Konflikt als naturgegeben hinnehmen oder durch ethisches Handeln zumindest ein Stück weit aufheben.

Im letzteren Fall kann er sich gegenüber anderen Lebensformen dadurch auszeichnen, dass er bewusst „anders" handelt, als es der Kampf ums Dasein nahelegt. Zwar muss er nach wie vor für sein eigenes Überleben andere Lebensformen – ob als Fleischesser oder als Vegetarier – immer wieder verletzen oder gar zerstören, oder er muss sich gegen Angriffe, die ihn selbst verletzen oder gar töten können, wehren. Aber er kann sich für diese Konflikte sensibilisieren und sie vorausschauend umgehen und möglichst weitgehend minimieren. Daher lautet für Albert Schweitzer das Grundprinzip des ethischen Handelns: „Gut ist, Leben erhalten und Leben fördern; böse ist, Leben vernichten und Leben hemmen."[54] Wir sollen unterscheiden lernen, wo wir unnötig Leben vernichten und wo es unvermeidbar ist. Wenn, wie Schweitzer vergleicht, der Bauer Tausende von Blumen zur Verfütterung an sein Vieh abmäht, ist das akzeptabel, wenn er aber auf dem Nachhauseweg achtlos eine Blume zertritt, wäre dies vermeidbar gewesen.[55]

Schweitzer will mit seiner Ethik keine konkreten Vorschriften machen, was wir konsumieren und wie wir unsere Bedürfnisse befriedigen soll-

Seitenrandglossen:
- Ein neuer kategorischer Imperativ?
- Selbstentzweiung des Lebens
- Gut und Böse
- Konfliktethik

ten. Er will aber dafür sensibilisieren, die Konsequenzen unseres Handelns nicht auf die leichte Schulter zu nehmen, sondern stattdessen die damit verbundenen Verletzungen zu minimieren oder gar zu heilen. Seine Ethik ist gewissermaßen eine *Konfliktethik*. Dass der Mensch praktisch dem Gedanken der Ehrfurcht vor dem Leben immer wieder auch zuwiderhandeln muss, ist ihm voll bewusst. Deshalb möchte er dazu anhalten, den ständigen Konflikt, in den die Entscheidungszwänge uns immer wieder führen, zu erkennen und als zentralen Antrieb für ethisches Handeln anzunehmen. „Nur von Fall zu Fall und unter dem Zwang der Notwendigkeit" dürfe er Unterschiede machen, wenn er etwa in die Lage komme, entscheiden zu müssen, „welches Leben er zur Erhaltung des anderen" zu opfern hat.

Beispiel   Anhand zahlreicher Beispiele berichtet Schweitzer, wie er selbst in seinem Spital im afrikanischen Gabun immer wieder in Dilemmasituationen geraten ist, die nur auf Kosten anderen Lebens zu lösen waren. So hatte er einmal einem Eingeborenen einen jungen Fischadler abgekauft, um ihn aus ihren „grausamen Händen" zu erretten. Anschließend sei er aber gezwungen gewesen, zur Fütterung des Raubvogels Fische zu töten. Immer wieder habe er die Fütterung als etwas „Schweres" empfunden. Denn ihm war klar, dass jede solche Entscheidung „subjektiv und willkürlich" ist. Die Verantwortung für das geopferte Leben müsse daher getragen werden.[56]

Schuld und Sühne   Zur Verdeutlichung, wie diese Verantwortung vor der Instanz der „Ehrfurcht vor dem Leben" getragen werden kann, greift Schweitzer zwar auf die christliche Terminologie von *Schuld* und *Sühne* zurück, verwendet sie aber nicht im üblichen moralischen oder transzendenten Sinne. Vielleicht ist die Fähigkeit zur Schuld und Sühne – ein wesentliches Merkmal der *Verantwortung* – eine entscheidende Grundbefindlichkeit des Menschen, die ihn von anderen Lebewesen unterscheidet. Man kann den Begriff Schuld auch als „verantwortliche Verursachung" und Sühne als „Versöhnung" ansehen, also als gutes Auskommen und damit als einen ethischen Akt. Denn es gibt in den meisten Fällen keine äußerlich sichtbare Instanz, die Schuld anklagen und Sühne einfordern würde. Die Instanz, die hier wirkt, ist ein Begleitumstand der Allverbundenheit und universalen Verflochtenheit des Seienden: Alles hängt mit allem zusammen und wirkt *auf alles* zurück. Deshalb wechselwirken die Handlungsfolgen mit anderen Lebensformen. Diese reagieren darauf, geben die Impulse weiter, verstärken oder verändern sie, bis sie auf Umwegen früher oder später in anderer Form wieder zum Verursacher zurückkehren. Die Instanz, vor der sich jeder zu verantworten hat, ist also das Leben selbst. Schweitzer deutet diesen Zusammenhang in folgendem Beispiel an:

> „Indem ich einem Insekt aus seiner Not helfe, tue ich nichts anderes, als dass ich versuche, etwas von der immer neuen Schuld der Menschen an die Kreatur abzutragen."

Das erweiterte Blickfeld jedes Einzelnen kann die Folgen und Nebenfolgen seines Handelns für das Ganze zumindest ausschnitthaft in Erfahrung bringen. Ihm wird dabei bewusst, dass er mit seinem Handeln nicht nur andere oder anderes, sondern immer zugleich – über welche Umwege und Schleifen auch immer – sich selbst trifft: Schuld wie Sühne fallen in eins auf ihn zurück. Es liegt also schon im eigenen Interesse, entsprechend der Konfliktethik Schweitzers, sich für seine Schuld zu sensibilisieren und im Gegenzug durch Sühneleistung für Ausgleich zu sorgen.

Diese Zusammenhänge sind heute dem ökologisch aufgeklärten Menschen bewusst. Er weiß, dass die systematische Zerstörung der Ozonschicht in der Erdatmosphäre Jahrzehnte später in Form einer Erderwärmung negativ nicht nur auf die Verursacher zurückfallen wird. Die Klimakonferenz COP21 formulierte in einer Vereinbarung umfassende Sühneleistungen zum Ausgleich für die Schuld der anthropogenen CO_2-Emissionen. Nicht anders wird es uns mit der systematischen Dezimierung der Artenvielfalt ergehen. Wir wissen heute, dass diese von großer Bedeutung für das langfristige Überleben der Menschheit ist. Der Wert der Vielfalt ist überlebenswichtig. So macht es Sinn, den noch vorhandenen biologischen Reichtum als Aufforderung zur Sühneleistung zu erfassen, ihn zu erhalten und, soweit möglich, wieder herzustellen.[57]

Aktuelle Bedeutung

Analog gilt der gleiche Zusammenhang bei sozialen Systemen. Auch Kollektive werden gegenüber dem Ganzen schuldig und schulden ihm Ausgleich. Der Ausgleich für die kollektive Schuld etwa gegenüber dem Ökosystem steht jedenfalls so lange aus, wie die Biosphäre durch menschliche Eingriffe bedroht ist. Unternehmen schulden ihren Stakeholdern einen angemessenen Ausgleich für die Leistungen, die sie erbracht haben, oder für die Schäden, die ihnen zugefügt wurden. Für die Industrie zielt der in ▶ *Abschnitt 1.3* erwähnte Ansatz des „Cradle-to-Cradle" in die gleiche Richtung. Auch unternehmerische Kompensationsleistungen, wie sie als Corporate Citizenship oder Corporate Sponsoring oder freiwillige Corporate Social Responsibility-Aktivitäten immer mehr verbreitet sind, können als Sühneleistungen im Sinne von Schweitzer angesehen werden. Es liegt also im „höheren Eigeninteresse" der Menschheit, die von Schweitzer vorgeschlagene Ethik der „Ehrfurcht vor dem Leben" in Form von Kompensationsleistungen für die lebenszerstörende Schuld umzusetzen. Dies gilt für soziale Systeme genauso wie für Individuen.

Kompensations-leistungen

Jeder, der sich für die Konflikte sensibilisiert, die er durch sein Handeln auslöst, wird ein Stück weit *unnötige* Lebenshemmung reduzieren und aktive Lebensförderung maximieren. Wie er das macht, bleibt jedem selbst überlassen. Die Ethik von Albert Schweitzer macht hierzu keinerlei Vorschriften. Sie fordert nur auf, überhaupt etwas Lebensförderliches zu tun – ob im Großen oder im Kleinen. Sie möchte zur „höchsten gesteigerten", „erschreckend unbegrenzten", „ins Grenzenlose erweiterten Verantwortung gegen alles, was lebt"[58] motivieren.

Universale Verantwortung

Übung   **Biozentrische Ethik – der Weg allen Fleisches**

Viele NGOs wie „Menschen für Tierrechte" engagieren sich gegen den Verzehr von Fleisch und grausame Tiertransporte. Sie stellen die involvierten Unternehmen an den Pranger und verbreiten im Internet Texte wie diese:

> *„Tiere, die lebenslang angekettet oder eingepfercht in dunkle Boxen zu fast völliger Bewegungslosigkeit verdammt waren, müssen für ihren Transport unter Fußtritten, Schlägen auf Kopf und Augen sowie Elektroschocks auf empfindliche Körperteile, wie z. B. die Geschlechtsteile, ins grelle Tageslicht laufen. Aber das haben sie nie gelernt. So brechen viele der blutarmen Kälber auf dem Weg zum Schlachthof zusammen. Bullen riechen beim Erscheinen der Viehhändler bereits das Blut und den Tod und brechen in Panik aus; sie können nur durch den ständig schmerzenden Nasenring gebändigt werden. Nun werden sie im Lastwagen angehängt, eingepfercht zwischen den Leidensgenossen. Bei starken Kurven oder Bremsmanövern fallen sie durcheinander, Panik bricht aus und sie können nicht mehr aufstehen. Nachbartiere steigen auf Kopf oder Weichteile, schwerste Verletzungen sind die Folge. …*
>
> *Es gibt immer weniger, dafür immer größere und somit unmenschlichere, ‚EU-taugliche' Schlachthöfe; also werden auch die Strecken immer länger. Nicht immer wird der nächstgelegene Schlachthof angefahren, sondern vorher ausgeforscht, wo die besten Schlachtpreise zu erzielen sind. So kommt es zu stundenlangen Umwegen, egal ob bei klirrender Kälte oder unerträglicher Hitze. Auch tagelange Transporte, quer durch Europa, über tausende Kilometer, sind an der Tagesordnung. Etwa 250 Millionen Tiere überqueren jedes Jahr die europäischen Grenzen. Ob es sich um Pferde handelt, die von Russland nach Italien gekarrt werden, Rinder von Polen nach Spanien, Ägypten und auf die Kanarischen Inseln oder Schafe nach Tunesien, kein Weg ist den Fleischproduzenten zu weit. Entsprechend hoch sind die Profite. Diese Langstrecken-Transporte werden meist in völlig überfüllten Waggons oder LKWs, ohne ausreichende Tränk- oder Fütterungsmöglichkeiten durchgeführt. Oft müssen die Tiere tagelang ohne Futter und Wasser auskommen, viele überleben das nicht, denn Pferde benötigen z. B. 35 Liter Wasser pro Tag. Wenn die Tiere bei 40 Grad massenweise in den Containern verschmachten,*

spielt das für die Verantwortlichen offenbar keine Rolle – finanziell lohnt es sich dennoch: Einerseits gibt es saftige Subventionen, andererseits werden z. B. die Pferde in Polen billig eingekauft und in Italien teuer wieder verkauft. Und eine Kuh kostet in Polen etwa 100 € und wird in Deutschland je nach Gewicht für rd. 900 € weiterverkauft!

Vor allem Italien und Nordafrika sind begehrte Anfahrtsziele – besonders von Deutschland, Holland, Belgien oder den Oststaaten. Gründe dieser unnötigen Tierschinderei, wo doch ein Fleisch-Kühltransport viel problemloser, platzsparender und vor allem tierschonender wäre, sind folgende:

- Lebendtransporte sind noch immer billiger als Kühltransporte
- Die EU subventioniert massiv den Export lebender Tiere (bis zu 500 € pro Rind) – ein gutes Geschäft.
- Der Erlös aus der Transportversicherung übersteigt oft den eigentlichen Wert der Tiere – daher wird beim ‚Verreckenlasssen' bisweilen noch etwas nachgeholfen.
- Die mächtige italienische Fleischerlobby will sich die Arbeitsplätze ihrer Schlachter erhalten und zusätzlich an den Innereien verdienen.

Die islamischen Länder vor allem in Nordafrika wollen die Tiere selbst schlachten, um sicherzugehen, dass sie geschächtet (ohne Betäubung getötet) werden. Beim Schächten wird den Tieren bei vollem Bewusstsein die Kehle durchgeschnitten. Die Beine werden zusammengebunden und die Opfer in Rückenlage geworfen, da nur so der Schächtschnitt möglich ist. Nicht selten kommt es dabei zu Knochenbrüchen oder anderen schweren Verletzungen. Durch den Schnitt, der meist nicht einmal schnell und glatt vor sich geht, sondern eher durch „Sägen", durchtrennt man etliche Muskeln, Nerven und Gefäße sowie die Luft- und Speiseröhre, was zu qualvollen Schmerzen und Erstickungsanfällen führt. Wird das Tier dann ‚vorschriftsgemäß' an den Hinterbeinen aufgehängt, bleibt es durch die Blutversorgung des Gehirns praktisch bis zum letzten Blutstropfen bei Bewusstsein und das kann bis zu 10 qualvolle Minuten dauern!

Für Transporte nach Übersee geht nach der Tortur auf dem LKW die Panik für die Überlebenden weiter – auf mehrstöckigen Frachtschiffen. Schafe und Rinder sind in Afrika besonders gefragt, auch bei glühender Hitze bleibt kein Millimeter Platz. Bis zu 10 % ersticken qualvoll oder werden zu Tode getrampelt. Auf verletzte oder kranke [Tiere] wird keine Rücksicht genommen, die sterbenden und toten Tiere werden auf hoher See über Bord geworfen oder bei der Entladung als ‚Transportausschuß' registriert.

Jede achte Kuh kommt trächtig auf den Schlachthof. Das Blut der Kälberföten stellt eine zusätzliche Goldgrube für die internationale Pharmamafia und Kosmetikindustrie dar: Die Kälber werden aus der Fruchtblase geschnitten und dem noch schlagenden Herzen wird mit einer Nadel durchschnittlich ein halber Liter Blut abgezapft. So verenden jährlich mindestens 2 Millionen ungeborene Kälber qualvoll, um Forschungslabors und Pharmaindustrie zu beliefern."[59]

Laut Aussage der NGO „Animals Angels" hat sich in den letzten Jahren die Situation innerhalb der EU um einiges verbessert: Langzeittransporte über acht Stunden werden nur noch in speziell dafür ausgerüsteten Lastwagen erlaubt, die Kontrolleure sind besser darauf trainiert, auf die Einhaltung geltender Gesetze zu achten. Mit mehr als einer Million Unterschriften hat „Animals Angels" 2014 eine Petition bei der EU-Kommission eingereicht, Langzeittransporte über acht Stunden gänzlich zu verbieten. Man versicherte dort die ernsthafte Prüfung der Petition (*https://www.animals-angels.de*).

1. Wie würden Sie als betroffenes Unternehmen auf diese Publikation reagieren?

2. Zählen Sie die Täter und Opfer der Tiertransporte auf. Wer hat welchen Nutzen und welche Schäden?

3. Welche Rahmenbedingungen fördern die quälenden Tiertransporte? Haben sie sich zugunsten verbesserter Tiertransporte inzwischen geändert?

4. Gibt es ethische Werte, die den Tiertransporten Einhalt gebieten könnten? Berücksichtigen Sie dabei die pathozentrische Ethik von Peter Singer und vergleichen Sie sie mit der biozentrischen Ethik von Albert Schweitzer.

5. Wie könnten Lösungswege aussehen, die das Leid der Tiere bei den Transporten und Schlachtungen minimieren könnten? Recherchieren Sie dazu Lösungsansätze wie die von der Schweisfurthstiftung (*www.schweisfurth-stiftung.de*) und vergleichen Sie diese mit denen von Coop oder Migros.

6. Es gibt Versicherer, die die Tiertransporte nicht versichern, wenn sie nicht „tier- und artgerecht" vollzogen werden. Halten Sie das für einen gangbaren Weg, die Schäden zu verringern?

7. Was spricht dafür, die Würde der Tiere, d. h. ihren Eigenwert zu achten?

8. Was spricht dafür, die Tiere als ökonomisches Gut anzusehen, was dagegen?

9. Welche Auswirkungen hätte es auf die Wirtschaft, wenn der Vegetarismus sich ausbreiten würde? [60]

10. Wie stehen Sie zu Massentötungen von Tieren bei Seuchenverdacht? So wurden 2003 z. B. in den Niederlanden und in Belgien angesichts des Verdachts einer H7N7-Geflügelpest-Infektion prophylaktisch 30 Millionen Vögel verbrannt.[61]

11. Sehen Sie neben diesem Fall noch andere Bereiche der Industrie, in denen nichtmenschliches Leben bedroht und eine biozentrische Ethik eine Neuorientierung auslösen würde?

10.4 Fazit zum Umgang mit allen Lebensformen

Die Ethik der „Ehrfurcht vor dem Leben" dient als biozentrisch erweiterte Instanz der ethischen Verantwortung. Sie hält den Menschen dazu an, das Leben in all seinen Erscheinungsformen zu achten, seine Vernichtung und Hemmung zu verhindern oder wenigstens auszugleichen, indem es an anderer Stelle aktiv gefördert wird. Sie zwingt niemanden, etwa dem Fleischessen oder der Fleischproduktion zu entsagen. Sie sensibilisiert allerdings für einen vorsichtigeren Umgang mit allen Lebensformen, deren Würde zu respektieren und entsprechend zu behandeln. Anstatt sie als „bloße Mittel" zu gebrauchen, setzt sie alles daran, das ihnen zugefügte Leid zu minimieren, einen artgerechten Umgang mit ihnen zu pflegen und wo immer möglich für Ausgleich von Schädigungen zu sorgen.

Ethik der „Ehrfurcht vor dem Leben"

Die seit Jahrtausenden bestehende religiöse Bewegung des Jainismus in Indien könnte hierbei als Vorbild dienen. Dessen Prinzip ist die Lehre von der Advaita, was so viel wie die Lehre vom All-Einen bedeuet. Alle vielfältigen Erscheinungen sind letztlich eins und innerlich miteinander verbunden. Daraus folgt dann das ethische Prinzip der *Ahimsa*, des Nicht-Verletzens aller Lebensformen. Denn wer einen Teil des Ganzen verletzt oder gar zerstört, verletzt oder zerstört damit auch einen Teil von sich selbst. Deshalb vermeiden die Jainas bei jeder Gelegenheit, Kleinstlebewesen zu töten oder zu verletzen. Das geht sogar so weit, dass sie einen Mundschutz tragen, um beim Einatmen kein Insekt zu töten. Oder sie achten sorgfältig auf ihrem Spazierweg darauf, keine Kleinstlebewesen zu zertreten. Sie essen vegan und meiden Berufe, in denen Leben bedroht sind. Mahatma Mohanda Gandhi (1869–1948) hat sich von der Lehre des Ahimsa – wie übrigens auch von der christlichen Bergpredigt – dazu inspirieren lassen, seinen Kampf gegen die koloniale Unterdrückung Indiens gewaltfrei zu gestalten.

Vorbild des Jainismus

Die biozentrische Ethik eines Albert Schweitzers motiviert Unternehmen, dem Leben insgesamt zu dienen, also nachhaltig zu einem guten Leben für alle Lebensformen in Gegenwart und Zukunft beizutragen. Sie sensibilisiert bei jeder Planung und Entscheidung für die Folgen, gibt

Kriterien für die Akzeptabilität von Risiken an die Hand und weist den Weg für angemessenes Handeln.

Zusammenfassung

Biozentrische Ethiken gehen davon aus, dass nicht nur Menschen ethischer Schutz zusteht. Das dualistische Paradigma der neuzeitlichen Aufklärung, dass die Welt in zwei nur im Menschen verbundene Sphären einzuteilen sei, wurde spätestens mit Aufkommen der modernen Quantenphysik abgelöst. Aber auch die biologische Evolutionstheorie sieht eine kontinuierliche Entwicklung von einfachsten Lebensformen bis hin zum Menschen. Es gibt also keinen Grund mehr ihm eine Sonderstellung in Bezug auf ethischen Schutz einzuräumen.

Peter Singer ist einer der prominentesten Vertreter der pathozentrischen Ethik (von griech. *pathein* = (er)leiden). Ihr zufolge sollten die fundamentalen Interessen aller leidensfähigen Tiere gewahrt bzw. im Konfliktfall miteinander verglichen und gegeneinander abgewogen werden. Pflanzen spricht er Leidensfähigkeit ab und klammert sie daher aus seiner Ethik aus.

Dem widersprechen neuere biologische Forschungsergebnisse, die auch bei Pflanzen komplexe Reaktionsformen auf äußere Angriffe festgestellt haben. Man schreibt ihnen sogar so etwas wie Schmerzzustände und in deren Gefolge unterschiedlichste Reaktionen zu.

Albert Schweitzers Ethik der Ehrfurcht vor dem Leben stellt am konsequentesten alle Lebensformen unter ethischen Schutz mit der Begründung, dass sie alle durch den Willen zum Leben verbunden sind. Gleichzeitig sieht er jedoch auch den nicht aufhebbaren Kampf ums Dasein in allem Leben. Dem Menschen jedoch ist es möglich, aufgrund seines Denkvermögens die damit verbundenen Konflikte zu erkennen und möglichst weitgehend zu minimieren bzw. die negativen Folgen seines Handelns zu kompensieren.

Wie etwa Entscheidungen im unternehmerischen Alltag „Ehrfurcht vor dem Leben" berücksichtigen können, wurde angedeutet: durch intensive Prüfung der möglichen Folgen und Nebenfolgen für anderes Leben, durch Prüfung der Notwendigkeit von Entscheidungen und ihren Konsequenzen sowie durch verantwortliche Schaffung eines Ausgleichs: Wiederaufforstungen als Ausgleich für CO_2-Produktion, Renaturierung von Kulturlandschaften, Abbruch und Entsorgung von stillgelegten Kernkraftwerken, überhaupt die vollständige Rezyklierung von natürlichen und technischen Materialien (Cradle-to-Cradle-Ansatz) sind Beispiele dafür.

 Weiterführende Inhalte finden Sie auf der Website *www.pearson-studium.de* unter Online Extras.

Endnoten

1 Bethge, 2016, S. 122; kritischer beurteilt Eva Schumann die verschiedenen Publikationen zu den vermeintlichen Tierprozessen (2009, S. 30 ff).
2 Aristoteles, 1986, 413a 20 ff.
3 Ebd. 430a 27, vgl. 433a 26.
4 Gen 1, 26 f: „Lasset uns Menschen machen, ein Bild, das uns gleich sei, die da herrschen über … alle Tiere"; Gen 5,1: „Als Gott den Menschen schuf, machte er ihn nach dem Bilde Gottes".
5 Bacon, 1981, S. 153, „Das wahre Ziel der Wissenschaften ist nun die Bereicherung des menschlichen Geschlechts mit neuen Kräften und Erfindungen." (S. 60).
6 Descartes, 1960, S. 50.
7 Ebd. S. 50.
8 Büchner, 1877, S. 3.
9 Moore, Henry zit. n. Kimbrell, 1997, S. 206.
10 Descartes, 1960, S. 38.
11 Kimbrell, 1997, S. 206.
12 Kant, 1978, S. 78.
13 Kant, 1968a/1797, § 17.
14 Vgl. Kimbrell, 1997, S. 180.
15 Mettrie, 1912.
16 Moleschott, 1852.
17 Russell, 1992, S. 820, 840.
18 Ebd. S. 839.
19 Vgl. Schüz, 1986, S. 140 ff, 220 ff.
20 Weizsäcker, 1976, S. 182.
21 Zit. n. Wolf, 1992, S. 11.
22 Büchner, 1877, S. VI. Büchner hat die beiden Positionen von dualistischer Sonderstellung und monistischer Einordnung des Menschen in der Natur auch philosophiegeschichtlich aufgearbeitet. Die beiden Standpunkte seien „so alt, als das menschliche Denken selbst". Er erwähnte als Parteigänger für die Monisten *Vergil*, der in denTieren „ein Theil des göttlichen Geistes" wohnen sah, verwies auf *Plutarch*, der eine „Abhandlung über die Vernunft der Thiere" verfasste – gegen die Auffassung von der Denk- und Empfindungslosigkeit der Tiere, wie sie von Kynikern und Stoikern vertreten wurde, zitierte den römischen Arzt *Claudius Galenus*, der den Tieren „Überlegungs- und Schlussvermögen" zuschrieb, worin die Menschen sich nur „durch das Mehr" unterschieden, bezog sich auf *Celsus*, der im 2. Jahrhundert die christliche Vorstellung bekämpfte, dass „alles nur um des Menschen willen geschaffen", stattdessen in gewisser Weise die Tiere sogar „eher *über*, als *unter* den Menschen" stünden. (S. 2)
23 De Waal, 2015, S. 204 ff.
24 Bosnan/de Waal, 2003; vgl. Becker, 2003.
25 Range et al., 2009.
26 Boesch et al., 2010.
27 Bartal et al., 2011.
28 Hans Jonas zit. nach Altner, 1993, S. 143.
29 Wolf, 1992, S. 11.
30 Salt (1892) zit. n. Wolf, 1992, S. 15. Auch Bertrand Russell folgert, dass mit der Akzeptanz der Evolutionstheorie „nicht nur die Lehre von der Gleichheit aller Menschen, sondern auch die Doktrin von den Menschenrechten als unbiologisch zu verwerfen wäre, da sie den Unterschied zwischen Menschen und anderen Lebewesen zu stark unterstreicht." (1992, S. 734).
31 Cavalieri/Singer, 1993, S. 304–312.
32 Singer, 1984, S. 77.
33 Vgl. Bentham, 1988, Chap. XII, S. 310 f.
34 Mill, 1985, S. 21.
35 Singer, 1984, S. 86.
36 Bethge, 2006, S. 114 ff; vgl. Bird, 1977; Mancuso/Viola, 2015. Aus dem 2. Jhdt. wird im sog. „Kölner Mani-Codex" überliefert, dass Mani, der Religionsstifter des Manichäismus, als junger Mann weder Fleisch noch Gemüse aß, weil er dessen Leiden deutlich wahrnahm: Es „schrie und blutete", als es für eine Mahlzeit geschnitten wurde. (Markschies, 2010, S. 102).
37 Verfassung, 2013, S. 20.
38 Ebd., S. 39.
39 EKAH, 2008, S. 10.
40 Ebd., S. 16.
41 Ebd. S. 20, vgl. Münzel, 2008, S. 5.
42 Russell, 1992, S. 737.
43 Schweitzer, 1899.
44 Ebd. S. 96, 101, 103; vgl. Schüz, 1990b, S. 137.

45 Schweitzer, 1923, S. 377.
46 Schweitzer, 1919, S. 124.
47 Schweitzer, 1931, S. 242.
48 Ebd., S. 242.
49 Schweitzer, 1923, S. 378.
50 Schweitzer, 1933, S. 179.
51 Schweitzer, 1923, S. 387.
52 Schüz, 1986, S. 254.
53 Vgl. zum Ehrfurchtsbegriff bei Albert Schweitzer besonders Gottfried Schüz, 2015, S. 11 f.
54 Schweitzer, 1923, S. 378.
55 Ebd., S. 388.
56 Schweitzer, 1931, 242 f.
57 Vgl. Wilson, 1997, S. 379 ff.
58 Schweitzer, 1923, S. 379, vgl. 388, 390.
59 Ursprünglich gefunden bei: *www.tvg-saar.de* – Menschen für Tierrechte Saar e.V. – Tierversuchsgegner Saar. Dieser Text ist dort so nicht mehr auffindbar, wird aber in Auszügen von einigen anderen Homepagebetreibern wiedergegeben: (*http://www.vegetarier.net/gesellschaft/tierproduktion*). Vgl. die aktuelle Sendung im ZDF: *http://www.zdf.de/unser-taeglich-fleisch-tiertransporte-in-europa-und-was-unser-konsum-dazu-beitraegt-33293612.html*, abgerufen 19. März 2015.
60 „In der Bundesrepublik hat sich die Zahl der Vegetarier laut EG-Statistik von schätzungsweise einer Million zu Beginn der 80er-Jahre auf 3,1 Millionen erhöht und wird vermutlich noch weiter zunehmen, weil sich das zunächst nur ungute, dann aber schließlich belastende Gefühl der Mitschuld am unnötigen Leiden der Tiere verstärkt. Jedenfalls wurde in einer 1985 von der deutschen Pharmaindustrie in Auftrag gegebenen Befragung festgestellt, dass 33 % der Gesamtbevölkerung und 40 % der 14–34-Jährigen das Töten von Tieren zur Gewinnung von Lebensmitteln und Bekleidung für nicht gerechtfertigt halten. Dass davon dann doch nur wieder ein Bruchteil sein Leben wirklich umstellt, spricht weniger gegen den Appell des eigentlich Sein-sollenden, als vielmehr für den Druck der Gewohnheit und die Schwierigkeit, ihm zu widerstehen." (*http://www.vegetarier.net/argumente/ethik-moral*, abgerufen 28. April 2016)
61 Precht, 2006, S. 15.

Tiefenethik – Auskommen mit dem Bösen?

11

ÜBERBLICK

Lernziele

Der Leser

- kennt die Problematik der Unterscheidung von Gut und Böse auch in der Wirtschaft,
- unterscheidet die tiefenpsychologischen Mechanismen der Verdrängung, Unterdrückung und Projektion mit ihren jeweiligen (un-)ethischen Folgen,
- erfasst seine eigenen Anteile am Bösen, seine „inneren Schweinehunde" oder Schattenseiten, und versteht, mit der Bewusstmachung ihre Energien besser zum Wohle des Ganzen einzusetzen,
- lernt, die Argumente für skrupelloses Handeln in Unternehmen als langfristig selbstzerstörerisch zu entlarven,
- vermag die individuellen Schattenseiten auch im Kollektiv eines Unternehmens zu erkennen und konstruktiv umzuwandeln.

11.1 Wirtschaftsvergehen und das sogenannte „Böse"

Ethik-Exkursion ins Gefängnis

Einmal jährlich unternimmt der Autor mit einer Gruppe Studierender eine „Ethik-Exkursion" ins Gefängnis – u. a. mit dem Ziel, sich näher mit den „Schattenseiten" der menschlichen Psyche auseinanderzusetzen. Sie bekommen dort die Gelegenheit, mit einem wegen Wirtschaftsdelikten verurteilten Insassen zu sprechen. Die als „kriminell" bezeichneten „Bösen" versetzen sie immer wieder in Erstaunen. Denn sie entpuppen sich oftmals als ganz „normale" Menschen, die auf sehr gute Karrieren zurückblicken können. Entweder erlagen sie der Versuchung, das schnelle Geld zu machen, oder sie wurden von Kollegen oder schwierigen Umständen in die Delinquenz hineingezogen.

Beispiele für „böses" Handeln

Gut etablierte Täter

Da war der ehemalige Manager einer Großbank, der Anlagestiftungen verwaltete. Bei einer „lieh" er sich eine zweistellige Millionensumme, um sie zu seinen Gunsten gewinnbringender anzulegen. Noch bevor er das Geld zurücktransferieren konnte, wurde die illegale Transaktion entdeckt. Ein anderer war Treuhänder. Einer seiner Kunden vertraute ihm zwölf Millionen Franken an – zwecks Investition in Immobilien. Beim größten Teil gelang ihm tatsächlich, die versprochenen Renditen zu erwirtschaften und auszuschütten. Einen kleinen Teil jedoch übergab er einem guten Bekannten, der die Summe veruntreute. Beide wurden zu drei Jahren Gefängnis verurteilt.

Fokus auf die Tat

Einige der Delinquenten berichteten, dass der Gedanke, mit einer Tat einen schnellen Gewinn zu realisieren, sie ganz plötzlich erfasst und daraufhin bis zur Ausführung nicht mehr losgelassen habe. Das dabei vorherrschende Gefühl war vergleichbar mit einem Tunnelblick, der sie nur auf den einen Gedanken fokussieren und alle selbstkritischen Erwägungen ausblenden ließ. Die warnenden Stimmen blieben unbewusst, konnten also gar nicht wirksam werden. Als sie die Konsequenzen schließlich realisierten, war es bereits zu spät. Sie alle quälte ein schlechtes Gewissen wegen der begangenen Tat.

Im Anschluss an solche Exkursionen stellten manche Studierende die Angemessenheit der verhängten Strafen infrage. Wenn kaum kontrollierbare Umstände zur Tat verführen, wie verantwortlich könne der Täter eigentlich noch sein? Im Vergleich dazu müssten andere Vergehen als wesentlich krimineller, sprich: böser, angesehen werden. Sie verwiesen dabei auf Fälle, die Tausende von Arbeitsplätzen oder die Steuerzahler Milliarden kosteten, aber ungesühnt blieben, wie etwa der folgende:

Verantwortlichkeit der Täter

Aktuell (April 2016) diskutiert die britische Öffentlichkeit das eröffnete Insolvenzverfahren der englischen Warenhauskette BHS. Diese war im Jahr zuvor von Sir Philip Green für £ 1 an die Firma eines ehemaligen Börsenmaklers verkauft worden, der in seiner Vergangenheit bereits in drei zum Teil betrügerischen Pleiten involviert war. Es droht nun die Entlassung von 11.000 Mitarbeitern. Green steht am Pranger, weil er nach dem Kauf von BHS für £ 200 Mio. während 15 Jahren £ 400 Mio. an Dividenden bezogen hat – und zwar steuerfrei auf den Namen seiner Frau, die in Monaco gemeldet ist. Zudem weist die Pensionskasse von BHS ein Deckungsrisiko über £ 571 Mio. auf, das durch Einlagen seitens des früheren Eigentümers hätte verringert werden müssen und nun wohl vom Staat übernommen wird. Auch wenn Green weder zivil- noch strafrechtlich belangt werden kann, so verlangen doch Parlamentarier den Entzug von Greens Adelstitel, nachdem er sich ohne Gewissensbisse gerade seine dritte Luxusyacht gekauft hat.[1]

Insolvenz der Warenhauskette BHS

Zeigt sich an diesen Beispielen das Böse in den Abweichungen von den gesellschaftlichen Erwartungen des Guten? Können solche Fälle gleichermaßen als böse angesehen werden oder gibt es Unterschiede? Sind die spontanen Ersttäter im Gefängnis eher als Opfer einer ungezähmten Gier und damit des Bösen selbst zu betrachten, während der Täter im letzten Fall mit dem Vorwurf einer jahrelang geplanten Selbstbereicherung auf Kosten eines ganzen Unternehmens konfrontiert werden kann? Ist es schon böse, wenn ein Tausch zur Täuschung wird, in dem einer der Tauschpartner sich auf Kosten des anderen bereichert, wenn er also mehr nimmt als er gibt? Oder zeigt es sich eher noch in Gewaltexzessen, zu denen der Mensch und neben ihm auch andere Lebensformen fähig sind? Der folgende Abschnitt geht unter Rückgriff auf eine Theorie von Friedrich Nietzsche der Frage nach, wie das Böse gerade in der Aufrechterhaltung von Tauschgerechtigkeit entstanden sein könnte.

Selbstbereicherung als Ausdruck des Bösen?

11.2   Zur Entwicklungsgeschichte des Bösen

Das Böse in der Handlung

Was ist überhaupt das Böse? Zunächst leitet sich der Begriff des Bösen aus dem althochdeutschen Eigenschaftswort „bosi", was so viel wie „schlecht", „schlimm", „wertlos" oder „gering" bedeutet.[2] Als böse können (1) Handlungen und deren Folgen bezeichnet werden, aber auch (2) die Intention und Absicht des Handelnden und schließlich (3) dieser selbst bzw. (4) die Umstände, die ihn zu der Handlung veranlasst haben. Es dürfte klar sein, dass es für die moralische Beurteilung einen Unterschied macht, ob die Handlungen, die Absicht, der Handelnde oder die Umstände als böse angesehen werden. Friedrich Nietzsche sah darin aufeinanderfolgende epochale Entwicklungen im Umgang mit dem Bösen. Er war der Auffassung, dass die ausschließliche Beurteilung einer Handlung einzig nach deren „Erfolg" oder „Misserfolg" noch der „vormoralischen Periode der Menschheit" zuzuschreiben sei, während die „moralische Periode" bereits den Handelnden selbst als lobens- oder tadelnswert beurteilt. In der „außermoralischen Periode" der „Immoralisten" werden die tieferliegenden Ursachen herausgearbeitet, nämlich der „Wille zur Macht", der vermeintliche Absichten unbewusst steuert.[3]

Ausgleich von Schulden

Nietzsche dürfte der Erste gewesen sein, der die Ursprungsgeschichte des Bösen und die damit verbundenen Vorurteile kritisch herausgearbeitet hat. Den Ursprung der moralischen Schuld sieht er in den materiellen „Schulden", die ein Schuldner (Käufer) beim Gläubiger (Verkäufer) gemacht hat. Wenn jener sein Versprechen der Rückzahlung, also das Einhalten der Sollensforderung oder die Pflicht, nicht einhielt oder einhalten konnte, hatte dieser das Recht, ihm das zu „vergelten", indem er ihm zum Ausgleich nahm, was ihm als Pfand versprochen worden war. Bei Zahlungsunfähigkeit machte er von seinem Pfandrecht Gebrauch, indem er dem Schuldner nahm, was er noch besaß: seinen Leib, seine Angehörigen oder seine Freiheit, ja im religiösen Kontext sogar sein „Seelen-Heil". Auf diese Weise konnte der Schuldner durch „alle Arten Schmach und Folter" seine Schuld wieder ausgleichen.[4] In unserer Terminologie: Die Tauschgerechtigkeit war wieder hergestellt.

Verselbstständigung des Bösen

In späterer Zeit sorgten „staatliche Organisationen" für Rechtsvorschriften und Gesetze[5], die den Tauschhandel zwischen Schuldner und Gläubiger berechenbarer machen sollten. Sie bereiteten auch den Boden für das „schlechte Gewissen", durch das die Schuldgefühle wach gehalten wurden. Die Gewissheit der Schuld galt nicht nur gegenüber lebenden, sondern vor allem auch gegenüber den vergangenen Schuldnern. Man schuldet nun sein eigenes Leben, seine Gesundheit und seinen Wohlstand den Ahnen, Göttern und schließlich dem allmächtigen Schöpfergott.[6] Mit den Schuldgefühlen gegenüber jenseitigen Instanzen gewinnt auch das Böse an Macht. Es verselbstständigt sich und wird z. B. als Teufel personifiziert.[7] Er wirkt jedenfalls im Verborgenen, bleibt im Dunklen und ist damit gänzlich außer Kontrolle.

11.3 Die Frage nach dem Verhältnis von Gut und Böse

Wenn die Ethik nach dem Guten fragt, so stellt sich auch die Frage nach dem Bösen. Ist das Gute der totale Gegensatz des Bösen? Muss sich dann das Gute nicht im Kampf gegen das Böse bewähren? Hat aber die Geschichte nicht gezeigt, dass gerade in der Verteufelung des Bösen besonders viel Böses entsteht? Wenn man das Böse selbst nicht als bösen Gegner verdammen und dadurch verstärken will, wie sollte man dann sonst mit ihm umgehen? Die Menschheit beschäftigt sich schon seit Jahrtausenden mit solchen Fragen. Sowohl die Philosophie als auch die Religionen geben eigene Antworten darauf. Hat das Böse wie das Gute eine eigene, geistige Realität?[8] Gibt es etwa, wie Kant behauptet, das „radikal Böse"? Auch die modernen Natur- und Sozialwissenschaften sowie die Psychologie beschäftigen sich mit dem Thema. Ist das Böse in der Natur verankert oder ein Produkt menschlicher Kultur und Psyche?

Böses oder gutes Auskommen mit dem Bösen?

Im Rahmen dieses Buches können wir auf solche Fragen nur ansatzweise eingehen. Dennoch sollten sie im Kontext der Unternehmensethik nicht ausgeklammert werden, weil sich aus den Antworten unterschiedliche Empfehlungen zur Bewältigung des Bösen ableiten lassen. Insbesondere sollen Erkenntnisse der Tiefenpsychologie zur Sprache gebracht werden, weil sie wichtige Einsichten zur ethischen Behandlung des Bösen zutage gefördert hat, die auch für die Wirtschaft von Bedeutung sind.

Aus verschiedenen Anlässen werden Wirtschaftsunternehmen und deren Repräsentanten öffentlich als böse angeprangert. Oft wird ihnen ihre Diskrepanz zwischen Anspruch und Wirklichkeit zur Last gelegt. Ihr Verhalten entspreche nicht den proklamierten ethischen Standards. Viele Unternehmen hielten nicht einmal ihre eigenen ethischen Grundsätze ein. „Gute und hehre" Absichten pervertierten hin und wieder sogar in Vernichtungsfeldzüge. Und die vermeintlich „guten" Taten zeitigten oft schlimmere Folgen als manche „schlechte". Menschen mit guten Absichten haben weniger Hemmungen, die Realisierung ihrer Ziele in Angriff zu nehmen – sie haben ja den Segen des Guten. Unvermögen bleibt so verborgen – unbeabsichtigte negative Folgen können als „ungewollt" entschuldigt werden.[9]

Diskrepanz zwischen Anspruch und Wirklichkeit

Dies trifft auch für Industrieprodukte zu, wenn sie als Segen für die Menschheit verkauft werden, am Ende jedoch großen Schaden anrichten – man denke nur an DDT, Asbest, FCKW, Gen- und Atomtechnik und viele andere mehr. Ebenso scheitern politische Ideologien, die allesamt ja nur das Beste für die Menschheit wollen, an den katastrophalen Folgen, die sie fast immer auslösen. Der abstrakte Wunsch, das Paradies zu bereiten, ist der beste Weg zur Erzeugung einer konkreten Hölle. Das „Gute" muss man um jeden Preis durchsetzen, koste es, was es wolle. Umgekehrt gibt es auch das Phänomen der bösen Absicht, die Gutes hervorbringt. Goethe bringt es in seinem „Faust" zum Ausdruck, indem er Mephistopheles sagen lässt: „Ich bin ein Teil von jener Kraft, die stets das Böse will und doch das Gute schafft." Dieses Zitat hat der National-

Licht und Schatten von Industrien

ökonom Hans Christoph Binswanger auf die unsichtbare Hand von Adam Smith bezogen, der zufolge das gierige Verfolgen des Eigeninteresses letztlich dem Gemeinwohl dient.[10]

Traditionelle Umgangsformen mit dem Bösen

Gut und Böse im Widerstreit

Ist dieser Widerspruch von Gut und Böse im Grunde genommen nicht in jedem Menschen angelegt? Am Ende von ▶ *Kapitel 5.6* wurden 18 Gründe für den Verlust von Ethik angeführt. Beweisen sie nicht, dass das Böse durch Mangel an Befähigung zum Guten entsteht? Oder sind sie ein Beleg dafür, dass im Menschen zwei widerstreitende Kräfte des Guten und des Bösen, bildlich gesprochen: eines Engels und eines Teufels, walten? Und hat dann der Mensch nicht die ethische Aufgabe zu lernen, der Stimme des Guten zu folgen und den Einflüsterungen des Bösen zu widerstehen?

Die Rolle des Gewissens

Immanuel Kant hat diese Problematik der widerstrebenden Kräfte im Menschen in seiner „Tugendlehre" thematisiert. Der Streit besteht in den „Antrieben der Natur", die sich der vernünftigen „Pflichtvollziehung" gemäß des kategorischen Imperativs widersetzen. Wie kann der Mensch entscheiden und das Richtige tun? Es ist die jedem Menschen innewohnende „Urteilskraft", die sich in seinem „Gewissen" manifestiert. Diesem fällt die Aufgabe zu, die widerstreitenden Gedanken zu beurteilen, ob sie dem Gesetz des kategorischen Imperativs gehorchen oder der Willkür der triebgebundenen Natur unterworfen sind. Das Gewissen ist „das Bewusstsein eines *inneren Gerichtshofes* im Menschen", vor dem ein innerer Dialog den Streit austrägt.[11]

Selbsterforschung und -erkenntnis

Dies setzt aber die Fähigkeit der unparteilichen *Selbsterforschung und -erkenntnis* voraus, die er zum „ersten Gebot aller Pflichten gegen sich selbst" erhebt.[12] Indem der Mensch den Zwiespalt in sich erkennt, kann er nun durch Einübung und Gewöhnung Tugenden entwickeln, die die „Hindernisse der Pflichtvollziehung ... bekämpfen und durch die Vernunft ... besiegen". Für Kant ist dies zum Beispiel die „Tapferkeit", mit der der Mensch seine innere Natur der Affekte und Begierden besiegt oder unter „Selbstzwang" stellt. Durch ihn werde die böse Handhabung der Naturkräfte unter die gute Herrschaft der Vernunft gestellt.[13]

Fragwürdige Bekämpfung des Bösen im Namen der Vernunft

Robespierres vernunftbasierter Terror

Das Leben von Maximilien Robespierre (1758–1794) scheint Kants Theorie der Vernunft geradezu zu widerlegen. Er hat sich im Sinne seines Vorbildes Jean-Jacques Rousseau (1712–1778) der Vernunft verschrieben und sich schon früh für die Menschenrechte – speziell für die Rechte von Frauen und unehelich geborenen Kindern – eingesetzt. Selbst in der Französischen Revolution trat er zunächst für die Abschaffung der Todesstrafe und Sklaverei in den Kolonien ein, kämpfte für Pressefreiheit und allgemeines Wahlrecht aller Männer. Erst später nach seiner Wahl in den „Ausschuss der öffentlichen Wohlfahrt und der allgemeinen Verteidigung" wandelte er sich zum „Blutrichter" der Französischen

Revolution, um deren Feinde zu eliminieren. Ihm ging es um die Ausrottung des Bösen, das den Volkswillen untergräbt.[14] Er wollte dadurch einen Tugendstaat aufbauen, in dem „das Volk durch Vernunft zu leiten und die Feinde des Volkes durch terreur zu beherrschen" seien. Denn ohne Schrecken sei die Tugend „ohnmächtig". Insgesamt dürften nach Beginn seiner Terrorherrschaft 500.000 Verhaftungen vorgenommen und zwischen 25.000 und 40.000 Menschen direkt hingerichtet worden sein. Insgesamt verzeichnete man nach der Revolution einen Bevölkerungsrückgang von 200.000 Menschen.[15]

Das Beispiel Robespierres zeigt, wie wenig die Vernunft von der Natur des Menschen abzukoppeln ist. Gerade weil die menschliche Vernunft immer auch von unbewussten Kräften beeinflusst ist, kann sie leicht von diesen instrumentalisiert werden. So erklärt der Psychologe Max Gallo in seiner Biographie über Robespierre dessen Widersprüche im Denken und Handeln mit Narzissmus und verdrängter Hassliebe zum Vater. Jener verleitete ihn zur Hybris der Unfehlbarkeit und Unersetzlichkeit, diese gab ihm die nötige Aggression zur Bekämpfung verhasster Gegner. Im Bewusstsein, das Gute zu repräsentieren, wollte er alles zerstören, was dieses vermeintlich Gute bedrohte. Möglicherweise war es auch der Zugewinn an Macht, der Robespierres Vernunft korrumpierte, immer brutalere Mittel im Kampf gegen das Böse einzusetzen. — *Tiefenpsychologische Gründe*

Dieser Fall dürfte keine Ausnahme sein. Auch heutige Individuen, Gruppen und Organisationen sind inneren wie äußeren, meist unbewussten Kräften ausgesetzt, um ihre verborgenen Leidenschaften, (Gruppen-)Egoismen oder Machtansprüche unter dem Deckmantel vernünftigen Handelns auszuleben. Diese lassen sich dann kaum noch über rationale Appelle oder Diskurse in gewünschte Bahnen lenken. Eine wirkungsvolle, praxisgerechte Ethik müsste daher auch Wege aufzeigen können, wie der Mensch mit diesen in der Tiefe des Unbewussten verankerten Kräften umgehen und auskommen kann. Sie müsste in einer Art „Tiefenethik" Wege zeigen, auf denen analog der Tiefenpsychologie die vergessenen Dimensionen und Schatten der Motive des Verhaltens miteinbezogen werden können. — *Notwendigkeit, Tiefenstrukturen zu erkennen*

11.4 Sicht der Tiefenpsychologie

Der Erste, der dieses Problem der menschlichen Psyche erkannt und Lösungen vorgeschlagen hat, war Friedrich Nietzsche. Er bestimmte alle wirkende Kraft, sei sie mechanischer oder psychischer Natur, als „Willen zur Macht", also als eine bestimmte Energieform.[16] Die verschiedenen Triebe im Menschen sind nichts anderes als unterschiedliche Ausprägungen dieses Willens. Der Wille zur Macht kann sich im Menschen nun auf sich selbst beziehen. Er kann sich selbst wollen oder nicht, kann sich antreiben oder hemmen, ausleben oder sublimieren. Er kann zu seinen Trieben Stellung beziehen. — *Triebe als Ausdruck des Willens zur Macht*

Sechs Methoden der Triebsteuerung

Umgangsformen   Nietzsche selbst nennt im berühmten Aphorismus 109 seines Werkes „Morgenröte" unter dem Titel „Selbst-Beherrschung und Mäßigung und ihr letztes Motiv" sechs „Methoden, um die Heftigkeit eines Triebes zu bekämpfen":

> *„[1] Den Anlässen ausweichen, [2] Regel in den Trieb hinein pflanzen, [3] Übersättigung und Ekel an ihm erzeugen, und [4] die Assoziation eines quälenden Gedankens (wie den der Schande, der bösen Folgen oder des beleidigten Stolzes) zu Stande bringen, sodann [5] die Dislokation der Kräfte und endlich [6] die allgemeine Schwächung und Erschöpfung."*[17]

Kultivierung der Triebe   Wegen solcher Analysen gilt Nietzsche als der Vorläufer der Tiefenpsychologie. Diese führt die verschiedenen Triebe auf eine psychische Energie zurück und erarbeitet Weisen zum Umgang mit ihnen. Nietzsche zeigt mit seinen Methoden auf, was es heißt, moralisch zu sein, nämlich den rechten Umgang mit seinen Trieben zu pflegen. Großes könne nur geleistet werden, wenn die Triebe sublimiert, also kultiviert werden:

> *„Man kann wie ein Gärtner mit seinen Trieben schalten und, was wenige wissen, die Keime des Zorns, des Mitleidens, des Nachgrübelns, der Eitelkeit so fruchtbar und nutzbringend ziehn wie schönes Obst an Spalieren; man kann es tun mit dem guten und dem schlechten Geschmack eines Gärtners und gleichsam in französischer oder englischer oder holländischer oder chinesischer Manier, man kann auch die Natur walten lassen und nur hier und da für ein wenig Schmuck und Reinigung sorgen ..."*[18]

Kollektive Triebbewältigung

Die Sublimierung und Kultivierung der Triebe hebt nicht nur einzelne Individuen, sondern auch Gruppen oder gar die Menschheit zu kulturellen Höchstleistungen empor, die sich auf mannigfache Weise unterscheiden. Je nachdem, ob sie den Zusammenhalt einer Gruppe fördern oder zerstören, werden sie als moralisch gut oder böse bezeichnet.

Man kann Nietzsches Methoden zum Umgang mit den Trieben auch auf soziale Systeme übertragen.[19] Denn in ihnen stehen Energien zur Verfügung, mit denen man auskommen muss und die je nach Verwendung zerstörerisch oder aufbauend wirken.

Philosophischer Exkurs: Triebbewältigung und Ethik

Nietzsches erste Methode zur Triebbewältigung, den verführerischen Anlässen auszuweichen, führt dazu, nicht alles, was machbar ist, auch zu machen, also nicht jeden Zweck zu verfolgen – beispielsweise menschliche Föten genetisch zu manipulieren, nur weil das große Geschäft winkt, sondern stattdessen gesetzlich zu verbieten. Hier dominiert die Einsicht und eine *Ethik des Vermeidens*, wie wir sie bei Hans Jonas kennengelernt haben.

Die zweite Methode des Einpflanzens von Regeln kann auf die Traditionen menschlicher Kultur bezogen werden. Wo immer Menschen zusammenleben, gibt es Gewohnheiten, Sitten und Regeln des Umgangs miteinander. Gesetze, Rechtsverordnungen und moralische Imperative sollen die Energien von Individuen und Gruppen in gesellschaftlich akzeptable Bahnen lenken. Daraus lässt sich eine Ethik der Pflichten, eine *deontologische Ethik,* ableiten, wie sie etwa Immanuel Kant entwickelte.

Die dritte Methode der Erzeugung von Übersättigung und Ekel entspräche dann den Leiden, die z. B. Gewinnsucht oder der exzessive Konsum mit ihren aufgezehrten Ressourcen, den Müllbergen, Gesundheitsschäden oder Umweltzerstörungen erzeugen. Wenn der Leidensdruck zu groß geworden ist, ist man auch bereit, die Ursachen zu beseitigen, falls es dann nicht zu spät ist. Hier dominiert das Lernen durch Erfahrung, durch die dann auch die goldene Mitte zwischen einem Zuviel und Zuwenig der Triebenergien getroffen werden kann, also Ausdruck der *Tugendethik* ist.

Die vierte Methode, beim Umgang mit den Trieben quälende Gedanken zu verbinden, verweist auf die Folgenbetrachtung etwa einer Risikoanalyse. Wer die negativen Auswirkungen seines Tuns kennt, der wird nicht mehr guten Gewissens hemmungslos so weiterwirtschaften wie bisher. Das Wissen um die Folgen wirkt selbstregulierend und zügelnd auf das Handeln zurück. Dies erinnert an die *utilitaristische Ethik*, die die Folgen eines Handelns nach seinem Nutzen oder Schaden beurteilt.

Bei der fünften Methode werden die Gedanken und Kräfte in andere Bahnen gelenkt und verfeinert („disloziiert"), indem man sich beispielsweise besonders schwere und anstrengende Arbeiten auferlegt. Dies ist jedoch nur möglich, wenn die Arbeit als sinnvoll erscheint. Hier geht es also auch um die Frage nach dem Sinn eines Tuns für ein größeres Ganzes. Wer eine neue Idee mit Begeisterung verfolgt, kann alle sein Kräfte zu ihrer Verwirklichung einsetzen. Das ist auch der Grund, weshalb Visionen in Unternehmen so viele Kräfte freisetzen und konzentrieren können. Die Frage ist nur, welche Vision, welche Ziele, welchen Sinn wir verfolgen sollen, um unsere Energien in ihren Dienst zu stellen. Auch das muss eine Ethik begründen können. Sie ist hierbei auf die Überlegungen der *universalen und nachhaltigen Verantwortung* angewiesen.

Den Anlässen ausweichen

Einpflanzen von Regeln

Erzeugung von Übersättigung

Quälende Gedanken einpflanzen

Umlenken der Energien

Unterdrücken der
Triebe

Die sechste Methode, das Schwächen, ja Ausrotten der Triebe, lehnt Nietzsche als nicht wünschenswert ab. Dies sei die Methode der *mittelalterlichen Moral*, die alles darangesetzt habe, etwa den Geschlechtstrieb des Menschen auszumerzen. Dies komme einer Selbstverstümmelung gleich, die letztlich die Befähigung zum Leben nehme. Sie sei typisch für den moralischen Saubermann, der die Triebe auch im anderen als böse und verwerflich abzutöten sucht.[20] Im Namen dieser Moral werden dann alle unerwünschten Blüten als Unkraut herausgerissen. Der Mensch wird mit seinen vielfältigen Ausprägungen gleichgemacht und uniformiert. Er verliert seine Freiheit zum Umgang mit seinen Trieben respektive Energien.

Für Nietzsche ist diese Methode der Moral eigentlich unethisch, weil sie den Menschen seiner Energien beraubt und damit auch seiner Befähigung zum verantwortlichen Handeln. Sie ist Ausdruck einer *„Sklavenmoral"* und eines versteckten *Ressentiments*, in dem der Schwache dem Starken dessen Leistungsfähigkeit missgönnt und schwächen will.

Nietzsches Botschaft lautet: Wir können niemals *gegen*, sondern nur *mit* der Natur leben, um unsere kulturelle Leistungsfähigkeit zu erhalten. Gerade die Fähigkeit zur Verantwortung benötigt die Energien der Natur, um sie in den Dienst des Ganzen zu stellen. Ohne sie würde dem Menschen die Kraft fehlen, sie auch nur zu denken. „Nietzsche war der Überzeugung, dass ein Mensch ohne Triebe genausowenig Gutes tun kann, wie ein Kastrat Kinder zeugen." Es gelte, die Triebe in den „Dienst" zu nehmen, zu „ökonomisieren", anstatt zu schwächen oder gar zu vernichten.[21] Für Nietzsche sind also nicht die Triebe böse, sondern ihre moralische Ausrottung. Ihm geht es hingegen um ein gutes Auskommen mit ihnen, um die verantwortliche Zähmung der ursprünglich wilden Triebe zum Aufbau von Kulturleistungen.

Gewinnprinzip zum
Selbsterhalt

Auch in sozialen Systemen gibt es Energien, die mit den Trieben vergleichbar sind – etwa das Gewinnprinzip in Unternehmen. Es sollte ebensowenig wie jene als moralisch böse verurteilt werden. Da es den Selbsterhaltungstrieb eines Unternehmens repräsentiert, sollte es weder abgeschafft noch wild ausgelebt werden. Gewinn ist eine wichtige Energiequelle für alle unternehmerischen Aktivitäten. Ohne ihn hätte das Unternehmen keine Kraft auf dem freien Markt zu bestehen. Wie die Triebe im menschlichen Individuum sollte er nicht beschnitten oder gar vernichtet werden. Es sollte stattdessen verantwortlich mit ihm umgegangen werden, indem er beispielsweise ressourcenschonend erbracht und für diesen oder jenen Zweck verantwortungsvoll verwendet wird. In diesem Sinne ist Gewinnstreben unternehmensethisch zu begrenzen.[22]

Unbewusste
Verdrängung der
Triebe

Die Tiefenpsychologie, wie z. B. bei Sigmund Freud und Carl Gustav Jung, hat die Einsichten von Nietzsche wieder aufgegriffen und weiterentwickelt. Sie geht ebenso davon aus, dass die Triebenergien nicht grundsätzlich vernichtet werden können. Nach dem Energieerhaltungssatz können sie allenfalls ins Unbewusste *verdrängt* werden. Was geschieht dann mit diesen Energien? Sie führen im Unbewussten – wie in einem Dampfkessel eingeschlossen – unsichtbar ein Schattendasein. Der *Schatten* beinhaltet alle verdrängten, offiziell nicht gesehenen oder anerkannten Triebe einer Person. Welche Inhalte und Prozesse der unbewusste Schatten umfasst und wie mit ihnen umzugehen ist, darin unterscheiden sich die verschiedenen Ansätze der Tiefenpsychologie. Für die Ethik am bedeutsamsten ist das Phänomen der Projektion, auf das im Folgenden näher eingegangen wird.

Projektionen als Entlastung verdrängter Triebe

Für das Zusammenleben wird es vor allem dann problematisch, wenn zur Entlastung der eigenen Psyche die als böse gebrandmarkten und daraufhin verdrängten Triebe nach außen *projiziert* werden. Dabei wird der andere zum *Sündenbock* degradiert. Er ist schuld an dem, was man sich selbst nicht zugestehen will. Die Folgen dürfen nicht unterschätzt werden. Der Sündenbock wird mit Bosheit, Neid, Hass, Ressentiment, Rachegefühlen, Aggressionen und gefährlichen Vorurteilen überschüttet, die u. U. in Mord und Totschlag genauso ausarten können wie beim Kollektiv in Kriegen und Genoziden.

Sündenbock-psychologie

Die berühmte Geschichte vom Axtdieb aus dem China des 3. Jahrhundert v. Chr. verdeutlicht das alltägliche Phänomen der Projektion:

Gleichnis vom Axtdieb

> *„Einst hatte jemand eine Axt verloren. Er hatte seines Nachbars Sohn in Verdacht. Er beobachtete die Art, wie er ging: es war die Art eines Axtdiebes; seine Mienen: es waren die eines Axtdiebes; seine Worte: es waren die eines Axtdiebes; seine Bewegungen und sein ganzes Wesen, alles was er tat: alles war die Art eines Axtdiebes. Zufällig grub er dann einen Graben und fand seine Axt. Am anderen Tag sah er wieder seines Nachbars Sohn, alle seine Bewegungen und sein ganzes Wesen glichen nicht mehr der Art eines Axtdiebes. Sein Nachbarsohn hatte sich nicht verändert. Er selbst hatte sich verändert. Was war der Grund davon? Nichts anderes, als dass etwas da war, das ihn in unbefangener Beobachtung störte."*[23]

In diesem Gleichnis hat der Axtbesitzer seine Axt verlegt. Da er vor sich selbst nicht zugeben will, dass er sie möglicherweise verloren hat, sucht er einen Schuldigen draußen in der Welt und findet ihn im Sohn des Nachbarn. Sein Vorurteil verändert seine Wahrnehmung, sodass er das typische Bild eines Axtdiebes auf den Verdächtigen projiziert.

Verzerrte Wahrnehmung

So sind Projektionen Unwahrheiten, die wissentlich oder unwissentlich über andere verbreitet werden. Sie resultieren in Wahrnehmungen des Projizierenden, die von seinen unbewussten Vorurteilen, Ängsten und Schuldgefühlen, aber auch von Wunschgedanken, Liebesgefühlen und Bewunderungen gespeist werden. Erstere führen eher zu negativen, Letztere eher zu positiven Zuschreibungen.

Projektion als fehlgeleitete Wahrnehmungen

Auch Kollektive entwickeln ihr eigenes Schattenreich, in das alle als offiziell böse abgestempelten Bedürfnisse verdrängt werden. Sie tauchen als *Ressentiment*[24] wieder auf und werden als „Fremdes draußen" statt

Ressentiment als Ursache von Kollektivprojektionen

als „Eigenes drinnen" bekämpft, bestraft, totgeschwiegen oder verdrängt. Schuld wird dabei immer im anderen gesehen und entsprechend von ihm auch Sühne eingeklagt. Minderheiten, Schwache und Hilflose sind willkommene Opfer dieser Projektion.[25] Typisch für solche Kollektivprojektionen sind dann Zuschreibungen böser Attribute wie „Hexe", „Verbrecher", „Ungläubiger", „Terrorist", „Weltverschwörer", „leibhaftiger Teufel", „Achse des Bösen" oder „rote Gefahr". Selbstgerecht bekämpft man dabei im anderen oftmals nur die eigenen, nicht integrierten oder vergessenen Schatten.[26]

Abbildung 11.1: Sündenbockpsychologie
Quelle: Magdalena Steiner, 2016.

Zurücknahme von Projektionen als ethisches Postulat

Damit zeigt sich ein entscheidender Schwachpunkt in den traditionellen Ethiken, dass sie nämlich den Mechanismus von Projektionen ignorieren. Die Ethik müsste neben den bewussten Verhaltensimpulsen vor allem auch alle unbewussten, in die Tiefe der menschlichen Psyche verdrängten, unterdrückten oder projizierten Verhaltensimpulse aufdecken, um sie nicht länger auf andere ungerechtfertigt projizieren zu lassen. Mit der damit verbundenen Selbsterkenntnis ließen sich vielleicht selbstgerechte Schuldzuschreibungen zurücknehmen.

Selbstgerechtigkeit im Verzeihen

In diesem Sinne sieht Albert Schweitzer sogar im Verzeihen Anzeichen von Selbstgerechtigkeit und mahnt zur Besinnung auf die eigenen Schatten:

> *„Alle Nachsicht und alles Verzeihen ist [der Ethik der Ehrfurcht vor dem Leben] ... eine durch die Wahrhaftigkeit gegen sich selbst erzwungene Tat. Ich muss grenzenloses Verzeihen üben, weil ich im Nichtverzeihen unwahrhaftig gegen mich selbst würde, indem ich damit täte, als wäre ich nicht in derselben Weise schuldig, wie der andere mir gegenüber schuldig geworden ist. Weil mein Leben so vielfach mit Lüge befleckt ist, muss ich Lüge, die gegen mich begangen wird, verzeihen; weil ich selber so vielfach lieblos, gehässig, verleumderisch, hinterlistig, hoffärtig bin, muss ich alle gegen mich gerichtete Lieblosigkeit, Gehässigkeit, Verleumdung, Hinterlist und Hoffart verzeihen. Lautlos und unauffällig muss ich verzeihen. Ich verzeihe überhaupt nicht, ich lasse es schon gar*

nicht zum Richten kommen. Auch dies ist keine Verstiegenheit, sondern eine notwendige Erweiterung und Verfeinerung gewöhnlicher Ethik. Den Kampf gegen das Böse, das in dem Menschen ist, haben wir nicht mit Richten anderer, sondern nur in dem Richten unserer selbst zu führen."[27]

11.5 Schattenseiten in Unternehmen

Auch manche Konflikte, die Unternehmen austragen, können darauf zurückgeführt werden, dass dort innere und äußere Umwelten, etwa die Ansprüche der Stakeholder, als bösartig ausgeblendet werden. Man erinnere sich an die Frühphase der Nestlé-Marketingpolitik (siehe ▶ *Abschnitt 3.6*), in der die Ansprüche wichtiger Stakeholder als Angriff auf das freie Unternehmertum verteufelt wurden. Zudem sollte jede Unternehmensführung anerkennen, dass es neben der offiziellen Organisation noch informelle Strukturen mit einem Eigenleben gibt.

Ursache von Kriegen

Projektionen bei Führungskräften

Projektionen reduzieren die Komplexität einer Aufgabe und entlasten den Verursacher. Dieser entzieht sich dadurch aber auch seiner Verantwortung gegenüber den Betroffenen. Deshalb finden sich Projektionen auch in Unternehmen recht häufig. So zeigen empirische Studien, dass Top-Manager die Gründe für schlechte Betriebsergebnisse und Bilanzen hauptsächlich bei anderen suchten. Mehr als die Hälfte der Befragten machte externe Gründe wie ungünstige Marktbedingungen, wirtschaftliche Rezession oder eine Währungskrise dafür verantwortlich, während ähnlich viele unternehmensinterne Gründe wie eine hohe Kostenquote, schlechte Produkte oder Dienstleistungen zur Entschuldigung anführten. Nur drei Prozent gestanden eigene unternehmerische Fehlentscheidungen als Grund ein.[28] Wenn es allerdings um die Bewertung guter Betriebsergebnisse geht, dann werden diese mehrheitlich den eigenen glänzenden Leistungen zugeschrieben.

Fremdverantwortung bei schlechten Betriebsergebnissen

Jim Collins beschrieb dieses Phänomen in seiner empirischen Studie zu erfolgreichen Unternehmen mit der Fenster-Spiegel-Metapher. Gute Unternehmensführer haben oft die Eigenschaft, im Falle eines Erfolges aus dem „Fenster" zu schauen, um die Verantwortlichen des Erfolges zu identifizieren und zu belobigen, bei Misserfolg in den „Spiegel" zu blicken, um die Gründe des eigenen Versagens zu erkennen. Bei nachweislich erfolglosen Unternehmensführern ist häufig das Gegenteil der Fall: Sie suchen Schuldige für Misserfolge draußen und im Erfolgsfall die Ursache bei sich.[29] In beiden Fällen können Projektionen am Werk sein. Im ersten Fall wird vielleicht das Gute in die Mannschaft projiziert, was durchaus auch einen selbstverstärkenden Effekt hat. Die Belobigten versuchen die ihnen zugeschriebenen Eigenschaften mit noch größerer Anstrengung unter Beweis zu stellen. Während im zweiten Fall die Getadelten sich möglicherweise das Fremdbild zu eigen machen und ihm unbewusst entsprechen.

Fenster-Spiegel-Syndrom bei Führungskräften

Abbildung 11.2: Fenster-Spiegel-Metapher für Level-5-Leader
Quelle: Magdalena Steiner, 2016.

Kluft zwischen Selbst-
und Fremdbild

Generell klafft bei vielen Führungskräften eine Lücke zwischen Selbstbild und Fremdbild, wie jüngst eine repräsentative Studie des Instituts
für Demoskopie in Allensbach feststellte. Unter anderem bescheinigten
nur 38 Prozent ihrem Chef Offenheit für Kritik, nur jeder Dritte fühlte
sich durch ihn bei der Umsetzung der eigenen Fähigkeiten unterstützt.
Die Vorgesetzten hingegen schätzten sich in den meisten Punkten erheblich besser ein, als dies die Untergebenen taten.[30]

	Nachwuchskräfte: Das trifft auf meinen direkten Vorgesetzten zu	Führungskräfte: Das trifft auf mich zu
		Differenz
Begründet den Mitarbeitern, wenn sich Veränderungen in der Arbeit bzw. im Arbeitsumfeld ergeben	38 −32	70
Hält sich an gemachte Absprachen, steht zu den Entscheidungen und Vereinbarungen	38 −29	84
Ist offen für Kritik	38 −29	67

Abbildung 11.3: Diskrepanz zwischen Selbst- und Fremdeinschätzung von Führungskräften
Quelle: IZF, 2016, S. 72.

Die dunkle Seite der Organisation

Eisbergmodell

Viele Vorgänge im Unternehmen werden von Führungskräften wie von
Mitarbeitern verschwiegen oder gar nicht thematisiert, obwohl sie vorhanden und wirksam sind. Sie bilden ein eigenes Schattenreich und prägen einen großen Teil der Unternehmenskultur. Man hat die meist unbewussten Schatten der menschlichen Psyche wie von Organisationen
auch mit dem Eisbergphänomen verglichen, demzufolge der größte Teil
des Eisbergs unterhalb der Wasseroberfläche schwimmt.[31] Demzufolge
wirken unterhalb der „Wasseroberfläche" die informellen Antriebskräfte
einer Organisation, die versteckten Bedürfnisse, Motive und Ziele (*hid-
den agendas*) ihrer Mitglieder, die Seilschaften aus gegenseitigen
Gunsterweisungen, die Selbstbereicherungs- und Unterdrückungsstrate-

gien jener mit Zugang zu den Ressourcen, omnipräsente Laster wie Macht, Prestige, Neid, Eifersucht, Gier, Lügen- und Mobbingstrategeme. Umgekehrt allerdings entfalten sich im Untergrund auch die positiven Kräfte der Kooperation und Hilfsbereitschaft über die Grenzen von Hierarchien und Abteilungen hinweg.

Offizielle, formale, rationale, beobachtbare, bewusste Aspekte, Oberwelt	
Individuum	**Unternehmen**
Körper	Aufbauorganisation
Bedürfnisbefriedigung, hochgehaltene Werte	Ablauforganisation
Berufliche Position, Hobbys	Stellenbeschreibung, Aufgabenstellungen
Regelkonformität	Richtlinien, Handbücher
Gesundheitszustand	Bilanzen
Prestige	Image
Hochgehaltene Werte	Prinzipien, Verhaltenskodizes
Selbstgerechte Lippenbekenntnisse	Offizielle Verlautbarungen

Inoffizielle, informale, irrationale, nichtbeobachtbare, unbewusste Aspekte, Unterwelt, Schattenseite	
Individuum	**Unternehmen**
Persönliche Beziehungen	Inoffizielle Machtverteilung
Abhängigkeiten	Seilschaften
Verdrängte Triebe, Affekte wie Neid, Eifersucht, Habgier	Latente Unzufriedenheit, Dienst nach Vorschrift, Missgunst, Selbstbereicherungsstrategien
Projektionen auf Sündenbock	Verantwortungslosigkeit
Versteckte Delinquenz	Korruption
Ignorierte Krankheiten	Fehlende Strategie
Neurosen	Sabotage, Mobbing
Ängste	Panikstimmung
Tabus	Ungeschriebene Gesetze
Wahre Gefühle, Körpersprache	Versteckte Absichten

Abbildung 11.4: Eisbergmodell für Individuen und Organisationen

Es ist sinnvoll, die inoffiziellen, meist unbewussten Anteile bei allen Überlegungen und bei jeder wichtigen Entscheidung mitzuberücksichtigen. Anstatt ihren Kräften blind ausgeliefert zu sein, hebt man konstruktiv ihr verborgenes Potenzial für innovative Ideen. Sonst führt die Schattenseite ein Eigenleben, das eher stört als förderlich ist, vor allem dann, wenn sie nach draußen projiziert und irrtümlich bekämpft wird.

Berücksichtigung der Schatten

Die Schattenunbewusstheit kann sich besonders schädlich auf Organisationen auswirken, wenn sie von einzelnen Menschen in hohen Führungspositionen eingebracht wird. Besonders Personen mit psychischen Eigenschaften, die der sogenannten „dunklen Triade" zuzuordnen sind, können die Geschicke eines Unternehmens extrem beeinflussen – also Menschen mit starkem Hang zum Narzissmus, Machiavellismus und zur Psychopathie.[32] Sie benutzen oft die Organisation als Ausbeutungsobjekt, um ihre verborgenen Defizite wie „vor anderen mit ihrem Geld, ihrer Macht und ihren Status glänzen zu wollen" (Narzissmus), „andere kontrollieren zu wollen" (Machiavellismus) und „andere ausbeuten zu wollen" (Psychopa-

Die dunkle Triade

thie) auszuschöpfen, wobei oftmals eine Kombination aller drei Antriebe vorliegt.[33] Diesen Unternehmensführern geht es nicht um das Wohl der Organisation und deren Stakeholder, sondern ausschließlich um sich selbst. Gerade wenn sie über hohe kognitive Intelligenz, aber geringe Selbstreflexion verfügen, können sie ihre Schattenseite auf Kosten aller anderen ausleben, was durchaus auch zum Zusammenbruch einer ganzen Organisation führen kann, wie folgendes Beispiel zeigt.

Beispiel **Al Dunlap**

Al Dunlap, der sich selbst als „Kettensägen-Al", „Rambo in Nadelstreifen" oder schlicht „der Reißwolf" (The Shredder) feierte und sich sogar zum „Mister Shareholder-value" hochstilisierte, galt als erfolgreicher Firmensanierer. Für zuletzt 100 Millionen Dollar Jahresgehalt sanierte er Firmen mit seiner Methode „slash and burn" – „zerschlagen und verbrennen". Zu Tausenden entließ er Mitarbeiter, reduzierte die Produktportfolios, verkaufte wenig rentabel erscheinende Firmenteile mit dem einzigen Ziel: die Aktienkurse der Firma nach oben zu treiben. Schon die Nachricht, Kettensägen-Al werde bei dem Haushaltsgerätehersteller Sunbeam als Sanierer einsteigen, ließ deren Aktie an einem Tag um 60 Prozent nach oben schießen, die Ankündigung von Entlassungen setzte den Trend fort. Noch im März 1998 war die Firma so hoch bewertet wie die erfolgreichsten Blue-Chip-Companies des Landes. Niemand fragte, wie die versprochenen Innovationen geleistet und die Produktion revolutioniert werden sollten. Schließlich wurde offenbar, dass Dunlap der Firma nur Verluste gebracht hatte. Die Firmenschulden schossen um fast 2 Mrd. $ in die Höhe und das erste Quartal 1998 brachte 45 Mio. $ Verlust. Die Aktie fiel so tief wie vor Dunlaps Amtsantritt 1996. Selten löste eine Entlassung mehr Freude aus: Ehemalige Angestellte, Manager, Gewerkschafter und Politiker feierten auf spontanen Partys das Ende von Dunlap.[34]

Verführbarkeit durch Unbewusstheit

Das Beispiel Al Dunlaps sollte aber nicht missverstanden werden. Es geht bei der Schattenproblematik nicht nur um krankhafte Ausnahmeerscheinungen, wie sie kaltblütige, durchsetzungsstarke, furchtlose, trickreiche und verlogene Psycho- und Soziopathen darstellen. Diese machen nach Schätzungen verschiedener Psychopathieforscher nur zwischen 1 und 5 Prozent der Bevölkerung aus.[35] Diese Extrembeispiele führen aber vor Augen, welche potenzielle Eigenschaften des Bösen in jedem Menschen vorhanden sind, aber durch Einfühlungsvermögen, Mitgefühl, Offenheit, Flexibilität und Vertrauensbereitschaft usw. komplementär ergänzt werden. Umstände, wie wir sie in den achtzehn Gründen für Ethikverlust aufgezählt haben (siehe ▶ *Abschnitt 5.6*), können in jedem Menschen diese oder jene Eigenschaften aktivieren. Dazu bedarf es aber neuer Methoden des „guten Auskommens mit dem Bösen", wie sie nun als „Tiefenethik" skizziert werden – im Anschluss an die „neuen Ethikentwürfe" von C. G. Jung, Erich Neumann und Erich Fromm, die aber auch schon im Ansatz bei Albert Schweitzer zu finden sind.

11.6 Neue Ethik – Grundzüge einer Tiefenethik

Ständig werden wir Opfer oder Urheber von Projektionen. Der Schaden, der dabei angerichtet werden kann, ist von so großer Virulenz, dass die Tiefenpsychologen Carl Gustav Jung (1875–1961) und sein Schüler Erich Neumann (1905–1960) in diesem Prozess das Grundübel menschlicher Existenz sehen, dem die traditionelle Ethik bisher in keiner Weise Rechnung getragen habe.[36]

Angesichts der „Schatten-Unbewusstheit"[37] der meisten Menschen und der damit verbundenen Risiken schlägt Neumann eine „neue Ethik" vor, die „auf einer Bewusstmachung der positiven *und* negativen Kräfte der menschlichen Struktur und auf ihrer *bewussten* Einbeziehung in das Leben des Einzelnen und der Gemeinschaft"[38] fußt. Im Sinne seiner neuen Ethik ist ihm „ethisch einwandfrei" nur derjenige Mensch, der sein „Schattenproblem angenommen", d. h. in sein Bewusstsein integriert hat.[39] Während die traditionelle Ethik den *vollkommenen* Menschen anstrebt, intendiert Neumanns Ethik den *vollständigen* Menschen. Dieser ist darum besorgt, die komplementären Aspekte des Bewusstseins und des Unbewussten zusammenzuschauen und trägt so dazu bei, universale Verantwortung wahrzunehmen. Es liegt daher auch nahe, diese neue Ethik als *Tiefenethik* zu bezeichnen, weil sie die Tiefenstrukturen der menschlichen Psyche nicht nur berücksichtigt, sondern vollständig zu integrieren sucht.[40]

Vollständige Integration durch Tiefenethik

Sigmund Freuds (1856–1939) große Entdeckung war, dass das Unbewusste viel größeren Einfluss auf das Bewusstsein hat, als bis dahin angenommen wurde. Verdrängte Ängste, Konflikte und Persönlichkeitsmerkmale sowie Begierden, traumatische Erlebnisse und Erbanlagen bestimmen neben Umwelteinflüssen erheblich mit, was als Gedanken und Gefühle bewusst wahrgenommen wird und dann zu Entscheidungen und Handlungsweisen führt. Freud zufolge können sie – etwa durch die Psychoanalyse – prinzipiell bewusst gemacht werden, um das Ich aus der Gewalt der unbewussten Kräfte zu befreien, diese nun selbst zu beherrschen und dafür auch Verantwortung zu übernehmen.[41]

Freuds Herrschaft über das Unbewusste

Carl Gustav Jung (1875–1961) hat Freuds Vorstellungen vom Unbewussten um wesentliche Anteile erweitert. Neben den verdrängten Anteilen erkennt er weit darüber hinausgehend noch ein „kollektives Unbewusstes" an, das jedes Individuum mit der ganzen Menschheit teilt. Der Mensch kann sich nun in einem „Individuationsprozess" von seiner kollektiven Fremdbestimmung wie von seiner narzisstischen Ichfixierung emanzipieren, und damit auch von den fixen Vorstellungen von Gut und Böse. Etwas in ihm erkennt einen mittleren Weg zwischen angstvoller Ichbeschützung, aus der alle Gier und Machtansprüche erwachsen, und fanatischer Hingabe an die etablierten Werte eines Kollektivs, die alles Fremde als böse bekämpft. Der befreite Mensch wird sich seiner selbst gewahr und erkennt zugleich seine Verflochtenheit mit dem Universum.

Jungs Integration ins Unbewusste

Bewusstwerdung als ethische Forderung

Mit dieser Einsicht geht zugleich auch eine neue ethische Haltung einher. Der Mensch vermeidet, das Böse zu bekämpfen, um gut zu sein, weil er weiß, dass er damit sich selbst angreift. Somit sieht der Mensch auch seine universale Verantwortung. Sie sensibilisiert ihn für seine eigenen Verhaltens- und Handlungsweisen, ob sie eher lebensförderlich oder -zerstörerisch sind. Er wird seine Existenz nicht länger bloß auf das *Haben* ausrichten, das nach Erich Fromm vom Bewahren über Begehren und Benutzen bis hin zu seiner Extremform der Habgier reicht, sondern vielmehr auch auf das *Sein* selbst.[42] Dann trägt er wesentlich zur Realisierung des Ideals der Humanität bei, wie es Erich Fromm in Aussicht stellt: „Wenn das Unbewusste bewusst wird, verwandelt sich die bloße Idee der Universalität des Menschen in die lebendige Erfahrung seiner Universalität; es ist die empirische Verwirklichung der Menschlichkeit."[43] Das Kernproblem der Tiefenethik ist also das Bewusstmachen der tabuisierten Schatten, um jenseits von Gut und Böse universale Verantwortung wahrnehmen zu können. Ein wichtiger Schritt dahin ist, sich der Filter bewusst zu werden, die unser tägliches Wahrnehmungsvermögen steuern und beeinflussen.

Exkurs: Filter der Wahrnehmung

Filter zur Bewusstwerdung

Unsere Wahrnehmung von Gut und Böse ist von biologischen und psychischen Rahmenbedingungen geprägt. Sie ist aber auch zeit- und kulturbedingt und damit ein soziales Konstrukt, das eine Gemeinschaft zusammenhält, aber auch bedrohen kann.

Erich Fromm ist sogar davon überzeugt, dass „in Wirklichkeit … der größte Teil des bewussten Denkens der Menschen nur in Fiktion und Täuschung" besteht. Er identifiziert drei „soziale Filter", die dafür sorgen, was an unbewussten Inhalten überhaupt ins Bewusstsein dringen kann: Sprache, Logik und Tabus.[44]

Sprache

Über die *Sprache* wird festgelegt, welche Gefühle, Affekte und Begierden in einem Kulturkreis überhaupt und wie wahrgenommen werden – abhängig davon, ob es dafür Begriffe gibt oder nicht. Die Historikerin Tiffany Watt Smith hat gerade eine Enzyklopädie von über 150 Gefühlen und Empfindungen aus aller Welt zusammengestellt, für die es oftmals nur in bestimmten Sprachen einen Begriff gibt. So kennt z. B. das Volk der Baininger von Papua-Neuguinea das Gefühl „Awumbuk", das Gäste nach ihrer Abreise als „Schwere im Haus" zurücklassen. Dagegen soll eine Schüssel mit Wasser helfen, die über Nacht an die frische Luft gestellt wird. Dafür kennt die englische Sprache das Gefühl der „Homefullness", die einen nach einer beschwerlichen Reise zu Hause wohlig empfängt. Der selten gebrauchte Begriff der „Basorexia" wurde als „plötzliches Verlangen, jemanden zu küssen" in der amerikanischen Sprache kürzlich wiederentdeckt.[45]

Logik

Die Sprache selbst ist nach der ihr zugrunde liegenden *Logik* aufgebaut. Auch hier gibt es kulturbedingte Unterschiede. Die aristotelische *Aussagenlogik*, auf der westliches Denken basiert, geht davon aus, dass nicht etwas ist und zugleich nicht ist, dass es also mit sich identisch (A = A, Satz der Identität) und nicht zugleich etwas anderes ist (A ≠ B, Satz vom Widerspruch), also z. B. entweder böse oder gut ist, ein Drittes jedoch nicht gebe (Satz vom ausgeschlossenen Dritten).[46] Die *dialektische Logik* (Fromm: „paradoxe Logik"), wie sie Heraklit, Hegel und Marx, aber auch chinesische Denker der Sprache zugrunde legen, kennen keinen Satz vom auszuschließenden Dritten. Wie beim Symbol des Yin und Yang trägt das eine den Keim des anderen in sich und kann sich entsprechend in das Gegenteil verwandeln. So kann durchaus etwas gut angesehen, aber auch in sein Gegenteil, das Böse, verkehrt werden und schließlich in etwas neues Drittes übergehen. Es kann also im Sinne der dialektischen Methode von Georg Wilhelm Friedrich Hegel (1770–1831) in dreifacher Weise *aufgehoben* werden: Das Gute kann in der „Thesis" *bewahrt*, in der „Antithesis" in sein Gegenteil, das Böse, verkehrt und damit *negiert* werden und schließlich in der Synthesis *überhöht* werden. Demzufolge gibt es auch eine Ethik „Jenseits von Gut und Böse" (Nietzsche).

In jeder Gesellschaft gibt es Empfindungen, die „nicht gedacht, gefühlt und ausgedrückt" werden. Fromm zufolge gibt es Dinge, die man nicht tut, nicht sagt und am besten gar nicht erst denkt, die also tabu sind. Fromm nennt Beispiele. Das Mitglied eines friedliebenden, ackerbauenden Stammes verspürt den Drang, ein anderes Mitglied zu berauben und zu töten. Da sein Gefühl tabuisiert ist, wird er stattdessen Angst- oder Ohnmachtsgefühle oder verdrängten Zorn entwickeln. Oder: Der Inhaber eines Kleidergeschäfts wird einem Kunden, der nur wenig Geld hat, kaum einen Anzug billiger hergeben. Selbst wenn er einen Impuls dazu empfindet, wird er ihn verdrängen und entsprechend aggressiv auf den Kunden reagieren.[47] So werden bestimmte Empfindungen und Verhaltensimpulse gesellschaftlich tabuisiert. Tabus dienen also der sozialen Verhaltensregulierung. Sie definieren gesellschaftliche „Selbstverständlichkeiten", die dem „guten Auskommen miteinander" dienen. Sie verhelfen aber auch den Mächtigen dazu, ihre Eigentums- und Herrschaftsverhältnisse abzusichern.[48]

Tabus

Die Tiefenethik ist daher herausgefordert, zunächst alle psychisch und sozial wirksamen Tabus aufzudecken und daraufhin zu überprüfen, ob sie ihren ethischen Maßstäben noch entsprechen und akzeptabel sind oder nicht, ob sie nur einigen wenigen dienen, die damit ihre Herrschaftsansprüche absichern, oder der Lebensförderung insgesamt und damit auch Ausdruck der universalen Verantwortung sind, der zufolge nicht alles Machbare auch sinnvoll für das Ganze ist.

Ethisch fragwürdige Tabus

Als Ideal der neuen Ethik verweisen sowohl Jung als auch Fromm auf die Erfahrungen im Zen-Buddhismus.[49] Ziel des Zen ist die Erleuchtung (Satori), in der die Einheit des Wirklichen nicht denkerisch, sondern existenziell erfahren wird. Der Physiker und Philosoph Carl Friedrich v. Weizsäcker hat nach einem solchen Erlebnis bekannt: „Ich war jetzt ein völlig anderer geworden: der, der ich immer gewesen war."[50] Erleuchtung wird als vollkommene Befreiung von allen Restriktionen und Verdrängungen

Einheitserfahrung

angesehen und doch zugleich auch als vollkommene Übernahme universaler Verantwortung. So ist der Zen-Meister und Jesuitenpater Hugo Makibi Enomiya-Lassalle (1898–1990) der Auffassung, dass der Erleuchtete „unmittelbar und ohne zu zweifeln" weiß, was er zu tun hat.[51]

Die folgenden Schritte weisen einen Weg, wie die verdrängten Schatten in das Bewusstsein von Einzelnen oder Kollektiven gehoben werden können.

11.7   Wege zur Vervollständigung

Um die Polarität von Gut und Böse aufzuheben, ist es hilfreich in Komplementaritäten zu denken, zu fühlen und zu handeln. Gerade durch die westliche Denkweise und abendländische Logik sind wir darauf sozialisiert, alles in Gegensätzen zu betrachten. Und wenn gegensätzliche Positionen aufeinandertreffen, so wird gewöhnlich ein Gewinner auf Kosten des Verlierers erkämpft oder höchstens ein Kompromiss ausgehandelt, der beide Parteien nicht wirklich zufriedenstellt. Dieser durchbricht letztlich nicht die Polarität, sondern neutralisiert sie allenfalls. Er nimmt dadurch der Beziehung ihre Antriebskraft, etwas Neues zu entwickeln. Im komplementären Denken hingegen werden neue Möglichkeiten der Beziehung durch gemeinsames Verständnis der Position des anderen eruiert. In einem zweiten Schritt findet man dadurch eine neue dritte Position, in der die beiden anderen ihren Anteil einbringen, in der also jede der ursprünglichen Positionen „aufgehoben" ist.

Psychosynthese und Dialektik

In diesem Sinne können die konfliktbeladenen Gegensätze dialektisch aufgehoben werden. Roberto Assagioli (1888–1974) hat die dialektische Methode in seiner „transpersonalen Psychologie" als „Psychosynthese" weiterentwickelt. Anstatt die problembehafteten Positionen, die jeweils von ihren Vertretern als „gut" und beim Gegner als „böse" identifiziert werden, weiter abzugrenzen und dadurch den Widerstand der gegnerischen Partei zu erhöhen, soll man lernen, sich in die Situation des anderen hineinzuversetzen. Dadurch gewinnt man den nötigen Respekt vor der Gegenposition und öffnet sich dann für eine neue, dritte Postion, in der beide Gegenpositionen aufgehoben sind. Keiner fühlt sich mehr benachteiligt, weil jeder sich darin wiederfinden kann. Um die neue Position zu finden, sollte man sich innerlich von den bekannten Lösungen freimachen und sich für Informationen aus dem kollektiven Unbewussten öffnen. Erst wenn der menschliche Geist die bewussten Gedanken zur Ruhe bringt, können neue Einsichten jenseits der Gegenpositionen auftauchen.

Beispiele für solche polaren Positionen[52] sind:

Thesis	Antithesis
Materie	Bewusstsein
Natur	Kultur
Dogmatismus	Skeptizismus

Tabelle 11.1: Beispiele für dialektische Gegensatzpaare

Thesis	Antithesis
Gut	Böse
Manie	Depression
Blinder Optimismus	Angstvoller Pessimismus
Tollkühnheit	Feigheit
Opportunismus	Rebellion
Verschwendungssucht	Geiz
Begeisterung	Widerwillen
Arroganz	Minderwertigkeitsgefühl
Geschäftigkeit	Faulheit
Angst	Lethargie
Ehrgeiz	Antriebslosigkeit
Sympathie	Antipathie

Tabelle 11.1: Beispiele für dialektische Gegensatzpaare *(Forts.)*

Die Methode der dialektischen Synthese durchbricht konsequent die polare Front zwischen den Gegensatzpaaren und eröffnet neue Wege. Durch Loslassen der Fixierung auf einen Pol und Einlassen auf den anderen können beide auf einer höheren Ebene aufgehoben werden, anstatt sich in einem Kompromiss zu neutralisieren.

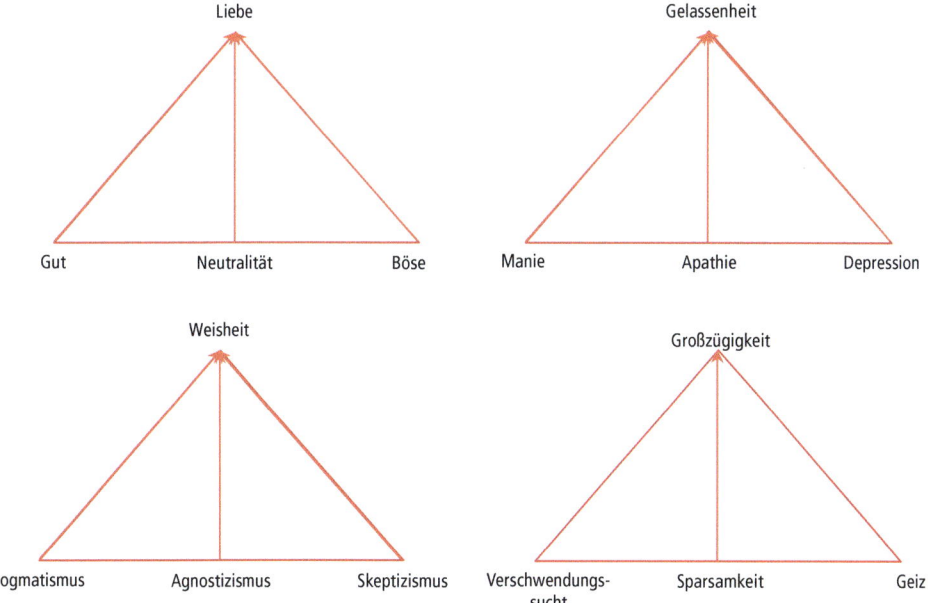

Abbildung 11.5: Komplementäre Aufhebung konträrer Positionen
Quelle: vgl. Parikh, 2004, S. 217.

Diese Methode wird auch systematisch von erfolgreichen Managementberatern eingesetzt – etwa bei der Lösung von kulturbedingten Konflikten zwischen Partnern von Unternehmensfusionen. Fons Trompenaars und Hampden Turner nutzen ebenfalls den Dreischritt, wenn etwa der Fusionspartner A (z. B. shareholder-orientiert) darauf beharrt, seinen Standpunkt auf Kosten des Fusionspartners B (z. B. umweltorientiert) durchzusetzen. Wenn sie hingegen in gemeinsamer Anstrengung auf einen neuen Standpunkt (z. B. stakeholder-orientiert) hinarbeiten, können beide damit zufrieden sein und ihn ohne Ressentiment akzeptieren. Die Chancen, dass damit tatsächlich Synergien gehoben werden können, steigen beträchtlich.[53]

Fallstudie

Brent-Spar-Dilemma bei Royal Dutch Shell plc

Die Firma Royal Dutch Shell plc stand 1995 wegen der Ölverlade-plattform Brent Spar weltweit am Pranger. Nach eingehenden Beratungen mit Experten unter Rückgriff auf über 30 Studien und Gutachten von Consulting-Firmen und Universitäten hatte Shell entschieden, die ausgediente Plattform durch Versenkung in der Nordsee zu entsorgen. Die darin verbliebenen 130 Tonnen giftiger Ölschlämme würden in 2.000 Meter Tiefe keine Belastung für Sicherheit und Gesundheit der Ökosysteme sein. Greenpeace erfuhr von dem Plan und startete eine weltweit aufsehenerregende Kampagne gegen diese Art der Entsorgung. Sie forderte eine wesentlich teurere Entsorgung an Land und verwies, wie sich nachträglich herausstellte, fälschlicherweise auf 5.500 Tonnen verbliebene Ölschlämme, die eine erhebliche Belastung für das Ökosystem darstellen würden. Vor allem in Deutschland bekam Shell den Gegenwind zu spüren, nachdem Greenpeace zu einem Boykott von Shell-Tankstellen aufrief. Die Umsätze gingen um 50 Prozent zurück. Selbst der damalige Bundeskanzler Helmut Kohl griff in die Debatte ein und verlangte von seinem Kollegen John Major, dem britischen Ministerpräsidenten, die Entsorgung in der Nordsee zu verbieten. Major lehnte das Ansinnen jedenfalls ab und unterstützte Shell.[54]

Anders entschied der damalige CEO von Shell, Mark Moody-Stuart. Er gab dem Druck nach und entsorgte die Plattform an Land. Er sah den Konflikt zweier gegensätzlicher Logiken. Shells Logik war nach technischer Rationalität durchaus folgerichtig. Die mehr emotionale Logik der Gegner hatte allerdings in seinen Augen nicht weniger Überzeugungskraft, wie er später zugab. Denn sie verwies darauf, dass Shell in aller Öffentlichkeit auf See einfach eine große Menge Abfall entsorgt, was an Land schon Schulkindern bei kleinen Mengen als inakzeptabel dargestellt wird. „Ich lernte, dass man in technischer Hinsicht durchaus recht haben kann, aber bei wirklichen Entscheidungen die Befindlichkeiten, Absichten, Gefühle, Glaubenssätze, Symbole und das Auftreten der anderen berücksichtigen muss. … Weil Menschen … Dinge unterschiedlich bewerten, gibt es immer ein Dilemma – mit der Notwendigkeit, unterschiedliche Logiken in Einklang zu bringen (reconcile).“[55]

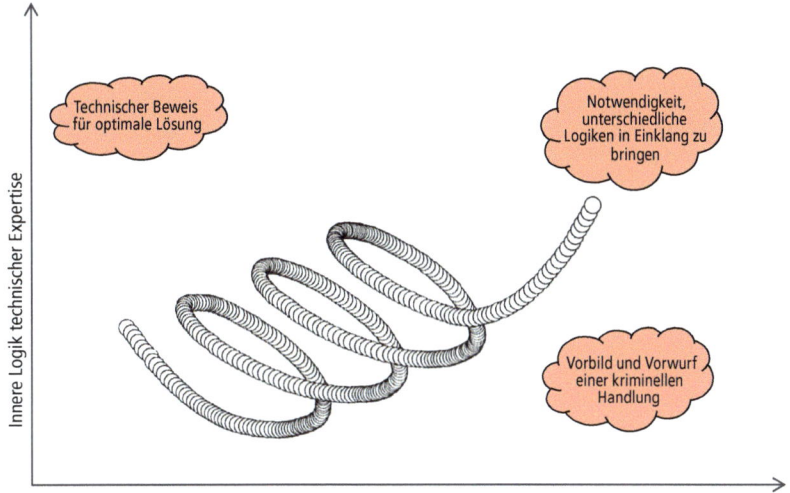

Innere Logik technischer Expertise

Technischer Beweis für optimale Lösung

Notwendigkeit, unterschiedliche Logiken in Einklang zu bringen

Vorbild und Vorwurf einer kriminellen Handlung

Äußere Logik sozio-politischer Wertvorstellungen

Abbildung 11.6: Harmonisierung unterschiedlicher Logiken
Quelle: nach Trompenaars/Hampden-Turner, 2001, S. 358.

Durch die gelassene Distanzierung von der eigenen Position und die engagierte Annäherung an die andere gewinnt man ein vertieftes Verständnis für den vermeintlichen Gegner. Auch dieser ist ein Teil des Universums, der allerdings einen anderen Aspekt vertritt. Beide Seiten wähnen sich auf der Seite des Guten und verteufeln häufig den anderen. Mit rücksichtsloser Bekämpfung werden die Gräben zementiert. Mit achtungsvoller Verständigung und vertrauensbildenden Maßnahmen können sich beide Seiten weiterentwickeln, vielleicht sogar gemeinsam zu einem neuen Gesamtsystem transformieren. Dabei könnte im Sinne von Georg Wilhelm Friedrich Hegel eine „Synthese" den polaren Gegensatz von „These" und „Antithese" überwinden, wobei diese in jener „aufgehoben" sind. Die Aufhebung geschieht dabei in dreifacher Weise: im Negieren, Emporheben und Bewahren. Auf diese Weise wird der Konflikt überwunden, indem die jeweiligen Wahrheiten der Positionen in der Synthese zu einer neuen Wahrheit verschmolzen werden.

Dies setzt allerdings auch die Bereitschaft des anderen zur Verständigung und Transformation voraus. Bei Psychopathen wie etwa dem Massenmörder Anders Breivik oder fanatisierten Gruppierungen, wie sie sich beispielsweise im IS als unerbittliche Kämpfer gegen das vermeintlich Böse manifestiert haben, dürfte dieser Prozess kaum in Gang zu setzen sein. Denn bei ihnen ist die empathische Brücke zum anderen nicht existent oder eingestürzt, und damit der Zugang – selbst über das kollektive Unbewusste – verstellt.

In diesem Zusammenhang erwähnenswert ist die Erfahrung von Mystikern. In Ost und West bekräftigen sie, dass im Grunde jede Trennung nur eine Illusion und letztlich in der Einheit aufgehoben sei. Auch sie richten sich gegen die Vorstellung einer starren Polarität von Gut und Böse, weil jede Seite in sich im Keim die andere Seite enthält.

Abbildung 11.7: Die Einheit der Gegensätze
Quelle: Illustration nach Heiner Fierz.

Hegel selbst sah in der Liebe das Potenzial, Polaritäten überwinden zu können. Denn sie gewährt gerade die Einheit im Getrenntsein: „Der Geliebte ist uns nicht entgegengesetzt, er ist eins mit unserem Wesen; wir sehen immer uns in ihm, und dann ist er doch wieder nicht wir – ein Wunder, das wir nicht zu fassen vermögen."[56] Hass, Angst und Egoismus hingegen wären dazu nicht in der Lage, weil sie – wie vielleicht überhaupt alle Laster – Trennungen aufrechterhalten anstatt sie aufzuheben. Dass gerade die Liebe auch im Management eine bedeutende Rolle spielen kann, zeigt Tibor Koromzay auf.[57]

So gesehen können wir doch erkennen, dass eine Ethik „Jenseits von Gut und Böse" im Sinne von Friedrich Nietzsche zwar im „Willen zur Macht" wurzelt, aber in der Liebe sich als „höchste Form der Macht" erweist, eben weil sie Gegensätze überwindet und Tugenden überhaupt erst sinnvoll macht, wie das Laotse nachgesagte Gedicht zum Ausdruck bringt:

> „Pflichtbewusstsein ohne Liebe macht verdrießlich,
> Verantwortung ohne Liebe macht rücksichtslos,
> Gerechtigkeit ohne Liebe macht hart,
> Wahrhaftigkeit ohne Liebe macht kritiksüchtig,
> Erziehung ohne Liebe macht widerspruchsvoll,
> Klugheit ohne Liebe macht betrügerisch,
> Freundlichkeit ohne Liebe macht heuchlerisch,
> Ordnung ohne Liebe macht kleinlich,
> Sachkenntnis ohne Liebe macht rechthaberisch,
> Macht ohne Liebe macht grausam,

Ehre ohne Liebe macht hochmütig,
Besitz ohne Liebe macht geizig,
Glaube ohne Liebe macht fanatisch,
ein Leben ohne Liebe ist sinnlos."

Weitere Methoden zur Überwindung der Trennung zwischen Gut und Böse, Bewusstem und Unbewusstem, Ego und Alter, Ich und Welt wurden von der Tiefenpsychologie, Psychoanalyse, positiven Psychologie, Transaktionspsychologie, Logotherapie usw. entwickelt. Sie sollten nur unter Anleitung professionell ausgebildeter Fachleute eingesetzt werden.

Weitere Methoden

Darüber hinaus gibt es eine Fülle an Ratgeberliteratur und -kursen, die als Hilfe zur Selbsthilfe gedacht sind. Sie alle wollen das jedem innewohnende Potenzial zur Ganzwerdung etwa durch Selbstbeobachtung und -reflexion, Übungen zur Gewahrsamkeit und Achtsamkeit, Yoga- und Meditationspraktiken, Self-Leadership bzw. Selbstmanagement usw. auf ihre Weise heben. Dabei streben sie eine schrittweise Erweiterung des Bewusstseins durch Integration unbewusst vorhandener Energien an.

Es würde den Rahmen dieses Buches sprengen, auf solche Methoden differenziert einzugehen. Es wird bewusst darauf verzichtet, die eine oder andere Zugangsweise zu favorisieren. Denn jeder sollte unbeeinflusst seinen eigenen, ihm entsprechenden Weg zur Selbstverwirklichung finden.

Selbsterkenntnis und Glück

In der Tiefenethik bedeutet allein der Aufbruch bereits einen wichtigen Schritt zur Ganzwerdung und damit auch zur Übernahme der Verantwortung für alles, was von ihm ausgeht. Interessanterweise ist der Weg kein Weg der Selbstkasteiung im Sinne von „Pflichterfüllung und Schuldigkeit". Im Gegenteil: Es ist ein Weg der glücklichen Lebensführung. Glück ist dabei eine komplementäre Mischung aus Erfolg und Gelassenheit. Durch Erfolg erhält man, was man sich wünscht, durch Gelassenheit wünscht man sich, was man erhält.[58] Während das Erfolgsstreben allen Einsatz der Betreffenden erforderlich macht, um seine Ziele zu erreichen, hilft die Gelassenheit dort, wo es die Situation erforderlich macht, loszulassen und neue Gelegenheiten abzuwarten. Oftmals ist das gewaltsame Erzwingen von Resultaten gegen den Widerstand der Umwelt kontraproduktiv. Die Erfahrungen östlicher wie westlicher Weisheitslehren weisen immer wieder auf diesen Umstand hin, dass man dort, wo zu handeln es angebracht ist, tätig wird, und dort, wo es nicht angebracht ist, loslässt. Dies setzt aber Weisheit voraus, das eine vom anderen unterscheiden zu können.[59]

Glück: zwischen Erfolg und Gelassenheit

Es liegt letztlich in der Verantwortung jedes Einzelnen, den Weg der Selbstverwirklichung zu gehen, um sein inneres Potenzial, das offensichtlich unser normales Selbstverständnis bei Weitem übersteigt, auch für die Management- und Leadership-Aufgaben verantwortungsbewusst einzubringen. Diese Zusammenhänge werden im folgenden Schlusskapitel noch einmal näher beleuchtet.

Verantwortung für Selbstverwirklichung

Tiefenethik – steile Karriere durch böse Mittel?

Die Arbeitswissenschaftlerin Gloria Beck vertritt in ihrem vielfach aufgelegten Buch „Verbotene Rhetorik – Die Kunst der skrupellosen Manipulationen" die Auffassung, dass Mobbing etwas Natürliches sei, und gibt Tipps für die Manipulation der Kollegen im Betrieb. Ziel dabei sei immer, die Chancen einer steilen Karriere im Unternehmen zu fördern. In ihren Kursen „Lügen und Intrigieren", „Mobbingtechniken für jedermann" lehrt sie Führungskräfte, wie sie es schaffen, „andere zu beeinflussen, ohne dass sie es merken". Sie rechtfertigt dies damit, dass „der Mensch nicht gut oder böse, sondern gut und böse" sei. „Meistens sind wir nett, aber ab und zu auch mal gemein. Das ist nicht schlimm – solange man dazu steht. Zumal es auf Gegenseitigkeit beruht." Sie bejaht den Vorwurf, dass ihre Manipulationstechniken „unethisch" seien. „Das stimmt. Es ist eben nicht immer Zeit, sich ethisch zu verhalten. Dann und wann packt uns alle das Verlangen, etwas Gemeines zu tun."

Sie rät zum Beispiel zu Übungszwecken, „gezielt ein Gerücht über jemanden zu streuen – etwa was sexuelle Vorlieben angeht". Sie empfiehlt einen „natürlichen Egoismus" zu pflegen, der der eigenen Karriere dienlich ist. Ziele wie die „eigene Position innerhalb einer Gruppe stärken", „jemanden dazu bringen, gegen seine Interessen zu handeln", „jemanden an sich binden", „jemanden kontrollieren", „jemandem schaden" oder „jemanden täuschen" werden mit zahlreichen skrupellosen Manipulationen erreicht wie Aggressionen fördern, Arglosigkeit ausnutzen, Freude am Leid anderer, hinterlistiges Vorgehen, Lügen, Gebrauch von Menschen als willenlose Werkzeuge, strafbares Verhalten, respektloses Umgehen des freien Willens, Vertrauensmissbrauch, Vortäuschen von Zuneigung.[60]

Credo von Gloria Beck

„Mein Credo lautet: Solange gefährliches Wissen nur wenigen zugänglich ist, so lange kann sich die Mehrheit dagegen nicht schützen. Wenn aber diese bisher verbotene Rhetorik allen zugänglich ist, jeder sie ausprobieren kann, dann ist nur noch Opfer, wer sich verteidigt." [61]

„Sie wollen Ihre Ziele durch hinterhältige und raffinierte Art erreichen? Stehen Sie dazu! Verabschieden Sie sich von Werten wie Ehrlichkeit, Aufrichtigkeit, Freundschaft oder Liebe. Als „Verbotener Rhetoriker" zählt für Sie ausschließlich die Zielerreichung." [62]

Die folgende Rezension über Becks Buch vermittelt einen zusätzlichen Einblick in das Buch:

Der Reiz des Bösen.
Mit rhetorischer Niedertracht auf Erfolgskurs.

„Macbeth und Mephisto, Kapitän Hook und die Herzkönigin, Sauron, Darth Vader, Hannibal Lecter und Lord Voldemort – sie sind die wahre Achse des Bösen, auch wenn sie nur aus Papier und Druckerschwärze bestehen. Doch wen im wirklichen Leben die dunkle Seite der Macht und ihre skrupellosen Protagonisten mehr reizen als die ewig Guten (ist Luke Skywalker nicht stinklangweilig?), für den gibt es neuen Lese- und Lernstoff.

Warum soll man das Böse immer nur den literarischen Antihelden überlassen, wenn man es im Büro selbst schön übel treiben kann? Auch Manipulation, Täuschung, Lüge und Schmeichelei sind Künste, die fachmännisch erlernt werden können. Das jedenfalls behauptet die Kommunikationstrainerin Gloria Beck. Sie hat ein Rhetorikbuch der etwas anderen Art geschrieben, eines, das Methoden der Manipulation von A wie Aberglauben-Technik bis V wie Vernichtungstechnik beschreibt und anwendungsfreundlich vermittelt. Bei ihren Kursen sei ihr aufgefallen, dass die Teilnehmer immer wieder nach ‚rhetorischen Kniffen‘ gefragt hätten, nach ‚Techniken, andere zu beeinflussen, ohne dass sie es merken‘, berichtet Beck. Daraufhin bot sie – von Kollegen angefeindet – Seminare zum ‚Lügen und Intrigieren‘ oder ‚Mobbingtechniken für jedermann‘ an. Ihre Erfahrungen und Erkenntnisse hat sie nun zu dem Lehrbuch ‚Verbotene Rhetorik‘ (Eichborn Verlag, 22,90 Euro) zusammengefasst. Im tiefschwarzen Einband mit teuflisch-roten Buchstaben kommt das 320 Seiten starke Buch auch gleich im passenden Farbgewand her. Schade, dass es nicht unterm Ladentisch und erst für Leser ab 18 verkauft wird – das würde den Absatz wohl zusätzlich nach oben treiben. Dabei will die Autorin ja nicht nur die niederen Triebe befriedigen, sondern auch über schäbige Tricks aufklären, auf dass niemand mehr unwissend zum Opfer wird.

Doch zum eigentlichen Thema: Wie funktioniert denn nun die fragwürdige Manipulation? Bedient man sich etwa der Abhängigkeitstechnik, so gilt es erst einmal, jemanden an sich zu binden, ihm Ressourcen – beispielsweise spezielle Software-Kenntnisse – anzubieten, die er dringend benötigt, um sie ihm später wieder gezielt zu entziehen. Gloria Beck: ‚Sie nutzen die Notlage Ihrer Opfer ebenso aus, wie Unternehmen die Abhängigkeit ihrer auf sie angewiesenen Kunden ausnutzen. Es gibt ja nichts Gemeines, außer man tut es.‘

Oder die Claqueurtechnik: Hat man sich gezielt mit willigen Jasagern umgeben – etwa unter Ausnutzung von Abhängigkeiten, romantischen Gefühlsverwirrungen oder falschen Freundschaftsbekundungen – kann man die eigenen Leistungen im Lichte des erzeugten Beifalls der Claqueure glänzen lassen. Regelrecht bösartig ist die Gerüchte-Technik. Unauffällig lassen sich durch gezielte Worte an der richtigen Stelle Reputation und Einfluss des Kollegen zerstören. Dazu sind ein paar Überlegungen fällig: ‚Welches Image hat sich meine Zielperson aufgebaut? Welche Informationen können das Image nachhaltig schädigen? Welche Tatsachen unterstützen dieses Gerücht?‘ Dabei darf aber das Gerücht niemals auf seinen wahren Urheber zurückzuführen sein, und, so Beck, es ist Vorsicht geboten, nicht die Grenze zur strafrechtlichen Verfolgbarkeit zu überschreiten.

Den moralischen Tiefpunkt erreicht der angehende Manipulator bei der Hypnosetechnik. Ob man nun auf 14 Buchseiten die Geheimnisse der Hypnose erlernen kann, sei einmal dahingestellt. Einen leicht beeinflussbaren Menschen zu einem willenlosen Werkzeug der eigenen Machtgelüste machen zu wollen, erreicht jedoch auf der Beckschen Skala der ethischen Bedenklichkeit den Spitzenwert.

Zu der merkt die Autorin Folgendes an: ‚Die bösen Absichten sind schillernd und vielfältig. Aber es gibt immer wiederkehrende Verhaltensweisen (Freude am Leid Anderer, Lügen, Förderung von Aggression, Vortäuschung von Zuneigung), die notwendig sind, um mit einer Technik erfolgreich seine Ziele durchzusetzen. Diese Verhaltensweisen sind allesamt bedenklich und grundsätzlich unethisch.‘

Und nicht nur das: Macbeth wird schlussendlich selbst umgebracht, Darth Vader rettet vor dem eigenen Tod noch seinen Sohn Luke, Sauron verliert den Kampf um den Ring der Macht und was das Schicksal mit Lord Voldemort vorhat, wissen wir noch nicht. Meistens gewinnen im Reich der Phantasie am Ende jedenfalls die Guten. Trotz verbotener Rhetorik."[63]

Bilden Sie drei Gruppen als Diskussionsrunde (z. B. innerhalb einer Talkshow) zu Becks Buch. Eine Gruppe A verteidigt, Gruppe B greift es an, während die Gruppe C eher die Runde moderiert, um sich von der einen oder anderen Position überzeugen zu lassen. Die nachfolgenden Fragen könnten die Diskussion zum Laufen bringen.

1. Sind Ihrer Meinung nach Becks Strategien besser in einem skrupellosen oder ehrlichen sozialen Umfeld einsetzbar? Wann könnten/sollten sie als Selbstverteidigung eingesetzt werden?

2. Wie beurteilen Sie Becks Vorschlag, zu Trainingszwecken Übungsopfer zu suchen – vor allem „Personen – auf die es nicht so darauf ankommt, wie etwa die Familie", weil einem dort am ehesten etwas verziehen wird?

3. Wie schätzen Sie die (auch langfristigen) Erfolgschancen der Beckschen Strategien ein und welchen Einfluss hat dabei die Unternehmenskultur? Inwieweit unterstützt bzw. behindert ihre Argumentation die Interessen des Unternehmens und dessen Stakeholder?

4. Welche Folgen hätte es für ein Unternehmen, wenn ein (Groß-) Teil der Mitarbeiter Becks Strategien einsetzen würde?

5. Wägen Sie die Chancen und Risiken der Beckschen Strategien für den Handelnden und seine soziale Umwelt ab.

6. Ist Ethik nur etwas für Dumme? Begründen Sie Ihre Antwort.

7. Gibt es ethisch vertretbare Wege zum Erfolg? Wenn ja, wie könnten diese aussehen?

8. Die Tiefenethik empfiehlt, den inneren „Schweinehund" zu integrieren anstatt zu bekämpfen. Worin liegt Ihrer Meinung der Unterschied zu Becks „Auskommen mit dem Bösen" und dem der Tiefenethik?

11.8 Fazit zum Auskommen mit dem Bösen

Die Verteidigung böser Mittel zum Erhalt guter Zwecke führt letztlich zur Selbstzerstörung, da der Widerstand der anderen den rücksichtslosen Kampf auf Dauer nicht hinnimmt. Es kommt entweder zur Gegenreaktion oder zum passiven Widerstand. Skrupellose Machenschaften in Unternehmen führen zu einer Lähmung der gesamten Organisation. Gleichzeitig beanspruchen die Kämpfer in eigener Sache dieselben Güter, die sie den anderen nicht zugestehen wollen. Das Argument, Angriff sei die beste Selbstverteidigung, ist deshalb nicht stimmig, weil die Angreifer mit der ethischen Vertrauenswürdigkeit der anderen rechnen. Der Lügner erwartet die Wahrhaftigkeit des Belogenen, sonst kann er seine Lüge nicht platzieren.

Die Fallstudie zeigt, dass die Verteidigung der von Beck empfohlenen Strategien auch deshalb nicht tragfähig ist, weil sie Ressourcen für die Durchsetzung der Eigeninteressen bindet, die dem Unternehmen letztlich entzogen werden.

Zusammenfassung

Alle bisherige Ethik strebt den vollkommen guten Menschen an. Sie ignoriert dabei, dass das Handeln der Menschen von unbewussten Kräften gesteuert ist. Mit dem Zwang zum Gutsein verdrängt er die in der Gemeinschaft offiziell geächteten oder gar verbotenen Triebe und Wünsche. Sie wirken aber im Verborgenen als Schatten weiter. Als vergessene Energie führen sie zu Verhaltensstörungen oder werden auf andere projiziert. Man sucht das eigene Böse im anderen und entlastet sich dadurch, indem man ihn als Sündenbock brandmarkt. Die meisten Konflikte und Kriege erwachsen einem Bewusstsein, das in Gegensätzen fühlt und denkt.

Wie muss eine Ethik beschaffen sein, in der das Gute mit dem Bösen auskommt, indem sie es nicht länger bekämpft, sondern integriert? Eine solche Tiefenethik ermuntert den Menschen durch Integration seiner unbewussten Energien, das Böse auf einer Stufe jenseits von Gut und Böse zu verwandeln. Dort ist es zum Wohle des Ganzen aufgehoben.

Die dialektische Methode der Tiefenethik hebt die konfliktgeladenen Gegensätze auf, indem sie einen dritten Weg zwischen narzisstischer Ichfixierung und kollektiver Fremdbestimmung einzuschlagen trachtet. Dabei sollten sich Individuen wie Organisationen ihrer unbewussten Schattenseiten bewusst werden und die damit verbundenen Energien verantwortungsvoll zum Wohle des Ganzen einsetzen.

Komplementäre Zusammenschau Teil III

Halten wir fest: Eine Ethik, die den Anspruch auf universale Gültigkeit erhebt, sollte erstens ihren zeitlichen wie räumlichen Horizont so weit ausdehnen, wie die Macht des Menschen reicht, und damit auch Nachhaltigkeit („Sustainability") in ihren Ansätzen integrieren. Sie sollte zweitens die Allverbundenheit aller Lebensformen anerkennen und ihre Lebensfähigkeit („Viability") unterstützen, von daher auch alle nichtmenschlichen Lebensformen unter ihren Schutz stellen. „Ehrfurcht vor dem Leben" eignet sich als orientierungsfähiges Prinzip und ist ein geeignetes Kriterium für die Akzeptabilität von Risiken. Sie sollte drittens das gesamte Kräftepotenzial berücksichtigen, das den individuellen und kollektiven Entscheidungen und Aktivitäten zugrunde liegt. Bewusste und unbewusste Aspekte sollten sich komplementär ergänzen („Complementarity"). Nur so ist angemessenes Handeln möglich und können alle Kräfte zum Wohle des Ganzen umgelenkt werden. Nur wenn alle drei Aspekte gleichzeitig berücksichtigt werden, besteht die Hoffnung, dass Verantwortung vor dem Ganzen und für das Ganze wahrgenommen und in die Tat umgesetzt werden kann.

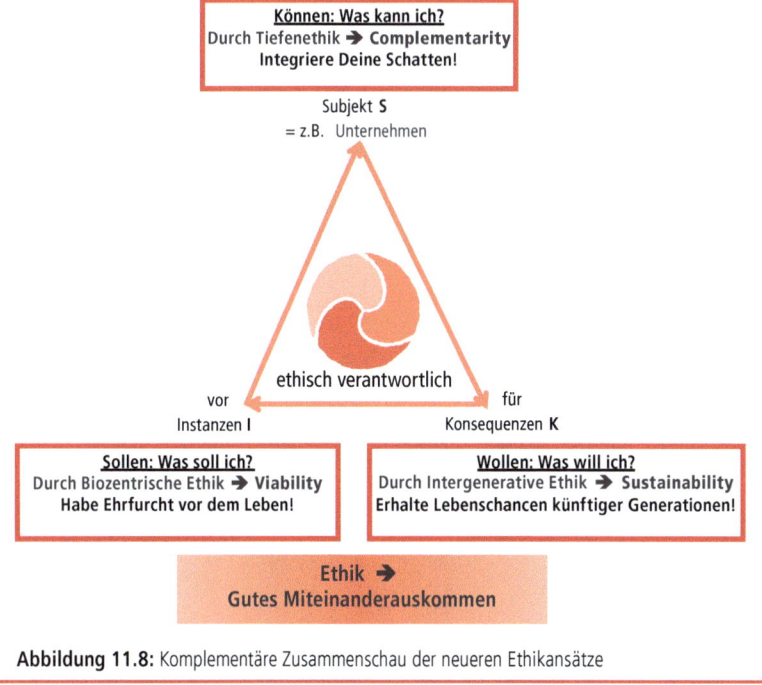

Abbildung 11.8: Komplementäre Zusammenschau der neueren Ethikansätze

Weiterführende Inhalte finden Sie auf der Website *www.pearson-studium.de* unter Online Extras.

Endnoten

1   Chu, 2016; Adams, 2016.
2   Drosdowski et al., 1995, Bd. 1, S. 574.
3   Friedrich Nietzsche (1885, Aph. 32, S. 597 f). Jeffrey Burton Russell (2000) gelingt in seiner „Biographie des Teufels" eine weiterführende Entwicklungsgeschichte des Bösen. Peter Strasser (2016) führt mit seiner gerade erschienenen „Ontologie des Bösen" die Diskussion über die Existenz des Bösen unter neuen Gesichtspunkten fort.
4   Ebd. S. 804 ff.
5   Ebd. S. 816 f.
6   Vgl. ebd. S. 829 ff.
7   Vgl. Russell, 2000; Strasser. 2016, S. 21 f.
8   Vgl. Strasser, 2016; Barth, 2011.
9   Dörner, 1989, S. 16; vgl. Reither, 1997, S. 95 f.
10 Binswanger, 1998, S. 47 ff. Dabei ist für ihn die unsichtbare Hand kein blinder Mechanismus des Marktes, durch den die Summe aller verfolgten Eigeninteressen letztlich allen zugutekommt, sondern letztlich einer alles zum Guten wendenden göttlichen Vorsehung geschuldet (S. 54 f).
11 Kant, 1968a, S. 573.
12 Ebd. S. 576 f.
13 Ebd. S. 508 f. Auf den Unterschied von Kants Tugendlehre zu der von Aristoteles kann hier nicht näher eingegangen werden. Kant selbst thematisiert ihn. Er sieht die Tugenden nicht als goldene Mitte zwischen einem Zuviel und Zuwenig eines Vermögens, sondern als eigenständige Qualität (z. B. Wirtschaftlichkeit) zwischen zwei selbstständigen Lastern – z. B. Verschwendung und Geiz (ebd. S. 535 f).
14 Vgl. Gallo, 1982.
15 Zit. n. Duthel, 2014, S. 373 f.
16 Nietzsche, 1885, Aphor. 36, S. 601.
17 Nietzsche, 1886, Aphor. 109, S. 1082.
18 Ebd. Aphor. 560, S. 1275.
19 Schüz, 1999, S. 162 ff; vgl. Obermeier, 1996, S. 9f. Zu Nietzsches Kritik am Kapitalismus vgl. Waibl, 1989, S. 21–55.
20 Vgl. Kaufmann, 1982, S. 259.
21 Ebd. S. 261.
22 Vgl. zum Umgang mit dem Gewinnprinzip Ulrich (1997, S. 415, 397 ff) mit Steinmann (1998, S. 11).
23 Lü Bu Wei, 2013, S. 177.
24 Eine bedeutende Analyse des „Ressentiments im Aufbau der Moralen" hat 1912 Max Scheler in seiner gleichnamigen Schrift (1978) vorgenommen, und zwar in Erweiterung von Nietzsches Diagnosen.
25 Neumann, 1980, S. 38 ff.
26 Ein aufschlussreiches Beispiel sind die Reden des US-Präsidenten George W. Bush. Nach einer Analyse von Peter Singer (2004) sprach er in fast einem Drittel seiner Reden über das Böse. Hinweis bei Schmidt-Salomon (2015, S. 31).
27 Schweitzer, 1923, S. 384 f.
28 Pratley 1995, S. 85.
29 Collins, 2005, S. 53.
30 IZF, 2016.
31 Vgl. z. B. Vahs, 2004, S. 108.
32 Paulhus/Williams, 2002.
33 Vgl. Furtner/Baldegger, 2013, S. 26 ff.
34 NN, 1998, S. 87; Vgl. Collins, 2005, S. 45.
35 Dem Psychopathieforscher Kevin Dutton zufolge waren bei den CEOs und Anwälten weitaus die meisten Psychopathen anzutreffen. (Dutton, 2013, S. 202). Generell hat in den letzten zehn Jahren die empirische Forschung die schädliche Wirkung von Psycho- und Soziopathen in Wirtschaftsunternehmen herausgearbeitet. Sie weist allerdings auch darauf hin, dass psychopathisch veranlagte Führungskräfte mit Verfolgung ihres skrupellosen, empathielosen Egozentrismus für ihre Firma durchaus auch einen günstigen Turnaround erkämpfen und deshalb besonders in Krisenzeiten nützlich sein können. (Dutton, 2013; vgl. Babiak/Hare, 2006)
36 Vgl. Jung 1935, S. 187 f, 192 f.
37 Neumann 1980, S. 68.
38 Ebd. S. 92.
39 Ebd. S. 88.
40 Vgl. Schüz, 1993.
41 Fromm et al., 1974, S. 106.
42 Ebd. S. 119; vgl. Fromm, 1979.
43 Fromm et al., S. 137.
44 Fromm et al., 1974, S. 128 ff; vgl. Schmidt-Salomon, 2015, S. 76 ff. Neben den sozialen Fil-

tern gibt es noch die physikalischen, biologischen und hirnphysiologischen Filter. Nach Auffassung von Hirnforschern dringen gerade 0,1 Prozent sämtlicher Hirnaktivitäten in unser Bewusstsein. (Kast, 2007, S. 75). Auch wenn konkrete Zahlen umstritten sind, so sind die Größenverhältnisse bedenkenswert. Man schätzt, dass die Sinnesorgane ca. elf Millionen Bits an Informationseinheiten pro Sekunde aufnehmen, von denen das Unbewusste wieder nur einen Bruchteil verarbeitet, aber einen deutlich größeren als das Bewusstsein. Der bewusste Verstand bewältige maximal 50 Bits pro Sekunde (ebd. S. 74 ff). Zu bedenken ist auch, dass die Sinnesorgane selbst wiederum nur einen Bruchteil der Informationen aufnehmen können, die in unserer Umwelt vorhanden sind. In der Physik gehört es heute zum Allgemeinwissen, dass das Universum nur zu fünf Prozent aus sichtbarer, also mit physikalischen Mitteln messbarer Materie besteht, 25 Prozent sind dunkle, also nicht messbare Materie und der Rest besteht aus dunkler Energie. Wir wissen also – gemessen am Ganzen – fast nichts über die Welt in uns und um uns herum.

45 Keller, 2016, S. 72 f.
46 Vgl. Fromm et al., 1974, S. 131.
47 Ebd. S. 132.
48 Schüz, 2013b.
49 Jung, 1954, S. 252; Fromm et al. 1974, S. 145 ff. Hierbei handelt es sich um die japanische Weiterentwicklung des Buddhismus, der ursprünglich aus Indien über China nach Japan kam.
50 Zit. n. Schüz, 1986, S. 66.
51 Enomya-Lassalle, 1988, S. 113.
52 Vgl. Parikh, 1994, S. 216.
53 Hampden-Turner/Trompenaars, 2000. Entscheidend sind dabei die Identifikation („Recognition") des Dilemmas zwischen zwei kulturbedingten Unterschieden, dann die Gewinnung des Respekts („Respect") für die Position des anderen, sodann die gemeinsame Findung einer neuen Position oder Methode („Reconciliation"). Anhand von zahlreichen Fallbeispielen konnten Trompenaars und Hampden-Turner die innovative Kraft dieser Methode unter Beweis stellen. (Trompenaars, 2001)
54 Koch et al., 2005, S. 16 ff.
55 Zit. n. Trompenaars/Hampden-Turner, 2001, S. 357.
56 Zit. n. Janke, 2009, S. 210.
57 Koromzay, 2016.
58 Vgl. die Definition von Jagdish Parikh, der Glück und Erfolg als komplementär ansieht: „Getting what you want is success: wanting what you get is happiness." (1992, S. 152)
59 Vgl. „Gelassenheitsgebet" des Theologen Reinhold Niebuhr: „God, grant me the serenity to accept the things I cannot change, courage to change the things I can, and wisdom to know the difference. " (Wikipedia, Stichwort „Gelassenheitsgebet").
60 Beck, 2005, S. 320.
61 Reiss, 2005.
62 Beck, 2005, S. 17.
63 Petrick-Löhr, 2005.

TEIL IV

Ausblick: Folgerungen für eine Responsible Leadership

Die nachhaltig verantwortungsvolle Führungspersönlichkeit – Grundzüge einer Responsible Leadership

12

ÜBERBLICK

Lernziele

Der Leser

- bekommt einen Einblick in die historische Dimension der verantwortungsvollen Führung,

- kennt wichtige Aspekte der verantwortungsvollen Führung (Responsible Leadership), z. B. als „dienende Führung",

- begreift den Unterschied zwischen Management und Leadership,

- unterscheidet die drei Grundtypen der Responsible Leadership, den Macher, Koordinator und Visionär sowie die daraus resultierenden Mischformen,

- vollzieht die verschiedenen Kompetenzen nach, die für eine nachhaltig verantwortungsvolle Führung nötig sind,

- erfasst die verschiedenen Formen der Intelligenz und Denkstile, die zur Aufgabenbewältigung eines Responsible Leaders unabdinglich sind.

Suche nach der idealen Führung

Die Suche nach der idealen Form verantwortlicher Führung („Responsible Leadership") dürfte so alt wie die Menschheit sein. Warum und wozu ist Führung überhaupt notwendig? Wie kann Führung verantwortungsvoll gegenüber den zu bewältigenden Aufgaben, den involvierten Menschen und der betroffenen Natur geleistet werden? Worin zeigt sich geglückte Führung? Welche Eigenschaften, Fähigkeiten und Motive sollte eine verantwortungsvolle Führungskraft mitbringen? Wie lassen sich verschiedene Ansätze zur Leadership mit dem hier vorgestellten Konzept der nachhaltigen Verantwortung in Verbindung bringen? Gibt es Möglichkeiten, die Eigenschaften eines „guten" Leaders nicht nur zu identifizieren, sondern auch zu entwickeln?

12.1   Verantwortliche Führung

Leadershipvorstellungen in der Antike

Zuhörenkönnen im alten Ägypten

Im alten Ägypten ca. 2.700 v. Chr. lehrte schon Ptah-Hotep Grundsätze zur Führung von Arbeitern an Großbaustellen. Ihm zufolge sollte man als verantwortungsvolle Führungskraft Petitionen eines Arbeiters nicht einfach zurückweisen, bevor er sie vorgebracht hätte: „Weise ihn nicht zurück, bevor er sich enthüllen konnte und bevor er gesagt hat, weswegen er gekommen ist. ... Es ist nicht notwendig, dass alle seine Bitten gewährt werden, aber gutes Zuhören ist Balsam für das Herz."[1]

Kyros als idealisierte Führungspersönlichkeit

Auch in der griechischen und römischen Antike war die Frage nach der guten Führung ein bedeutendes Thema. Antike Autoren wie Aischylos (525–456 v. Chr.), Xenophon (430–355 v. Chr.) und Aristoteles verwiesen auf die – allerdings idealisierte – Darstellung der Führungsqualitäten des persischen Königs Kyros der Große (585–530 v. Chr.). Der Herrscher eroberte ein Weltreich, das vom Mittelmeer bis über die Grenzen des heutigen Indien hinausreichte. Sie sahen in ihm einen Friedensfürsten und Wohltäter, der viele Völker von lokaler Tyrannei befreite und Religionsfreiheit gewährte. Ob Kyros tatsächlich auf dem berühmten „Cyrus Cylinder" eine erste „Charta der Menschenrechte" hinterlassen hat, ist mehr als umstritten.[2] Jedenfalls zeichnet Xenophon in Kyros das Bild eines idealen Führers nach, der die „Kunst der Menschenführung" so beherrscht, dass die Mitmenschen ihm freiwillig folgen und gehorchen. Im Gegenzug erhalten sie Schutz und Fürsorge.[3] Dabei habe das Gesetz dem *Gemeinwohl*[4], die Erziehung dem Erwerb von *Gerechtigkeit*[5] und die Übung dem Erlernen der *Selbstbeherrschung*[6] zu dienen.

Auch der römische Philosoph und Politiker Marcus Tullius Cicero (106–43 v. Chr.) verwies auf das Vorbild von Kyros. Sein Verständnis von Leadership ging sogar noch weiter. In einem Brief an seinen jüngeren Bruder Quintus ermahnte er diesen zur verantwortungsvollen Wahrnehmung seiner Führungsaufgaben als Statthalter der römischen Provinz Asia: „Jeder, der über andere Menschen Macht ausübt" solle „sein ganzes Denken und Handeln darauf ausrichten", seinen Unterstellten ein „Höchstmaß an Glück" zu vermitteln. Er sei verpflichtet, „dem Vorteil und dem Nutzen derer zu dienen, für die er Verantwortung übernommen hat" – sei es für Bundesgenossen, römische Bürger, Sklaven oder das stumme Vieh.[7] Im Unterschied zur etablierten Auffassung einer von unten nach oben dienenden Hierarchie skizziert Cicero hier das Konzept einer von oben nach unten dienenden Führung, wie sie Jahrhunderte später Robert Greenleaf unter dem Stichwort „Servant Leadership" ausgearbeitet hat.[8]

Ciceros Vorstellung einer dienenden Führung

Zehn Prinzipien der Servant Leadership nach Robert K. Greenleaf

1. Aktives Zuhören	Listening
2. Empathie	Empathy
3. Heilung	Healing
4. Bewusstsein	Awareness
5. Überzeugungskraft	Persuasion
6. Vorstellungskraft	Conceptualisation
7. Weitsicht	Foresight
8. Verantwortungsvoller Umgang	Stewardship
9. Das Wachstum der Mitarbeiter fördern	Commitment to the growth of people
10. Gemeinschaft entwickeln	Building Community

Tabelle 12.1: Servant Leadership nach Robert K. Greenleaf
Quelle: nach Greenleaf, 1998, S. 5–7.

Dienst an allen
Lebensformen

Verantwortungsvolle Führung ist allerdings noch mehr als ein Dienst an den Untergebenen. Wie Nicola Pless und Thomas Maak feststellen, ist ihr zentrales Motiv weniger, anderen zu dienen als vielmehr den Bedürfnissen und Interessen aller Stakeholder gerecht zu werden.[9] Nach unserem SCR-Modell steht eine nachhaltig verantwortungsvolle Führungskraft für alle gewollten und nicht gewollten Konsequenzen ihres Handelns vor allen Betroffenen, auch der Natur als Ganzes sowie künftigen Generationen, Rede und Antwort. Deshalb dient sie weder allein dem Eigeninteresse der Führungskraft noch ausschließlich den Interessen der Untergebenen, sondern immer auch dem größeren Ganzen. Sie motiviert andere, sich für soziale und ökologische Ziele, also für alle Lebensformen einzusetzen.

Exkurs: Management und Leadership

Der Begriff der Führung wird in Anlehnung an die englische Unterscheidung auch im Deutschen oft (a) als „Management" oder (b) als „Leadership" verstanden.

Management-
Aufgaben:
POSDCORB

John Kotter zufolge beschäftigt sich (a) „Management" mit der Bewältigung komplexer Aufgaben in Organisationen, wie sie mit der gängigen Abkürzung POSDCORB[10] zusammengefasst werden: **P**lanning (Planen), **O**rganising (Organisieren), **S**taffing (Stellen besetzen), **D**irecting (Dirigieren, Leiten), **Co**ordinating (Koordinieren), **R**eporting (Rapportieren), **B**udgeting (Budgetieren). Dabei geht es darum, die Aufbau- und Ablauforganisation möglichst effizient zu gestalten, also nach einem Stichwort von Peter Drucker „die Dinge richtig zu tun".[11]

Planerfüllung

Wenn ein Manager plant, dann setzt er kurz-, mittel- bis langfristige Ziele, definiert detailliert die einzelnen Schritte zur Zielerreichung. Er organisiert den Aufbau und die Abläufe der Unternehmung, plant und besetzt die nötigen Positionen mit qualifizierten Mitarbeitern, delegiert Verantwortungsbereiche und installiert Systeme zur Kontrolle der Planerfüllung. Bei auftauchenden Problemen unterstützt er die Mitarbeiter mit Nachjustieren der Pläne und organisatorischen Maßnahmen.[12]

Leadership: Auslösen
von Wandel

(b) „Leadership" hingegen kümmert sich um den Wandel („change"), den die Führung in einem Unternehmen aus jeweilig gegebenen Gründen in Gang setzen möchte. Dabei geht es meistens um eine Neuausrichtung der Organisation, die das Verhalten all ihrer Mitglieder in eine konforme Richtung („alignment") wirksam werden lässt. Diese wird meist durch eine Vision oder Mission und damit verbundene Strategie gesetzt, sodass die „richtigen Dinge" im Sinne Druckers effektiv getan werden.[13] Richtig sind die Dinge dann, wenn sie sich sinnvoll an umweltgegebene Situationen anpassen, also Nischen des guten Überlebens ausfüllen.

Der Leader gibt die Richtung mittels einer Vision vor, die eine gewünschte Zukunft umschreibt. Außerdem definiert er Strategien, die den nötigen Wandel zur Verwirklichung der Vision einleiten. Er stimmt seine Mitarbeiter auf die neue Richtung ein, etabliert Gruppen, die die Vision in besonderem Maße mittragen, um die übrigen nachzuziehen. Er motiviert und inspiriert, damit niemand die Richtung aus dem Auge verliert trotz politischer bzw. bürokratischer Hindernisse oder mangelnder Ressourcen. Er appelliert dabei an die oft verborgenen menschlichen Bedürfnisse, Werte und Emotionen seiner Mitarbeiter.[14]

Ausrichtung auf gewünschte Zukunft

Sichtweise Kotters	Management	Leadership
Entwicklung einer Agenda	Planen und Budgetieren	Eine Richtung vorgeben
Etablierung eines Netzwerks von Fürsprechern zur Verwirklichung der Agenda	Organisieren und Stellen besetzen	Mitarbeiter einstimmen
Vorgehensweise	Kontrollieren und Problemlösen	Motivieren und Inspirieren
Ergebnisse	Produziert einen Grad an Vorhersehbarkeit und Ordnung; erzeugt zeitgerecht Ergebnisse, die verschiedenen Stakeholdern wie Aktionären und Kunden angekündigt wurden; bleibt im Rahmen des Budgets.	Produziert Wandel, oft unter dramatischen Umständen; hat das Potenzial, einen extrem nützlichen Wechsel zu erzeugen (z. B. in Form von nachgefragten neuen Produkten oder neuen Arbeitszeitmodellen, die die Wettbewerbsfähigkeit erhöhen)

Tabelle 12.2: Unterschiede zwischen Management und Leadership nach Kotter
Quelle: nach Kotter, 1990, S. 6.

Eine mögliche Begriffsgeschichte von „Management" erhellt zusätzlich den Bedeutungsunterschied zu „Leadership". „Management" wird auf zwei mögliche lateinische Wortstämme zurückgeführt: „manus agere" mit der Bedeutung von „an der Hand führen", etwa ein Pferd in allen Gangarten, oder „mansionem agere", was so viel wie ein Haus leiten bzw. verwalten bedeuten könnte.[15] Demzufolge gibt der Manager vor, wie seine Untergebenen sich zu verhalten haben, bzw. er verwaltet ein Unternehmen, das ihm nicht gehört.

Der Management-Begriff

In diesem Sinne hat bereits Adam Smith in seinem berühmten Buch „Wealth of Nations" von 1776 den Begriff des Managements eingeführt, indem er Personen- mit Aktiengesellschaften vergleicht:

Principal-Agent-Problem

> *„The directors of such companies, being the managers rather of other people's money than of their own, it cannot well be expected that they should watch over it with the same anxious vigilance with which the partners in a private copartnery frequently watch over their own ... Negligence and profusion, therefore, must always prevail, more or less, in the management of the affairs of such a company."*[16]

Leadership und Unternehmertum

Demzufolge sind Manager Verwalter und keine Unternehmer. Sie gehen vorgegebene Pfade, verwalten das Vermögen anderer und gehen daher nur geringe persönliche Risiken ein. Der Unternehmer (Entrepreneur) hingegen haftet persönlich. Er ist ein Leader, der Neuland betritt. So sollten auch die Führungskräfte großer Firmen wie Unternehmer agieren, die den ständigen Wandel im Umfeld wahrnehmen und ihre Organisation danach anpassen. Sie sollten sich mit ihrem Unternehmen und dessen Auftrag so identifizieren, als wäre es ihr eigenes. Andernfalls besteht die Gefahr, dass sie es für ihre eigenen Zwecke ausnutzen anstatt ihm zu dienen (Principal-Agent-Problem). Idealerweise aktivieren sie die Leadershipqualitäten auch bei ihren Mitarbeitern, indem sie deren unternehmerische Kräfte mobilisieren, anstatt durch zu viele Managementvorgaben zu unterdrücken.

Damit ist nicht gesagt, dass Managementfunktionen durch Leadershipqualitäten vollständig abgelöst werden könnten. Im Gegenteil, sie sind in vielen Bereichen der Organisation nach wie vor überlebenswichtig, vor allem wenn es um die Steigerung der Effizienz geht. Sie reichen jedoch nicht aus, um Effktivität am Markt sicherzustellen. Sie sollten daher durch Leadershipqualitäten komplementär ergänzt werden.[17]

Dimensionen der verantwortungsvollen Führung

Verengte Sicht

Führungskräfte eines Unternehmens definieren nun mit ihrem jeweiligen Verständnis von Verantwortung unterschiedlich, was als Erfolg zu werten ist. Sie regeln dadurch, welche Konsequenzen ihres Handelns überhaupt verantwortet werden. Eine in den letzten Jahrzehnten hochgehaltene (ökonomistische) Auffassung war, dass Unternehmen nur eine einzige Verantwortung haben, nämlich ihren Profit zu vermehren. (Milton Friedman: „The social responsibility of business is to increase its profits"[18] – Die soziale Verantwortung eines Unternehmens besteht in der Steigerung seines Gewinns.).

Erweiterte Sicht

Aufgrund wachsender Ressourcenknappheit, Transparenz gegenüber der Öffentlichkeit und berechtigter Ansprüche *aller* ihrer Stakeholder stehen Unternehmen zunehmend unter Druck, neben den ökonomischen auch die sozialen und ökologischen Folgen ihres Handelns vor den Betroffenen zu rechtfertigen. Können sie das nicht, so besteht das Risiko, dass sie mit Gegenreaktionen der Stakeholder (Boykotts, Streiks, Sabotagen, Strafanzeigen, Schadenersatzklagen etc.) oder der Natur (Klimawandel, versiegende Rohstoffquellen etc.) zu rechnen haben. Um diese Risiken zu mindern, ist es inzwischen State-of-the-art der verantwortungsvollen Unternehmensführung, die unternehmerische Verantwortung auf drei Dimensionen zu erweitern sowie auch den Aspekt der Langfristigkeit aller Maßnahmen (= Nachhaltigkeit) miteinzubeziehen.

12.2 Kompetenzen einer verantwortungsvollen Führungskraft (eines Responsible Leaders)

Über welche Kompetenzen sollte nun eine Führungskraft verfügen, um ihrer Verantwortung umfassend gerecht werden zu können? Sollte sie über einen Komplex an Eigenschaften verfügen, die sie zu einer Art Superman bzw. Superwoman hochstilisieren? Etwa von der Art:

Suche nach dem Super-Leader?

> *„Die Würde eines Erzbischofs, die Selbstlosigkeit eines Missionars, die Beharrlichkeit eines Steuerbeamten, die Erfahrung eines Wirtschaftsprüfers, die Arbeitskraft eines Kulis, den Takt eines Botschafters, die Genialität eines Nobelpreisträgers, den Optimismus eines Schiffbrüchigen, die Findigkeit eines Rechtsanwalts, die Gesundheit eines Olympiakämpfers, die Geduld eines Kindermädchens, das Lächeln eines Filmstars und das dicke Fell eines Nilpferds"*[19]

Selbst wenn es Menschen gäbe, die tatsächlich über all diese Fähigkeiten verfügen, dürften sie zu selten vorkommen, als dass sie in ausreichender Zahl für Unternehmen zur Verfügung stünden. Es kommt wohl eher darauf an, Menschen zu finden, die in der Lage sind, ihre dreifache Verantwortung nachhaltig zum Wohle des Ganzen wahrzunehmen und sich in allen wichtigen Aspekten fortlaufend zu schulen und zu verbessern:

Kernkompetenzen einer verantwortungsvollen Führungskraft

■ Um der funktionalen Dimension der Verantwortung gerecht zu werden, sollte die Führungskraft über genügend *Fachkompetenz* und technisch-organisatorisches Wissen verfügen, also über Kenntnisse, wie sie bisher im Betriebswirtschaftsstudium an Business Schools vermittelt werden. Das ist das Wissen, über das ein Manager verfügen sollte.

■ Für die soziale Dimension ist *ethische Kompetenz* erforderlich. Wer mit seinen Stakeholdern nicht gut auskommt, dürfte Schwierigkeiten haben, diese zur Zusammenarbeit bei der Realisierung einer Vision zu gewinnen. Ohne sie dürften alle Versuche einer Effizienzsteigerung ins Leere laufen. Sie wären nicht effektiv. Hier sind Leadershipqualitäten gefragt, um andere für Ziele begeistern zu können.

■ Die ökologische Dimension verlangt einen Grad an Sensibilität für die Bedürfnisse des Ganzen. Wer mit seinen Aktivitäten auf Dauer die Natur schädigt, untergräbt die Überlebenschancen Dritter wie schließlich auch seine eigenen sowie die künftiger Generationen. Die Fähigkeit zur Reflexion des eigenen Handelns, im Hinblick auf die Auswirkungen auf das Ganze, also *ästhetische Reflexionskompetenz* (siehe ▶*Abschnitt 2.4*) sind hierfür unerlässlich.

Typen und Fähigkeiten

Visionär –
Koordinator – Macher

Diesen drei Kompetenzen können folgende Führungstypen zugeordnet werden: (a) der Macher, (b) der Koordinator und (c) der Visionär.[20] Sie sollten über verschiedene Formen des Wissens verfügen: (a) des Gewusst-wie („Knowing-How"), (b) des Gewusst-wen („Knowing-Whom") und (c) des Gewusst-wozu („Knowing-Why").[21] Darüber hinaus sind diese Wissensformen mit verschiedenen Formen von Intelligenz[22] sowie Fähigkeiten („Skills") wie (a) Management-Fähigkeiten („Managerial Skills"[23]), (b) zwischenmenschliche Fähigkeiten („Interpersonal Skills"[24]) sowie (c) Reflexionsfähigkeiten („Reflective Skills"[25]) verbunden.

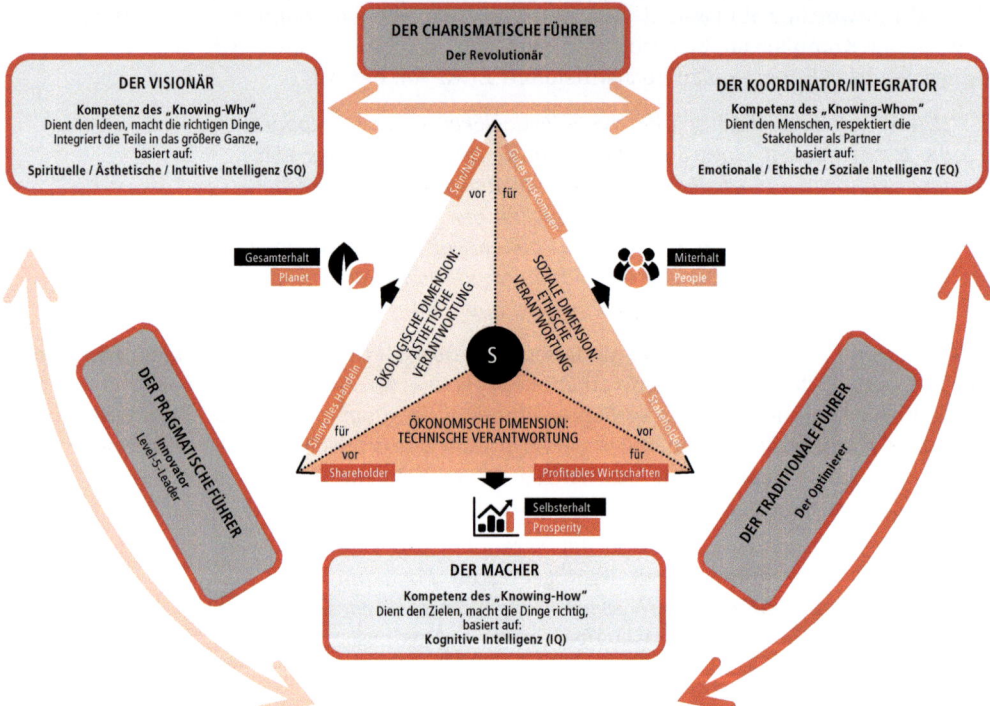

Abbildung 12.1: Leadership-Typen gemäß der dreifachen Verantwortung

Der Macher

Der Macher („The Doer") ist der klassische Manager, der im Sinne von Drucker die „Dinge richtig"[26] macht. Er ist der *transaktionale Führer* („Transactional Leader"[27]), der dafür sorgt, dass seine Untergebenen die verlangten Ziele erfüllen. Diese Leadership-Dimension ist funktional und entspricht dem Gewusst-wie. Der Macher verfügt über technisches Wissen, wie ein Unternehmen erfolgreich gemanagt werden kann. Man hat festgestellt, dass diese Führungskompetenz durch formales Lernen an Universitäten oder aber auch durch Selbststudium und praktisches On-the-Job-Training erworben werden kann.[28] Guliks oben erwähnte POSDCORB-Abkürzung der Management-Tätigkeiten fasst die typischen Aktivitäten eines Machers zusammen. Er ist normalerweise als Angestellter („Agent") entsprechend den Vorgaben eines Unternehmers („Principal") tätig, unabhängig davon, ob ihm diese sinnvoll erscheinen oder nicht. Der erfolgreiche Erwerb seines Wissens („Managerial Skills") hängt von seiner *kognitiven Intelligenz* (IQ) ab, die ihn dazu befähigt, Theorie in die Praxis und in die tägliche Arbeit innerhalb kürzester Zeit umzusetzen.[29]

Effiziente Erledigung von Aufgaben

Der Koordinator/Integrator

Der Koordinator/Integrator tranformiert seine Beziehungen zu den einzelnen Stakeholdern. In seiner *transformationalen Führungsfunktion* („Transformational Leadership"[30]) kultiviert und koordiniert er das „Netzwerk der Stakeholderbeziehungen"[31]. In der sozialen Dimension der Verantwortung sollte der Koordinator wissen, wie er mit Stakeholdern in ethischer Hinsicht gut auskommt, sollte also auch deren Interessen gut kennen. So transformiert er nicht nur das Verhältnis zu seinen direkt Untergebenen, sondern zu allen internen wie externen Stakeholdern. Er sollte auch mit deren Diversität und verschiedenen Interessenlagen, Weltbildern und Glaubenssystemen umgehen können. Überhaupt versteht er es, empathisch die Brücke zwischen sich, seinem Ego und dem anderen (lateinisch *alter* = der Andere) zu schlagen. So verwirklicht er eine *ethische Führung* („Ethical Leadership"[32]).

Beziehungspflege

Dazu benötigt er ein gewisses Maß an *emotionaler Intelligenz* (EQ), wie sie Daniel Goleman herausgearbeitet und später zur „sozialen Intelligenz" erweitert hat.[33] Diese umfasst „zwischenmenschliche Fähigkeiten" wie umsichtiges Zuhörenkönnen, Einfühlungsvermögen sowie Kompromiss- und Konsensfähigkeit, durch die er in einen sinnvollen Dialog mit den wichtigsten Stakeholdern treten kann.[34] Beispielsweise erwarten Mitarbeiter für ihre Arbeitskraft nicht nur einen angemessenen Lohn, sondern auch Sicherheit, einen freundlichen Umgangston, Respekt und faire Behandlung am Arbeitsplatz. Ihre Würde sollte geachtet, ihre Authentizität und Teamfähigkeit gefördert und der Sinn ihrer Arbeit verständlich gemacht werden. Die meisten Programme der Führungskräfteentwicklung sind immer noch zu sehr auf die bloßen Techniken der Führung und weniger auf ethische Kompetenzen ausgerichtet. Wie man mit den unterschiedlichen Interessen, Sprachen und Logiken der Stakeholder gut auskommen und mit ihnen in einen konstruktiven Dialog tre-

Gutes Auskommen mit allen Stakeholdern

ten kann, ist dabei eine besondere Herausforderung und wurde etwa im Rahmen der verschiedenen Ethikansätze in diesem Lehrbuch ausführlich diskutiert.

Der Visionär

Die Kraft einer verantwortungsvollen Vision

Der Visionär legt ein besonderes Augenmerk auf die dritte, ökologische Dimension der Verantwortung. Eine Vision (lateinisch *visio* = Anblick, Erscheinung) ist das Ergebnis einer sinnlichen Erfahrung und damit ein Phänomen der Ästhetik (griech. *aisthesis* = sinnliche Wahrnehmung). Über ihre Sinnesorgane erfasst jede Lebensform ihre ökologische Nische, also diejenigen Umweltbedingungen, unter denen sie überleben kann. So sollten auch die Visionen einer nachhaltig verantwortungsvollen Führungskraft dem guten Leben dienen. Sie sollten Vorstellungen über eine gewünschte Zukunft vermitteln, die die Lebenschancen aller Betroffenen erhöhen.[35] Visionen, die nur bestimmten Glaubensgemeinschaften, politischen Gruppen oder sozialen Schichten zugute kommen, fördern hingegen feindliche Auseinandersetzungen, richten sich gegen das ökologische Gleichgewicht der Natur oder gegen die Interessen künftiger Generationen. Jedenfalls inspiriert der Visionär seine Gefolgsleute, ihre Aktivitäten einer Idee zu widmen und ihnen damit eine bestimmte Richtung zu geben. Travis N. Turner hat den visionären Leader folgendermaßen charakterisiert: Er ist „offen für neue Informationen", verfügt über ein „geistiges Auge", ist „hoch sensitiv", macht „gute Voraussagen", hat eine „lebendige Fantasie" und „starke Überzeugungskraft" sowie eine „große Ausdauer".[36] Dank seiner Glaubensstärke, Wertvorstellungen und Kreativität vermittelt er das Wozu („Knowing-How"[37]), also den Sinn einer Unternehmung.

Begriffsbestimmung von „spirituell"

Der so geartete Visionär verfügt über eine hohe *spirituelle Intelligenz* (SQ). Diese wurde in den letzten zwei Jahrzehnten näher erforscht.[38] Dabei wird der Begriff „spirituell" nicht mit „religiös" gleichgesetzt. Er stammt von dem lateinischen Wort *spiritus*, was soviel wie „Atem", „Energie", „Inspiration", „Geistige Verfasstheit" bedeutet. Unser Atem verbindet unsere innere mit der äußeren Welt. Er hält uns am Leben. Er inspiriert uns in übertragenem Sinne auch dazu, unsere jeweilige Überlebensnische zu finden. Inspiration ist die Quelle für eine erfolgreiche Suche nach dem Sinn des Lebens, für den Einblick in das eigene Unbewusste und für die Einsicht in unsere Verbundenheit mit allen anderen Lebensformen.[39]

Auswege in Krisenzeiten

Im Kontext der ökologischen Verantwortung umfasst spirituelle Intelligenz ästhetische und intuitive Kompetenzen, durch welche Möglichkeiten für Problemlösungen und Chancen für verantwortungsvolle Geschäftsaktivitäten erkannt werden. Der Visionär versteht es, vor allem in Krisenzeiten im drohenden Chaos neue Überlebensmuster zu erkennen und zu verwirklichen.[40]

Merkmale spiritueller Intelligenz

Danah Zohar und Ian Marshall haben zwölf Merkmale und damit verbundene Übungsprogramme der spirituellen Intelligenz zusammengetragen: Selbst-Bewusstheit, Spontaneität, visions- und wertegeleitet, Holismus, Mitgefühl, Würdigung der Vielfalt, Feldunabhängigkeit, Tendenz zu Warum-Fragen, Kontextualisierung, positiver Umgang mit Misserfolgen/

Krisen, Demut und Berufung.[41] Im Rahmen dieses Lehrbuchs genügt der Hinweis auf folgende Eigenschaften eines spirituell intelligenten Leaders („Spiritual Leadership"[42]):

- sich selbst und den Sinn seines Tuns zu reflektieren und dadurch Lösungen für Probleme des eigenen und fremden Überlebens entdecken,

- intuitiv größere Sinnzusammenhänge erfassen,

- Hoffnungen und Visionen für eine gewünschte Zukunft hegen,

- die Sinne für Kontexte der inneren und äußeren Natur aktivieren,

- die ökologische Nische seines Tun und Lassens kreieren und vollkommen ausfüllen,

- sich selbst führen („Self-Leadership"[43]) etwa im Sinne der Affektkontrolle[44], ohne die man schwerlich andere führen kann, dadurch sein Eigeninteresse vom Interesse des Ganzen unterscheiden sowie Änderungen in seinem Verantwortungsbewusstsein und Verhalten einleiten,

- authentisch leben und auf diese Weise einzigartige Wege zur Verwirklichung einer nachhaltig verantwortungsvollen Vision eröffnen („Authentic Leadership"[45]),

- günstige Gelegenheiten (Windows of Opportunities) blitzartig erkennen und auch persönlich wie beruflich nutzbringend wahrnehmen können.

Der letzte Punkt wurde als Vermögen der spirituellen Intelligenz – auch in den Untersuchungen von Zohar und Marshall – bisher kaum wahrgenommen, obwohl er für eine erfolgreiche Führung von großer Bedeutung sein kann. Die Fähigkeit, günstige Gelegenheiten wahrnehmen zu können, war noch in der antiken Welt hoch angesehen. Man hatte ihr sogar einen eigenen Gott zugeordnet, nämlich den *Kairos*, der den „richtigen Zeitpunkt" symbolisierte. Er wurde als eine geflügelte Figur dargestellt – als Zeichen dafür, dass er schnell herbeigeflogen kommt, aber ebenso schnell wieder verschwinden kann. Zudem trägt er seine Haare an der Stirn sehr lang, während sein Hinterkopf kahl geschoren ist. Damit wird das Glück als eine Gelegenheit dargestellt, die sehr schnell auftaucht und einen auffordert es möglichst schnell „beim Schopfe" zu packen.[46] Wer zu lange zögert, dem entzieht es sich wieder, und die Hand gleitet am kahlen Hinterkopf des Kairos ergebnislos ab. Glück haben ist also nicht etwas, was einem passiv widerfährt, sondern bezeichnet eine aktive Fähigkeit, es überhaupt erfassen und ohne Zögern ergreifen zu können. Wer zu lange zaudert, die Pros und Cons zu lange abwägt, dem schließt sich unwiderruflich das Fenster der günstigen Gelegenheit („Windows of Opportunity") etwa für einen wichtigen Karriereschritt, eine neue Geschäftsidee oder -gelegenheit wieder. Intuition ist also erforderlich, ob es sich hierbei um eine wirklich reale Chance handelt oder um eine Schimäre, also ein Trugbild oder Hirngespinst.

Der Visionär besitzt also neben der Eigenschaft der *Selbstreflexion* auch die Kompetenz des *Sich-Einfügen-Könnens* in das größere Ganze sowie die Fähigkeit, günstige *Gelegenheiten* („Kairos") zu *erfassen* und sie für sich und andere zu nutzen.

Kairos – der Gott der günstigen Gelegenheit

Charismatische, traditionale und pragmatische Leadership

Mischformen

Es liegt nahe, dass die genannten Leadership-Typen in der Realität als Reinform kaum existieren und möglicherweise in ihrer Einseitigkeit gar nicht erwünscht sind. Ideal wäre eine verantwortungsvolle Führungskraft, die alle Eigenschaften in sich vereinigt, was gleichfalls unwahrscheinlich sein wird. Eher kommen die Mischformen des charismatischen, traditionalen und pragmatischen Leaders vor.

Charismatische Führung

Einen Visionär, der zugleich die Eigenschaften eines Koordinators hat, also seine Gefolgschaft für seine Vision begeistern, inspirieren und dadurch transformieren kann, kann man als *charismatischen Führer* bezeichnen, wie ihn Max Weber und andere beschrieben haben.[47] Die Gefahr besteht dann darin, dass der bewunderte Leader sich in seinem „Zauberglanz" (griechisch *charisma*) sonnt, in den Narzissmus abgleitet und dabei die Verantwortung für das Ganze aus dem Auge verliert.

Pragmatische Führung

Die Kombination eines Visionärs und eines Machers kann in einer *pragmatischen Führung* münden, wie sie etwa Jim Collins als sogenannte Level-5-Leader charakterisiert hat. In seinen empirischen Studien konnte Collins nachweisen, dass die Führungspersönlichkeiten auf der Ebene 5 (nach Ebene 4 des „effektiven Managers", Ebene 3 des „kompetenten Managers", Ebene 2 des „Team-Mitglieds" und Ebene 1 des „begabten Individuums") sich als außerordentlich erfolgreich erwiesen haben. Sie hätten eine paradoxe Mischung aus „persönlicher Bescheidenheit" und „professioneller Durchsetzungskraft für nachhaltige Spitzenleistung", mit der sie immer wieder neue Wege zur Realisierung ihrer Vision situationsgerecht ausloten, wie die folgende Austellung zeigt (siehe auch ▶ *Abschnitt 12.5*).[48]

Komplementäre Eigenschaften eines erfolgreichen Unternehmensführers nach Jim Collins Charakteristika eines Level-5-Leaders

Persönliche Bescheidenheit	Professionelles Durchsetzungsvermögen
Meidet öffentliches Lob und Prahlerei.	Sieht sich als Katalysator für Unternehmenswandel; sorgt für Spitzenleistungen.
Handelt ruhig und bestimmt; motiviert nicht durch persönliches Charisma, sondern durch hervorragende Standards; scheut keine Hindernisse.	Setzt sich mit hoher Disziplin zum Wohle des Unternehmens ein, um Spitzenresultate zu erzielen.
Stellt allen Ehrgeiz in den Dienst des Unternehmens, nicht seines Egos; wählt Nachfolger aus, die das Unternehmen in Zukunft noch erfolgreicher machen.	Setzt den Maßstab zum Aufbau eines dauerhaften Spitzenunternehmens und gibt sich nicht mit weniger zufrieden.
Blickt aus dem Fenster, nicht in den Spiegel, um Unternehmenserfolge zu erklären; findet die Gründe bei Kollegen, äußeren Faktoren, Glück.	Blickt in den Spiegel und nicht aus dem Fenster, um Verantwortliche für schlechte Ergebnisse zu finden; beschuldigt nie andere und macht keine äußeren Faktoren verantwortlich, redet nie von Pech.

Tabelle 12.3: Eigenschaften eines pragmatischen Level-5-Leaders nach Jim Collins, 2005, S. 54
Quelle: nach Collins, 2005, S. 54.

Die Kombination aus Koordinator und Macher kann man als *traditionale Führung* ansehen, wie sie ebenfalls von Max Weber beschrieben wurde.[49] Ursprünglich stark hierarchisch ausgerichtet, zeigt sich die traditionale Führung heute eher kooperativ, insofern sie die Rahmenbedingungen schafft, innerhalb deren die Mitarbeiter ihre Fähigkeiten zum Zweck der Zielerreichung zur freien Entfaltung bringen können.

Traditionale Führung

Zusammenfassung

Es sind nicht nur Hirnforscher, Neurophysiologen und -psychologen, die die drei unterschiedlichen Funktionen des Gehirns als lineares, assoziatives und holistisches Denken entdeckt und als kognitive, emotionale und spirituelle Intelligenz beschrieben haben. In der Auswahl und Entwicklung von Führungskräften dürfte es im Human Capital Management inzwischen etabliert sein, dass eine Führungskraft nicht nur kognitive (IQ), sondern auch emotionale Intelligenz (EQ) mitbringen sollte.[50] Erstere erlaubt, durch lineares Denken den technischen Anforderungen einer erfolgreichen Organisation zweckrational gerecht zu werden, während Letztere durch assoziatives Denken und Fühlen die ethischen Herausforderungen im Umgang mit Stakeholdern bewältigt. Erst durch holistisches Denken als Ausdruck spiritueller Intelligenz (SQ) kommen Selbsterkenntnis, Rücksicht auf das größere Ganze sowie Intuition für die günstige Gelegenheit (Kairos) zum Tragen. Alle drei Formen der Hirnaktivitäten scheinen für ein geglücktes Leben unabdingbar zu sein. Sie sind es wohl auch für die Übernahme einer nachhaltig verantwortungsvollen Führungsrolle.

Unterschiedliche Hirnaktivitäten

Drei Führungstypen konnten den einzelnen Dimensionen der Verantwortung zugeordnet werden: der Macher der funktionalen Dimension, der Koordinator der sozialen Dimension und der Visionär der ökologischen Dimension. Jeder dieser Typen erfüllt spezielle Aufgaben mit entsprechenden Kompetenzen. Auf keinen kann in einem nachhaltig verantwortlich geführten Unternehmen verzichtet werden. Sie ergänzen sich komplementär. Da nur selten ein Leader alle Kompetenzen zugleich erfüllt, macht es Sinn, die verschiedenen Positionen in einem Unternehmen unterschiedlich zu besetzen. So sollte der Chief Executive Officer (CEO) eher als Visionär fungieren, die Position des Chief Operation Officers (COO) eher mit einem Macher und die des Chief People Officers (CPO) eher mit einem Koordinator besetzt werden.

Führungstypen in verschiedenen Positionen

Kompetenzen eines
Responsible Leaders

Die verschiedenen Kompetenzen einer Responsible Leadership ergänzen sich komplementär, sodass die Führungskraft die Konsequenzen ihres Handelns gegenüber der Natur, Gesellschaft und künftigen Generationen genauso vertritt wie gegenüber den Investoren. Sie erlauben heutigen Führungskräften, sich in einer hoch dynamischen und komplexen Welt zu orientieren und Entscheidungen unter Unsicherheit zu treffen. Diese können längst nicht allein mit kognitivem und emotionalem Denken verantwortet werden, sondern müssen auch von einer „geschulten Intuition" getragen sein. Wie die Biografien großer Karrieren immer wieder gezeigt haben, treffen solche Entscheidungen häufig auch die Bedürfnisse des Ganzen und erweisen sich dann als langfristig erfolgreich. Von einer nachhaltig verantwortungsvollen Führungskraft (Sustainably Responsible Leader) wird also nicht nur technisches „Knowing-How", wie man ein Unternehmen profitabel am Leben erhält, und ethisches „Knowing-Whom", wie man mit allen Stakeholdern gut auskommt, erwartet, sondern auch ästhetisches „Knowing-Why", also die Antwort auf die Frage, inwieweit das eigene Handeln dem Ganzen langfristig und sinnvoll dienlich ist.

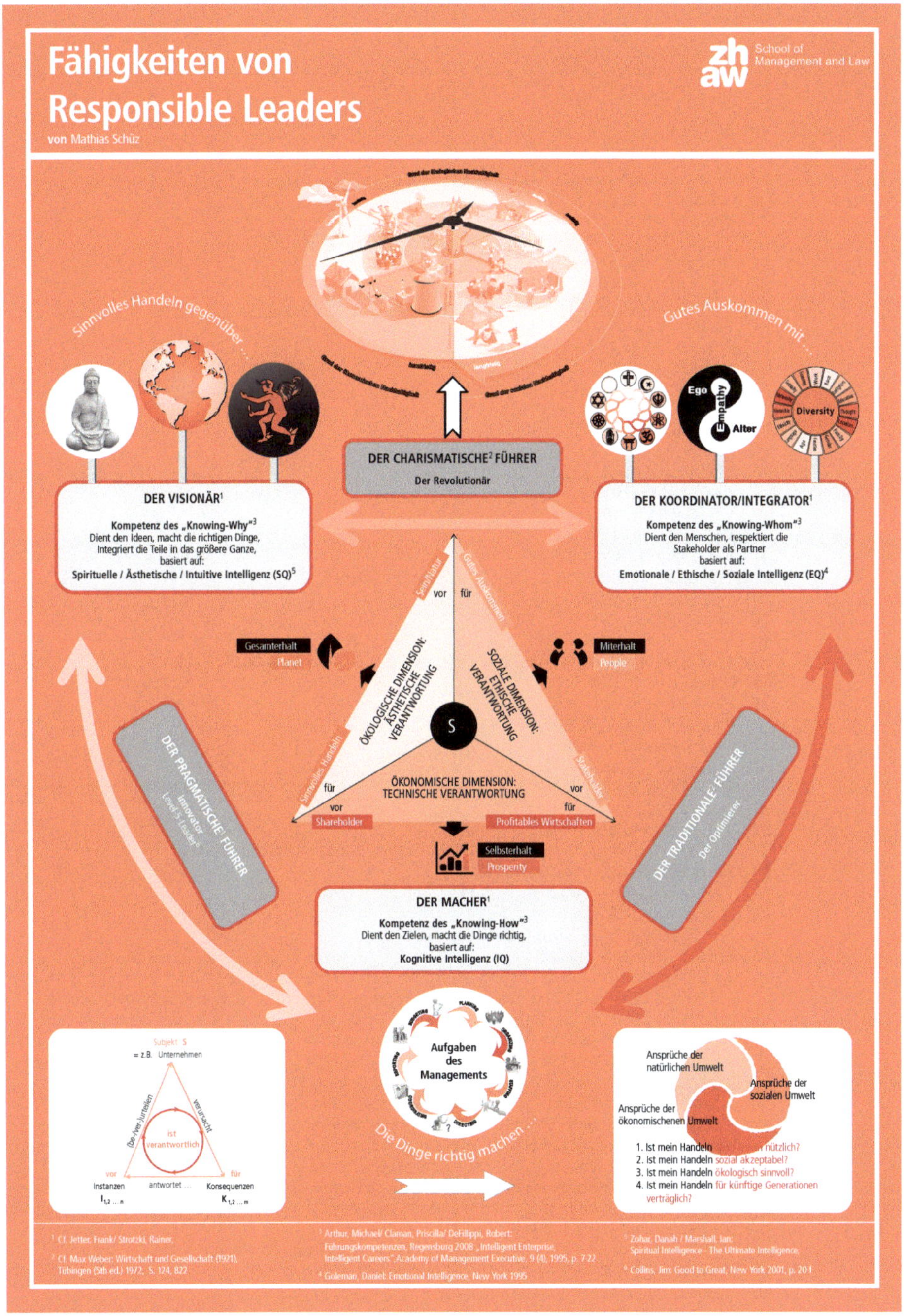

Abbildung 12.2: Zusammenschau: Modell einer Sustainably Responsible Leadership

Diese Zusammenschau kann als Poster auf der Website zum Buch unter  *www.pearson-studium.de* heruntergeladen werden.

Weiterführende Inhalte finden Sie auf der Website *www.pearson-stu-dium.de* unter Online Extras.

Endnoten

1   Zit. n. Kieser, 1999, S. 65.
2   Daniel, 2001, S. 39.
3   Nickel, 1992, S. 742.
4   Xenophon, 1992, S. 13.
5   Ebd. S. 15.
6   Ebd. S. 17.
7   Cicero zit. n. Rainer Nickel, 1992, S. 735; vgl. Bass, 1995.
8   Greenleaf, 1998.
9   Pless/Maak, 2011, S. 7.
10 Die Abkürzung wurde von Luther Gulick (1936) eingeführt.
11 Drucker, 1993, S. 16.
12 Vgl. Kotter, 1990, S. 4.
13 Kotter, 2001, S. 85 ff.
14 Kotter, 1990, S. 5.
15 Staehle, 1999, S. 71.
16 5. Buch, 1. Kap., 3. Teil, zit. n. Scholl, 2008, S. 131; vgl. Xenophon, 1828.
17 Eine aktuelle Untersuchung zu „Form(en) von Führung, Leadership und Management" liefert Marco Böhmer (2014).
18 Friedman, 1995, S. 137.
19 Hamburger Politiker zit. n. Pörksen/Schulz von Thun, 2014.
20 Vgl. Jetter/Strotzki, 2008, S. 43 f.
21 Arthur et al., 1995, S. 10.
22 Vgl. Gardner, 2011.
23 Vgl. Katz, 1974.
24 Vgl. Rungapadiachy, 1999.
25 Vgl. Schon, 1983; Laughran, 2002; Roberts, 2008.
26 Vgl. Drucker, 1993, S. 15.
27 Burns, 1978.
28 Arthur et al., 1995, S. 10.
29 Javadin et al, 2010, S. 171; vgl. Katz, 1974; Shermerhorn, 2011, S. 22.
30 Bass/Avolio, 1994.
31 Pless/Maak, 2011, S. 9.
32 Brown/Treviño, 2006.
33 Goleman, 2001; 2006.
34 Wilson et al., 2006, S. 26.
35 Vgl. Nanus, 1994.
36 Turner, 2013.
37 Vgl. Arthur et al., 1995.
38 Zohar, 2000; Zohar/Marhall, 2010; Emmons, 2000, Vaugham, 2002.
39 Zinnbauer et al., 1999, S. 895.
40 Vgl. Zohar/Marshall, 2010, S. 131.
41 Ebd. S. 134, 137 ff.
42 Sanders, 2007; vgl. Zinnbauer et al., 1999.
43 Furtner/Baldegger, 2013.
44 Im Zusammenhang der für die Tugendethik interessanten Affektkontrolle ist der berühmte „Marshmallow-Test" von Walter Mischel zu erwähnen. Kinder, die im Vorschulalter eine Belohnung mit der Süßigkeit eines Marshmallows aufschieben konnten, um einige Zeit später zwei Stück zu erhalten, hatten auch in ihrem späteren Leben eine bessere berufliche wie private Karriere vor sich. Offenbar bedeutet die Fähigkeit, die Konsequenzen von Gefühlsimpulsen zu reflektieren und dementsprechend nur kontrolliert nachzugeben, einen erheblichen Vorteil für ein gelingendes Leben. (Mischel, 2015)
45 Vgl. Luthans/Avolio, 2003. In diesem Zusammenhang ist die „Resilienz in der Unternehmensführung" erwähnenswert, die Karsten Draht in seiner gleichnamigen Studie genauer untersucht hat. Resiliente Führungspersönlichkeiten (von lateinisch *resilire* = zurückspringen, abprallen) sind empfindsam genug, sich empathisch in andere hineinzuversetzen, aber zugleich auch souverän genug, ihren eigenen Weg authentisch zu entwerfen und zu gehen. (Drath, 2014, S. 82 f)
46 Vgl. den englischen Ausdruck *to grasp the opportunity by the forlock.*
47 Vgl. Weber, 1980, S. 140–148; Conger/Kanugo, 1988.
48 Collins, 2005, S. 35 ff, vgl. 99.
49 Weber, 1980, S. 130–140.
50 Goleman, 2001; Goleman/Boyatzis/McKee, 2010; zur Theorie der mehrfachen Intelligenzformen vgl. Gardner (2011).

Literaturnachweis

Adams, Guy (2016): „A £100m floating gin palace and the pension scandal that could scupper Sir Topshop", Daily Mail, 26 March, verfügbar in: *http://www.dailymail.co.uk/news/article-3510128/ A-100m-floating-gin-palace-pension-scandal-scupper-Sir-Topshop-Philip-Green-faces-calls-stripped-knighthood-buys-yacht-BHS-teeters-brink-bankruptcy.html*, abgerufen 3. Mai 2016.

Altner, Günther (1993): „Seelenleben der Pflanzen – Grundsätze und Perspektiven einer umfassenden Bioethik", in: Tier – Pflanze – Mensch. Eingebundensein und Verantwortung (hrsg. v. Helga Egner). Solothurn: Walter, S. 131–152.

Ansoff, Harry Igor (1988): The New Corporate Strategy. New York: Wiley.

Apel, Karl-Otto (1990): Diskurs und Verantwortung – Das Problem des Übergangs zur postkonventionellen Moral. Frankfurt a. M.: Suhrkamp.

Aquin, Thomas v. (1897): Summa Theologica, Secunda Pars, Textum Leoninum Romae, in: *http:// www.corpusthomisticum.org/sth3061.html#41804*, abgerufen 7. Jan. 2016.

ARD (2013): Indien: Selbstmord-Serie unter Baumwollbauern. Reportage im Weltspiegel vom 29. Sep. 2013, verfügbar in: *http://www.daserste.de/information/politik-weltgeschehen/weltspiegel/videos/ indien-selbstmord-serie-unter-baumwollbauern-100.html*, abgerufen 18. Jan. 2016.

Ariely, Dan (2012): Die halbe Wahrheit ist die beste Lüge – Wie wir andere täuschen und uns selbst am meisten. München; vgl.: *http://danariely.com/speaking/*.

Aristoteles (1985): Nikomachische Ethik, Hamburg: Meiner.

Aristoteles (1986): Über die Seele, in: Werke, Bd. 13, Berlin: Akademie-Verlag (7. Aufl.).

Aristoteles (1978): Politik. München: dtv.

Arthur, Michael B./Claman, Priscilla H./DeFilippi, Roberto J. (1995): „Intelligent enterprise, intelligent careers", in: Academy of Management Executive, 9 (4), S. 7–22.

Assmann, Jan (2001): Ma'at – Gerechtigkeit und Unsterblichkeit im Alten Ägypten. München: Beck.

Attac Schweiz, Hrsg. (2005): Nestlé – Anatomie eines Weltkonzerns. Lausanne: Rotpunkt.

Babiak, Paul/Hare, Robert D. (2007): Snakes in Suits – When Psychopaths Go to Work. New York: Haper Collins.

Bacon, Francis (1981): Neues Organ der Wissenschaften (übers. u. hrsg. v. Anton Theobald Brück). Darmstadt: Wissenschaftliche Buchgesellschaft.

Badaracco, Joseph L. Jr. (1997): Defining Moments – When Managers Must Choose between Right and Right. Boston: Harvard Business School Press.

Bals, Christof/Kreft, Sönke/Weischer, Lutz (2016): Wendepunkt auf dem Weg in eine neue Epoche der globalen Klima- und Energiepolitk – Die Ergebnisse des Pariser Klimagipfels COP 21. Hintergrundpapier von Germanwatch, in: *https://germanwatch.org/de/download/13982.pdf*, abgerufen 12. Jan. 2015.

Banzhaf, Günter (2002): Philosophie der Verantwortung – Entwürfe, Entwicklungen, Perspektiven. Heidelberg: Universitätsverlag C. Winter.

Barrington-Bush, Liam (2015): „Gabriel Resources take Romania to World Bank over Rosia Montana", in: *http://londonminingnetwork.org/2015/07/gabriel-resources-world-bank-rosa-montana/*, abgerufen 24. Nov. 2015.

Bartal, Inbal Ben-Ami/Decety, Jean/Mason, Peggy (2011): „Empathy and Pro-Social Behavior in Rats", in: Science, Vol. 334, Issue 6061, S. 1427–1430.

Barth, Frederike (2011): Die Wirklichkeit des Guten. Tübingen: Mohr Siebeck.

Bass (1995), „Concepts of Leadership: The Beginnings", in: The Leader's Companion – Insights on Leadership through the Ages (ed. by J. Thomas Wren), New York: The Free Press, S. 49–52.

Bass, Bernhard. M./Avolio, Bruce J. (1994): Improving organizational effectiveness through transformational leadership. Thousand Oaks, CA: Sage Publications.

Bate, Paul (1997): Cultural Change – Strategien zur Änderung der Unternehmenskultur. München: Gerling Akademie Verlag.

Baumann, Ulrich/Zeder, Joseph (2007): Schlussbericht der Unfalluntersuchungsstelle Bahnen und Schiffe über Aufprall eines Dienstzuges auf eine stehende Wagengruppe vom Mittwoch, 17. Mai 2006 in Dürrenast/Thun, verfügbar in: *http://www.sust.admin.ch/pdfs/BS//pdf/4020506.pdf*, abgerufen 8. Juli 2016.

Bayertz, Kurt (1995): „Eine kurze Geschichte der Herkunft der Verantwortung", in: Verantwortung – Prinzip oder Problem (hrsg. V. Bayertz, K.), S. 3–71.

Beck, Gloria (2005): Verbotene Rhetorik – Die Kunst der skrupellosen Manipulation. Frankfurt a. M.: Eichhorn.

Becker, Markus (2003): „Gerechtigkeitssinn: Affen wollen nicht mit Gurken handeln", in: Der Spiegel, 18.09.2003.

Bendel, Oliver (2016a): Die Moral in der Maschine: Beiträge zur Roboter- und Maschinenethik. Hannover: Heise Medien.

Bendel, Oliver (2016b): 300 Keywords Informationsethik – Grundwissen aus Computer-, Netz- und Neue-Medien-Ethik sowie Maschinenethik. Wiesbaden: Springer Gabler.

Bentham, Jeremy (1988): The Principles of Morals and Legislation. Amherst, NY.

Bents, Richard/Blank, Reiner (1992): M.B.T.I. – Eine dynamische Persönlichkeitstypologie. Die 16 Grundmuster unseres Verhaltens nach C. G. Jung. München: Claudius.

Bethge, Philip (2004): „Satt durch Designer-Pflanzen?", in: Der Spiegel, Nr. 38, S. 180–181.

Bethge, Philip (2006): „Die Pflanzenflüsterer", in: Der Spiegel, Nr. 26, S. 114–116.

Bethge, Philip (2016): „Kriminelle Käfer", in: Der Spiegel, Nr. 9, S. 122.

Bieri, Peter (2015): Eine Art zu leben – Über die Vielfalt menschlicher Würde. Frankfurt a. M.: Fischer Taschenbuch (2. Aufl.).

Binswanger, Hans-Christoph (1998): Die Glaubensgemeinschaft der Ökonomen – Essays zur Kultur der Wirtschaft. München: Gerling Akademie Verlag.

Birbaumer, Niels (2016): Dein Gehirn weiß mehr, als du denkst – Neueste Erkenntnisse aus der Hirnforschung. München (6. Aufl.): Ullstein.

Bird, Christopher (1977): Das geheime Leben der Pflanzen. Frankfurt a. M.: Fischer Taschenbuch (28 Aufl.).

Birnbacher, Dieter (1988): Verantwortung für künftige Generationen. Stuttgart: Reclam.

Birsch, Douglas (1994): „Product Safety, Cost-Benefit Analysis and the Ford Pinto Case", in: Birsch/Fielder, 1994, S. 147–163.

Birsch, Douglas/Fielder, John H., eds., (1994): The Ford Pinto Case – A Study in Applied Ethics, Business, and Technology. Albany: New York Press.

Birsch, Douglas/Fielder, H. John (Hrsg.) (1998): The Ford Pinto Case – A Study in Applied Ethics, Business and Technology. Albany: State University of New York Press.

Black, Ian (2016): „Report on Syria Conflict finds 11,5% of Population Killed or Injured", in: The Guardian, 11. Feb. 2016, verfügbar in: *http://www.theguardian.com/world/2016/feb/11/report-on-syria-conflict-finds-115-of-population-killed-or-injured*, abgerufen 20. Feb. 2016.

Blackmore, C./Jake Chapman, J./Ison, R. (2012): Systems Thinking: Understanding Sustainability, The Open University, verfügbar in: *http://openlearn.open.ac.uk/mod/oucontent/view.php?id=405678*, abgerufen 26. Sep. 2012.

Bleicher, Knut (1985): „Unternehmen auf dem Weg zur Vertrauensorganisation", in: Thexis, Nr. 4, S. 2–7.

Bleicher, Knut (1995): Das Konzept Integriertes Management. Frankfurt a. M.: Campus (3. Aufl.).

Blowfield, Michael/Murray, Alan (2008): Corporate Responsibility – A Critical Introduction, Oxford: University Press.

Bochenski, Joseph M. (1987): Über den Sinn des Lebens und die Philosophie. Freiburg i. Br.: Herder.

Boddy, David (2011): Management – An Introduction. Harlow: Pearson Education (5. Aufl.).

Böhmer, Marco (2014): Die Form(en) von Führung, Leadership und Management – Eine differenztheoretische Explizierung. Heidelberg: Carl-Auer Verlag.

Boesch et al. (2010): „Altruism in Forest Chimpanzees: The Case of Adoption", in: PLoS-ONE, 5(1), verfügbar in: *http://journals.plos.org/plosone/article?id=10.1371%2Fjournal.pone.0008901*, abgerufen 27. Apr. 2016.

Bojanowski, Jochen (2014): „Rationales Wollen – Über das Verhältnis von Kategorischem Imperativ und Goldener Regel", in: Philosophie nach Kant (hrsg. v. M. Egger), München, S. 211–222.

Bojanowski, Alex et. al. (2015): „Alles wird gut", in: Der Spiegel, Nr. 49, S. 60–82.

Bollnow, Otto-Friedrich (1958): Wesen und Wandel der Tugenden. Frankfurt a. M.: Ullstein.

Brauck, Markus/Hawranek, Dietmar/Schulz, Thomas (2016): „Steuer frei", in: Der Spiegel, Nr. 9, 27.02.2016, Hamburg, S. 12–20.

Braungart, Michael/McDonough, William (2002): Cradle to Cradle – Remaking the Way We Make Things, New York.

Braga, Izeusse Dias (2012): „Overview of sustainable business activities at Petrobras", presentation from 26. Jan. 2012, at Petrobras Rio de Janeiro.

Brendel, Ulrike (2005): „Welthunger: Genmanipulierte Pflanzen sind keine Lösung", in: Leben nach Maß – zwischen Machbarkeit und Unantastbarkeit. Biotechnologie im Licht des Denkens von Albert Schweitzer (hrsg. v. Gottfried Schüz). Frankfurt a. M.: Peter Lang, S. 33–54.

Brewer, Lynn (2004): Confessions of an Enron Executive – A Whistleblower's Story. Bloomington: AuthorHouse.

Bridges, William (1998): Der Charakter von Organisationen – Organisationsentwicklung aus typologischer Sicht. Göttingen: Hogrefe.

Bröcker, Walter (1974): Aristoteles. Frankfurt a. M.: Klostermann (4. Aufl.).

Brosnan, Sarah F./de Waal, Frans (2003): „Monkeys Reject Unequal Pay", in: Nature, 425, S. 297–299.

Brown, Michael E./Treviño, Linda K. (2006): „Ethical leadership: A review and future directions", in: The Leadership Quarterly, 17, S. 595–616, verfügbar in: *doi: 10.1016/j.leaqua.2006.10.004.*

Brundtland Commission (1987): Our Common Future – Towards Sustainable Development, chap. 2, World Commission on Economic Development (WCED), verfügbar in: *http://www.un-documents.net/ocf-02.htmI*, abgerufen 2. Feb. 2016.

Buchholz, R./Evans, W./Wagley, R. (1994): Management Responses to Public Issues – Concepts and Cases in Strategy Formulation, Englewood Cliff: Prentice-Hall.

Büchner, Ludwig (1877): Aus dem Geistesleben der Thiere – Oder Staaten und Taten der Kleinen. Berlin: A. Hofmann (2. Aufl.).

Büchmann, Georg (1972): Geflügelte Worte. Berlin: Haude & Spener, (32. Aufl.).

Buddeberg, Eva (2011): Verantwortung im Diskurs – Grundlinien einer rekonstruktiv-hermeneutischen Konzeption moralischer Verantwortung im Anschluss an Hans Jonas, Karl-Otto Apel und Emmanuel Lévinas. Berlin/Boston: Walter de Gruyter.

Büchler, Jan-Philipp (2014): Strategie entwickeln, umsetzen, optimieren. München: Pearson.

Bundesarbeitsgericht (2010): Pressemitteilung Nr. 42/10, verfügbar in: *http://juris.bundesarbeitsgericht.de/cgi-bin/rechtsprechung/document.py?Gericht=bag&Art=pm&nr=14385*, abgerufen 28. Nov. 2015.

Burckhardt, Gisela (2014): Todschick – Edle Labels, billige Mode – unmenschlich produziert. München: Heyne.

Burns, James Mac Gregor (1978): Leadership. New York: Harper & Row.

Cameron, Kim S./Quinn, Robert E. (2011): Diagnosing and Changing Organizational Culture. Based on the Competing Values Framework. San Francisco: Jossey-Bass, Wiley.

Capelle, Wilhelm, Hrsg. (1968): Die Vorsokratiker Stuttgart: Kröner.

Cathcart, Thomas (2013): The Trolley Problem – Or: Would You Throw the Fat Guy Off the Bridge? – A Philosophical Conundrum. New York: Workman.

Cavalieri, Paola/Singer, Peter (Hrsg., 1993): The Great Ape Project. New York: St. Martin's Griffin.

Chang, Ha-Joon (2010): 23 Things they Don't Tell You about Capitalism. London: Penguin.

Chang, Ha-Joon (2014): Economics – The User's Guide. London: Penguin.

Chu, Ben (2016): BHS: „What's the real story behind the collapse of the 88-year-old department store?", in: Independent, 25. April, verfügbar in: *http://www.independent.co.uk/news/business/news/bhs-whats-the-real-story-behind-the-collapse-a7000166.html*, abgerufen 3. Mai 2016.

Ciobanu, Claudia (2015): „Rosia Montana, An Omen for TTIP", verfügbar in: *http://www.euractiv.com/sections/trade-society/rosia-montana-omen-ttip-316594*, abgerufen 24. Nov. 2015.

Collins, Denis (2012): Business Ethics – How to Design and Manage Ethical Organisations. Hoboken, NJ.

Collins, Jim (2005): Der Weg zu den Besten – Die sieben Management-Prinzipien für dauerhaften Unternehmenserfolg. München: dtv (5. Aufl.).

Conger, Jay A./Kanungo, Rabindra N. (1988): Charismatic Leadership: The Elusive Factor in Organisational Effectiveness. San Francisco, CA: Jossey-Bass.

Connell, F. J. (1967): „Double Effect, Principle of", in: New Catholic Encyclopedia, Bd. 4, New York: McGraw Hill, S. 1020–1022.

Covey, Stephen M. R. (2009): Schnelligkeit durch Vertrauen – Die unterschätzte ökonomische Macht. Offenbach: Gabal (5. Aufl.).

Crawford, D. (2005): „The Balanced Scorecard and Corporate Social Responsibility: Aligning Values for Profit", verfügbar in: *http://www.greenbiz.com/news/2005/10/23/balanced-scorecard-and-corporate-social-responsibility-aligning-values-profit*, abgerufen 25. Sep. 2012.

Cromme, Gerhard (2008): „Totaler Filmriss", in: Der Spiegel, 20.12.2008, Nr. 52, S. 62–65.

Culpan, Tim (2014): Terry Gou's iPhone-Led Growth Goal Seems a Distant Dream for Slowing Foxconn", in: Bloomberg Business, 14.11.2014, verfügbar in: *http://www.bloomberg.com/news/2014-11-17/terry-gou-s-iphone-led-growth-goal-seems-a-distant-dream-for-slowing-foxconn.html*, abgerufen 8. Aug. 2015.

Daniel, Elton L. (2001): The History of Iran. London: Greenwood.

De Bono, Edward (1989): Das Sechsfarben-Denken. Ein neues Trainingsmodell. Düsseldorf: Econ.

De Waal, Frans (2015): Der Mensch, der Bonobo und zehn Gebote – Moral ist älter als Religion. Stuttgart: Cotta.

Deckart, Gerald et al. (1991): Katastrophen, die die Welt erschütterten. Stuttgart: Das Beste.

Descartes, René (1960): Von der Methode des richtigen Vernunftgebrauchs und der wissenschaftlichen Forschung, 1637. Hamburg: Felix Meiner.

Dia-Edine, Khaldoun (2015): „Ethics in International Negotiation Courses", verfügbar in: *http://isbm.vse.cz/management-responsibility-ethics/wp-content/uploads/2015/10/3-Ethics-in-negotiation-Khaldoun.pdf*, abgerufen 3. Nov. 2015.

Diogenes Laertius (1967): Leben und Lehren berühmter Philosophen. Hamburg: Meiner, (2. Aufl.).

Dittmer, Jörg (1999): „Jaspers' ‚Achsenzeit' und das interkulturelle Gespräch. Überlegungen zur Relevanz eines revidierten Theorems", in: Dieter Becker (Hrsg.): Globaler Kampf der Kulturen? – Analysen und Orientierungen (Theologische Akzente 3), Stuttgart u. a., S. 191–214; verfügbar in: *http://www.chairete.de/Beitrag/TA/jaspers_achsenzeit.pdf*, abgerufen 27. Aug. 2015.

Dobbing, John, Ed. (1988): Infant Feeding – Anatomy of a Controversy 1973–1984. London/Heidelberg/New York: Springer.

Dobrindt, Alexander (2016): Der Verkehrsminister im Interview, 9.07.2016, verfügbar in: *http://www.bild.de/politik/inland/alexander-dobrindt/reden-wir-ueber-ihre-baustellen-herr-dobrindt-46723352.bild.html*, abgerufen 13. Juli 2016.

Donner, Sabine/Hartmann, Hauke/Schwarz, Robert (2016): „BTI 2016 – Executive Summary. Politische und soziale Spannungen nehmen weltweit zu", verfügbar in: *http://www.bti-pro-ject.org/fileadmin/files/BTI/Downloads/Zusaetzliche_Downloads/Ergebnisu_berblick_BTI_2016.pdf*, abgerufen 22. Feb. 2016.

Dörner, Dieter (1989): Die Logik des Misslingens. Hamburg, (2. Auf.).

Dowie, Mark (1994): „Pinto Madness", in: Birsch/Fielder, 1994, S. 15–36.

Drath, Karsten (2014): Resilienz in der Unternehmensführung – Was Manager und ihre Teams stark macht. Freiburg/München: Haufe Gruppe.

Dries, Christian (2012): Die Welt als Vernichtungslager – Eine kritische Theorie der Moderne im Anschluss an Günther Anders, Hannah Arendt und Hans Jonas. Bielefeld: Transcript.

Drosdowski, Günther et al. (1995): Deutsches Wörterbuch in 2 Bänden. Brockhaus Enzyklopädie. Mannheim: Brockhaus (19. Aufl.).

Drucker, Peter (1993): Die ideale Führungskraft. Düsseldorf/New York: Econ.

Duthel, Heinz (2014): Jean-Jacques Rousseau – Biographie. Norderstedt : BoD.

Dutton, Kevin (2013): Psychopathen – Was man von Heiligen, Anwälten und Serienmördern lernen kann. München: dtv.

DW (2014): „Friedensnobelpreis geht nach Indien und Pakistan", in: Die Welt, 10.10.2014, verfügbar in: *http://www.welt.de/politik/ausland/article133125973/Friedensnobelpreis-geht-nach-Indien-und-Pakistan.html*, abgerufen 1. Sep. 2015.

Dworschak, Manfred (2016): „Lotterie des Sterbens", in: Der Spiegel, Nr. 4, S. 104–106.

Edmonds, David (2015): Würden Sie den dicken Mann töten? Das Trolley-Problem und was uns Ihre Antwort über Richtig und Falsch verrät (übers. v. Ute Kruse-Ebeling). Stuttgart: Reclam.

EKAH (2008): Die Würde der Kreatur bei Pflanzen. Bern, verfügbar in: *http://www.ekah.admin.ch/fileadmin/_migrated/content_uploads/d-Broschure-Wurde-Pflanze-2008.pdf*, abgerufen 27. Apr. 2016.

Elkington, J. (1998): Cannibals with Forks: The Triple Bottom Line of the 21st Century. Oxford, UK.

Emmons, Robert A. (2000): „Is spirituality an intelligence? Motivation, cognition, and the psychology of ultimate concern", in: International Journal for the Psychology of Religion, 10(1), 3–26.

Enomya-Lassalle, Hugo Makibi (1988): Wohin geht der Mensch? (Hrsg. v. Roland Ropers). Freiburg i. Br. (2. erw. Aufl.).

Ernst & Young (2012): Six Growing Trends in Corporate Sustainability – An Ernst&Young Survey in cooperation with GreenBiz Group, verfügbar in: *http://www.greenbiz.com/sites/default/files/1112-vey1315117_CCaSS_SixTrends_FQ0029_lo%20res%20revised%203*, abgerufen 12. Sep. 2016.

Euronews (2013): Erstmals Lecks in Unglücksreaktor entdeckt, 15.11.2013, verfügbar in: *http://de.euronews.com/2013/11/15/fukushima-erstmals-lecks-in-ungluecksreaktor-entdeckt/*, abgerufen 14. Aug. 2015.

Fairphone (2015): *www.shop.fairphone.com*, abgerufen 8. Aug. 2015.

Falkner, Frank, Ed. (1991): Infant and Child Nutrition Worldwide: Issues and Perspectives. Ann Arbor/Boston: CRC Press.

Felber, Christian (2012): Gemeinwohlökonomie – Eine demokratische Alternative wächst. Wien (erw. Neuausgabe).

Feinstein, Andrew (2012): Waffenhandel – Das globale Geschäft mit dem Tod. Hamburg: Hoffmann & Campe.

Ferrell, O. C./Friedrich, John/Ferrell, Linda (2008): Business Ethics – Ethical Decision Making and Cases. Boston/New York (7th ed.).

Fischer-Fabian, Siegfried (1999): Die Macht des Gewissens – Von Sokrates bis Sophie Scholl. München: Droemer Knaur, (4. Aufl.).

Fisher, Colin/Lovell, Alan (2009): Business Ethics and Values – Individual, Corporate and International Perspectives. Harlow: Pearson (3rd ed.).

Förster, Heinz v. (2015): Wissen und Gewissen – Ein Brücke (hrsg. v. Siegfried J. Schmidt). Frankfurt a. M. (9. Aufl.).

Fokus (2011): Das Protokoll der Atomkatastrophe, 26.04.2011, verfügbar in: *http://www.focus.de/panorama/welt/tid-22040/tschernobyl-das-protokoll-der-atomkatastrophe_aid_620227.html*, abgerufen 14. Aug. 2015.

Foot, Philippa (2009): Virtues and Vices – And Other Essays in Moral Philosophy. Oxford University Press.

Freeman, R. E. (1984): Strategic Management. A Stakeholder Approach. Boston: Pitman.

Freeman, R. E. (2004): „The stakeholder approach revisited", in: Zeitschrift für Wirtschafts- und Unternehmensethik, Jg. 5, Heft 3, 228–241.

Freitag, Michael/Noé, Martin (2011): „Eine Feuerwehrfrau für Daimler", in: Manager Magazin, 7.06.2011, verfügbar in: *http://www.manager-magazin.de/magazin/artikel/a-757197.html*, abgerufen 7. Apr. 2016.

Fricke, Fabian (2002): „Verschiedene Versionen des negative Utilitarismus", in: Kriterion, Nr. 15, S. 13–27, verfügbar in: *https://web.archive.org/web/20131224115826/http://www.kriterion.at/issues/Kriterion-2002-15/Kriterion-2002-15-13-27-fricke.pdf*, abgerufen 27. Dez. 2015.

Friedman, Milton (1995): „The Social Responsibility of Business Is to Increase Its Profits", in: Business Ethics (ed. by W. Michael Hoffman/Robert E. Frederick), (3rd ed.), S. 137–141.

Friedrichsen, Gisela (2015): „Von kleinem Verstand", in: Der Spiegel Nr. 48 v. 28.11.2015, S. 58.

Fromm, Erich/Suzuki, Daisetz Teitaro/Martion, Richard de (1974): Zen-Buddhismus und Psychoanalyse. Frankfurt a. M.: Suhrkamp.

Fromm, Erich (2009): Haben oder Sein – Die seelischen Grundlagen einer neuen Gesellschaft. München: dtv.

Fromm, Erich (2014): Die Furcht vor der Freiheit (1945). München: dtv (19. Aufl.).

Fukuyama, Francis (1996): Trust – The Social Virtues and the Creation of Prosperity. New York: Free Press Paperbacks.

Furtner, Marco/Baldegger, Urs (2013): Self-Leadership und Führung. Wiesbaden: Springer.

Gabler (2015): Wirtschaftslexikon: Ethik, verfügbar in: *http://wirtschaftslexikon.gabler.de/Definition/ethik.html#definition*, abgerufen 29. Sep. 2015.

Gallo, Max (1982): Robespierre – Die Geschichte einer großen Einsamkeit. Oldenburg: Stalling.

Gardner, Howard (2011): Frames of Mind: The Theory of Multiple Intelligences. New York, NY: Basic Books (2nd ed.).

Gaus, Gerald (2012): The Order of Public Reason. Cambridge/New York: Cambridge University Press.

Gehlen, Arnold (1978): Der Mensch – Seine Natur und seine Stellung in der Welt. Wiesbaden: Athenaion (12. Aufl.).

Gelbspan, Ross (1998): Der Klima-Gau – Erdöl, Macht, Politik. (Original: The Heat is On, 1997). München: Gerling Akademie Verlag.

Gemoll, Wilhelm (1979): Griechisches-deutsches Schul- und Handwörterbuch. München (9. Aufl.).

Gensler, Harry J. (1996): Formal Ethics. Oxon/New York: Routledge.

Gerling, Rolf/Schmidheiny, Stephan (Hrsg; 1996): Sustainable Development: Finanzmärkte im Paradigmawechsel. München: Gerling Akademie Verlag.

Gerling, Rolf/Obermeier, Otto-Peter/Schüz, Mathias (Hrsg.; 2001): Trends – Issues Kommunikation. München: Gerling Akademie Verlag.

Giel, Klaus (1985): Ethik als Theorie des praktischen Handelns - Bemerkungen zu Schleiermachers Abhandlungen „Über den Begriff des höchsten Gutes", verfügbar in: *http://www.klaus-giel.de/doc/Schleiermacher.pdf*, abgerufen 30. Sep. 2015.

Gigerenzer, Gerd (2008): Bauchentscheidungen – Die Intelligenz des Unbewussten und die Macht der Intuition. München: Goldmann (8. Aufl.).

GFBV (2010): Kultursterben durch Staudämme – Staudämme liefern Strom, doch sie zerstören Lebensformen indigener Völker, H. 3, verfügbar in: *http://assets.gfbv.ch/downloads/voice_3_2010_d_2.pdf*, abgerufen 29. Sep. 2015.

Golding, Martin P. (1972): „Obligations to future generations", in: Monist, 56, S. 85–99 (wiederabgedruckt in: Partridge, 1980, S. 61–72).

Goleman, Daniel (2001): Emotionale Intelligenz. München: dtv (14. Aufl.)

Goleman, Daniel (2006): Soziale Intelligenz – Wer auf andere zugehen kann, hat mehr vom Leben. München: Droemer-Knaur.

Goleman, Daniel/Boyatzis, Richard/McKee, Annie (2015): Emotionale Führung. Berlin: Ullstein (8. Aufl.).

Godin, Seth (2007): Permission Marketing. London: Simon & Schuster.

Goleman, Daniel (1995): Emotionale Intelligenz. München: dtv.

Goleman, Daniel/Boytzis, Richard/McKee, Annie (2013): Primal Leadership – Unleashing the Power of Emotional Intelligence. Bosten: HBS Publishing.

Greenleaf, Robert K. (2002): „The Servant Leader", in: Servant Leadership – A Journey into the Nature of Legitimate Power and Greatness. Essays by R. K. Greenleaf (ed. by Larry Spears). New York: Paulist Press, pp. 21–61.

Greene et al. (2001): „An fMRI Investigation of Emotional Engagement in Moral Judgement", in: Science, Vol. 293, 14. Sep., S. 2105–08.

Greene et al. (2004): „The Neural Bases of Cognitive Conflict and Control in Moral Judgment", in: Neuro, Vol. 44, 14. Okt., S. 389–400.

Greenbiz Staff: „LOHAS Forum Sees Big Growth in Green Marketplace", verfügbar in: *http://www.greenbiz.com/news/2007/05/29/lohas-forum-sees-big-growth-green-marketplace*, abgerufen 12. Sep. 2013.

Greenleaf, Robert K. (1998): The Power of Servant Leadership. San Francisco: Berrett-Koehler.

Greenpeace e.V. (Hrsg., 2005): Zehn Jahre WTO. Greenpeace unterzieht die Welthandelsorganisation einer kritischen Umweltbilanz, verfügbar in: *https://www.greenpeace.de/sites/www.greenpeace.de/files/Hintergrund_10_Jahre_WTO_0.pdf*, abgerufen 28. Jan. 2016.

GRI (2016): G4 Sustainability Reporting-Guidelines, verfügbar in: *https://www.globalreporting.org/standards/g4/Pages/default.aspx*, abgerufen 4. Feb. 2016.

GRI – Global Reporting Initiative (2016): G4 Sustainability Reporting Guidelines, verfügbar in: *https://www.globalreporting.org/resourcelibrary/GRIG4-Part1-Reporting-Principles-and-Standard-Disclosures.pdf*, abgerufen 22. Mai 2016.

Grober, Ulrich (2010): Die Entdeckung der Nachhaltigkeit – Kulturgeschichte eines Begriffs. München.

Grolle, Johann et al. (2015): „Ende eines Mythos", in: Der Spiegel, Nr. 40 v. 26.09.2015.

Gruère, Guillaume/Sengupta, Debdatta (2011): „Bt Cotton and Farmer Suicides in India: An Evidence-based Assessment", in: The Journal of Development Studies, 47 (2), 316–337, verfügbar in: *http://dx.doi.org/10.1080/0022038*, abgerufen 8. Juli 2016.

Gulick, Luther H. (1936): „Notes on the Theory of Organization", in: Papers on the Science of Administration (ed. by L. Gulick/L. Urwick), New York: Institute of Public Administration, S. 3–35.

Günther, Benjamin et al. (2011): Berechnung einer risikoadäquaten Versicherungsprämie zur Deckung der Haftpflichtrisiken, die aus dem Betrieb von Kernkraftwerken resultieren. Studie der Versicherungsforen Leipzig, 1.04.2011, verfügbar in: *http://www.bee-ev.de/fileadmin/Presse/Mitteilungen/110511_BEE_Studie_Versicherungsforen_KKW.pdf*, abgerufen 29. Sep. 2015.

Haas, Robert D. (1998): „Ethics – A Global Business Challenge", in: Ethics in International Management (ed. by B. Nino Kumar/H. Steinmann). Berlin/New York: Walter de Gruyter, S. 213–220.

Habermas, Jürgen (1991): Erläuterungen zur Diskursethik. Frankfurt a. M.: Suhrkamp.

Habermas, Jürgen (1996): Moralbewusstsein und kommunikatives Handeln. Frankfurt a. M.: Suhrkamp.

Hampden-Turner, Charles/Trompenaars, Fons (2000): Building Cross-Cultural Competence – How to Create Wealth from Conflicting Values. New York: Wiley.

Hardin, Gerrit (1968): „The Tragedy of the Commons", in: Science, Vol. 162, S. 1243–1248.

Hare, Richard M. (1963): Freedom and Reason. Oxford: Clarendon Paperbacks.

Hartwig, Christian (2007): „‚Gold oder Leben in der Region?' – Vierte EAS-Ökologie-Konferenz über Rosia Montana musste unter Polizeischutz tagen", verfügbar in: *http://www.cotaru.com/gold-oder-leben-in-der-region-vierte-eas-kologie-konferenz-ber-rosia-montana-mute-unter-polizeischutz-tagen/#.VlR_I2PQzmc*, abgerufen 24. Nov. 2015.

Haus, Michael: „Zuviel des Guten? – Joas´ Darstellung der Menschenrechte im Lichte kommunitaristischer Ideen" in: Der moderne Glaube an die Menschenwürde – Philosophie, Soziologie und Theologie im Gespräch mit Hans Joas (hrsg. v. Große Kracht, Hermann-Josef). Bielefeld: Transcript Sozialtheorie, S. 65–80.

Hauser, Marc et al. (2007): „A Dissociation Between Moral Judgements and Justifications", in: Mind & Language, 22, 1. Feb. 2007, S. 1–21.

Hayward, Toni (2010): Hearing in US-Congress questioned by Bruce Braley, verfügbar in: *https://www.youtube.com/watch?v=jKXjn07dhhI*, abgerufen 9. Aug. 2015.

Heger, Egon (2015): „Öko-Labels – Pariser Stoffmessen – Stoffe 2016", in: Flachs und Leinen vom 20.2.2015, verfügbar in: *http://shop.flachs.de/tag/oeko-labels/*, abgerufen 12. Aug. 2015.

Hennecke, Frank J. (1990): „Umweltkatastrophen in der Antike?", in: Zeitschrift für Umweltpolitik & Umweltrecht (ZfU), 13. Jg., Nr. 2, S. 179–203.

Hentze, Joachim/Thies, Björn (2012): Unternehmensethik und Nachhaltigkeitsethik. Bern/Stuttgart/Wien: Haupt.

Heyde, Johannes Erich (1916): Grundlegung der Wertlehre. Leipzig: Quelle & Meyer, verfügbar in: *https://archive.org/details/GrundlegungDerWertlehre-ErichHeyde*, abgerufen 27. Feb. 2016.

Heyde, Johannes Erich (1926): Wert – Eine philosophische Grundlegung. Erfurt: K. Stenger.

Hick, M. (2012): „Children Found Working in Foxconn iPhone Factory", verfügbar in: *http://www.huffingtonpost.co.uk/2012/01/17/children-found-working-in-iphone-foxconn-factory_n_1209953.html*, abgerufen 25. Sep. 2012.

Hightech-Rating (2016): *www.hightech-rating.ch*, abgerufen 10. Feb. 2016.

Hobbes, Thomas (1992): Leviathan. Stuttgart: Reclam.

Hochreiter, Gregor (o. J.): Die historische Goldwährung – Die Politische Ökonomie der historischen Goldwährung, verfügbar in: *https://www.yumpu.com/de/document/view/21160700/die-historische-gold-wahrung-gregor-hochreiter/19*, abgerufen 13. März 2016.

Höffe, Otfried (1979): „Recht und Moral: Ein kantischer Problemaufriss", in: Neue Hefte für Philosophie 17, Göttingen, S. 1–36.

Höffe, Otfried (1991): „Gerechtigkeit als Tausch? – Ein ökonomisches Prinzip für die Ethik", in: Wirtschaft und Ethik (hrsg. v. Hans Lenk/Matthias Marek). Stuttgart: Reclam, S. 119–133; auch in: Ulrich, Peter (1990), S. 91–102.

Höffe, Otfried (1992): Einführung in die utilitaristische Ethik – Klassische und zeitgenössische Texte. Stuttgart: A. Francke, UTB.

Höffe, Otfried (2002): Lexikon der Ethik (hrsg. v. M. Forscher/O. Höffe). München: C. H. Beck.

Höffe, Otfried (2015): „Recht und Moral: Konfuzius, der Koran und die Gerechtigkeit", in: Frankfurter Allgemeine v. 24.8.2015, verfügbar in: *http://www.faz.net/aktuell/politik/die-gegenwart/recht-und-moral-konfuzius-der-koran-und-die-gerechtigkeit-13753298.html*, abgerufen 1. Feb. 2016.

Hoffmann, Andreas (1993): „Im Zeichen des Krebses – Arthur Cecil Pigou entwarf die erste Theorie für staatliche Eingriffe in die Marktwirtschaft", in: Zeit der Ökonomen – Eine kritische Bilanz volkswirtschaftlichen Denkens, Zeit-Punkte Nr. 3, Hamburg, S. 34–36.

Hoffmann, Michael W. (1995): „The Ford Pinto", in: Business Ethics – Readings and Cases in Corporate Morality (ed. by W. M. Hoffman/Robert E. Frederick). New York (3rd ed.), S. 552–559.

Homann, Karl/Blome-Drees, Franz (1992): Wirtschafts- und Unternehmensethik. Göttingen: Vandenhoeck & Ruprecht.

Honey-Rosés, Jordi et al. (2014): „Enriching Intergenerational Decision-Making with Guided Visualisation Exercises", in: Journal of Business Ethics, Vol. 122, S. 675–680.

Hutcheson, Francis (2008). An Inquiry into the Original of Our Ideas of Beauty and Virtue (1727). Indianapolis: Liberty Fund.

Humanrights.ch (2014): Die Welthandelsorganisation WTO und die Menschenrechte, verfügbar in: *http://www.humanrights.ch/de/menschenrechte-themen/wto/?gclid=CP2N182CzMoCFSX3wgodNQEKGQ*, abgerufen 28. Jan. 2016.

Hume, David (1929): Eine Untersuchung über die Prinzipien der Moral (übers. v. Carl Winkler). Hamburg: Meiner.

Ikerd, J. (1999): „Rethinking the Economics of Self-Interests", verfügbar in: *http://web.missouri.edu/ikerdj/papers/Rethinking.html*, abgerufen 27. Sep. 2012.

IWK, Institut der deutschen Weltwirtschaft Köln (2014): „Frieden durch mehr Handel?", verfügbar in: *http://www.iwkoeln.de/infodienste/iw-kurzberichte/beitrag/globalisierung-frieden-durch-mehr-handel-201695*, abgerufen 18. Jan. 2016

IZF (2016): Was macht Führung zukunftsfähig? – Ergebnisse einer repräsentativen Befragung, verfügbar in: *http://www.zukunftsfaehigefuehrung.de/wp-content/uploads/2016/01/izf-Allensbach-Studie-c-izf-e.V.-und-Institut-f%C3%BCr-Demoskopie-Allensbach-GmbH.pdf*, abgerufen 14. Apr. 2016.

Jackson, Matthew O./Nei, Stephen (2015): „Networks of Military Alliances, Wars, and International Trade", June 2015, SSRN, verfügbar in: *http://ssrn.com/abstract=2389300* oder *http://dx.doi.org/10.2139/ssrn.2389300*, abgerufen 28. Jan. 2016.

Javadin, S. R. S./Amin, F./Ramezani, M. T. (2010). Studying the Relationship Between Managerial Skills and Efficiency of Bank Branches. World Applied Sciences Journal, 11(2), S. 170–177.

Janggu, Tamoi et. al. (2013): „Assurance of CSR and Sustainability Reports: Empirical Evidence from an Emerging Economy", in: EESE, Vol. 3, No. 11, p. 390–396, verfügbar in: *http://iiste.org/Journals/index.php/JETP/article/viewFile/8588/8785*, abgerufen 14. März 2016.

Janke, Wolfgang (2009): Die dreifache Vollendung des Deutschen Idealismus – Schelling, Hegel und Fichtes ungeschriebene Lehre. Amsterdam/New York: Rodopi.

Jaspers, Karl (1983): Vom Ursprung und Ziel der Geschichte. München: Piper (8. Aufl.).

Jetter, Frank/Strotzki, Rainer (2008): Führungskompetenz – Die Führungskraft als Vorbild, Manager, Koordinator, Macher, Teamentwickler, Coach, Experte und zugleich Lernender. Regensburg: Walhalla.

Joela (2010): 613 Mizwot, verfügbar in: *http://www.teschuwa-hausisrael.org/t458-613-mizwot-inhaltsverzeichnis#2370*, abgerufen 7. Juli 2016.

Johnson, Gerry/Whittington, Richard/Scholes, Kevan (2005): Exploring Corporate Strategy, Harlow, UK: Pearson Education (7. rev. Aufl.).

Jonas, Hans (1980): Das Prinzip Verantwortung – Versuch einer Ethik für die technologische Zivilisation. Frankfurt a. M.: Insel.

Jonas, Hans (1985): Technik, Medizin und Ethik: Zur Praxis des Prinzips Verantwortung. Frankfurt a. M.: Suhrkamp.

Jourdier, Alan (2002): „Privacy and Ethics: Is CRM Too Close for Comfort?", verfügbar in: *http://www.cio.com/article/2440824/security-privacy/privacy---ethics--is-crm-too-close-for-comfort-.html*, abgerufen 13. März 2015.

Jung, Carl Gustav (1935): Die Beziehungen zwischen dem Ich und dem Unbewussten, in: Gesammelte Werke, Bd. 7, Olten: Walter (4. Aufl.) 1991, S. 127–343.

Jung, Carl Gustav (1943): Theoretische Überlegungen zum Wesen des Psychischen, in: Gesammelte Werke, Bd. 8, Olten: Walter (4. Aufl.) 1991, S. 183–261.

Jung, C. G. (1958): Gut und Böse in der analytischen Psychologie (2. Aufl.), in: Gesammelte Werke, Bd. 10, Olten: Walter (4. Aufl.) 1991, S. 498–510.

Jungermann, Helmut/Slovic, Paul (1993): „Die Psychologie der Kognition und Evaluation von Risiko", in: Risiko und Gesellschaft – Grundlagen und Ergebnisse interdisziplinärer Risikoforschung (hrsg. v. Gotthard Bechmann). Opladen: Westdeutscher Verlag, S. 167–207.

Kant, Immanuel (1968a): Die Metaphysik der Sitten, Tugendlehre (1797), in: Werkausgabe (hrsg. v. Wilhelm Weischedel), Bd. VIII, Frankfurt a. M.: Suhrkamp, S. 500–634.

Kant, Immanuel (1968b): Zum Ewigen Frieden – Ein philosophischer Entwurf (1798), in: Werkausgabe (hrsg. v. Wilhelm Weischedel), Bd. XI, Frankfurt a. M.: Suhrkamp, S. 191–251.

Kant, Immanuel (1968c): Über ein vermeintes Recht aus Menschenliebe zu lügen (1797), in Werkausgabe (hrsg. v. Wilhelm Weischedel), Bd. VIII, Frankfurt a. M.: Suhrkamp 1968, S. 637–643.

Kant, Immanuel (1978): Grundlegung zur Metaphysik der Sitten (1785). Stuttgart: Reclam.

Kaufmann, Walter (1982): Nietzsche. Philosoph – Psychologe – Antichrist. Darmstadt: Wissenschaftliche Buchgesellschaft.

Kast, Bas (2007): Wie der Bauch dem Kopf beim Denken hilft. Die Kraft der Intuition. Frankfurt a. M.: S. Fischer.

Katterle, Siegfried (1990): „Der Beitrag der institutionalistischen Ökonomik zur Wirtschaftsethik", in: Ulrich, Peter (1990), S. 121–144.

Kathage, Jonas/Qaim, Matin (2012): „Economic impacts and impact dynamics of Bt (Bacillus thuringiensis) cotton in India", verfügbar in: *http://www.pnas.org/content/109/29/11652.full.pdf*, abgerufen 8. Juli 2016.

Katz, Robert Lee, (1974): „Skills of an effective administrator". in: Harvard Business Review, Sept. 74, verfügbar in: *https://hbr.org/1974/09/skills-of-an-effective-administrator*, abgerufen 14. Juli 2016.

Keller, Maren (2016): „Vom plötzlichen Verlangen, jemanden zu küssen", in: Der Spiegel, Nr. 19, Hamburg, S. 72–73.

Kieser, Alfred (Hrsg.) (1999): Organisationstheorien, Stuttgart: Kohlhammer (3. Aufl.).

Kimbrell, Andrew (1997): Ersatzteillager Mensch – Die Vermarktung des Körpers. München: dtv.

Kle (2013): „Auch Affen und Esel landeten schon vor dem Richter", in: 20 Minuten, verfügbar in: *http://www.20min.ch/panorama/news/story/Auch-Aff-und-Esel-landeten-schon-vor-dem-Richter-14404413*, abgerufen 18. Jan. 2016.

Kluckhohn, Clyde (1951): „Values and Value-Orientation in the Theory of Action: An Exploration in Definition and Classification", in: Parsons, T. & Shils, E. (eds.): Toward a General Theory of Action. Cambridge/Mass.: Harvard University Press, S. 388–433.

Kluge, Friedrich (1975): Etymologisches Wörterbuch der deutschen Sprache. Berlin/New York: Walter Gruyter.

Koch, Svenja et al. (2005): Brent Spar und die Folgen – Zehn Jahre danach. Hamburg: Greenpeace, verfügbar in: *https://web.archive.org/web/20131102215430/http://www.greenpeace.de/fileadmin/gpd/user_upload/themen/oel/Brent_Spar_und_die_Folgen.pdf*, abgerufen 29. Mai 2016.

Kogure, S. (2012): „A Lesson not yet Learned", verfügbar in: *http://www.ibanet.org/Article/Detail.aspx?ArticleUid=6c2935ff-c51d-4254-a334-4f5fbc5667d4*, abgerufen 26. Sept. 2012.

Kohlberg, Lawrence (1971): „From Is to Ought", in: Cognitive Development and Epistemology (hrsg. v. Theodore Mischel), New York: Academic Press, S. 151–235.

Kohlberg, Lawrence (2014): Die Psychologie der Moralentwicklung (hrsg. v. Wolfgang Althof). Frankfurt a. M.: Suhrkamp (7. Aufl.).

Köck, Peter: Handbuch des Ethikunterrichts. Donauwörth (3. Aufl.): Auer.

Köster, Klaus/Otte, Petra (2012): „Daimler wird die US-Aufpasser los", in: Zeitungsverlag Waiblingen, 8.11.2012, verfügbar in: *http://www.zvw.de/inhalt.korruptionsbekaempfung-daimler-wird-die-us-aufpasser-los.c216152a-02d0-4e9c-9c49-3c61c57cc378.html*, abgerufen 7. Apr. 2016.

Kolmar, Martin/Booms, Martin (2016): „Keine Algorithmen für ethische Fragen", Gastkommentar, NZZ, 26.1.2106, verfügbar in: *http://www.nzz.ch/meinung/kommentare/keine-algorithmen-fuer-ethische-fragen-ld.4483*, abgerufen 16. März 2016.

Koromzay, Tibor (2016): Management und die Liebe – Plädoyer für eine humanistische Führung. Heidelberg: Springer.

Koslowski, Peter (1988): Prinzipien der Ethischen Ökonomie. Tübingen: Mohr Siebeck.

Kotter, John P. (1990): A Force for Change – How Leadership Differs from Management. New York: Free Press.

Kotter, John P. (2001): „What Leaders Really Do", in: Best of Harvard Business Review 1990, Vol. 12, Boston: Harvard.

Kotter, John P./Heskett, James L. (1992): Corporate Culture and Performance. New York: The Free Press.

KPMG (2008): KPMG International Survey of Corporate Responsibility Reporting 2008, verfügbar in: *https://www.kpmg.com/EU/en/Documents/KPMG_International_survey_Corporate_responsibility_Survey_Reporting_2008.pdf*, abgerufen 21. Aug. 2015.

KPMG (2011): KPMG International Survey of Corporate Responsibility Reporting 2011, verfügbar in: *http://www.kpmg.com/global/en/issuesandinsights/articlespublications/corporate-responsibility/pages/2011-survey.aspx*, abgerufen 13. Jan. 2016.

KPMG (2015): Currents of Change – The KPMG Survey of Corporate Responsibility Reporting 2015, verfügbar in: *https://assets.kpmg.com/content/dam/kpmg/pdf/2016/02/kpmg-international-survey-of-corporate-responsibility-reporting-2015.pdf*, abgerufen 15. Jan. 2016.

Krystal, Phyllis (2012): Die inneren Fesseln sprengen – Befreiung von falschen Sicherheiten. München: Ullstein (7. Aufl.).

Kuhse, Helga (1994): Die „Heiligkeit des Lebens" in der Medizin. Eine philosophische Kritik, Erlangen.

Küng, Hans (1990): Projekt Weltethos. München: Piper.

Küng, Hans (1997): Weltethos für Weltpolitik und Weltwirtschaft. München, Zürich: Piper.

Küng, Hans (2007): „Goldene Regel der Gegenseitigkeit", verfügbar in: *https://zeitschrift-ip.dgap.org/de/article/getFullPDF/13981*, abgerufen 12. Juni 2016.

Lacy, Peter et al. (2010): A New Era of Sustainability – CEO Reflections on Progress to Date, Challenges ahead and the Impact of the Journey toward a Sustainable Economy, verfügbar in: *https://www.unglobalcompact.org/docs/news_events/8.1/UNGC_Accenture_CEO_Study_2010.pdf*, abgerufen 13. Dez. 2015.

Lanteri, A./Chelini, C./Rizzello, S. (2008): „An Experimental Investigation of Emotions and Reasoning in the Trolley Problem", in: Journal of Business Ethics, Vol. 83, S. 789–804.

Lappé, Marc/Britt Bailey (1998): Machtkampf Biotechnologie. Wem gehören die Lebensmittel? München: Gerling Akademie. So sollte sich doch noch eine Mitfahrgelegenheit.

Lauxmann, Frieder (2014): Der Umgang mit dem Bösen – Philosophische Strategien. München: dtv.

Leggett, Jeremy (Ed., 1996): Climate Change and the Financial Sector – The Emerging Threat – The Solar Solution. München: Gerling Akademie Verlag.

Leibniz, Gottfried Wilhelm (1996): Versuche in der Theodicée über die Güte Gottes, die Freiheit des Menschen und den Ursprung des Übels. Hamburg: Meiner.

Leipziger, Deborah (2010): The Corporate Responsibility Code Book. Sheffield: Greenleaf (rev. 2nd ed.).

Lenk, Hans (1991): „Zu einer praxisnahen Ethik der Verantwortung in den Wissenschaften", in: Wissenschaft und Ethik (hrsg. v. Hans Lenk). Stuttgart: Reclam, S. 54–75.

Levinas, Emmanuel (1999): Die Spur des Anderen. Untersuchungen zur Phänomenologie und Sozialphilosophie (übers., hrsg. und eingel. von Wolfgang Nikolaus Krewani). Freiburg i.Br./München: Karl Alber.

Levis Strauss (2013): Sustainability Guidebook, verfügbar in: *http://www.levistrauss.com/wp-content/uploads/2016/03/LSCO-Sustainability-Guidebook-2013-December.pdf*, abgerufen 6. Apr. 2016.

Libet, Benjamin (2005): Mind Time – Wie das Gehirn Bewusstsein produziert. Frankfurt a. M.: Suhrkamp.

Löhrer, Guido (2003): „Anachronismus und Akairie. Wie mit Elementen der philosophischen Tradition umgehen? – Beispiel: Anselm von Canterburys Begriff der ‚rectitudo'", in: Anachronismen – Tagung des engeren Kreises der Allgemeinen Gesellschaft der Philosophie vom 3. bis 6. Okt. 2001 (hrsg. v. Andreas Speer), Würzburg: Königshausen & Neumann.

Loughran, John J. (2002). Effective reflective practice: in search of meaning in learning about teaching. Journal of Teacher Education, 53 (33), verfügbar in: *http://oneteacher.global2.vic.edu.au/files/2014/09/Loughlan-242761j.pdf*, abgerufen 13. Mai 2016.

Lü Bu Wei: Chunqiu. Frühling und Herbst des Lü Bu Wei (übers. u. erläutert v. Richard Wilhelm). Berlin: Hofenberg.

Luhmann, Niklas (1986): Ökologische Kommunikation – Kann die moderne Gesellschaft sich auf ökologische Gefährdungen einstellen? Opladen: Westdeutscher Verlag (3. Aufl.).

Luhman, Niklas (1989): Vertrauen – Ein Mechanismus der Reduktion sozialer Komplexität. Stuttgart: Ferdinand Enke (3. Aufl.).

Luhmann, Niklas (1991): Soziologie des Risikos. Berlin/New York: Walter de Gruyter.

Luthans, Fred/Avolio. Bruce J. (2003): „Authentic leadership: A positive developmental approach", in: Positive Organisational Scholarship (ed. by K. S. Cameron/J. E. Dutton/R. E. Quinn), San Francisco: Berrett-Koehler, S. 241–261.

MacIntyre, Alasdair (1995): Der Verlust der Tugend – Zur moralischen Krise der Gegenwart. Frankfurt a. M.

Malik, Fredmund (1992): Strategie des Managements komplexer Systeme – Ein Beitrag zur Management-Kybernetik evolutionärer Systeme (Habilitationsschrift 1977). Bern/Stuttgart/Wien (4. Aufl.).

Malinowski, Bronislaw (1988): Eine wissenschaftliche Theorie der Kultur. Frankfurt a. M.: Suhrkamp (3. Aufl.).

Mancuso, Stefano/Viola, Alessandra (2015): Die Intelligenz der Pflanzen. München: Antje Kunstmann.

Mangan, Joseph T. (1949): „An Historical Analysis of the Principle of Double Effect", in: Theological Studies, 10, S. 41–61.

Markschies, Christoph (2010): Die Gnosis. München: Beck (3. Aufl.).

Marquart, Maria (2016): „Anton Schleckers größte Angst", in: Spiegel-Online, 14.4., verfügbar in: *http://www.spiegel.de/wirtschaft/unternehmen/anton-schlecker-seine-groesste-angst-a-1087212.html*, abgerufen 3. Mai 2016.

Mettrie, Julien Offray de la (1912): Man a Machine (L'Homme Machine, 1748), French-English. La Salle, Ill: Open Court.

Mey, S./Cheney, G./Roper, J. (Ed.) (2007): The Debate over Corporate Social Responsibility. Oxford.

Milgram, Stanley (1982): Das Milgram Experiment – Zur Gehorsamsbereitschaft gegenüber Autorität. Hamburg: Rowohlt.

Mill, John Stewart (1985): Der Utilitarismus. Stuttgart: Reclam.

Mingels, Guido (2016): „Früher war alles schlechter", in: Der Spiegel, 3.1.2016, Nr. 1, S. 50.

Mirani, Leo: „iPhones are getting bigger but their profit margins are shrinking", in: Quartz, 10. Sep. 2014, verfügbar in: *http://qz.com/263316/iphones-are-getting-bigger-but-their-profit-margins-are-shrinking/*, abgerufen 8. Mai 2016.

Mischel, Walter (2015): Der Marshmallow-Test: Willensstärke, Belohnungsaufschub und die Entwicklung der Persönlichkeit. München: Siedler Verlag.

Moleschott, Jakob (1852): Der Kreislauf des Lebens – Physiologische Antworten auf Liebig's Chemische Briefe. Mainz: Zabern.

Montesquieu, Charles de (1994): Vom Geist der Gesetze (1748). Stuttgart: Reclam.

Monty Python (o. J.): „Römer geht nach Hause", aus: Das Leben des Brian, verfügbar in: *http://www.youtube.com/watch?v=DZ47gksnesc*, abgerufen 23. Feb. 2016.

Moore, George Edward (1996): Principia Ethica. Stuttgart: Reclam.

Morris, Tom (1997): Aristoteles auf dem Chefsessel – Was Manager von Philosophen lernen können. Landsberg a. L.: Verlag Moderne Industrie.

Mukamel, Ret. al. (2010): „Single-Neuron Responses in Humans During Execution and Observation of Actions", in: Current Biology, CB., 20(8), April 2010, verfügbar in: *http://www.ncbi.nlm.nih.gov/pmc/articles/PMC2904852/*, abgerufen 8. Sep. 2015.

Müller, Matthias: „,We Didn't Lie', Volkswagen CEO Says of Emission Scandal", verfügbar in: *http://www.npr.org/sections/thetwo-way/2016/01/11/462682378/we-didnt-lie-volkswagen-ceo-says-of-emissions-scandal*, abgerufen 18. Jan. 2016.

Müller-Neuhof, Jost (2010): „Thierse bedauert seine Urteilsschelte", in: Zeit-Online v. 27.10.2009, verfügbar in: *http://www.zeit.de/online/2009/10/thierse-rechtskritik*, abgerufen 28. Nov. 2015.

Münchhausen, Marco v./Scherer, Hermann (2005): Die Kleinen Saboteure – So managen Sie die inneren Schweinehunde im Unternehmen. München: Piper.

Münzel, Thomas (2008): „Würde der Pflanze beachten", Interview mit Klaus Peter Rippe, in: Schaffhauser Nachrichten, 15. Apr. 2008, S. 5.

MunichRe (2015): „COP21: Munich Re unterzeichnet den „Paris Pledge for Action", verfügbar in: *https://www.munichre.com/corporate-responsibility/de/news/2015/2015-12-18-news/index.html*, abgerufen 13. Jan. 2015.

Nanus, Burt (1994): Visionäre Führung. Frankfurt a. M.: Campus (Orig.: Visonary Leadership – Creating a Compelling Sense of Direction for Your Organization. San Francisco: Jossey Bass).

Nash, Arthur (2012): The Golden Rule in Business. London: Forgotten Books.

Neidhart, Ludwig (2013): Kirche und Gewalt: Inquisition, Hexenverfolgung, Kreuzzüge und Kriege, verfügbar in: *http://catholic-church.org/ao/ps/KircheGewalt.html#4*, abgerufen 8. Jan. 2016.

Nestlé (2007): Der Nestlé-Bericht zum Wassermanagement, verfügbar in: *http://www.nestle.com/asset-library/documents/library/documents/environmental_sustainability/water-management-report-mar2007-de.pdf*, abgerufen 3. Jan. 2016.

Nestle, Wilhelm (1998) Vom Mythos zum Logos, die Selbstentfaltung des griechischen Denkens von Homer bis auf die Sophistik und Sokrates. Stuttgart: Kroener (2. Aufl.).

Netto, Anil (2006): „Dirty Dam Draws Dirty Smelters". in: Asian Times Online, 25. Jan. 2006, verfügbar in: *http://www.atimes.com/atimes/Southeast_Asia/HA25Ae01.html*, abgerufen 20. Juli 2015.

Neumann, Erich (1990): Tiefenpsychologie und neue Ethik. Frankfurt a. M.: Fischer Taschenbuch.

Nickel, Rainer (1992): Nachwort zu Xenophon: Die Erziehung des Kyros. Berlin/Boston: Artemis & Winkler, S. 734–767.

Nida-Rümelin, Julian (2005): „Theoretische und Angewandte Ethik", in: Angewandte Ethik – Die Bereichsethiken und ihre theoretische Fundierung (hrsg. v. J. Nida-Rümelin). Stuttgart: Kröner (2. erw. Aufl.), S. 2–87.

Nida-Rümelin, Julian (2011): Verantwortung. Stuttgart: Reclam.

Nietsch-Hach, Cornelia (2014): Ethisches Verhalten in der modernen Wirtschaftswelt. Konstanz/München: UVK.

Nietzsche, Friedrich (1885): Jenseits von Gut und Böse – Vorspiel einer Philosophie der Zukunft. Werke in drei Bänden. Darmstadt: Wissenschaftliche Buchgesellschaft, 1997, Bd. 2, S. 563–759.

Nietzsche, Friedrich (1886): Morgenröte – Gedanken über moralische Vorurteile. Gesammelte Werke in drei Bänden. Darmstadt: Wissenschaftliche Buchgesellschaft, 1997, Bd. 1, S. 1009–1279.

Nietzsche, Friedrich (1887): Zur Genealogie der Moral – Eine Streitschrift. in: Gesammelte Werke in drei Bänden. Darmstadt: Wissenschaftliche Buchgesellschaft, 1997, Bd. 2, S. 761–900.

NN (1998): „Das Ende der Kettensäge", in: Der Spiegel, Nr. 26, S. 87.

NN (2012): „Foxconn: Suizide bei Mitarbeitern", in: Die Welt kompakt vom 25.9.2012, verfügbar in: *http://www.welt.de/print/welt_kompakt/print_wirtschaft/article109439140/Foxconn-Suizide-bei-Mitarbeitern.html*, abgerufen 25. Sep. 2012.

Noll, Bernd (2010): Grundriss der Wirtschaftsethik – Von der Stammesmoral zur Ethik der Globalisierung. Stuttgart: Kohlhammer.

Norwegian Nobel Committee (2014): The Nobel Peace Prize for 2014, verfügbar in: *http://www.nobelprize.org/nobel_prizes/peace/laureates/2014/press.html*, abgerufen 1. Sep. 2015.

Nussbaum, Martha C. (2011): Creating Capabilities – The Human Development Approach. Cambridge/London: Harvard University Press.

Obermeier, Otto-Peter (1988): Zweck – Funktion – System. Kritisch konstruktive Untersuchung zu Niklas Luhmanns Theoriekonzeptionen. Freiburg i. B.: Karl Alber.

Obermeier, Otto-Peter (1996): „Ethik ohne Zukunft? – Zur Zukunft der Ethik", in: Der Blaue Reiter – Journal für Philosophie, Nr. 3, S. 8–12.

Obermeier, Otto-Peter (1999): Die Kunst der Risikokommunikation. München: Gerling Akademie Verlag.

Paine, Lynn S. (1994): „Managing for Organizational Integrity", in: Harvard Business Review, Vol. 72, March–April, S. 106–117.

Parikh, Jagdish (1992): Managing Your Self – Management by Detached Involvement. Oxford: Blackwell.

Parikh, Jagdish (1994): Managing Your Self – Stressfrei und gelassen auf dem Weg zu Spitzenleistungen. Wiesbaden: Gabler.

Paris (2015): Support for The Pledge, verfügbar in: *http://www.parispledgeforaction.org/read*, abgerufen 14. Feb. 2016.

Partridge, Ernest (Hrsg., 1980): Responsibilities to Future Generations. Environmental Ethics. Buffalo, NY.

Patel, Raj/Holt-Gimenez, Eric/Shattuck, Annie (2009): „Das Ende von Afrikas Hunger", in: The Nation, Sep. 2009, in deutscher Übersetzung, verfügbar in: *http://www.weltagrarbericht.de/fileadmin/files/weltagrarbericht/Nation_Das_Ende_v_Afrikas_Hunger_200909.pdf*, abgerufen 14. Apr. 2014.

Patrick-Löhr, Christina (2005): „Der Reiz des Bösen – Mit rhetorischer Niedertracht auf Erfolgskurs", in: Die Welt v. 19.11.2005, verfügbar in: *http://www.welt.de/print-welt/article178882/Der-Reiz-des-Boesen.html*, abgerufen 23. Jan. 2009.

Paulhus/Williams (2002): „The Dark Triad of Personality: Narcissm, Machiavellianism, and Psychopathy", in: Journal of Research in Personality, 36, S. 556–563.

Pauly, Christoph/Traufetter, Gerald (2016): „Der Kreis ist heiß", in: Der Spiegel, Nr. 4, S. 38.

Pauly, Christoph/Schiessl, Michaela (2015): „Eine Wikingerin in Brüssel", in: Der Spiegel, Nr. 32, 1.8.2015, Hamburg, S. 64–66.

Piaget, Jean (1973): Das moralische Urteil beim Kinde. Frankfurt a. M.: stw.

Picht, Georg (1969): „Der Begriff der Verantwortung", in: Wahrheit – Vernunft – Verantwortung. Philosophische Studien, Stuttgart 1969, S. 318–342.

Pieper, Annemarie (1991): Einführung in die Ethik. Tübingen: Francke.

Pinker, Steven (2011): Gewalt – Eine neue Geschichte der Menschheit. Frankfurt a.M.: S. Fischer.

Platon (1990a): Phaidros, in: Werke, griech.-dt., Bd. 5. Darmstadt: Wissenschaftliche Buchgesellschaft.

Platon (1990b): Timaios, Kritias, Philebos, in: Werke, griech.-dt., Bd. 7. Darmstadt: Wissenschaftliche Buchgesellschaft.

Pless, Nicola M./Maak, Thomas (2011): „Responsible Leadership: Pathways to the Future", in: Journal of Business Ethics, 98(S1), S. 3–13.

Popov, Linda K./Popov, Dan/Kavelin, John H. (2006): Tugendkarten zum Nachdenken (hrsg. von The Virtues Project™, verfügbar in: *http://www.virtuesproject.works/shop/#tugendkarten*, abgerufen 10. Juli 2016.

Popper, Karl (1992): Die offene Gesellschaft und ihre Feinde, Bd. 1, Tübingen: Mohr Siebeck (7. Aufl.), Bd. 1 u. 2.

Pörksen, Bernhard/Schulz von Thun, Friedmann (2014): „Wie gute Führung gelingen kann", in: Zeit-Online, 29. Sep. 2014, verfügbar in: *http://www.zeit.de/karriere/beruf/2014-09/integrale-fuehrungs-kraft-schulz-von-thun*, abgerufen 8. Nov. 2015.

Porter, Michael E. (1985): Competitive Advantage: Creating and Sustaining Superior Performance. New York.: Simon and Schuster.

Porter, Michael E./Kramer, Mark R. (2006) „Strategy and Society: The Link between Competitive Advantage and Corporate Social Responsibility", in Harvard Business Review 84 (12), Dez. 2006, S. 78–91.

Poulsen, Frank Piasecki (2010): Blutige Handys, Dokumentarfilm, verfügbar in: *https://www.youtube.com/watch?v=ItfEoM_YHMU*, abgerufen 29. Juli 2015.

Prandini, Marcus/Vervoort, Petronella/Barthelmess, Petra (2012): „Responsible Management Education for 21st Century Leadership", in: Central European Business Review 1 (2), S. 16–22, verfügbar in: *http://cebr.vse.cz/cebr/article/view/33*, abgerufen 3. März 2013.

Pratley, Peter (1995): The Essence of Business Ethics. London/New York: Prentice Hall.

Precht, Richard David (2006): „Tieropfer gegen Menschenangst – Rinderwahn, Schweinepest und nun die Vogelgrippe: Bricht Panik aus, verstummen selbst wortgewaltige Tierschützer", in: Die Zeit – Dossier, 2. März, Nr. 10, S. 15–16.

Precht, Richard David (2012): Die Kunst kein Egoist zu sein – Warum wir gerne gut sein wollen und was uns davon abhält. München: Goldmann.

Pufendorf, Samuel: (1948): „Die Gemeinschaftspflichten des Naturrechts", in: Deutsches Rechtsdenken (hrsg. v. Erik Wolf), H. 4., Ausgewählte Stücke aus De Officio Hominis et Civis. (1673), Frankfurt a. M.: Klostermann, (2. Aufl.).

PWC (2010): CSR Trends 2010, verfügbar in: *http://www.pwc.com/ca/en/sustainability/publications/csr-trends-2010-09.pdf*, abgerufen 10. Dez. 2015.

Quinn, Robert E. et. al. (2003): Becoming a Master Manager. New York : Wiley (3rd ed.).

Range, Friederike et al. (2009): „The absence of reward induces inequity aversion in dogs", in: Proceedings of the National Academy of Sciences, Vol. 106 (1), S. 340–345.

Rawls, John (2014): Eine Theorie der Gerechtigkeit. Frankfurt a. M.: Suhrkamp (19. Aufl.).

Redaktion (2012): „Wie oft muss Tepco in Fukushima die eigene Inkompetenz beweisen, bevor eingeschritten wird?", in: *http://www.planet-burgenland.at/2012/06/08*, abgerufen 2. Okt. 2012.

Regenass, Romeo (2012): „Dok-Film übt massive Kritik an Nestlé – ‚Bottled Life' zeigt, wie unzimperlich Nestlé das globale Geschäft mit abgefülltem Wasser betreibt", in: Tages-Anzeiger, 17.01.2012, verfügbar in: *http://www.tagesanzeiger.ch/kultur/kino/Dokufilm-uebt-massiv-Kritik-an-Nestle/story/31103319*, abgerufen 7. Mai 2016.

Reinbold, Fabian (2015): „Pranger im Internet – Feuert die Idioten nicht!", in: Spiegel-online, 8.8.2015, in Spiegel-online, *http://www.spiegel.de/netzwelt/web/pranger-im-internet-auch-idioten-brauchen-verteidiger-a-1047019-druck.html*, abgerufen 8. Aug. 2015.

Reiner, H. (1974): Gewissen, in: Historisches Wörterbuch der Philosophie (hrsg. v. Joachim Ritter/Karlfried Gründer), Bd. 3, Basel: Schwabe, S. 574–592.

Reiss, Kristian (2005): „Wer skrupellos ist, hat Erfolg", in: Der Tagesanzeiger v. 22.12.2005.

Reither, Franz (1997): Komplexitätsmanagement – Denken und Handeln in komplexen Situationen. München: Gerling Akademie Verlag.

Renovabis (2011): Denkmal der Liquidatoren in Tschernobyl, verfügbar in: *https://www.renovabis.de/bild-aus-osteuropa/3460/denkmal-liquidatoren-in-tschernobyl*, abgerufen 14. Aug. 2015.

Renz, P./Frischherz, B./Wettstein, I. (2015): Integrität im Managementalltag – Ethische Dilemmas im Managementalltag erfassen und lösen. Berlin/Heidelberg: Springer.

Ricken, Friedo (2013): Allgemeine Ethik. Stuttgart: Kohlhammer (5. Aufl.).

Rieckmann, Hajo (2000): Managen und Führen am Rande des 3. Jahrtausends, Frankfurt a. M.: Peter Lang (2. Aufl.).

Rifkin, Jeremy (2009): The Empathic Civilization – The Race to Global Consciousness in a World in Crisis. New York: Penguin.

Roberts, Cynthia (2008): Developing Future Leaders – The Role of Reflection in the Classroom, in: Journal of Leadership Education, 7(1), pp. 116–130, verfügbar in: *http://aole.memberlodge.org/Resources/Documents/jole/2008_summer/JOLE_7_1_Roberts.pdf*, abgerufen 16. Juni 2016.

Rodrick, Dani (2007): One Economics, Many Recipes – Globalization, Institutions, and Economic Growth. Princeton: Princeton University Press.

Rodrick, Dani (2011): Das Globalisierungs-Paradox. Die Demokratie und die Zukunft der Weltwirtschaft. München: Beck.

Roh, Peter (1869): Das alte Lied ‚Der Zweck heiligt die Mittel‘ – Im Texte verbessert und auf eine neue Melodie gesetzt. Freiburg i. Br.: Herder.

Ropohl, Günther (1996): Ethik und Technikbewertung. Frankfurt a. M.: Suhrkamp.

Roser, Max (2015): „War and Peace after 1945“, verfügbar in: *http://ourworldindata.org/data/war-peace/war-and-peace-after-1945/*, abgerufen 23. Feb. 2016.

Roser, Max (2016): „Our World in Data – Life around the world is Changing Rapidly – Here you Find the Data Visualizations that Show You“, verfügbar in: *www.ourworldindata.org*, abgerufen 10. Jan. 2016.

Rüegg-Stürm, Jürgen (2003): Das neue St. Galler Management-Modell, Grundkategorien einer integrierten Managementlehre. Bern: Haupt (2., durchges. Aufl.).

Rungapadiachy, Dev M. (1999). Interpersonal Communication and Psychology for Health Care professionals: Theory and Practice. Edinburgh: Butterworth-Heinemann.

Russell, Bertrand (1992): Philosophie des Abendlandes – Ihr Zusammenhang mit der politischen und der sozialen Entwicklung (übers. v. Elisabeth Fischer-Wernecke/Ruth Gillischewski). Wien/Zürich: Europa Verlag (6. verb. Aufl.).

Russell, Jeffrey Burton (2000): Biographie des Teufels – Das radikal Böse und die Macht des Guten in der Welt. Wien/Köln/Weimar: Böhlau.

SACOM (2012): „New iPhone, Old Abuses: Have Working Conditions at Foxconn in China Improved?“, verfügbar in: *www.sacom.com*, abgerufen 25. Sep. 2012.

Salden, Simone: „Menschliche Versuchskaninchen“, in: Der Spiegel, 9. Juli 2016, Nr. 28, S. 70–72.

Salomon, Margot E. (2010): Global Economic Policy and Human Rights – Three Sites of Disconnection“, in: Carnegie Council for Ethics in International Affairs, verfügbar in: *http://www.carnegiecouncil.org/publications/ethics_online/0043.html*, abgerufen 28. Jan. 2016.

Salt, Henry (1892): Animals' Rights, Considered in Relation to Social Progress. London: Macmillan.

SAM (2012): *http://www.sam-group.com/int/sustainability-services/company-assessment.jsp*.

Sander, Ernst (1963): Nachwort zu Voltaire: Candide oder die Beste der Welten. Stuttgart: Reclam, S. 144–149.

Sanders, Oswald (2007): Spiritual Leadership: Principles of Excellence for Every Believer Chicago: Moody Publishers.

Schäfer, Ulrich (2009): Der Crash des Kapitalismus – Warum die entfesselte Marktwirtschaft scheiterte und was jetzt zu tun ist. Frankfurt a. M.: Campus.

Scheler, Max (1978): Das Ressentiment im Aufbau der Moralen. Frankfurt a. M.

Schiller, Friedrich (1993a): Xenien von Schiller und Goethe, in: Sämtliche Werke, Bd. 1, Darmstadt: Wissenschaftliche Buchgesellschaft (9. durchges. Aufl.), S. 257–302.

Schiller, Friedrich (1993b): Über Anmut und Würde, 1793, in: Sämtliche Werke, Bd. 5, Darmstadt: Wissenschaftliche Buchgesellschaft (9. durchges. Aufl.), S. 433–488.

Schirach, Ferdinand von (2014): Die Würde ist antastbar. München: Piper.

Schlager, Silvia (2007): Live Your Best – 80 Werte des konstruktiven Handelns, humorvoll und wertschaffend aufbereitet. Wien: Eutonia.

Schleiermacher, Friedrich (1990): Ethik (1812/13), (hrsg. v. Hans-Joachim Birkner). Hamburg: Meiner.

Schmidt-Salomon, Michael (2015): Jenseits von Gut und Böse – Warum wir ohne Moral die besseren Menschen sind. München: Piper (5. Aufl.).

Schmundt, Hilmar (2016a): „Frohe Botschaft“, in: Der Spiegel, Nr. 1, 02.01.2015, Hamburg, S. 104–105.

Schmundt, Hilmar (2016b): „Der freie Unwille“, in: Der Spiegel, Nr. 15, 09.04.2016, Hamburg, S. 94–97.

Schneewind, J. B. (ed.): Moral Philosophy from Montaigne to Kant. Cambridge University Press.

Schoenberger, Karl (2000): Levi's Children: Coming to Terms with Human Rights in the Global Marketplace. New York: Grove Press.

Scholl, Claus (2008): „Strategisches Management zwischen Recht und Markt: Zur Kontrolle des Managements in Kapitalgesellschaften – Eine rechtsökonomische Analyse", in: Strategisches Management zwischen Globalisierung und Regionalisierung (hrsg. v. Götze, Uwe/Lang, Rainhart). Berlin: Springer, S. 129–152.

Schon, Donald (1983): The Reflective Practitioner. New York: Basic Books.

Schütz, Alfred (1971): Gesammelte Aufsätze, Bd. 2: Studien zur soziologischen Theorie. Den Haag: Martinus Nijhoff.

Schüz, Gottfried (2015): „‚Der unsichtbare Ursprung' der Ehrfurcht vor allem Leben", in: Albert Schweitzer Rundbrief, Nr. 107, Frankfurt a. M.: Deutscher Hilfsverein für das Albert-Schweitzer-Spital in Lambarene, S. 9–30.

Schüz, Mathias (1986): Die Einheit des Wirklichen – Carl Friedrich v. Weizsäckers Denkweg. Pfullingen: Neske/Klett.

Schüz, Mathias (1990a): „Werte und Wertewandel in der Risikobeurteilung", in: Risiko und Wagnis (hrsg. v. M. Schüz), Bd. 2, Pfullingen: Neske, S. 217–242.

Schüz, Mathias (1990b): „‚Ehrfurcht vor dem Leben' in der industriellen Welt – Albert Schweitzers Ethik angesichts der verschärften Risikosituation von heute", in: Albert Schweitzer heute (hrsg. v. Claus Günzler et al.). Tübingen: Katzmann.

Schüz, Mathias (1993): „Konkrete Ethik in der Wirtschaft", in: Moral konkret (hrsg. v. Walter Seidel/Peter Reifenberg). Würzburg: Echter, S. 216–239.

Schüz, Mathias (1996): „Stegosaurus gegen Tyrannosaurus Rex", in: Der Blaue Reiter – Journal für Philosophie, Bd. 3: Ethik, S. 37–42.

Schüz, Mathias (1998): „Vertrauen zum Ganzen – Skizze eines philosophisch vernachlässigten Begriffs", in: Synthesis Philosophica, Bd. 13, 25, Zagreb, S. 9–22.

Schüz, Mathias (1999): Werte – Risiko – Verantwortung. Dimensionen eines ganzheitlichen Werte-Managements. München: Gerling Akademie Verlag.

Schüz, Mathias (2001): „Das Aushandeln von Interessen im Spannungsfeld von Ethik und Ökonomie", in: Trends – Issues Kommunikation (hrsg. v. R. Gerling/O. P. Obermeier/M. Schüz). München, S. 83–116.

Schüz, Mathias (2005): „Unternehmerische Risiken der Gentechnologie im Spiegel der Ethik Albert Schweitzers", in: Leben nach Maß zwischen Machbarkeit und Unantastbarkeit – Biotechnologie im Licht des Denkens von Albert Schweitzer (hrsg. v. Gottfried Schüz). Frankfurt a. M.: Peter Lang, S. 75–92.

Schüz, Mathias (2012a): „Carl Friedrich v. Weizsäcker – Ein Pionier der Verantwortung in einem neuen Zeitalter", in: Perspektiven und Begegnungen – Carl Friedrich v. Weizsäcker zum 100. Geburtstag (hrsg. v. Ulrich Bartosch/Reiner Braun). Berlin: Litverlag.

Schüz, Mathias (2012b): „Sustainable Corporate Responsibility – The Foundation of Successful Business in the New Millennium", in: Central European Business Review, No 2, Prague: VSE, S. 7–15, verfügbar in: http://cebr.vse.cz/cebr/article/view/34, abgerufen 11. Jan. 2015.

Schüz, Mathias (2013a): Grundlagen der ethischen Unternehmensverantwortung, SML Essentials No 1, Zurich: vdf.

Schüz, Mathias (2013b): „Tabu und Ethik", in: Tabu, Themenzeitung von Mediaplanet, Beilage des Tagesanzeigers, Nr. 3, 2. Nov. 2013, S. 2, verfügbar in: *http://www.tabu-themen.ch/tabu-und-ethik*, abgerufen 13. März 2016.

Schüz, Mathias (2014): „Developing Sustainably Responsible Strategies in Business", in: Molthan-Hill, Petra (ed.): The Business Students' Guide to Sustainable Management – Principles and Practices, Edinburgh: Greenleaf, S. 242–278.

Schüz, Mathias/Wirth, Stephen/Bode, Aiko (2007): Lügen in der Chefetage – Gesammelte Unwahrheiten aus dem Management. Weinheim: Wiley.

Schumann, Eva (2009): „‚Tiere sind keine Sachen' – Zur Personifizierung von Tieren im mittelalterlichen Recht"; in: Natur als Grenzerfahrung (hrsg. v. L. Kreye/C. Stühring/T. Zwingelberg). Göttingen: Universitätsverlag, S. 23–49.

Schweitzer, Albert (1899): Die Religionsphilosophie Kants von der Kritik der reinen Vernunft bis zur Religion innerhalb der Grenzen der bloßen Vernunft. Nachdruck, Hildesheim: Olms, 1974.

Schweitzer, Albert (1919): Strassburger Predigten über die Ehrfurcht vor dem Leben, in: Gesammelte Werke, Bd. 5, München: Beck, 1974, S. 117–134.

Schweitzer, Albert (1923): Kultur und Ethik, in: Gesammelte Werke, Bd. 2. München: Beck, 1974, S. 95–420.

Schweitzer, Albert (1931): Aus meinem Leben und Denken, in: Gesammelte Werke, Bd. 1. München: Beck, 1974, 1931, S. 19–252.

Schweitzer, Albert (1933): Mensch und Kreatur in den Weltreligionen, in: Kultur und Ethik in den Weltreligionen. Werke aus dem Nachlass. München: Beck, 2001.

Sen, Armatya (2001): Development as Freedom. New York: Alfred Knopf.

Sen, Armatya (2012): Die Idee der Gerechtigkeit. München: dtv.

Sethi, Prakash S. (1994): Multinational Corporations and the Impact of Public Advocacy on Corporate Strategy – Nestlé and the Infant Formula Controversy. Norwell, MA: Kluwer Academic Publishers.

Shaw, George Bernhard (1947): „Maxims for Revolutionists" in: Man and Superman – A Comedy and a Philosophy (1903). London u. a.: Constable and Company, Standardedition.

Shell (2008): The Brent Spar Dossier, verfügbar in: *www.shell.co.uk/sustainability/decommissioning/ brent-spar-dossier/_jcr_content/par/textimage.stream/1426853000847/ 6b0c52ecc4c60be5fa8e78ef26c4827ec4da3cd3cd73747473b4fc60f4d12986/brent-spar-dossier.pdf*, abgerufen 3. März 2016.

Sherman, Joshua (2013): „Spendy but Indispensable: Breaking down the full $ 650 Cost of the iPhone 5", in: Digitaltrends 26 July 2013, verfügbar in: *http://www.digitaltrends.com/mobile/iphone-cost-what-apple-is-paying*, abgerufen 10. März 2014.

Shermerhorn, John R. (2011): Management. Hoboken: Wiley (11th ed.).

Sidgwick, Henry (1907): The Methods of Ethics. London (7th ed.).

Singer, Peter (1984): Praktische Ethik. Stuttgart: Reclam.

Singer, Peter (2004): Der Präsident des Guten und Bösen. Die Ethik des George W. Bushs. Erlangen: Harald Fischer.

Smith, Adam (1985): Theorie der ethischen Gefühle (dt. Fassung v. 1926). Hamburg: Felix Meiner.

Spork, Peter (2010): Der zweite Code – Epigenetik – Oder: Wie wir unser Erbgut steuern können. Hamburg: Rowohlt (4. Aufl.).

Städeli, Markus (2011): „Destruktive Dynamik im Handelsraum", in: NZZS, Nr. 39, 25.09.11, S. 36.

Staehle, Wolfgang (1999): Management. Eine verhaltenswissenschaftliche Perspektive. München: Vahlen (8. Aufl.), S. 71.

Steger, Ulrich et al. (1990): „Übernahme von Umweltkosten und -risiken durch die Industrie", in: Risiko und Wagnis – Die Herausforderung der industriellen Welt (hrsg. v. M. Schüz). Pfullingen, Bd. 1, S. 197.

Steger, Ulrich (2003): Corporate Diplomacy – The Strategy for a Volatile, Fragmental Business Environment. Chichester: John Wiley.

Steiner, André Daiyu (2016): Business Zen – Mit Achtsamkeit zu mehr Gelassenheit in der Führung. Weinheim: Wiley.

Steinmann, Horst (1998): „Unternehmensethik und Gewinnprinzip", in: Forum Wirtschaftsethik, 6. Jg., Nr. 1, S. 10–11.

Stemmer, Peter (1998): „Tugend", in: Historisches Wörterbuch der Philosophie (hrsg. v. Joachim Ritter/ Karlfried Gründer), Bd. 10, Basel: Schwabe, S. 1532–1548.

Stepputis, Hartmut (2012): „Firmenlenker auf Droge – Ein süchtiger Top-Manager wird erpressbar", verfügbar in: *http://www.spiegel.de/karriere/berufsleben/chefs-und-drogen-was-manager-in-die-sucht-treibt-a-866193.html*, abgerufen 1. Apr. 2016.

Stieglitz, Joseph/Charlton, Andrew (2007): Fair Trade for All – How Trade Can Promote Development. Oxford: University Press.

Stieglitz, Joseph (2015): Reich und Arm: Die wachsende Ungleichheit in unserer Gesellschaft. München: Siedler.

Stieglitz, Joseph (2016): „In 2016, Let's Hope for Better Trade Agreements – and the Death of TPP", in: The Guardian, 10 Jan. 2016, verfügbar in: *http://www.theguardian.com/business/2016/jan/10/in-2016-better-trade-agreements-trans-pacific-partnership*, abgerufen 29. Jan. 2016.

Stowasser et al (1979): Der kleine Stowasser – Lateinisch-deutsches Schulwörterbuch. München.

Strasser, Peter (2016): Ontologie des Teufels – Mit einem Anhang über das Radikalgute. Paderborn: Wilhelm Fink.

Sturn, Richard (1991): „Soziales Handeln und ökonomischer Tausch – Die stoischen Wurzeln Adam Smiths", in: Der andere Adam Smith – Beiträge zur Neubestimmung von Ökonomie als Politischer Ökonomie (hrsg. v. A. Meyer-Faje/P. Ulrich). Bern/Stuttgart: Haupt, S. 99–122.

Tagesschau (2014): Kosten von Atomunfällen – Fukushima, Tschernobyl und viele andere, 11.03.2014, verfügbar in: *http://www.bee-ev.de/fileadmin/Presse/Mitteilungen/110511_BEE-Studie_Versicherungs-foren_KKW.pdf*, abgerufen 13. Nov. 2015.

Tepco (2010): Vision 2020: „Medium to Long-term Growth Declaration". Press Release, Sep. 13, verfügbar in: *http://www.tepco.co.jp/en/press/corp-com/release/10091301-e.html*, abgerufen 25. Jan. 2014.

Thomson, Judith Jarvis (1976): „Killing, Letting Die, and the Trolley Problem", in: The Monist 59, S. 204–17.

Thomson, Judith Jarvis (1985): „The Trolley Problem", in: The Yale Law Journal, 94(6), S. 1395–1415.

Trevino, Linda K./Nelson, Katherine (2011): Managing Business Ethics – Straight Talk About How to Do It Right. Hoboken, NJ: John Wiley (5th ed.).

Turner, Travis N. (2013): „Qualities of Visionary Leaders", in: Creative Leader, available at: *http://www.creativeleader.com/qualties-of-visionary-leaders/*.

Trompenaars, Fons/Hampden-Turner, Charles (2001): 21 Leaders for the 21st Century – How Innovative Leaders Manage in the Digital Age. Oxford: Capstone.

Tschaiker, Bregenz (1992): ‚Damit das Böse ausgerottet werde' – Hexenverfolgungen in Vorarlberg im 16. und 17 Jahrhundert. Vorarlberger Autorengesellschaft.

ts/dpa (2012): „Foxconn-Arbeiter sterben fürs iPad", verfügbar in: *http://www.manager-magazin.de/unternehmen/it/0,2828,druck-824713,00.html*, abgerufen 25. Sept. 2012.

Tugendhat, Ernst (1993): Vorlesungen über Ethik. Frankfurt a. M.: Suhrkamp.

Turner, Travis N. (2013): „Qualities of Visionary Leaders", in: Creative Leader, verfügbar in: *http://www.creativeleader.com/qualties-of-visionary-leaders/*, abgerufen 2. Juli 2016.

Ulrich, Peter (1990): Auf der Suche nach einer modernen Wirtschaftsethik – Lernschritte zu einer reflexiven Ökonomie. Bern/Stuttgart 1990.

Ulrich, Peter (1997): Integrative Wirtschaftsethik – Grundlagen einer lebensdienlichen Ökonomie. Bern/Stuttgart/Wien: Haupt.

Vahs, Dietmar (2006): Organisation – Einführung in die Organisationstheorie und -praxis. Stuttgart: Poeschel (6. überarb. u. erw. Aufl.).

Varela, Francisco/Thompson, Evan (1992): Der Mittlere Weg der Erkenntnis – Die Beziehung von Ich und Welt in der Kognitionswissenschaft. Bern/München/Wien: Scherz.

Vaughan, Frances (2002). What is spiritual intelligence? Journal of Humanistic Psychology, 42(2), S. 16–33.

Veith, Werner (2006): Intergenerationelle Gerechtigkeit – Ein Beitrag zur sozialethischen Theoriebildung. Stuttgart: Kohlhammer.

Vereinte Nationen (1948): Resolution der Generalversammlung 217 A(III): Allgemeine Erklärung der Menschenrechte, verfügbar in: *http://www.un.org/depts/german/menschenrechte/aemr.pdf*, abgerufen 31. Jan. 2016.

Verfassung (2013): Bundesverfassung der Schweizerischen Eidgenossenschaft, verfügbar in: *https://www.admin.ch/opc/de/classified-compilation/19995395/index.html*, abgerufen 12. Jan. 2015.

Vöneky, Silja (2010): Recht, Moral, Ethik: Grundlagen und Grenzen demokratischer Legitimation für Ethikgremien. Tübingen: Mohr Siebeck.

Waibl, Elmar (1989): Ökonomie und Ethik II – Die Kapitalismusdebatte von Nietzsche bis Reaganomics. Stuttgart/Bad Cannstatt.

WBCSD (2010): World Business Council for Sustainable Development: Vision 2050. Genf, verfügbar in: *http://www.wbcsd.org/pages/edocument/edocumentdetails.aspx?id=219&nosearchcontextkey=true*, abgerufen 12. Jan. 2016.

Weatherbe, Steve (2015): „Canadian Archbishop to Catholics: Protest Approval of RU-486 Abortion Drug", verfügbar in: *https://www.lifesitenews.com/news/canadian-archbishop-urges-protest-of-ru-486-approval*, abgerufen 23. Nov. 2015.

Weber, Max (1980): Wirtschaft und Gesellschaft – Grundriss einer verstehenden Soziologie. Tübingen: Mohr Siebeck (5. rev. Studienausgabe).

Weber, Max (1986): „Die protestantische Ethik und der Geist des Kapitalismus" (1920), in: Gesammelte Aufsätze zur Religionssoziologie, Bd. 1, Tübingen: Mohr Siebeck (8. Aufl.), S. 17–206.

Weeber, Karl-Wilhelm (1990): Smog über Attika – Umweltverhalten im Altertum. Zürich/München: Artemis.

Weihrich, Heinz (1982): „The TOWS Matrix – a Tool for Situational Analysis", in: Long Range Planning, April, S. 54–66, verfügbar in: *http://www.usfca.edu/fac-staff/weihrich/docs/tows.pdf*, abgerufen 15. Dez. 2013.

Weischedel, Wilhelm (1976): Skeptische Ethik. Frankfurt a. M.: Suhrkamp.

Weizsäcker, Carl Friedrich v. (1976): Zum Weltbild der Physik. Stuttgart: S. Hirzel (12. Aufl.).

Weizsäcker, Carl Friedrich v. (1988): Bewusstseinswandel. München: Hanser.

Weizsäcker, Ernst-Ulrich v. (1999): „Geringere Risiken durch fehlerfreundliche Systeme", in: Risiko und Wagnis (hrsg. v. M. Schüz). München: Neske/Klett. Bd. 1, S. 107–118.

Welzel, Hans (1951): „Zum Notstandsproblem", in: Zeitschrift für die gesamte Strafrechtswissenschaft (ZStW), Bd. 63, S. 47–56.

Welzer, Harald (2013): Täter – Wie aus ganz normalen Menschen Massenmörder werden. Frankfurt a. M. (6. Aufl.).

Welzer, Harald (2014): Soldaten – Protokolle vom Kämpfen, Töten und Sterben. Frankfurt a. M. (2. Aufl.).

Wensierski, Peter/Franke, Klaus/Schwarz, Ulrich (1998): „Gottes willige Vollstrecker", Der Spiegel, H. 23, S. 74–87.

Werner, Götz (2013): Womit ich nie gerechnet habe – Die Autobiographie. Berlin.

Werner, Micha H. (2003): „Hans Jonas' Prinzip der Verantwortung", in: Bioethik – Eine Einführung (hrsg. v. Düwell, M./Steigleder, K.), Frankfurt a. M.: Suhrkamp, S. 41–56.

Wheelen, T./Hunger, D.: Strategic Management and Business Policy, New Jersey (12th ed.) 2010.

Wieland, Josef (1990): „Wirtschaftsethik als Selbstreflexion der Ökonomie – Die Mindestmoral im ökonomischen System und die Verantwortung für externe Effekte" in: Auf der Suche nach einer modernen Wirtschaftsethik – Lernschritte zu einer reflexiven Ökonomie (hrsg. v. P. Ulrich). Bern/ Stuttgart: Haupt, S. 147–177.

Wilson, Edward O. (1997): Der Wert der Vielfalt – Die Bedrohung des Artenreichtums und das Überleben des Menschen. München: Piper.

Wilson, Andrew/Lenssen, Gilbert/Hind, Patricia (2006): Leadership Qualities and Management Competencies for Corporate Responsibility. A Research Report for the European Academy of Business in Society. Ashridge.

Winistörfer, Herbert et al. (2012): Management der sozialen Verantwortung in Unternehmen – Leitfaden zur Umsetzung. München: Carl Hanser.

Wisser, Richard (1996): Philosophische Wegweisung – Versionen und Perspektiven. Würzburg: Königshausen und Neumann.

Wolf, Jean-Claude (1992): Tierethik – Neue Perspektiven für Menschen und Tiere. Freiburg: Paulusverlag.

World Commission on Dams (1999): The Resettlement of Indigenous People affected by the Bakun Hydro-Electric Project, Sarawak, Malaysia. Final Report, verfügbar in: *http://www.internationalrivers.org/files/attached-files/resettlement_of_indigenous_people_at_bakun.pdf*, abgerufen 29. Juli 2015.

World Food Programme (2016): „Hunger weltweit – Zahlen und Fakten", verfügbar in: *http://de.wfp.org/hunger/hunger-statistik*, abgerufen 18. Jan. 2016.

Wright, Georg Henrik von (1972): The Varieties of Goodness. London: Routledge (4th ed.).

Xenophon (1828): Von der Haushaltungskunst. Werke, 9. Bd. (übers. v. Adolph Heinrich Christian). Stuttgart: Metzler, S. 1041–1145.

Xenophon (1992): Kyrupädie – Die Erziehung des Kyros, griechisch-deutsch und einem Nachwort von Rainer Nickel. Berlin/Boston: Artemis & Winkler.

Yoffie, David/Mary Kwak, Mary (2001): Judo Strategy – Turning Your Competitors' Strength to Your Advantage. Boston: Harvard Business School Press.

Zeyer, René (2009): Bank – Banker – Bankrott – Storys aus der Welt der Abzocker. Zürich: Orell Füssli.

Zinnbauer, Brian J./Pargament, Kenneth I./Scott, Allie B. (1999): „The emerging meanings of religiousness and spirituality: Problems and prospects", in: Journal of Personality, 67 (6), S. 889–919.

Zohar, Dana (2000): SQ – Connecting with Our Spiritual Intelligence. London: Bloomsbury.

Zohar, Dana/Marshall, Ian (2010): IQ? EQ? SQ!: Spiritual Intelligence – Das unentdeckte Potential. Bielefeld: Kamphausen.

Register